JN333408

南シナ海の領土問題

【分析・資料・文献】

South China Sea Territorial Dispute

Analyses, Articles and Documents

日本大学名誉教授

浦野 起央

はしがき

東アジア・太平洋において現下の重大な安全保障の関心事は、海洋大国中国の進出と第一列島線及び第二列島線の存在とそこでの活動で、２０１０年にその事態は南シナ海に拡がった。つまり、南シナ海における第一列島線と第二列島線の指摘がなされ、中国のＡ２／ＡＤ（アクセス拒否・海域防衛戦略）が把握されるにいたった。それは、中国の海洋戦略の挑戦にある。

南シナ海は、いわゆるシーレーンの要諦にあった。その海域は、海賊・テロの舞台ともなった。海底資源をめぐる石油開発戦争の場裡はいうまでもない。そこでは、南シナ海の三百に達する環礁、岩礁、暗礁、砂州、そして島嶼をめぐって領土の分割・支配・開発の激しい抗争にある。

第二次大戦前は日本も触手を伸ばしたが、戦後は、中国、台湾、ベトナム、フィリピンなど沿岸国が、のちマレーシアも加わって、自国の延長にある地点の上陸を繰り返し、主権碑を立て、国旗を掲げ、あるいは国旗引降ろし事件が続いた。

１９７０年代以降、石油開発が進捗するなか、支配している島嶼での恒久施設の建設、飛行場の敷設、環礁の埋立て、そして領土化といった軍事化が現実となりつつある。

私は、１９９０年代以降、南シナ海の紛争と支配について分析し記述してきたが、その21世紀以降の新しい局面において、この南シナ海の集成的著作を刊行することになった。戦前における開発、戦後の空白期における沿岸国の進出、沿岸関係国の組込みと領土化、そして南海諸島の対立回避と関係国非公式協議を主題とした取組みの局面から、21世紀以降、中国の「中核利益」の達成と国際法理論の転回という新局面に突入してきている。本書は、この新局面を明らかにする一方、これまでの関係国協議は阻まれている状況にある。南シナ海への第一列島線と第二列島線の拡大適用はチャイナ・ドリーム（中国の夢）のもと、まさにその新局面をみせている。とりわけ、中国の南海戦略はさらに「一帯一路」構想の実現に向けて注目されるところとなっている。そして、現在、南シナ海諸島は中国の行政的組込みが現実化しつつあり、そこにはこれら諸島の地位交渉に入る域にない。

現下の事態を理解される上で、本書『南シナ海の領土問題』が理解の助けとなれば幸いである。

浦野起央

２０１５年４月

南シナ海の領土問題――分析・資料・文献　目次

Ⅱ　南シナ海問題の経緯（第二次世界大戦まで）

Ⅲ　南シナ海問題の経緯（第二次世界大戦以後）

Ⅵ 南シナ海の多国間協力

Ⅶ 南シナ海の管轄と安全保障

資料

序説　中国の海洋戦略とアジアの安全保障

1、中国海洋戦略の挑戦

明の宦官、鄭和は、1405年から1433年まで7度にわたり南海の航海を指揮した。彼は雲南出身のイスラム教徒で、雲南が明の支配に組み込まれたことから、永樂帝に仕えるところとなり、彼の率いた船団は西洋取寶船と呼ばれ、60数隻からなり、乗員は2万数千人を数えた（図1-6）。この大航海事業は、特に中国人の東南アジア方面の認識を深めるところとなって、華僑進出の基礎となった。

現下の海洋戦略は、1982年、当時の最高指導者鄧小平の意向を受けて、中国人民解放軍海軍司令員劉華清が、中国人民解放軍近代化計画のもとに最近の外交環境の変化のなかで提起されていた。中国は、1990年代までは、大陸国家として、ソ連との国境線の維持が最大の課題であった。そこにあって、海軍は沿岸防衛の任務で足りた。しかし、冷戦が解消し、ソ連が崩壊し、ロシアとの国境問題も解決し、中国は、その経済成長とともに、台湾問題の究極的解決、中国統一の達成が人民解放軍の課題となった。1992年に釣魚島／尖閣諸島、西沙群島、東沙群島を中国領土と規定した領海法が施行され、1993年に人民代表大会で、李鴻総理は、「防御の対象に海洋権益を含める」と表明した。1997年石雲生が海軍司令員に就任し、沿岸海軍から近海海軍への変革に着手した。そこで海軍発展戦略として提起されたのが、第一列島線及び第二列島線である。

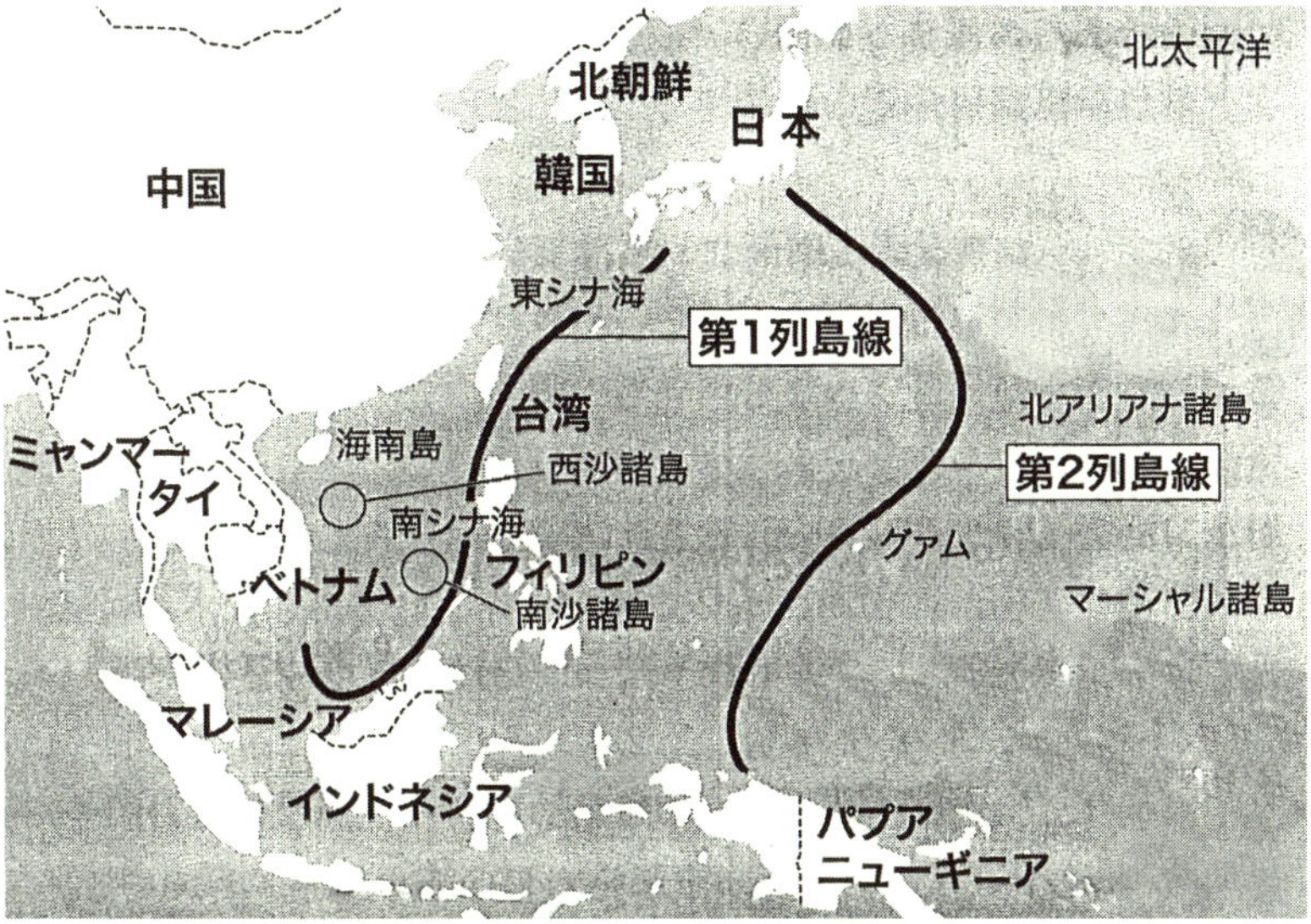

図0-1　中国海洋戦略の第1列島線と第2列島線

この海軍発展戦略は、中国が世界の同盟国とともに覇権国家の形成・支配に向けた計画で、具体的には２０１０年までに第一列島線の防衛線を設定し、その内側にある南シナ海・東シナ海・日本海周辺地域への米海軍・空軍の進入を阻止するとしたことである。この方針に基づき、中国は、米軍当局との会談で、第二列島線の設定に触れ、両国による太平洋の分割管理について、内密の議論を繰り返し主張した。

劉華清司令員の掲げた海軍建設計画は、次の様に、予定通り進捗している。

(1) 第一列島線の戦略

第一列島線は、九州を基点に、沖縄、台湾、フィリピン、及びボルネオ島に至る線を指しており、それは中国空軍の作戦区及び対米能力での強化である。

表0-1　中国海軍の建設計画

目標のスケジュール	目標と取組み
再建期 1982―2000 年	沿岸海域の防衛態勢整備
躍進前期 2000―2010 年	第一列島線内部、特に近海の制海権確保 2004 年弾道ミサイル搭載潜水艦配備
躍進後期 2010―2020 年	第二列島線内部の制海権達成、航空母艦の配備 2015 年ミサイル潜水艦の配備、揚陸艦隊の強化
完成期 2020―2040 年	米海軍と対等な太平洋・インド洋の独占的支配確保
2040 年海洋国家の支配確立	米海軍と対等な海軍としてのアジア覇権支配達成

日本が含められ、この地域は台湾有事の際の作戦海域にあり、それは日本海及び南シナ海に拡大されている。その戦略は、米空母・原子力潜水艦の進入阻止が目的で、制海権の掌握にある。そのための内部国防方針が作成され、島嶼線が天然の防波堤として軍事への地形利用となっている。そしてそれは、日本・台湾・フィリピン・インドネシアの領海／領土がその作戦区域に適用されている。さらに、南沙諸島問題・東シナ海ガス田問題も、軍事行動の適用対象とされた。

中国は、この区域を海洋領土として存在するとしており、その海洋事業は国家発展戦略にある。そのために、1980年代以降、中国は、海洋調査船による海底地形などの綿密な海洋調査を重ねてきており、現在、第一列島線区域では、その作業が完了している。これは、海底資源調査だけでなく、海底地形・海水密度分布などのデータ蓄積を目的としていて、機雷戦を含む、潜水艦戦闘の条件を確立づけている。2004年の漢級原子力潜水艦の、日本・米国の追跡のなか、領海侵犯事件を構成したその中国艦船の航行成功は、そのデータによるところであり、もって可能となったと立証できる。

ここに、中国海軍は、2005年に、鄭和航海600年を記念して500

海里制海圏構想を打ち出した。中国では、「清国の版図でありながら列強に奪われた固有の領土」は、「古来、中国領土」として、あるいは「戦略的辺境」として扱われており、そこでの安全保障・海洋権益は、中国が保全すべき地域であるとしている。したがって、第一列島線は戦略的辺境の線とされる。その領土の支配回復工作は、現在、着実に進行中である。

（2）第二列島線の戦略

第二列島線は、伊豆諸島を基点に、グアム、サイパン、及びパプアニューギニアに至る地域にあり、中国の海洋調査は未だ進んでいない。中国は、その適用地域にある日本の沖ノ鳥島について、海洋調査のためにも、同島を日本領土と認めていない。

この第二列島線は、台湾有事の際に、米軍の増援を阻止することを戦略目的としたもので、このために中国海軍は、沿岸海軍から外洋海軍に脱皮した。したがって、その軍事展開は、ハワイ沖までに及ぶ。

現在、中国海軍は、アンダマン諸島に接する大ココ島の港湾に海軍基地を建設した。ミャンマーのバングラデシュ国境近くのシュトウェに通信施設を置いた。第二列島線は、２０２０年までにその展開が完成されることになっており、２０４０年までには、西太平洋及びインド洋で米海軍に対抗できる海軍が建設されることになっている。この戦略目標の達成においては、海上における外敵による侵略の阻止、及び国土と海上権益の防御において、旧領土の回復、台湾の復帰を含む、祖国の統一が成就されることになる。いいかえれば、「古来、中国領土」、あるいは「中国固有の領土」を包摂した、旧中国帝国の再興という中国の夢（チャイナ・ドリーム）の実現をみるということである。

１９４９年9月21日毛沢東は、中国政治協商会議で、中国の国家建設を、生存確保の段階、経済的発展の段階、そして文化的復興の段階の３段階をもって提示した。そこで「中国人が他人から非文明的だと見做される時代は過ぎ去り、われわれは、高度文化を具備した民族として世界に出現する」と毛沢東はいったが、それは、１９７８年12月13日鄧小平の４つの近代化であり、「生存」と「発展」を確保する総方針である。この世界政治経済新秩序のもと、覇権主義及び強権政治との対決が打ち出され、中国的価値観と秩序観に立脚して外部に認知された世界を建設するとの究極の国家理念が確立し、「古来、中国領土」の回復が現下の実現課題となっている。

楚樹龍は、『国際関係基本理論』（精華大学出版社、２００３年）で、こう説明している。

「国家主権の維持・擁護と領土主権の保全は、国家の安全利益の基本的内容である。しかし、実際には、多くの国家は、国家の領土や主権保全といった利益の維持・擁護及び国家との間での矛盾に遭遇する。とりわけ、境界・領土・領海紛争の解決が国家の発展利益に影響を及ぼす可能性が生じる。……国防支出は国家の経済分野の投資に影響し、それは国家の生存・国家の発展利益にも影響を及ぼす。それには１つの前提があって、それは国家の生存と国家の安全が基本的に保障されることであって、それ故に、国家の安全が危機にあっては、安全の利益が国家の最高かつ根本的利益であり、……海洋利益を獲得して保持するための中国の海洋戦略が基本となる。」

この理論から核心利益という概念が登場し、領土管理と支配の回復が課題とされ、領土主権の確立と防衛・維持が提起される。それは、現状の秩序と維持のための国際法ルールにも優先するものであって、チャイナ・ドリーム実現のための現状変革をも伴う新国際秩序が追求される。

そこにおける中国の権力の正統性は、図〇-2に従うところである。それは、中華の天下恢復・再建の命題を革命によって課題を実現した中華主義の図式によって設定され、それをもって機能している。

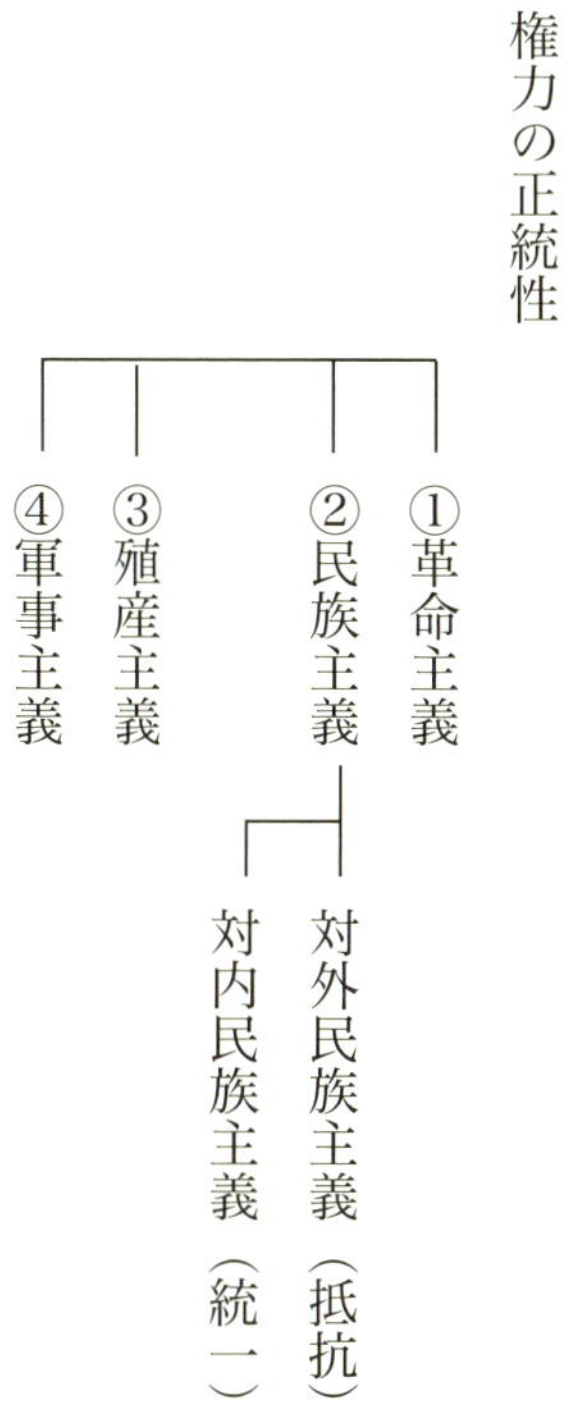

図0-2
中国における権力構造の正統性

この中国の中華主義文脈で、伝統的中国の王朝国家の理想的統治、つまり独自の中華思想をもって、いいかえれば、その一統のメカニズムにより、その政治空間（皇帝の統治する領域）の版図（疆域）を確立するというものである。第一列島線はそこに位置づけられ、その天下観念のもとでの国家戦略が実現化をみせつつある。

この中国的地政学の国勢伸張理論に立脚した中国海洋戦略は、中華主義の結晶といえるもので、それは、中国の版図意識に従い、中華意識に根付いた認識としての領土意識の徹底化にある、その認識は、領土について曖昧な自然認識にある日本人とまったく対照的で、そして、その文明意識は、実態としての領土認識に結晶化しており、自己を文化の中心におく中華主義による支配認識に体系づけられる。尖閣問題・南シナ海問題はその範疇にあって、そして台湾問題もかかる中華天下の処理が課題とされている。

そして、中国は、海洋戦略家マハンのいう3循環要素をもって海軍力を発展させてきており、海洋支配のマハン主義の実現を目指している。その海洋覇権行動、海洋の成長論理は、マハンの3循環要素でいえば、こう解釈できる。中国改革・開放路線に立つ国勢伸張は、マハンの3循環要素での生産・通商であり、港湾能力の達成において海上支配を可能としている。第二の要素の海運では、国際航運5カ年計画による船舶の拡充が取り組まれてきており、この造船能力が艦隊拡充の基礎を形成した。第三の権益確保（植民地の現代化形態）は、現在、戦略／軍事の戦略拠点（真珠の首飾り）として、パキスタン、スリランカ、バングラデシュ、ミャンマー、さらにソマリア、そしてセーシェルなどインド洋の島嶼国家における戦略拠点の確立において、中国は既に成功をみている。

2、東アジア海洋圏におけるパワー・ゲームの危険

この中国の海洋戦略に、2013年11月20日米国議会の政策諮問機関、米中経済安保調査委員会は、その年次報告で、中国の軍事関連の行動の対外的意味は、特に米国を意図しており、中国の海洋紛争は、尖閣諸島を事例に、交渉によらず威圧による領土獲得、そして占領管理・支配を目指している、と結論付けられる。

2014年6月5日「ウォール・ストリート・ジャーナル」は、2014年6月ベトナム経済水域での中国の対決事件に際して、表題「中国の大胆な海洋進出、背後に綿密な計算」の中でこう指摘している。

「つい最近まで、中国のシナ海での攻撃的な行動は、省庁間の競争が招いた一貫性のない外交政策の産物と見做されてきた。こうした戦争では、通常、強行派が優位に立つ。

同国の政治においては、このような混乱状態は「九龍鬧海」と呼ばれ、中国が1990年代に南シナ海に対してとった、より秩序ある――そして遥かに友好的な――外交政策は一変した。しかも中国内外の安全保障専門家は、ベトナムと領有権を争っている海域に、石油掘削装置を設置するなど、米国や近隣国の警戒心を高めている中国の最近の動きは、政策の混乱によるものではなく、厳密に練られた策略のようだ、と指摘する。今回の行動をめぐり最高指導部において集中的に意見がすり合わさ

れた可能性が高く、習近平国家主席のお墨付きを得ていたように見える。

そうだとすれば、中国の領土紛争に対する揺るぎない姿勢は、既に完全に規定されていたことを示唆する。また、偶然であれ意図的であれ、南シナ海でさらに深刻な衝突が発生するのを回避するべく緊急に必要とされる歩み寄りの希望を見出すことが、一段と難しくなる。

「九龍鬧海」の混乱状態を収拾するために、中国は、昨年末に国家安全委員会を設置し、習主席が委員長に就任した。中国人民解放軍や海軍当局、国有エネルギー大手などの9つの有力グループ「九龍」は、混乱のなか、それぞれ小さな目的のために、外交政策を乗っ取った。

本来は、外交部が中国の国益を守る役割を担っているが、「九龍」は、しばしば外交部を無視しての行動であった。

だが、習主席は、国家安全委員会の委員長として、自ら混乱に加担していたように見える。しかも、中国の独断的な行動はもはや戦術の脱線とは見做せないために、習主席が追求している戦略的目的は、何らかの大きな問題があると言わねばならない。

習主席は民族主義者であって、国家主席に就任してから、一貫して「チャイナ・ドリーム（中国の夢）」を提唱している。その核心は、19世紀初めに中国が西側の帝国主義諸国によって「百年国恥」を蒙る以前にアジアで維持していた主導的地位を回復するというものである。習主席の目標の1つは、中国が日本に奪われたとする領土と、ベトナムやフィリピンなどの東南アジア諸国に占拠されている島々とを取り戻すことである。

この点はとても理解しやすいが、多くの中国専門家を当惑させているのは、習主席のとっている方法である。つまり、中国が歴史的経緯から保有していると見做す権利を主張する際に多数のアジア諸国と同時に幾つもの衝突を起こしているということである。……

中国がベトナム沖の係争地域で石油を掘削していることは、ベトナムでは、資源探しではなく、あからさまな政治的目的による意図的な挑発行為と解釈されている。この海域は、埋蔵量という点では、さほど有望とは考えられていない。その結果は、ベトナムで、反中国デモによって中国企業の設備が破壊され、同国指導部の親中派は失脚した。

一方、中国の圧力を受けて、フィリピンは、南シナ海での中国領有権の合法性に異議を唱え、ハーグの国際司法裁判所に提訴した。フィリピンが勝訴すれば、中国にとって外交上の打撃となる。ベトナムも、法的措置を検討していると明らかにしている。

表面上は、中国のこうした行動は無謀に思われるかもしれない。しかし、アジア各国と米国の政府高官及び政策分析者の間では、そのタイミングは計算ずくという見方が大勢である。習主席が自分が向かい合っている米大統領は弱腰で、強い言葉でアジアの同盟国を支援したとしても、実際に反撃することはないと確信していることをみせている。分析者は、オバマ大統領がシリアとウクライナへの軍事介入に踏み切れなかったことが、習主席の考え方を強め、南シナ海で領有権を積極的に主張する好機と判断する根拠になった、と指摘する。

実際に、先週末、シンガポールで開催されたアジア安全保障会議で、このような緊張関係が顕になった。ヘーゲル米国務長官は、会議で、中国は南シナ海で「不安定を招く一方的な行動」をとっている、と非難した。これに対し、中国人民解放軍王冠中副参謀長は、ヘーゲル長官の発言は「覇権主義と威嚇に満ちている」とし、「中国に対する挑発だ」と反論した。

このダメージは、遠い将来のいつか、消えるかも知れない。中国は、近隣諸国がその繁栄を中国の巨大市場に依存しているため、中国に従わざるを得なくなる、と確信できるからである。

元オーストラリア外交官で、現在はオーストラリア国立大学研究センターの上級責任者を務めるリチャード・リグビーは、中国のやり方は「強く主張できる場合はすべてそうする」ということに尽きる、と述べた。彼はまた、習主席は、景気減速だけでなく、多くの国内問題に直面している、と指摘した。このような状況では、中国は「国際舞台で弱みを見せて攻撃されやすくなるわけにはいかないのだ」と語った。

常に中国の台頭におびえているアジア諸国にしてみれば、「九龍」には、もう十分怖い思いをさせられた。しかも、中国の最近の動きは、それら諸国をますます不安に陥れている。」

ここでなされた指摘は、2014年5月2日以降、中国のベトナム管轄地域での石油掘削事件で、軍艦4

隻を含む、130隻近くの中国艦船が漸次、出動して対決となった事態についてである。この続く対決事件は、16日ベトナムの反中国感情を爆発させた。中国は、1979年2月ベトナム懲罰攻撃を鄧小平が主導して中越戦争を展開した。中国とベトナムは、1974年西沙群島で、さらに1988年に南沙群島で軍事衝突を繰り返してきた。両群島の実行支配を強める中国は、ベトナムを封じ込める姿勢を変えていない。同5月9日、10日ベトナム船上空に中国戦闘機が展開し、中国軍部も中国の防衛のためだと認めた。これは、第一列島線の軍事作戦の先駆的事例を提供した。

フィリピンは5月18日、南沙群島のジョンソン礁に中国が資材や土砂を搬入し、埋立てをしていると、外務省報道官が発表した。それは、戦略拠点になる滑走路の建設にある。

2012年12月習近平中国体制が発足し、習は自ら党中央軍事委員会主席に就任し、「中華民族の偉大な復興というチャイナ・ドリームを実現する」と、中国人民に約束し、鄧小平以来の伝統を継承した。そして、2013年11月14日中国は、東シナ海に防空識別圏を設定した。ケリー米国務長官は12月、米国はそれを承認しないし、南シナ海に設定しないよう、警告した。フィリピンは、南シナ海でも設定されると懸念しているなか、同11月26日中国外交部は、南シナ海などへの防空識別圏の拡大を示唆した。中国国防部は、それは安全保障面での脅威の程度で判断することだとしている。12月5日米海軍のミサイル巡洋艦USSカウペンズが中国空母遼寧と遭遇した際に、中国艦艇がカウペンズに突進する事件が起きた。それは、いかに中国艦

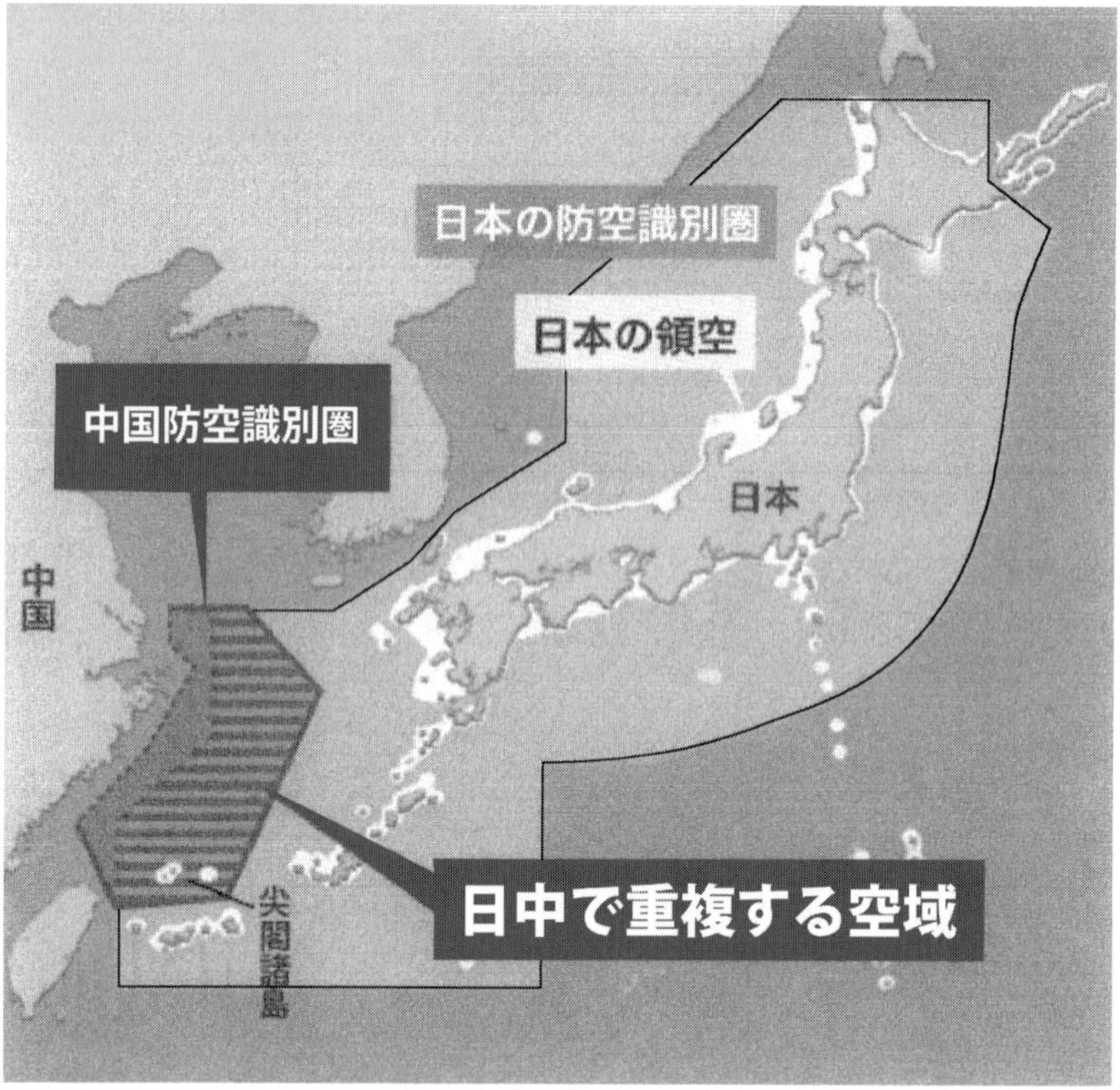

図0-3　東アジアの領空と防空識別圏

船の戦闘能力が優位にあるかを、誇示する事件であった。

そして、２０１４年４月２日「解放軍報」は、馬暁空軍司令員が、これまでの迎撃任務である防空支援から「攻略と守衛の兼備」に踏み出し、「海上での核心となる軍事能力を作り上げる」と宣言した。５月24日中国軍戦闘機が東シナ海上空で、日本の海上自衛隊機に50メートルまで接近するという異常事態となった。中国空軍当局は防空識別のためであると発表し、25日には航空自衛隊機に約30メートルまで接近する事件が続いた。29日には東シナ海の日本側海域の中国防空識別圏で、中国艦から火器レーダーを発したとみられている。それら一連の事件で、6月10日馬暁空軍司令員は、空軍が国土防衛から、いわゆる列島線の占領・管理行動へと転換したことにあると発言し、海洋権益の保護に踏み込んだ方針を承認したことにあると発言し、それは、海上での脅威の排除に向けた戦略に転換したことを意味した。

これら一連の中国の行動は、２０１４年初めて着手されたものであったが、10年前からなされていたに過ぎない、と中国海洋当局はすべて是認している。中国海洋石油も、西沙群島沖の石油採掘は、われわれが10年来進めてきたことに過ぎないとしている。

米国防総省は、6月6日中国軍事力分析の年次報告を公表し、中国軍は尖閣諸島の防空識別圏組込みを続行し、台湾海峡取得を前提とした増強を進めており、強襲揚陸艦を急ぎ建造することになったとみている。

米国は、２０１４年にアジア海洋圏への復帰と再均衡政策へと転換した。4月フィリピンは米軍がフィリピンの基地を使用する協定に調印し、オバマ大統領がフィリピンでその政策方針を確認した。

日本の安倍首相は、6月30日シンガポールのアジア安全保障会議で基調演説を行い、ＡＳＥＡＮ諸国の沿岸警備能力の構築を全面支援する方針を明らかにし、中国に対し日中両国間の偶発的な衝突防止に向けた態勢作りを呼びかけた。さらに、「国際法遵守の重要性」を改めて強調し、「国際法に照らして正しい主張をし、また威圧に頼らず、紛争はすべからく平和的解決を図るべき」と訴えた。その上で、彼は、フィリピンによる対話を通じ解決する姿勢を支持すると表明し、南シナ海問題では、「ＡＳＥＡＮと中国の間で、真に実行性のある行動規範ができるよう、期待してやまない」と述べた。安倍首相は、２００７年に日・中で合意していた不測の事態を防止する「連絡メカニズム」を再構築し、「海上での戦闘機や艦船による危険な遭遇を歓迎しない」とも語りかけ、「日・中両国間の合意を実施に移すことが地域全体の平和と安定につながる」と中国に求めたが、出席の中国軍幹部は、決然と拒否した。中国は、２０００年半ば以降、新しい独自の国際法理論を提起し、旧領土の支配回復は国際法に合致する、としている。

２０１５年３月中国が海南島で開催した博鰲《ボーアオ》アジア・フォーラムの基調演説で、習中国国家主席は、アジアと世界をさらに有益にする地域秩序として「一帯一路」構想を打ち出し、海と陸のシルクトード沿いに巨大な経済圏を構築を主導することを明らかにした。これは、中央アジア経由で中国とヨーロッパを結び付けるシルクロード経済ベルト（帯）と、東南アジアからヨーロッパまでの沿岸国の経済協力を進める21世紀海上シルクロード（路）を指している。それは、２０１３年９月カザフスタン大学でユーラシア各国の経済的連繋の緊密化を提起し、同13年10月インドネシア国会で海洋協力のパートナーシップを発展させるべく中国・ＡＳＥＡＮ運命共同体の構築を提起し、そして翌14年5月上海のアジア相互協力信頼醸成会議でのアジアの安全はアジア人民が守る姿勢を確認したところの延長線上にあった。その課題としては、インフラストラクチャー施設の相互連結とエネルギー施設などの整備が提起され、そのため中国が４００億ドルを拠出としたシルクロード基金が設立され、またアジア・インフラ投資銀行（ＡＩＩＤ）もその役割を担い、そして

２０２０年にＡＳＥＡＮ諸国と中国・日本・韓国によるアジア経済共同体を実現する、と結論づけられた。それは、チャイナ・ドリームを射程に、その根底には、現在、生産能力の過剰にある中国経済の解決が課題とされており、このために発展が遅れている新疆ウィグル自治区の開発が結び付けられ、さらに南シナ海の支配を強化してその領有権問題を同時に解決し、もって海洋大国を実現するとの意図にある。南シナ海問題でが、王毅中国外交部長は、その中国の領土支配強行に対して、「自分の庭の仕事で人の指図は受けない」と断言しており、中国は南海諸島の支配強化と支配回復の強行を決然として遂行しつつある。

I

南シナ海の諸島

1、南シナ海の範域

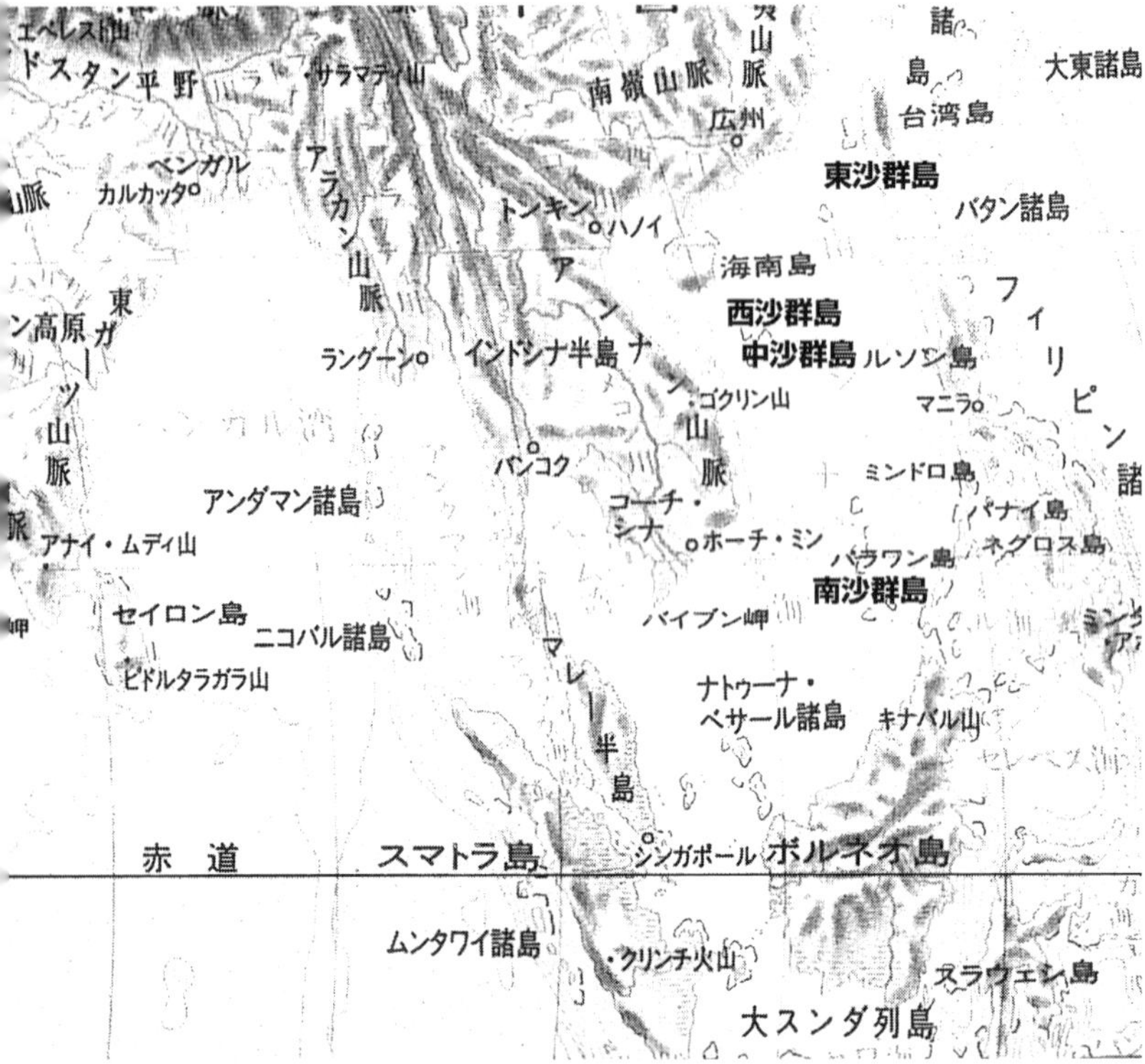

図1-1　南海諸島

南海諸島は、南シナ海の南北約２４００キロメートル、東西約１３００キロメートルの範域にあり、全海域は約８５０平方キロメートルに達する。そこでの１平方キロメートル以下の島嶼は、環礁、岩礁、浅瀬、暗礁、砂州からなり、北は北衛灘、南は曾母暗礁、東はスカボロー礁（黄岩島）、西は万安灘に及び、それは面積の大きさから、４つの群島に分かれる。

中国は、１９８３年４月南海諸島地名調査を行い、地名２８７を公表した。

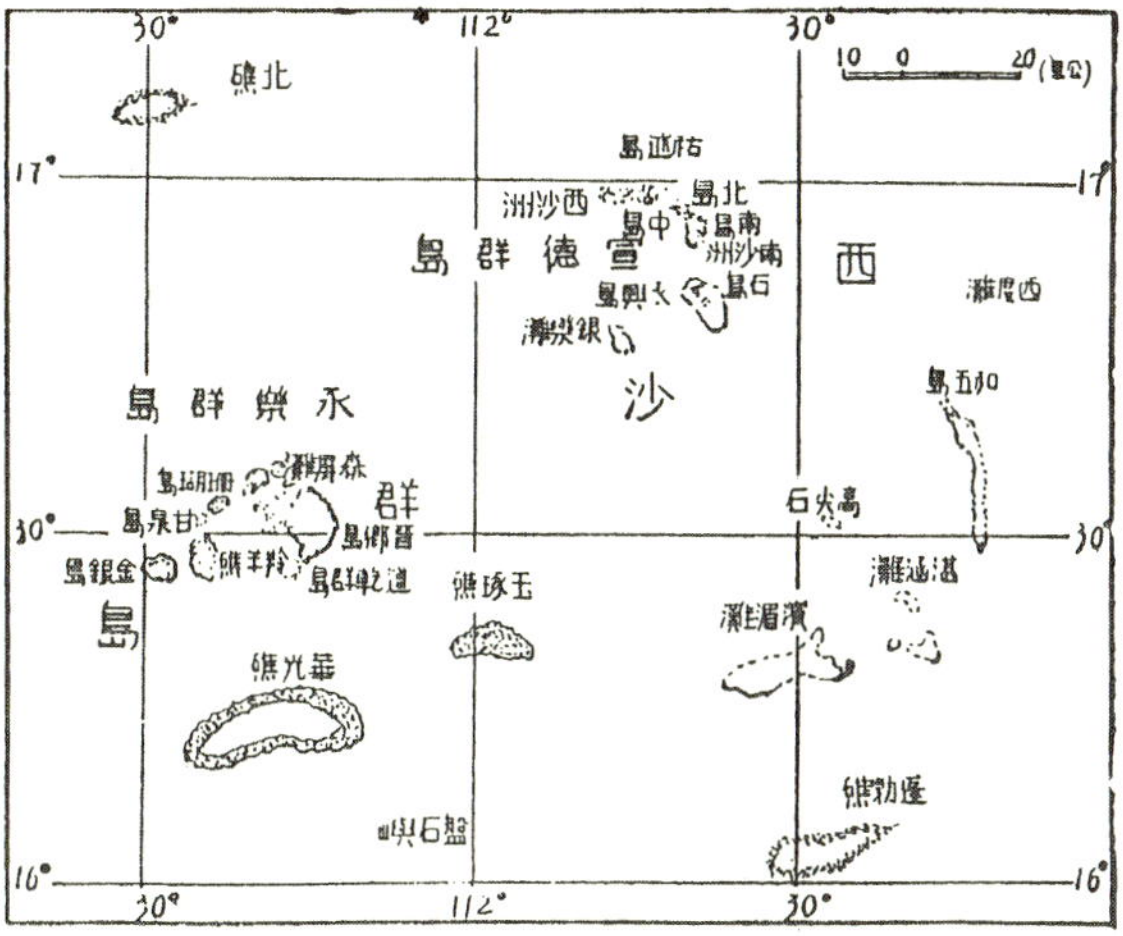

図1-3　西沙群島
出所：前掲『南沙行』27頁。

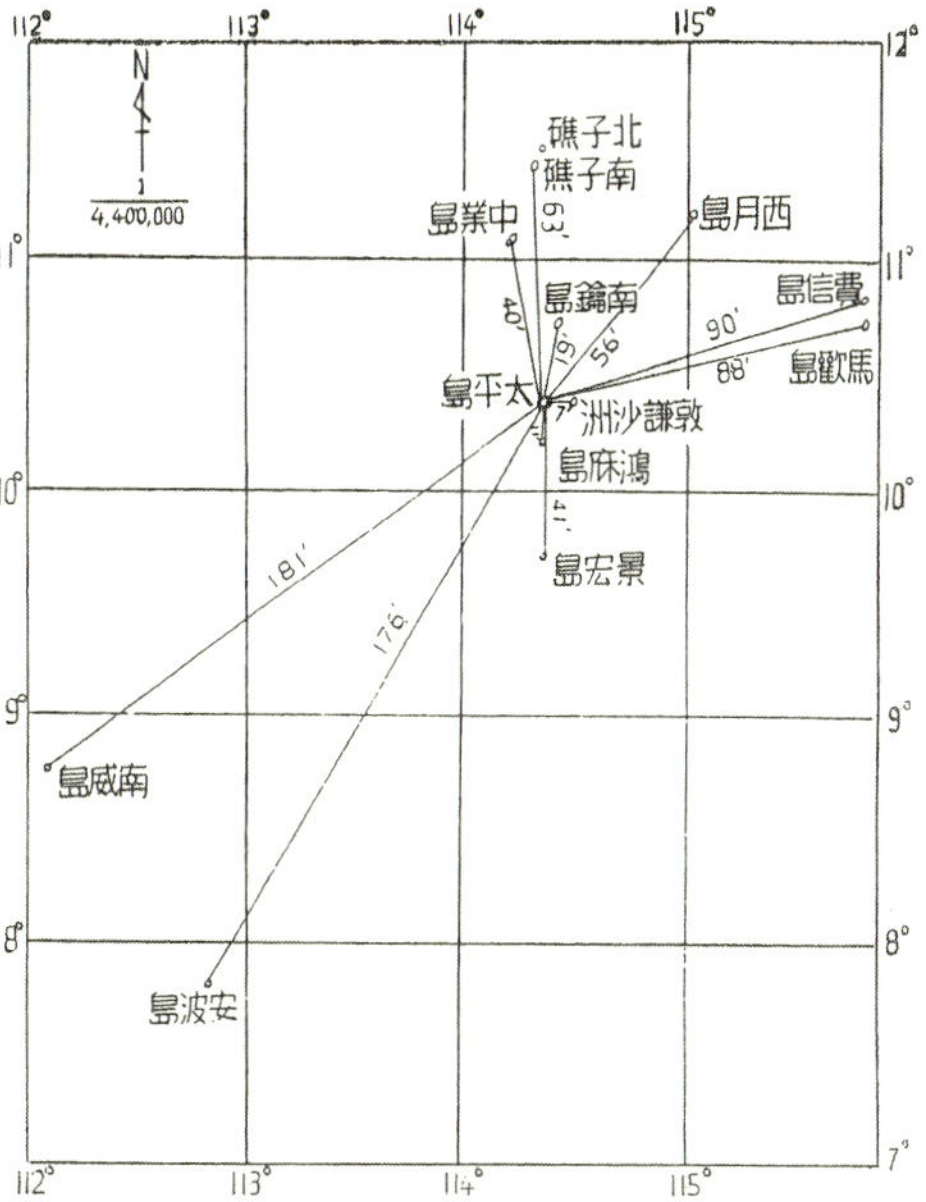

図1-2　南沙群島
出所：張振國『南沙行』内部資料、民国46年、35頁。

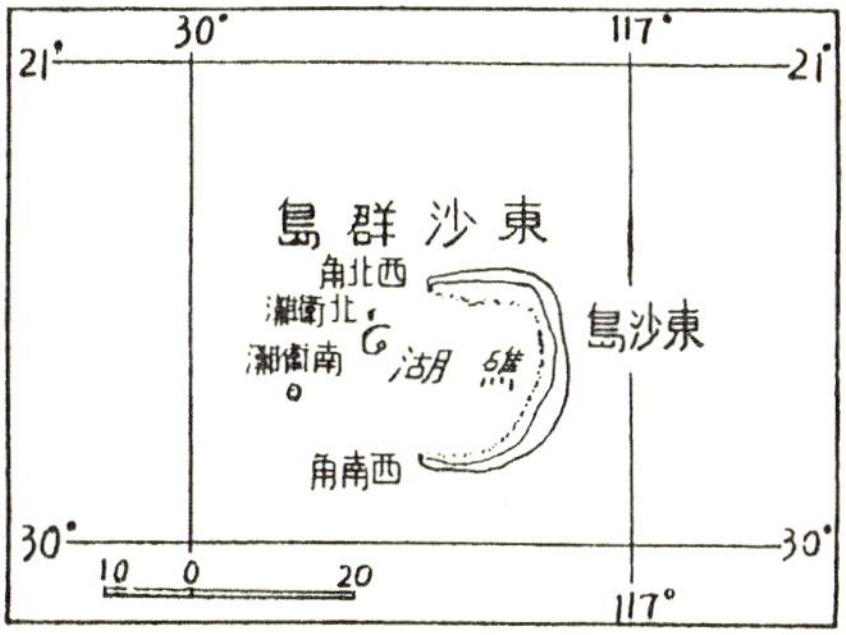

図1-4　東沙群島
出所：前掲『南沙行』23頁。

南沙群島／スプラトリー群島

中沙群島／マクルスフィールド群島　スカボロー礁、費信島、指令礁など。

西沙群島／パラセル群島

　永樂群島　甘泉島など。

　道乾群島　琛航島など10島。

　宣徳群島　西沙洲、永興島など。

東沙群島／プラタス群島　東沙島、北衛灘、南衛灘。

2. 南シナ海諸島の島名と位置

これら諸島の島名と位置は、次の通りである。

（1）東沙群島 Pratas Islands

東沙島（西澤礁）Pratas Reef　東経１１６度45分、北緯20度35分―20度47分

東沙島（月牙島／西澤島）Pratas Island　東経１１６度43分、北緯20度42分

北衛灘 N.Verker Bank　東経１１５度58分、北緯21度４分
南衛灘 Nanwei Bank　東経１１１度35分、北緯20度58分
北水道 North Pass　東経１１６度43分、北緯20度45分
南水道 South Pass　東経１１６度42分、北緯20度39分

（2）西沙群島（黄沙群島／海神群島）Paracel Islands

永樂群島 Crescent Group
甘泉島（フーニャット島／チャムチュン島）Robert Island　東経１１１度35分、北緯16度30分
珊瑚島（八道羅島）Money island　東経１１１度31分、北緯16度28分
金銀島 Money Island　東経１１１度31分、北緯16度28分
銀嶼 Observation Bank　東経１１１度42分、北緯18度35分

道乾群島 Duncan Islands
琛航島（燈擎島）Duncan Island　東経１１１度42分、北緯16度27分
廣金島（掌島）Palm Island　東経１１１度42分、北緯16度27分

晉卿島（杜林門島）Drummond Island　東経１１１度44分、北緯16度28分

森屏灘（測量灘）Observasion Bank　東経１１１度42分―１１１度45分、北緯16度33分―16度35分

羚羊礁 Antelope Reef　東経１１１度35分、北緯16度28分

華光礁（發現礁）Discovery Reef　東経１１１度34分―１１１度49分、北緯16度９分―16度17分

玉琢礁（烏拉多礁）Vuladdore Reef　東経１１１度57分―１１２度６分、北緯16度19分―16度22分

盤石嶼（巴蘇奇島）Pasu Keak　東経１１１度45分―１１１度50分、北緯16度２分―16度３分

中建島（土來塘島）Triton Island　東経１１１度12分、北緯15度47分

北礁（北砂礁）North Reef　東経１１１度30分、北緯17度５分

宣徳群島 Ampaitrite Group

西沙洲 West Sand　東経１１２度13分、北緯16度59分

趙述島（樹島）Tree Island　東経１１２度16分、北緯16度59分

北島 North Island　東経１１２度19分、北緯16度58分

中島 Middle Island　東経１１２度19分、北緯16度57分

南島 South Island　東経１１２度20分、北緯16度57分

北沙洲 North Sand　東経１１２度20分、北緯16度56分

中沙洲 Middle Sand　東経１１２度21分、北緯16度56分

南沙洲 South Sand　東経１１２度21分、北緯16度56分

永興島（林島）Woody Island　東経１１２度20分、北緯16度50分

石島（小林島）Rocky Island　東経１１２度21分、北緯16度51分

銀礫灘（亦爾剔斯灘）Iltis Bank　東経１１２度12分―１１２度15分、北緯16度45分―16度48分

西渡灘（台圖灘）Dido Bank　東経１１２度54分、北緯16度49分

和五島（東島）Lincoln Island　東経１１２度44分、北緯16度40分

蓬勃礁 Bombay Reef　東経１１２度26分―１１２度36分、北緯16度１分―16度５分

湛涵灘（則衡志兒灘）Jehangire Bank　東経１１２度37分、北緯16度25分

濱湄灘（勃利門灘）Bremen Bank　東経１１２度20分―１１２度33分、北緯16度17分―16度24分

高尖石 Pynamid Rock　東経１１２度26分、北緯16度35分

浪花礁（傍俾礁）Bombay Reef　東経１１２度26分―36分、北緯16度１分―16度５分

趙述門 Zappe Pass　東経１１２度18分、北緯１６７度58分

甘泉門 Robert Pass　東経１１１度35分、北緯１６７度30分

（３）中沙群島 Macclesfied Island

中沙群島 Macclesfied Island

西門暗沙 Siamese Shoal　東経１１４度３分、北緯15度58分

本固暗沙 Bankok Shoal　東経１１４度６分、北緯16度　分

美濱暗沙 Magpie Shoal　東経１１４度13分、北緯16度３分

魯班暗沙 Carpenter Shoal　東経１１４度18分、北緯16度４分

立夫暗沙 Oliver Shoal　東経１１５度24分、北緯13度57分

比微暗沙 Pigmy Shoal　東経１１４度44分、北緯16度13分

隱磯灘 Engeria Bank　東経１１４度56分、北緯16度３分

武勇暗沙 Howard Shoal　東経１１４度47分、北緯15度52分

濟猛暗沙 Learmonth Shoal　東経１１４度41分、北緯15度42分

海鳩暗沙 Plover Shoal　東経１１４度28分、北緯15度36分

安定連礁 Addington Patch　東経１１４度24分、北緯15度37分

美溪暗沙 Smith Shoal　東経１１４度12分、北緯15度27分

布德暗沙 Bassette Shoal　東経１１４度10分、北緯15度27分

波洑暗沙 Balfour Shoal　東経114度0分、北緯15度27分
排波暗沙 Parry Shoal　東経113度51分、北緯15度29分
果淀暗沙 Cawston Shoal　東経113度46分、北緯15度32分
排洪灘 Penguin Bank　東経113度43分、北緯15度38分
濤静暗沙 Tanered Shoal　東経113度54分、北緯15度41分
控湃暗沙 Combe Shoal　東経113度54分、北緯15度48分
華夏暗沙 Cathy Shoal　東経113度58分、北緯15度54分
石塘連礁 Hardy Patches　東経114度46分、北緯16度2分
指掌暗沙 Hand Shoal　東経114度39分、北緯16度0分
南扉暗沙 Margesson Shoal　東経114度38分、北緯15度55分
漫歩暗沙 Walker Shoal　東経114度29分、北緯15度55分
樂西暗沙 Phillip's Shoal　東経114度25分、北緯15度52分
屏南暗沙 Payne Shoal　東経114度34分、北緯15度52分
憲法暗沙 Truro Shoal　東経116度44分、北緯16度20分
一統暗沙 Helen Shoal　東経113度53分、北緯19度12分
スカーボロ礁（黄岩島／民主礁） Scarborough Reef　東経117度44分―117度48分、北緯15度8

分―15度14分

南岩

北岩

（4）南沙群島（長沙群島）Spratly Island

雙子群礁（北危島）North Danger

貢土礁（北東礁）North Reef　東経１１４度24分、北緯11度28分

北子礁（北二子島／雙子東島）North East Cay　東経１１４度22分、北緯11度27分

北外沙洲 Shila Isiet　東経１１４度21分、北緯11度27分

南子礁（南二子島／雙子西島）South West Cay　東経１１４度20分、北緯11度26分

奈羅礁（南西礁）South Reef　東経１１４度19分、北緯１１７度23分

東南暗沙 Sabirme Patches　東経１１４度22分、北緯１１７度24分

東北暗沙 Day Shoal　東経１１４度24分、北緯１１７度26分

北子暗沙 Iroquais Ridge　東経１１４度23分、北緯１１７度26分

永登暗沙 Trident Shoal　東経１１４度38分―１１４度44分、北緯11度23分―11度31分

樂斯暗沙 Lys Shoal　東経114度35分―114度39分、北緯11度19分―11度22分
中業群礁 Thi-Tu Reefs
中業島（バガサ島／三角島／施四島）Thi-Tu Island　東経114度17分、北緯11度3分
渚碧礁 Subi Reef　東経114度4分―114度7分、北緯10度54分―10度56分
道明群礁 Loaita Bank & Reef
雙黄沙礁（英文名なし）　東経114度19分―114度20分、北緯10度42分―10度43分
楊信沙洲（瀾千磯／龍堅島）Lankiam Cay　東経114度32分、北緯10度43分
南鑰島（中小島／類槎島）Loaita/South Iof Horsbung　東経114度25分、北緯10度40分
蒙自礁（長灘磯）Menzies Reef　東経114度48分、北緯117度9分
鄭和群礁（堤閘灘）Tizard Bank & Reefs
太平島（長島／大島／波平島）Itu Aba Island　東経114度22分、北緯10度23分
敦謙沙洲（北小島）Sandy Cay　東経114度28分、北緯10度23分
舶蘭礁 Petley Reef　東経114度35分、北緯10度25分
安達礁（東礁）Eldad Reef　東経114度42分、北緯10度21分
鴻庥島（南小島／南謁島）Namyit Island　東経114度22分、北緯10度11分
南薫礁（三角礁）Gaven Reefs　東経114度13分―114度15分、北緯10度10分―11度13分

福祿寺礁（明神礁／西北角）Flora Temple Reef　東経１１３度38分、北緯10度14分

康楽礁 Comnjallis Reef　東経１１３度38分、北緯10度14分

五方礁 Jackson Atoll　東経１１５度42分―48分、北緯10度27分―32分

　五方尾

　五方南

　五方西

　五方北

　五方頭

九章群礁（金輪堆）Union Banks & Reefs　東経１１４度13分―23分、北緯９度42分―10度０分

大現礁（岩城礁／大發現礁）Discovery Great Reef　東経１１３度52分―１１３度53分、北緯10度　分―10度８分

小現礁（深雪礁／小發現礁）Discovery Small Reef　東経１１４度２分、北緯10度０分

永暑礁（黒州礁）Fiery Cross Reef　東経１１２度53分―１１３度４分、北緯９度30分―９度40分

逍遙暗沙 Dhaull Shoal　東経１１２度24分、北緯９度28分

尹慶群礁（零丁礁）London Reefs

　中礁 Central Reef　東経１１２度22分、北緯８度55分

西礁 West Reef　東経１１２度12分―１１２度17分、北緯８度49分―８度53分
東礁 East Reef　東経１１２度34分―１１２度40分、北緯８度48分―８度50分
　華陽礁 Cuarteron Ree　東経１１２度50分―１１２度53分、北緯８度51分―８度52分
南威島（西鳥島／長沙島）Spratly/Storm Island　東経１１１度55分、北緯８度39分
日積礁（梶掛礁）Ladd Reef　東経１１１度39分―１１１度42分、北緯８度39分―８度40分
奥援暗沙（大瀬）Owen Shoal　東経１１１度58分、北緯８度９分
南薇灘（姫磯堆）Riflemen Bank　東経１１１度32分―１１１度46分、北緯７度31分―７度57分
蓬勃堡 Bombay Castle　東経１１１度44分、北緯７度56分
奥南暗沙 Oleana Shoal　東経１１１度45分、北緯７度42分
金盾暗沙 Kingston Shoal　東経１１１度32分、北緯７度32分
廣雅灘 Prince of Wales Bank　東経１１０度31分、北緯８度８分
人駿灘 Alexandra Ban　東経１１０度35分―１１０度38分、北緯７度58分―８度２分
李準灘 Grainger Bank　東経１１０度26分―１１０度31分、北緯７度46分―７度50分
西衛灘 Prince Consort Bank　東経１０９度58分、北緯７度52分
萬安灘 Vanguard Bank　東経１０９度36分―１０９度57分、北緯７度28分―７度33分
安波沙洲（安邦島／安波那島／アン・ボイ島）Amboyna Cay　東経１１２度56分、北緯７度53分

隠遁暗沙 Stay Shoal　東経112度57分、北緯8度27分

海馬灘 Seahorse Bank　東経117度44分—117度50分、北緯10度43分—10度51分

蓬勃暗沙 Bombay Shoal　東経116度56分、北緯9度27分

艦長暗沙（艦長礁／翁礁）Royal Captain Shoal　東経116度40分、北緯9度2分

半月暗沙（半月礁／花栗礁）Half Moon Shoa　東経116度17分、北緯8度54分

保衛暗沙 Viper Shoal　東経115度　分、北緯7度30分

安渡灘 Ardasier Bank　東経113度56分、北緯7度37分

彈丸礁 Swallow Reef　東経113度50分、北緯7度23分

皇路礁 Royal Charlotte Reef　東経113度35分、北緯6度57分

南通礁 Louisa Reef　東経113度14分、北緯6度20分

北康暗沙 North Luconia Shoals　東経112度22分—112度36分、北緯5度22分—5度59分

盟誼暗沙 Friendship Shoa　東経112度32分、北緯5度57分

南安礁 Sea-horse Breakers　東経112度35分、北緯5度32分

南屏礁 Hayes Reef　東経112度38分、北緯5度22分

南康暗沙 South Luconia Shoals　東経112度28分—112度56分、北緯4度11分—5度7分

海寧礁 Herald Reef　東経112度37分、北緯4度57分

海安礁 Stigant Reef　東経112度30分、北緯5度2分
澄平礁 Sterra Blanca　東経112度32分、北緯4度51分
曾母暗沙（詹姆沙）James Shoal　東経112度17分、北緯3度58分
　八仙暗沙 Parsons Shoa
　立地暗沙 Lydis Shoa
禮樂灘（赤江礁）Reed Bank　東経116度22分―117度20分、北緯11度6分―11度55分
禮樂南礁（鳴鐘礁）North Reef　東経116度40分、北緯10度51分
紫灘 Wood Bank　東経117度11分、北緯10度36分
忠孝灘 Templier Bank　東経117度17分、北緯11度1分
勇士灘 Leslie Bank　東経117度28分、北緯11度5分
神仙暗沙 Sandy Shoal　東経117度38分、北緯11度2分
仙后灘 Fairie Queen　東経117度38分、北緯10度38分
海島灘 South Bank　東経117度44分―50分、北緯10度43分―51分
莪蘭暗沙 Lord Aukland Shoal　東経117度17分、北緯10度20分
紅石暗沙 Carnatie Shoal　東経117度21分、北緯10度6分
棕灘 Brown Bank　東経117度23分、北緯10度42分

雄南礁（鳴神礁）Marie Louise　東経116度47分、北緯11度55分
陽明礁（北岩礁）Pennsylvania North Reef　東経116度51分、北緯10度48分
潯江暗沙（深江礁）Shinko Shoal　東経116度0分、北緯10度28分
半路礁 Hardy Reef　東経116度8分、北緯0度8分
南方淺灘（濱代堆）Southern shoal　東経116度27分—57分、北緯10度15分—41分
東坡礁 Pennsylvania　東経116度34分、北緯10度23分
東華礁 Foulerton　東経116度56分、北緯10度38分
安塘島 Amy Douglas　東経116度26分、北緯10度53分
和平暗沙 3rd Thomas Shoal　東経115度55分、北緯10度53分
費信島（平島／扁島／亀甲島）Flat Island　東経115度50分、北緯10度49分
馬歡島 Nanshan Island　東経115度48分、北緯10度44分
西月島（西約克島／西青島）West York Island　東経115度2分、北緯11度5分
北恆礁 Ganges N.Reef　東経115度9分、北緯10度33分
恆礁 Ganges Reef　東経115度4分、北緯10度20分
景宏島（辛科威島／生存島／飛鳥島）Sin Cowe Island　東経114度20分、北緯9度53分
南門礁 Edmond Reef　東経114度28分、北緯9度54分

東門礁 Hughs Reef　東経114度30分、北緯9度55分
安楽礁 Hallat Reef　東経114度31分、北緯9度56分
長銭礁 Holiday Reef　東経114度34分、北緯9度58分
主権礁 Empire Reef　東経114度35分、北緯9度58分
伏波礁 Ganges Reef　東経114度11分、北緯9度23分
三角礁 Lirock Reef　東経115度16分―19分、北緯10度10分―13分
禄沙礁 Hopps Reef　東経115度22分、北緯10度14分
汎愛暗沙 Fancy Wreok Shoal　東経114度40分、北緯9度43分
火艾礁（相生島）Irving Reef　東経114度56分、北緯10度53分
孔明礁（バン・ハン）Pennsylvania Ree　東経115度10分、北緯9度59分
仙娥礁 Alicia Annie Reef　東経115度26分―115度28分、北緯9度22分―9度26分
美濟礁（三門礁）Mischief Reef　東経115度30分―115度35分、北緯9度52分―9度56分
仙濱暗沙 Sabina Shoa　東経116度25分―116度37分、北緯9度43分―9度49分
信義暗沙 1st Thomas Shoal　東経115度54分―115度58分、北緯9度20分―9度21分
仁愛暗沙（仁愛礁／中富礁）2nd Thomas Shoal　東経115度51分―115度54分、北緯9度39分―9度48分

海口暗沙（蓬萊礁）Investigator N.E.Shoal　東経116度27分、北緯9度11分
仙濱礁（仙濱暗礁／美那瀬）Sabina Shoal　東経116度25分―37分、北緯9度43分―49分
牛車輪礁 Roxall Reef　東経116度10分、北緯9度36分
畢生島 Pearson　東経113度39分―115度44分、北緯8度56分―8度59分
南華礁 Cornwallis S. Reef　東経114度10分―114度12分、北緯8度40分―8度46分
立威島 Lizzie Weber　東経113度10分、北緯8度4分
南海礁 Marivels Reef　東経113度33分―113度58分、北緯7度56分―8度0分
息波礁 Ardasier Breakers　東経114度2分、北緯7度57分
赤爪礁（ジョンソン南礁）Johnson Reef　東経114度17分、北緯9度47分
破浪礁 Gloucester Breakers　東経114度14分、北緯7度49分
玉諾島 Cay Marino　東経114度21分、北緯8度30分
愉亞暗沙 Investigation Shoal　東経114度30分―114度50分、北緯8度7分―8度14分
金吾暗沙 S.W. Shoal　東経114度53分、北緯7度59分
校尉暗沙 N.E. Shoal　東経115度14分、北緯8度30分
南樂暗沙 Glasgow　東経115度31分、北緯8度29分
司令礁（中瀬高礁）Commodore Reef　東経115度11分―115度17分、北緯8度22分―8度24分

都護暗沙 North Vipor Shoal　東経１１５度23分、北緯８度２分

指向礁 Director　東経１１５度55分、北緯８度28分

無乜礁（ティエン・ヌ）Tennent Reef　東経１１４度38分―１１４度41分、北緯８度50分―８度53分

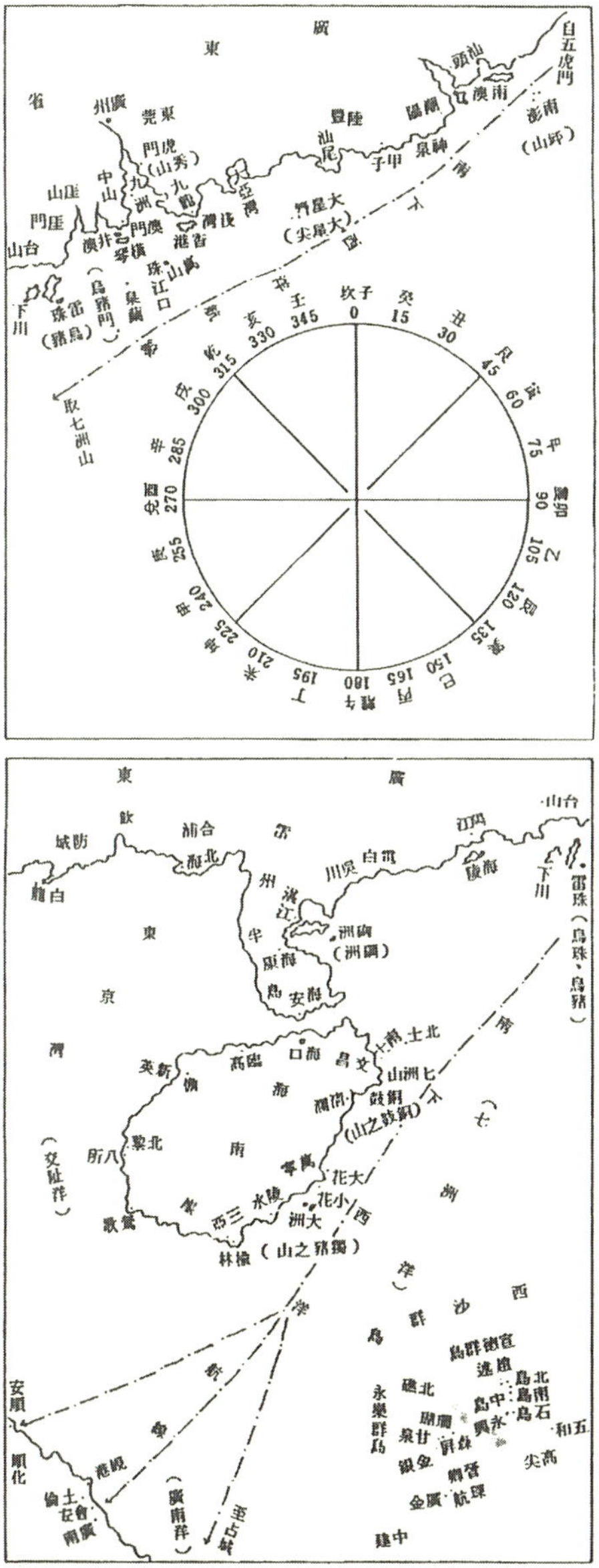

図1-5　鄭和航海図

出所：符駿『南海四沙群島』台北、世紀書局、1981年、238頁。

南海卫
东莞所
官富寨
九星
香山所
南亭山
小奚山
大奚山
冷汀山
佛堂门
大金
北尖
上下川山
大星尖
外平
大甘
小甘
大星尖用丹寅针十五更船平南粤山外平山外过用艮寅针三更船
艮寅针十更船平大星尖外过
石星石塘

図1-6　鄭和航海図、1433年（南海部分）

出所：海軍海洋測繪研究所・大連海運航海史研究室編『新編鄭和航海圖集』北京、人民交通出版社、1988年、40頁。

3. 南シナ海住民の世界

南シナ海は、古代には「漲海」と呼ばれ、漢の武帝時代に南沙群島と西沙群島が発見され、宋・元の時代を通じ「千里長沙、萬里石塘」と命名され、そこでの漁民の生活が伝えられていた。

まず、1433年の「鄭和航海圖」、原名「目寶船廠開船龍江關山水直抵外國諸蕃圖」には、「石里石塘」とあり、それは東沙群島と中沙群島を指している（図1-5、図1-6）。

明の1430年以前に書かれたという『正徳瓊臺志』には、明確な彊域の説明がある。そこには、南海諸島に対する明確な認識が成立している。

彊域

瓊管古志云、外匝大海、接烏里蘇密吉浪之州、南側占城、西側眞臘・交阯、東側千里長沙、萬里石塘、北至雷州・除聞

1767年に黄証孫が刊行した「大清萬洋一統天下全圖」には、以下の地名が記入されている。

南澳気　　東沙群島
萬里長沙　　中沙群島

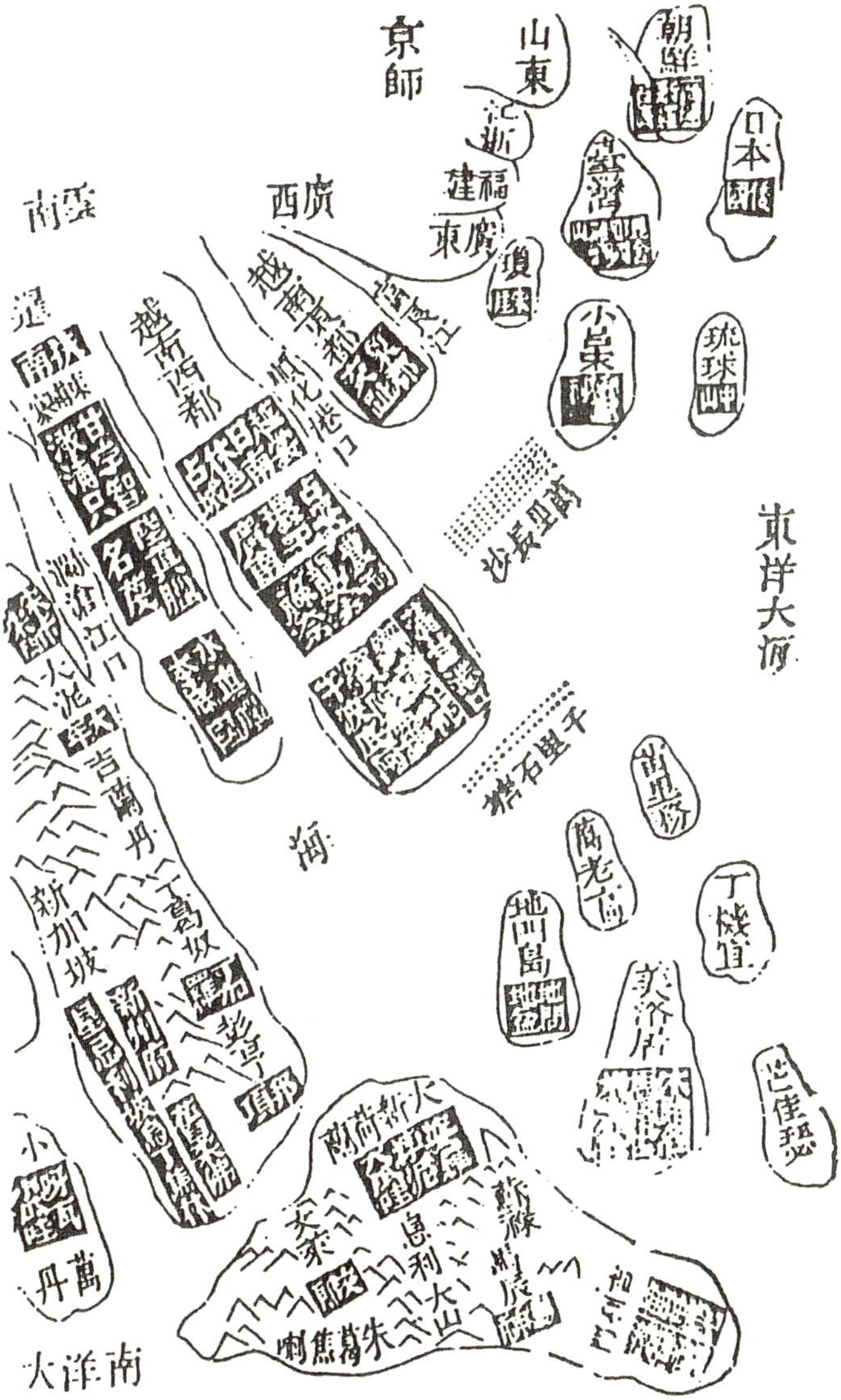

図1-7　『海國圖志』1842年の南海諸島
出所：符駿、前掲、『南海四沙群島』259-260頁。

図1-8 『海録』1820年の亞洲總圖
出所：謝清高述・楊炳南録『海録』、台北、慶文書房、民国17年。

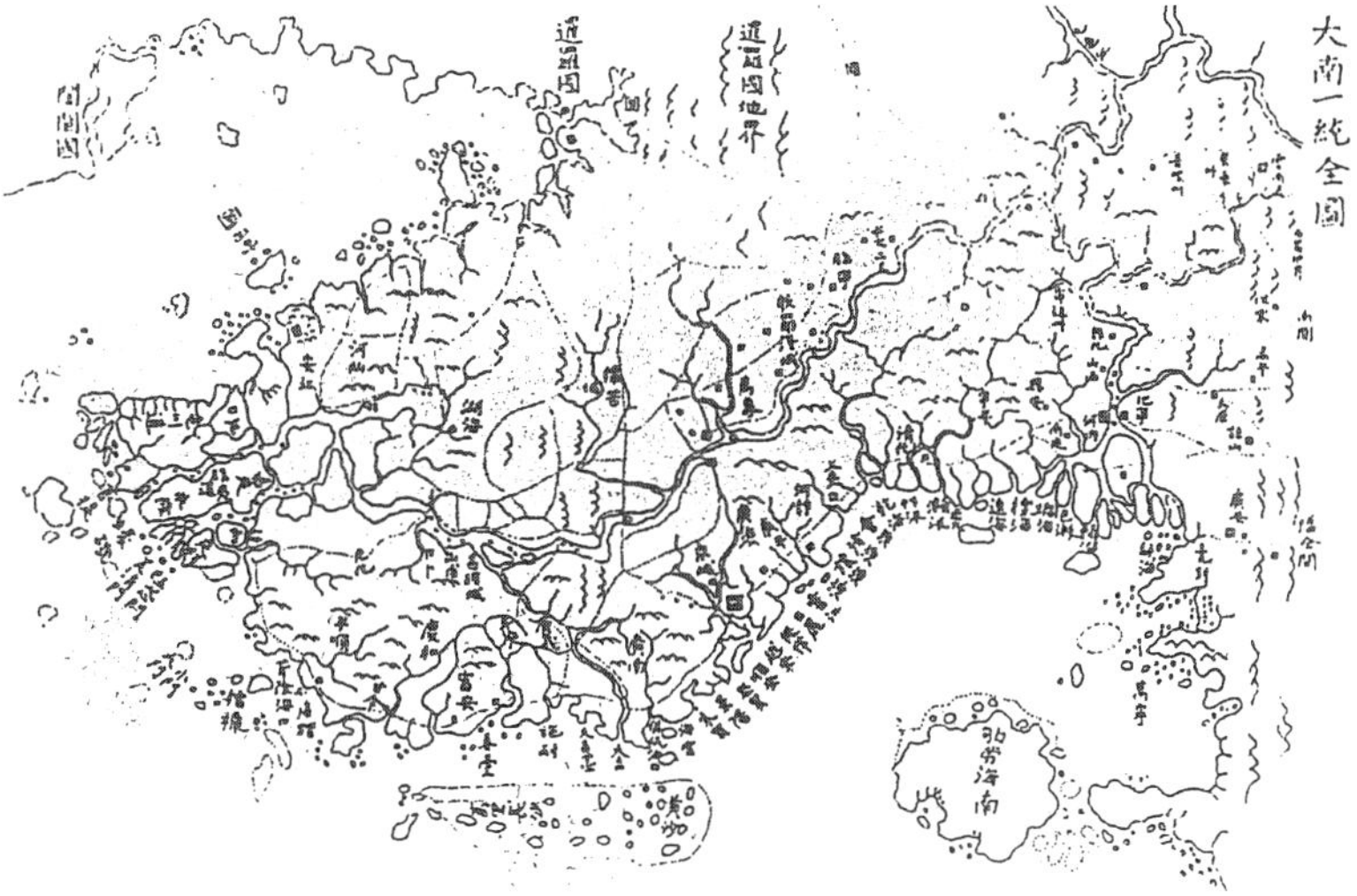

図1-9　「大南一統圖」
出所：Nhân Dân, 2-11-1975.

萬里石塘　南沙群島
（七洲）洋　西沙群島とその周辺

その七洋圖は、1820年の『海録』（図1‐8）が明らかにしている。

また、ベトナムの「大南一統圖」（図1‐9）には、「黄沙」、「萬里長沙」の記述があるが、ベトナム人の生活についての記述は、少ない。杜柏の「廣義地區地圖」（図1‐10）には、開発を以下のように記述している。

海中有一長沙、名擺葛鑛、約長四百里、潤二十里、卓立海中、自大占海門至沙榮荣。每西南風則諸國商船内行漂泊在此、東北風、外行亦漂泊在此、併皆飢死。貨物各置其處。阮氏每年冬季月持船十八隻、來此取貨、多得金

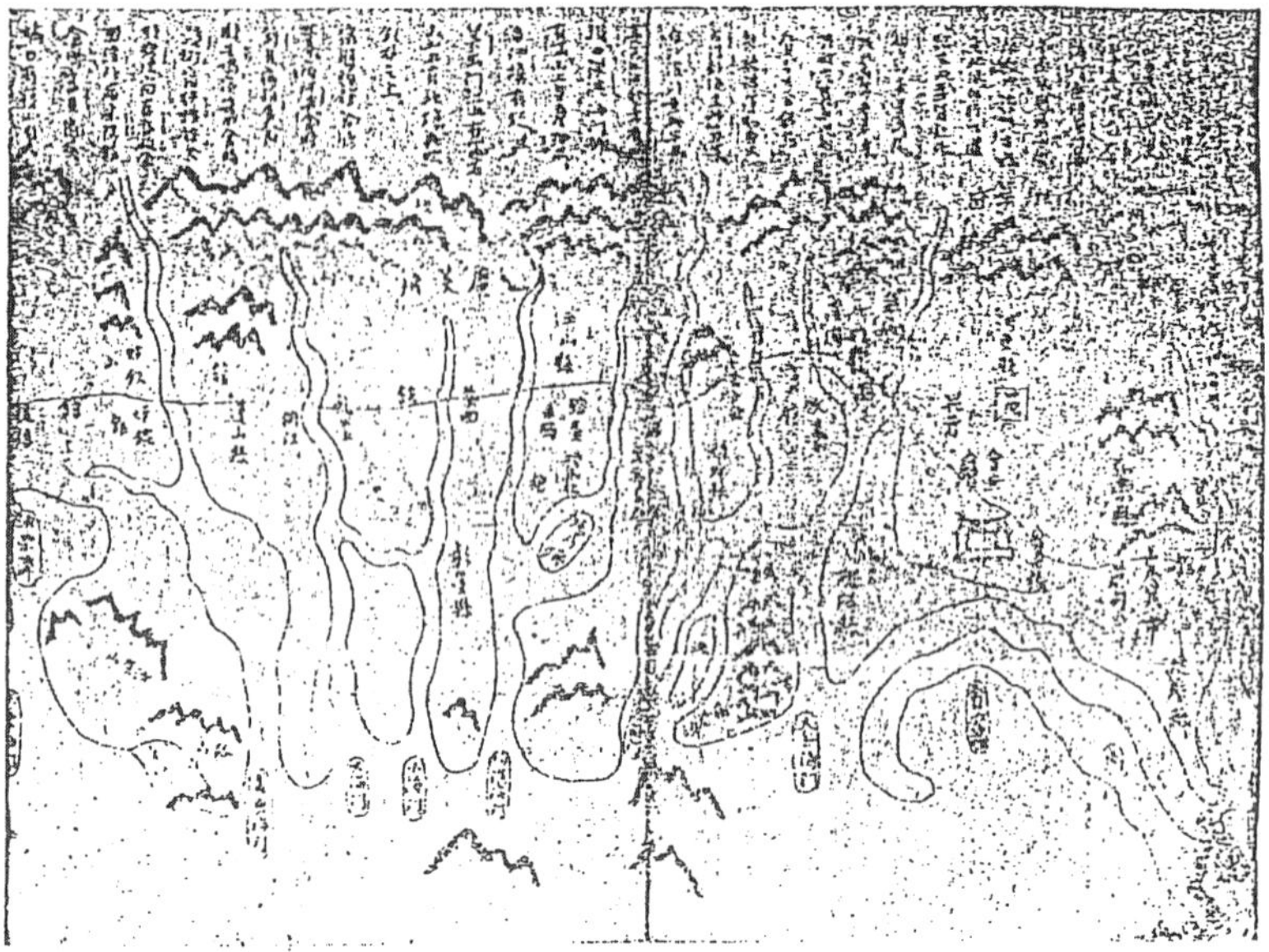

図1-10　「廣義地區地圖」

出所：　Bộ Ngoại Giao, Nuóc Cọng Hóa Xã Hội Chú Nghia Việt Nam, *Quãn Dão Hoàng Sa va Quãn Dão Truòng Sa: Lãnh Thổ Việt Nam*, Há nội: Nhà Xuãt Bán Khoa Học Xã hội, 1984.

銀銭幣銃彈等物。自大占越海至此一日半。自沙淇門至此半日……。

この地域は、中国の漲海にあるが、「展海」の表現にみるように、中華生活圏、アンナン生活圏、チャンパ生活圏がそれぞれ交叉し、その中で人びとの生活が営まれていた。そして、漢の時代には、中国人が南海を航海し、漲海が確認された。そうした認識のもと、南海を展海とした世界が成立していた。

南海を航海ルートとした南海諸島海域の交流も盛んであった。『漢書』には「自日南障塞徐聞合浦、船行可五月、有都元國」の記述があり、「合浦」は現在の雷州半島であるので、海南島を望むところの港から乗船して5カ月ほどで「都元國」に達すると解され、それはスマトラ辺りである。当時、既に、南海をめぐる航海があった。こうした記述は、その後における多くの文献で確認できる。

また、海南島の漁民による記録『更路簿』があり、それは1974年、中国考古学者による西沙群島の現地調査で発見された。これは、旧い時代の漁民生活を確認でき、内容は南海諸島への往来やそこでの生産活動のための航海案内書である。そこに記述してある航行の方位と時間、そのための距離は、多くの航海者の経験と智慧を集成し蓄積したものといえる。その中で使用されている島嶼名は、西沙群島が30余、南沙群島が70余あって、これによっても18世紀から19世紀かけては、島嶼のほぼ全容が確認されていたことが分かる。『更路簿』は、以下のように、記録されている。

(1)　立東海更路

〔自大潭過、用乾巽使到十貳時(更)、使(駛)半轉回乾巽巳亥、約有十五頁。

自三峙下干豆、南風甲庚北乙辛、三庚(更)收。對西使(駛)。

自三峙下石塘、用艮坤寅申、三更半收。對西南。

自三峙下二圈、用癸丁丑未平、二更半收。……

自三峙下三圈、用壬丙巳亥平、四更收。對……

自猫注去十豆、乙辛兼辰戌、四更半收。對西北、北風自猫注去峙曲手、用坤申、四更收。対西南。
自猫注去二圈、用丁未、三更半收。對南。
自二圈下下峙、用辰戌、一更收。對西北。
自石塘上二圈、用乙辛辰戌、二更收。對東南。
自石塘世江門出、上猫注、用甲庚、六更收。對東。
自四江去大圈、用乾巽過實、約更半。對東南。
自銀峙去十豆、用壬丙、三更半收。對北。
自猫興上三圈、用癸丁丁未平、三更半收。對南。
自猫興上三圈、用壬丙平、四更收。對南。
自大圈下去半路、用艮坤加二綫丑未、三更收。對南。
自二圈去干豆、用乾巽、四更半收。對西北。
自尾峙去半路、用癸丁、三更半收。對西北。
自三圈去半路、用甲庚、六更半收。對西南。
自二塘去白峙仔、用丑未、更半收。對南。
自大圈実下白峙仔、用子午、一更收。對南。
自紅草門上双帆、用乾巽、二更收。對東南。

自紅草門上猫興、用乙辛、二更收。對東南。
自白峙仔去半路、用寅中、三更收。對東南。
自半路去外羅、用申庚寅申、十五更收。對西南。
自二圈下大圈、用寅申、一更收。對西。
自三圈下白峙仔、用申庚卯酉、五更收。對西。
自白峙仔上三圈、用卯酉、五更收。對東。
自船岩尾往千豆、用乙卯、四更收。

(2)　立北海各綫更路相對〔以下、略〕

以下の島嶼には、長い期間にわたる人間の生活が営まれていたことが確認されている。そして、南海諸島住民の生活圏があった。

①南沙群島

南沙群島海域は、特に230以上の島、岩礁・浅瀬・砂州があり、広い。

太平島　島民は通常、黄山馬と呼んでおり、80数年前に、漁民が同島の西北に伏波廟を建立した。そこでは、井戸が掘られ、椰子も100本ほど植えられた。

西月島　島民は紅草と呼称していて、80年前に住民が定住し、10数本の椰子を植林した。

中業島　鉄峠と称され、80年前に漁民が井戸を掘り、椰子50本が植えられた。

南威島　鳥子島といわれ、80年前に漁民が入島し、椰子を植え付け、トマトを栽培した。その定住から、海産物の保管に耐えうる状況にあった。

②西沙群島

永興島　林島といわれ、灌木の椰子が成育していて、気象台が置かれた。

琛航島　椰子数株が成育している程度で、錨地として漁民に利用された。

③東沙群島

東沙島　海産物に恵まれているが、定住の生活民はいなかった。気象台が設置され、人の生活がはじまった。

④中沙群島

民主礁　10海里程度の三角形の暗礁で、錨地として利用された。

現在は、これら島嶼では、水道工事が実施され、あるいはテレビのアンテナが連立し、電気設備も充実し、生活の様相も一変している。滑走路も設置され、港湾施設も整備されている。

こうした島嶼での気象台設置は、この地域が毎年5月より9月までが台風の通過地であるためで、その台風被害の予防として、1923年に中国が東沙島に設置を検討し、1926年3月竣工をみていた。その当時の記録によると、その気象台建設で同地域において漁業活動を続ける日本人とのあいだで資材の輸送をめぐり日本人の協力を受ける一方、漁業規制という問題が生じて対立ともなった。この地域は、永く民衆の自由な往来と生活があったことがうかがえる。

さて、この海域は、インド洋と太平洋の間にあって、交通運輸上、重要な位置を占めている。それは、シンガポール、香港、マニラを結ぶ三角地帯の中心に位置し、軍事・安全保障上、南洋の心臓部といわれる戦略的価値にあるからである。

この珊瑚沙洲は、島嶼・沙洲・暗礁・暗灘から成立しており、僅かでも海水面から露出した平坦な砂地が沙洲で、それが堆積すると、陸地となり、島嶼となる。直接的価値は、漁業資源、海鳥の糞からなる燐鉱石だけでなく、石油・天然ガス資源も確認され、その資源戦略的価値は極めて高い。

そこは、中国の世界であったが、今や、幾多の歴史を経て、国際世界の焦点と化した。それは、280余の珊瑚砂洲の地名が、中国語、ベトナム語、ヨーロッパ語、マレー語、日本語など、多様を極めることからも理解される

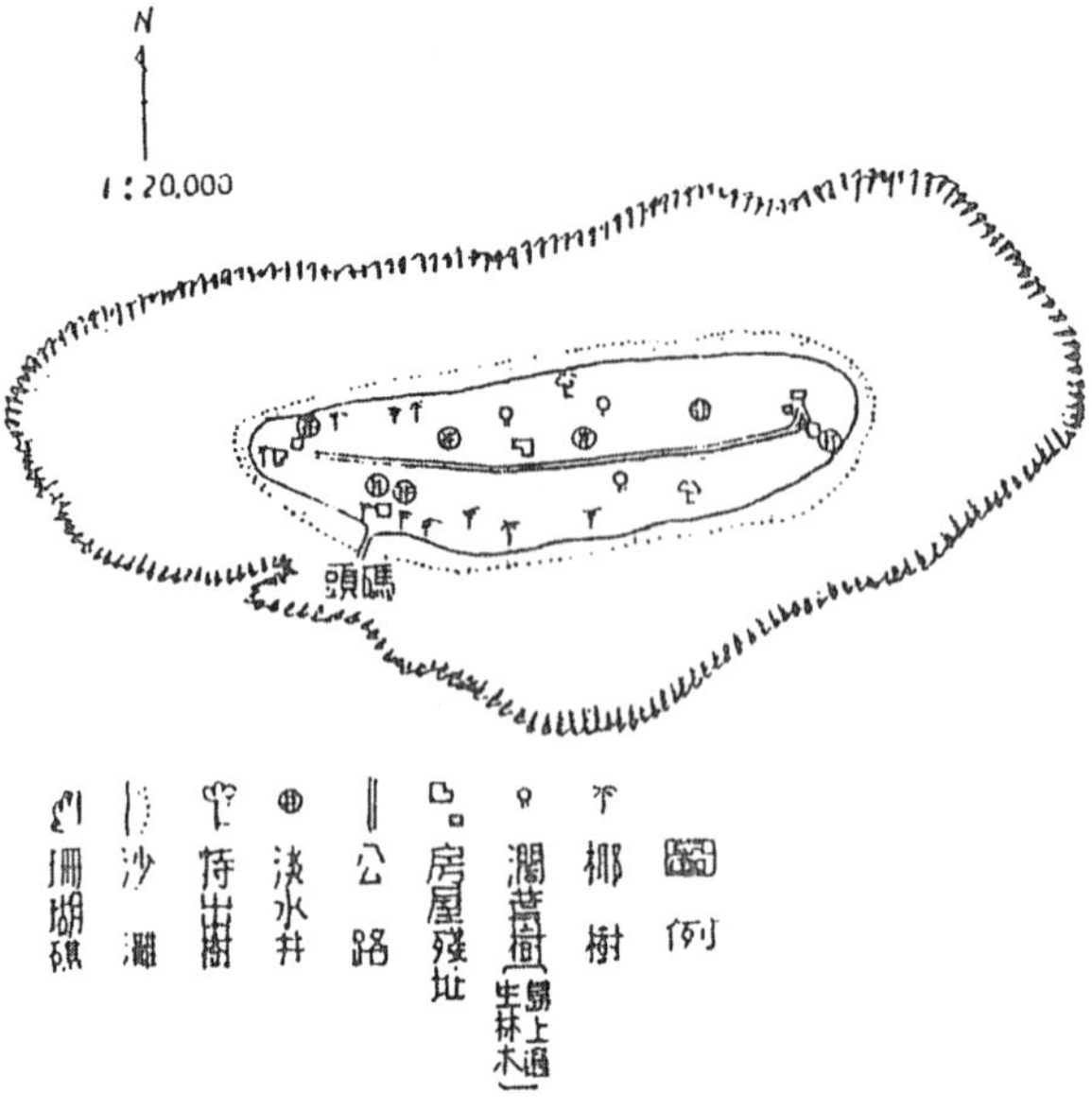

図1-11　太平島調査要図、1956年

出所：張振國『南沙行』内部資料、台北、民國46年、中華民国政府。

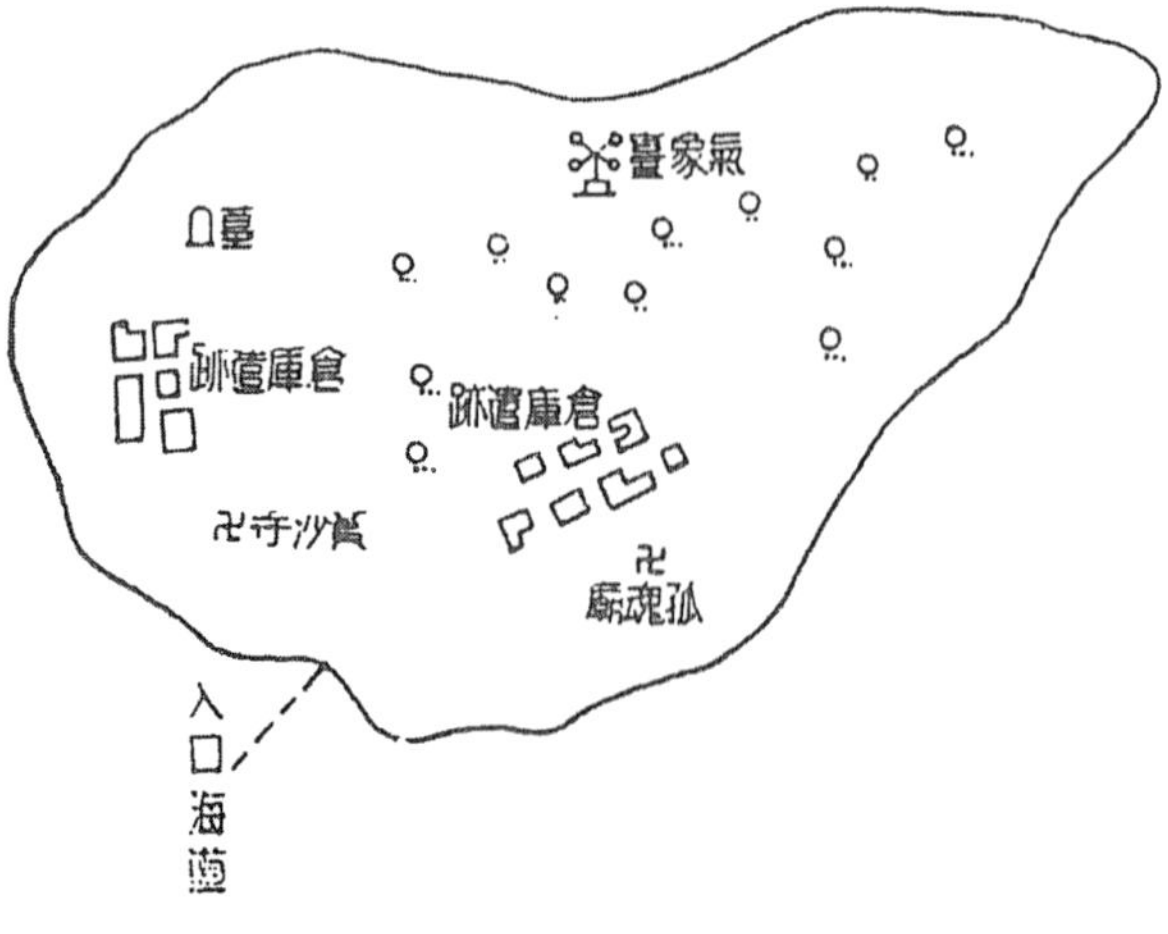

図1-12　永興島調査要図、1956年

出所：前掲『南沙行』。

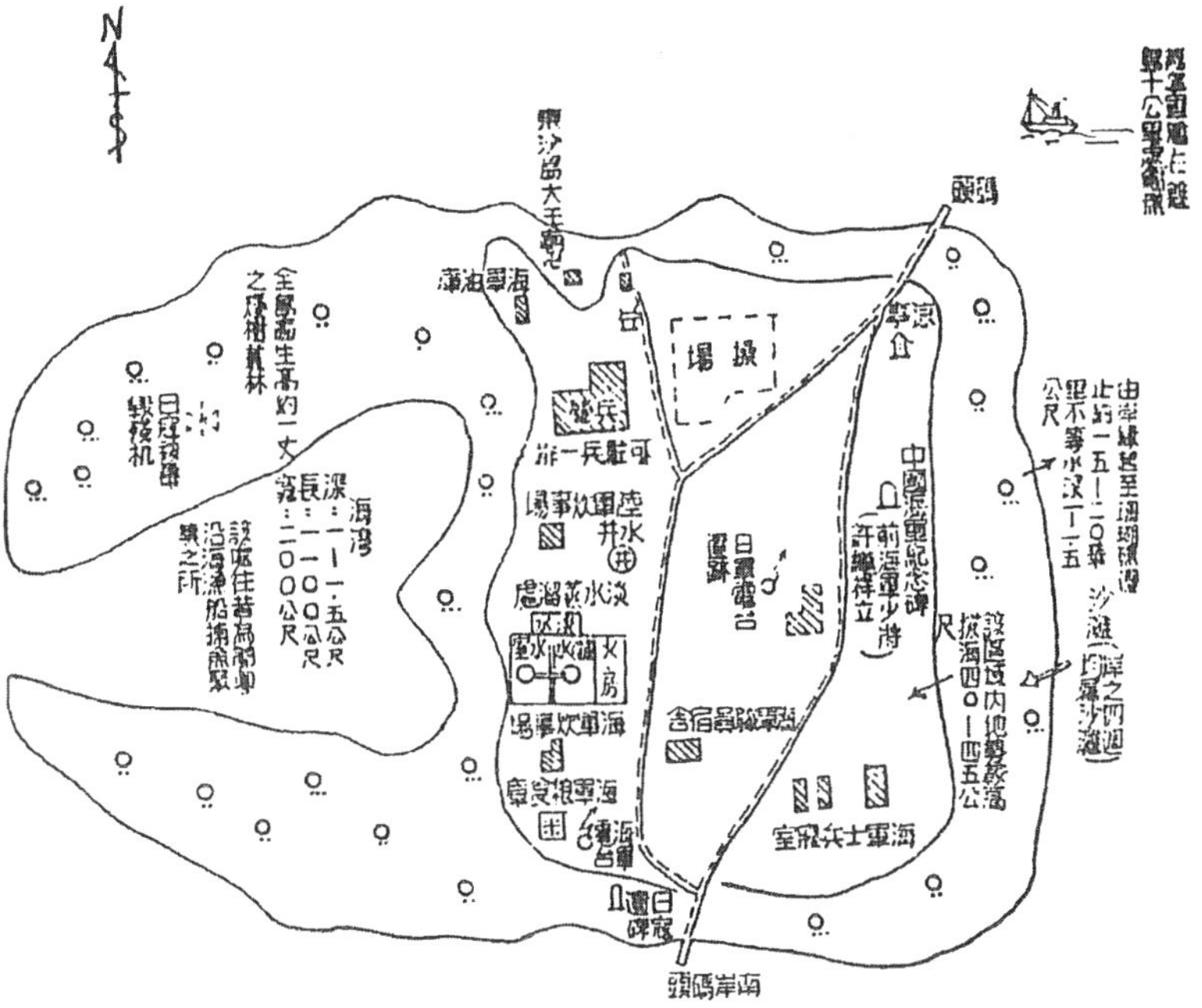

図1-13　東沙島調査要図、1956年
出所：前掲『南沙行』。

その地域は、朝貢国ベトナムをも含む中国の版図にあったが、版図は、現実政治のなかに流れた地政学の存在性にある。中国の辺疆概念は、一統システムの帝国イメージのなかに継続性の理解を経てきており、現在の領土概念も、その統治能力における領域支配の発現をみせている。こうした理解に対するパーセプション・ギャップは新しい安全保障上の問題を提起している。

4. 南シナ海調査報告

魏源撰の『海國圖志』に南海諸島略図（図1-7）があるが、南海諸島の調査は、1044年の『武經摘要』の記述が的確である。明代では、『康熙瓊州府志』の対外文書としての記述は貴重である。1617年完成の『東西洋考』、1620年イタリアのイエズス会士マテオ・リッチの『坤輿萬圖全圖』の検証を通じた南海調査報告も、中国人の南海世界の姿をみせてくれる。

英国、米国の探険記録は、1930年代において日本海軍水路部の海図資料に反映されており、それは1935年までの海図に従っている。その1881—85年の英海軍海図は、1900—12年に日本の海図として刊行された。

英海軍海圖（1885年）第94號「パラセル群島」日本水路部、1900年。

英海軍海圖（1888年）第120號「支那海諸礁」日本水路部、1900年。

英海軍海圖（1887年、改正1904年）第1263號「支那海」日本水路部、1905年。

英海軍海圖（1881年、改正1903年）第1260號「支那海南部東區」日本水路部、1912年。

海軍省水路部『廣州灣——南シナ海＝Koang tcheou wan: South China sea』水路部、1932年。

海軍省水路部『南支那海——北部東區 South China sea: Vorthern portion』水路部、1936年。

海軍省水路部『南支那海 South China sea』水路部、1936年。

水路部『南支那海——北部西區＝South China sea: Northern portion』水路部、1953年。

中国政府は、西沙群島を回復した後、広東政庁が、1927年5月海瑞艦を派遣し、西沙群島調査報告書を作成した。これによって、関係の南海諸島の地名が確定した。1929年4月東沙島について、広東建設庁が調査した（沈鵬飛「調査西沙群島報告書」民國日報、1928年5月19日／中國南海諸群島文獻彙編第9冊、

台北、臺湾學生書局、1975年。廣東建設廳「東沙島之沿革及状況」新華報、1929年4月18～19日)。

西沙群島の1928年調査報告の内容は、以下の通りである。

㈠気候及雨量

西沙群島ハ暑熱酷烈ニシテ冬期ト雖早朝僅ニ袷衣ヲ着用シ得ルモ書間ハ眞夏ト異ル所ナク南風多ク時々驟雨アリ降雨比較的多ク晴天五日ヲ保タス

㈡樹木及植物

同島ニハ樹木繁茂シ居ルモ高サ三丈ヲ出テス其内大ナル者ハ直徑尺餘ニ達ス大樹ノ種類ヲ三種ニ分ツコトヲ得其ノ木質堅ク密ナルモノハ木材及薪炭ノ用ニ供スルヲ得

一種大葉柚木ハ甚シク疏質ニシテ之ヲ燃料ニ供スルモ火勢極メテ弱シ樹木ハ各所ニ散在シテ生長シ密生シ居ラス草類ハ内地ト同一ナリ果樹ハ椰子及「パインアップル」類少數ヲ産シ野菜ハ殆ト生育ニ適セス

㈢動物

海鳥。最モ多ク棲息シソノ形ハ大ニシテ鵞ニ類シ羽毛ハ白又ハ黒色ニシテ喙尖リ足長ク一見鶴ニ類似シ掌蹠ハ鴨ノ如シ体重ク高ク飛フモ四十丈ヲ出テス性愚鈍ニシテ夜間竹竿ヲ以テ之ヲ撃チ落トスコトヲ得毎日夕方數百乃至數千群ヲ成シテ林中ニ歸宿ス肉ハ粗ニシテ味腥ク食用ニ適セサルモ其ノ卵ハ美味ニシテ卵殻薄ク之ヲ光線ニ照シテ観レハ透明ナリ産卵ハ海岸ノ小山ノ麓ニ於テ為スヲ以テ毎日正午頃干潮時ニ乗シ之ヲ捜サハ日ニ四五十個ヲ得ヘシ

大鼈。大ナルモノハ直徑二三尺ノ「テーブル」大ノモノアリ卵ハ一回百個以上ヲ産シ産後之ヲ砂中ニ埋ム鼈卵ハ蛋白薄クシテ之ヲ熱スルモ凝固セス其ノ味佳ナリ

四足蛇。内地産ノモノニ類似ス

鼠。内地ノモノト同シ其ノ數多シ

蠅蚊。内地ト同シ數比較的少シ

(四)同島付近ノ水棲動物

魚類ノ種類頗ル多シ

石斑(鯛ノ一種)同島沿岸ニ最モ多ク産シ味良シ

蟹類、石蟹、形大ニシテ肉多シ質粗ニシテ味悪シ

醇蟹　形小ナレト肉多シ質軟ク味良シ

龍蝦(伊勢蝦ノ一種)長キモノハ尺餘アリ肉粗ナリ之ヲ食スルモノ少シ

瑤柱(貝柱)

生蠔(蠣)味佳ナレト産少シ

西沙島ノ所謂文武殻ハ卽チ瑤柱殻ナリ

㈤面積及出入船舶

西沙群島（樹島）ハ直徑約十支里島内ニ住所ヲ有スルモノナク漁夫ハ總テ海南島ヨリ來島（十日毎ニ一回）漁撈ニ從事ス

出入船舶ハ數隻乃至十數隻トス

㈥礦産

該島ノ海鳥糞ハ地下尺餘ニ及フ三年前日本人カ同島ニ來リテヨリ全島ノ三分ノ一ヲ採取セラル支那人ノ採取ニ從事セルハ昨年冬期約五十日間ニシテ其ノ後停止セリ今回工人ノ渡島セルモノ八十名アリ

一日一人ニ付約一噸ヲ採取シ得

其ノ質堅ク圓塊ヲナセルモノニシテ日本ニ輸出セラルルモノハ一噸ニ付約五十元香港ニ於テハ一擔ニ付約八元トシ其ノ色黑クシテ質悪キモノハ香港ニ於テハ一擔ニ付約二元トス

目下島内倉庫ニ三千餘噸ノ在荷アリ

㈦建築物ノ状態

現ニ島内ニハ倉庫一個アリ約七千餘噸ノ鳥糞ヲ収容スルコトヲ得外ニ運送車鐵道（長サ數里）及ビ鐵製棧橋（長サ百丈）アリ「トタン」葺家屋亦多ク二百餘人住居スルヲ得此ノ外蒸溜飲用水ヲ供スル爲水機ノ備アリ此等ハ何レモ日本人ノ鳥糞採取經營開始當時設置セルモノナリ支那人ハ飲食用

水ニ雨水ヲ使用ス

(八)流行病及衛生状態

同島ニ於テハ冬期ト雖モ熱病發生シ易シ然レ共同島ニハ馬齒莧（藥草）ノ産出多ク治病ノ良藥トス日本人中ニハ水土身体ニ適セサル爲死亡又ハ離島シタルモノ頗ル多シト云ウ

(九)海難狀態

西沙群島ハ風浪大ナル爲船舶ノ出入困難ナルモ冬期ハ然ラス

潮水ノ干滿ノ差六七尺ニシテ捕魚及海口ニ遊フモノハ多ク此ノ期ヲ選フ

東沙島の1929年調査報告は以下の通りである。

(一)東沙島ノ沿革及狀況

東沙島ハ原名ヲ千里石塘ト稱シ廣東省恵州海豊縣ノ東南海上ニ在リ東經百十六度四十分北緯二十度四十二分ニ位ス西沙島ヲ距ルコト三百三十七海里香港ヨリ百八十海里汕頭ヨリ百五十海里ヲ距ル即チ廣東省東南海上ニ在リ

同島ハ一名「プラタス」島ト稱シ其ノ形狀馬蹄ニ似タリ海上風浪強烈ニシテ礁石所々ニ横ハリ船舶ノ航行困難ナリ從來福建廣東兩省地方ノ漁船ハ全島ニ於テ漁獲ヲナシ又ハ同地ヲ停泊地ト爲シ居

タリ西暦一八八二年及一九〇三年英國政府ノ提議ニ據リ該島ニ燈臺ヲ建設スルコトトナリタルカ其ノ後同島ノ所屬國不明ニシテ何人ニ依リ燈臺ヲ建設スヘキカ決定スルニ至ラス遂ニ沙汰止トナレリ次テ一九〇一年（光緒二七年）日本人西澤ナル者同島ニ住居シ鋭意經營ニ當リ波止場、經便鐵道、電話、水道ヲ設ケ又各所ニ家屋病院ヲ建テ設備殆ント完備ヲ見タリ而シテ西澤ハ同島ヲ自分ノ發見セルモノトナシ之ヲ西澤島ト稱セリ

宣統二年廣東當局ハ始メテ日本政府ニ交渉シ十三萬元ヲ以テ之ヲ回収スルコトトナレリ是ニ於テ我國（支那）ハ人員ヲ派シ同島ニ常駐セシメ同島ノ燐礦、海草及貝類ノ採取ニ付請負商人ノ募集ヲ行ハシメタルカ結局之カ辨理ニ適當ノ人物ヲ得ス發展ハ遂ニ幻想ニ終レリ又民國革命後ニ於テモ海產物採取事業渉々シカラス其ノ儘之ヲ放置スルノ已ムナキノミナラス政府ニ於テモ亦之ヲ顧ミルノ遑ナキ狀態ナリキ

此ノ機ニ乘シ日本人ハ東沙島ノ產物偸採ヲ企テ其ノ採取量幾何ナルヲ知ラス日本人ハ表面上同島ヲ占領セスト雖同島ノ主權ハ事實上喪失セラル居ルノ狀態ナリ

㈡東沙島ノ面積及地質

東沙島ハ面積廣カラス直徑僅カニ一英里ニ過キス水面ヲ離ルコト、約五英尺全島菊花貝殼ヨリ成ル故ニ全島地質ハ殼沙質ニシテ土砂ナシ而シテ多量ニ石灰質及燐質ヲ含有シ膠粘性ナケレト椰子波羅（パインアップル）及瓜類ノ發育ニ適ス若シ土砂ヲ混合スルヲ得ハ亦野菜類ノ栽培ヲナシ得ヘシ

何レニスルモ風勢猛烈ナル故適當ノ施設ヲ以テ防風方法ヲ講セサレハ之カ栽培容易ナラサルヘク又島ノ面積ニ限リアレハ農業ノ發展ハ覺束ナシ

㈢氣候及水流

東沙島ハ海中ノ孤島ニシテ熱帯ニ近ク氣候概ネ臺湾ト大差ナシ年中温度ハ最高華氏九十六度最低五十五度ナルモ之ハ一年間ニ二三回ニ過キス風向ハ概シテ定期的ニ變化シ常風ハ概ネ支那本土ヨリ來リ颱風ハ菲律濱ヨリ來ル毎年二月ヨリ六月迄ヲ平穏時期トスルモ風勢猛烈ニシテ菲律濱群島ヨリ來ルモノ最モ烈シ殊ニ七月乃至十二月ハ危險時期ニシテ風雨表ハ常ニ八十九度ニ達シ風浪險悪ノ爲海産物ノ採取不能ナルモミナラス船舶ノ航行亦不可能ナリ島中霞霧少ク或ハ年中降雨ヲ見サルコトアリ降雨ハ春夏多ク秋冬少シ海潮ノ滿干毎日一回アリ流水ノ速度ハ一時間最高約六海里最低約二海里トス

㈣島中ノ動植物

全島ニハ樹木密生セルモ風勢猛烈ナル爲高木少ク櫪樹、野海棠、野桑、野波羅、牽牛花ノ類多ク就中野桑最モ多シ若シ之カ培植法ヲ講スレハ天蠶ノ養育ニ適シ相當利益アルヘシ櫪樹ハ高キモノ丈餘ニ達シ島中ノ建築材料ニ供スルニ足ル

鳥類亦多キモ渡島者増加スルニ從ヒ漸次減少スルニ至レルカ現ニ白鶴、雁（雁鵲）鵜（鷗鵲）杜鵑（想思）等少カラス殊ニ春夏ノ雨期ニ最モ多シ鵜ハ潜水捕魚ニ巧ニシテ長江一帯ノ漁夫ハ多ク之

ヲ利用スルヲ以テ高價ナリ

獣類ハ狸、狐等棲息スルモ多カラス其ノ他「ヤモリ」（塩蛇）「トカケ」（草龍）小蛇（蛇蒼蟲）黒螞蟻等ノ爬虫類多シ

㈤海産物

東沙島附近ニ産スル魚類ハ其ノ形大ニシテ種類多ク季節ノ別ナク棲息ス産額ハ春夏ニ多ク秋冬ハ少シ魚肉美味ニ乏シク多量ノ油質ヲ含ム該島ノ周圍二十海里ノ間多ク螺蚌等ノ貝類ヲ産スルモ礁石横ハリ機器ヲ使用スルニイ便ナラス故ニ之ヲ採取スルニハ多ク潜水夫ヲ雇用セサルヘカラス

又島濱ニハ海人草繁殖ス島ノ面積ハ逐年擴大シ居ルヲ以テ海人草ノ繁殖盛ナリ海人草ハ藥科ノ原料ニシテ麻痘痢症ニ特効アリ日本關西地方ニ於テハ概ネ之ヲ以テ萬靈藥（廣東ノ午後茶源吉林茶ノ如シ）トナスモ日本ニ産スルモノ少キ爲之ヲ該島ヨリ採取ス尚該島ニハ前顯産物ノ外「スッポン」《ママ》珊瑚、海琥珀等ヲ産ス島北ニ淺灘アリ其ノ形湖ノ如ク水深四英尺ニ滿タス此所ニハ多ク蟹ヲ産ス其ノ重量小ナルモノ一斤ニ餘リ大ナルモノハ二斤以上ニ達ス又周圍ノ海中ニ産スル海藻ハ之ヲ肥料ニ供ス島ノ周圍ハ概シテ貝殻ヨリ成リ淺灘ハ均シク岩石ヨリ成ル

㈥島中ノ生活狀態

東沙島ハ元日本人西澤窩ニ經營ニ當リ其ノ後我國ニ於テ之ヲ回収シ觀象臺ヲ設ケタルカ其ノ間死亡者合計約四百餘名ニ達ス其ノ死因ハ大抵水土ノ適セサル爲ニシテ脚氣症ニ罹ルモノ少カラス島中

飲料清水ナカリシカ最近井水ヲ蒸留シ飲料水ニ供スルニ至リ死亡者漸減セリ但シ日常麵類ヲ食スレハ罹病ヲ免カルヲ得ヘシ。食料品ハ主トシテ、香港、厦門又ハ上海ヨリ運搬ス然レ共風浪激シキ爲食料運搬ニ關シ定期船アリト雖氣象關係ニ因リ期ニ至リ運搬困難ナルコトアリ春夏ノ交ハ毎月一回食料品ノ運搬ヲナスヲ得ルモ秋冬ニハ三ケ月乃至六ケ月間運搬出來サルコトモアリ故ニ同島在住者ハ食料品ノ取寄ニ頗ル不便ヲ感シ居ル狀態ナリ

㈦結論

東沙島ハ我領土ニ歸シテヨリ既ニ十餘年ニ及ヒ官憲ヲシテ該島ノ管理ニ當ラシメタルモ島中荒蕪ノ狀態ハ今日ニ於テモ遠ク民國以前ト何等選フ所ナキノミナラス事業ノ建設亦固ヨリ言ウヘキモノナシ卽チ島ノ寳藏ハ外人ノ盜取スル所トナリ之カ保存ヲナシ能ワサル現況ニ在ルハ實ニ憤歎ニ堪ヘサルナリ亦民國十四年無線電臺觀象臺ヲ設ケ人員ヲ派遣シテ之カ管理ニ當ラシメタルモ結局其ノ人ヲ得ス管理者ハ徒ニ瀆職行爲ヲ爲シ國権ヲ喪失スルモ恥ヲ知ラス島ノ建設ニ對シ全ク無關心ナリキ

民國十五年ニ至リ廣東省政府ハ該島海産物採取商ヲ募集シタルモ商人ハ小資本ナルノミナラス技術ニ乏シク且ツ大型船舶ヲ有セサル爲該島トノ交通意ノ如クナラス又海産物採取ニ供スヘキ新式機械ヲ有セス政府ニ於テモ最近該島ニ人員ノ派遣ヲナサス又採取商人ノ指導監督ヲ怠リタル結果遂ニ海産物採取權ノ爭奪行ワレ外資ノ侵入ヲ來スニ至レリ該島出産物ハ其ノ數量合計毎年魚類約一萬二千擔海人草約二十萬五千斤雲母殼（高瀬貝）約五萬斤トス

燐礦ハ全島到ル處ニ存在シ其ノ他副産物枚擧ニ遑アラス島中草木ノ繁殖極メテ容易ニシテ瓜類ノ栽培ニ適シ鶏、鴨、鵝鳥、豚、牛、羊、兎ノ飼養ニ適ス若シ飼料ノ缺乏ヲ來サザル方法ヲ講スレハ獲利少カラサルヘシ

故ニ大資本ヲ有セサル場合ハ同島ニ於テ材料ヲ求メ工場ヲ設ケテ魚油ヲ搾取シ海人草ヲ採リテ製薬ヲナシ貝類ヲ採リテ「ボタン」製造ニ從事スルヲ可トス尚數隻ノ大型船ヲ備ヘ運輸ニ便ナラシメハ實ニ該島ノ實藏ハ容易ニ盡シ難カルヘシ

要之小資本ノ商人ヲシテ採取ニ當ラシムルハ徒ニ外人投資ノ覬覦ヲ招キ紛糾絶ヘサルノミナラス國權ノ喪失ヲ來ス所以ナリ

フランスはパラセル島を併合する過程で、1930年5月フランス・インドシナ総督府が文書「パラセル島問題ノ最近ノ沿革」をまとめた。

「パラセル島問題ノ最近ノ沿革」は以下の通りである。

第二號　パラセル島問題ノ最近ノ沿革

第二ノ參考文書（バスキエー氏（現印度支那總督）流ノ典型的書翰ト「印度支那ノ覺醒」誌ハ評セリ）、

於河内一九三〇年五月二十日

印度支那總督發植民大臣宛

パラセル群島ニ付廣東省政府カ主催ヲ有スト主張スルコトニ關シ本月十四日付拙電第五〇一號ノ補遺トシテ本官ハ今日一層精細ニ本件ニ関スル十二月三十一日付第一八四號貴信ニ回答スルノ光榮ヲ有ス

本官ハ前顯ノ拙電ニ依リ本問題ニ関スル總督府ノ見解ヲ豫メ簡單ニ貴大臣ニ表明スルコトヲ必要ト信シタリ、蓋シ廣東政府ノ意圖ハ何時實現セラル、ヤモ測リ難ク、貴大臣トシテ一日モ早ク右意圖ニ關スル通報ニ接セラル、コトハ必要ナレハナリ、本官ハ右廣東省政府ノ意圖ニ關シテハ一九三〇年二月二十日付第一七號ノ在廣東佛國領事發書翰ニヨリ通報ヲ得タルカ、其ノ寫ハ茲許添付致シタルニ付御一覧ヲ請フ

廣東省政府ノ評議會ノ決議ハ南支那ノ政府カパラセル群島ニ主權ヲ設定セルコトヲ宣言センカ爲從來屢々行ヒタル發表ノ自然ノ結果タルニ過キス、他面此等ニ關シテハ貴省ハ随時報告ヲ受ケラレタルカ、廣東政府カ爲シタル此等ノ發表中最初ニシテ且最モ重大ナルモノハ一九〇九年両廣總督ノ發意ニテ公式占領ノ形式ヲ以テ行ハレタリ、今日廣東政府カ其ノ決議ノ根據トシテ主張スルハ此ノ公式ノ占領タルヤ疑ヲ容レサル所ナリ、此ノ占領ニ對シ利害關係ヲ有スルモノハ獨リ佛國ノミナル處、我カ佛國ハ未タ之ニ關シ公ニ意思ヲ發表シタルコトナシ、然レトモ此占領カ法律上ノ價値ヲ有

スルハ唯其當時パラセル群島カ無主物ナリキト條件ヲ必要トス

然ル處支那人自身モ亦從來常ニ一九〇九年ニ於ケルカ如キ確信アル態度ヲ取ラサリキ、一八九八年パラセル群島ニ於テ英國船「ベロナ」及「フネジ丸〔姫路丸〕」（丸ト云フ名ノ付クハ必ス日本船ナルヘク總督ノ之ヲ英國船トナセルハ誤謬ナルヘシ）カ難破シ其ノ殘存物カ支那漁民ニ掠奪セラレタルヲ以テ北京駐剳英國公使ヨリ苦情アリタル時廣東總督ハ「パラセル群島ハ放棄セラルタル島ニシテ安南ニモ屬セサルカ如ク支那ニモ屬セス、行政上ニハ海南島ノ何レノ地區ニモ包含セラレス、如何ナル特別ノ官憲モ其警察ニ任セラレタルコトナシ」ト回答セリ、此ノ曖昧ナル回答ハ廣東總督カパラセル群島上ニ久シキ以前ヨリ安南朝廷ノ既得權カ存在セルコトヲ知ラサルニハアラサルコトヲ想像セシムルモノナリ、

貴大臣ハ第一八四號貴信ヲ以テ此ニ關シ精確ナル報告ヲ提出スルコトヲ要求サラレタルカ、本官モ亦此ニ關シ精確ナル觀念ヲ有スルコトヲ希望シタルヲ以テ一九二九年一月十二日付ヲ以テ安南理事長官府ニ精細ナル報告ヲ要求セリ、ルフオル氏ハ同月二十二日回答ヲ與ヘルタルカ其ノ寫ハ本信ニ添付セリ、此ニ依レハ安南朝廷ノ權利ノ優先ナルコトニ付テハ毫モ疑フヘキ餘地ナシ

日本政府ハ此ノ問題ニ付錯誤ニ陥ラス、即チ同國政府ハ一九二七年ニ於テパラセル群島以外ノ支那海ノ諸群島ノ領土的定律ヲ非公式ニ印度支那總督府ニ付調査スルコトヲ在河内ノ總領事ニ命シタリ、即チパラセル群島ハ明白ニ例外トシタルナリ、當時黒澤［二郎］總領事ハ外務省ノ訓令ニ從ヒ

此ノ群島ノ領土的定律ハ佛國ノ代表者ト爭議ノ目的物タルコトヲ得サルモノナリト宣言セリ、

一九二七年、「印度支那海洋及漁業課長」クランフ氏ノ作成セル報告ニ依レハパラセル群島ノ經濟的價値ハ從來過大視セラレタリト認メラル、印度支那總督府ニ提出セラレタル數次ノ租借願ノ目的物トセラレタル「グアノ」ノ堆積モ一九二〇年以來日本ノ一會社カ許可無ク最モ船舶ノ近接シ易キ部分ヲ濫掘セル後ニ於テハ最早僅カノ利益ヲ與フルニ過キサルモノナリ、

然レトモ此ノ群島ノ軍事上ノ價値ハ甚タ重大ナリト思惟セラル、此点ニ關シテハ前顕安南理事長官ノ書翰ヲ參考セラムコトヲ請フ、コノ書翰中ニハ此ノ見解ハ明瞭ニ説明セラレテアリ、仍テ本官ハ此ノ群島ヲ領有スルコトニ就キ印度支那ノ得ラルヘキ他ノ利益ヲ附加ヘントス、元來此ノ群島ノ地理的位置ハ西貢「サイゴン」ヨリ香港ニ向フ汽船ヲシテ此ノ群島附近ノ暗礁ヲ避ケシムル爲大迂回ヲ餘儀ナクセシムルモノナリ、貴大臣ヨリ御通報ヲ得タルド・モンジー氏ノ書翰中ニモアルカ如ク、此ノ群島ニ颱風警告ノ爲無線電信所設置セラル、ニ至ラハ印度支那海面航海上多大ノ貢獻ヲナシ得ヘシ、一八八九年ドウメル總督ハ既ニ印度支那專門技術部ヲシテ此ノ群島ニ燈台ヲ建設スルコトヲ研究セシメタルコトヲ茲ニ回想スルコトハ恐ラクハ、無益ナラサルヘシ、當時ニ於テハ單ニ財政上ノ理由ヲ以テ本案ハ實行ヲ見ルニ至ラサリキ、

之ヲ要スルニ佛國カ安南ノ名義ニ於テパラセル群島ノ主權ヲ要求スルコトノ利益ニ關シテハ本官ハ貴大臣ノ通信員ト全然意見ヲ同ウスルモノナリ、且本月十四日ノ拙電ヲ以テ回想シタル如ク、佛

國政府ハ未タ會テ確定的ニ保護國（安南）ノ歴史的及地理的利權ヲ主張スルコトヲ断念シタルコトナシ、唯時機ノ問題トシテ今日迄此等ノ利權ハ公式ニ確認セラル、ニ至ラサルモノナリ、此ノ遷延ノ理由ハ第一回ニ一九二一年ニ植民省宛覺書中ニ指摘セラレ、尚一九二一年四月三日ノ拙電第一三五號ニ於テ繰返サレタリ、當時此ノ問題ニ關シ、佛國並ニ印度支那ニ生シタル輿論ノ傾向ハ此ノ際新規ノ決定ヲ爲スコトヲ不可トナセリ、加之當時、我々ノ眞ノ利益ハ支那人ノ輿論ヲ我等ヨリ乖離セシメサルコトニアリキ、何ントナレハ當時印度支那ニ關スル協定カ南京ニ於テ商議セラレツ、アリシヲ以テナリ

此ノ最後ノ問題ハ南京ニ於ケル商議カ無期延期トナリシ爲甚シク其ノ價値ヲ失ヘリ、尚又一歩ヲ進メテ一九二一年八月二十二日附當時ノ首相兼外相ノ書翰ニ述ヘラレタル結論ハ其ノ當時ニ於テハ極メテ適切ニシテ本總督府ノ見解トモ完全ニ一致シタルモノナルカ問題カ今日ノ如ク變化シタル以上ハ最早是認セラレ得ヘカラストサヘ言フコトヲ得ヘシ、右書翰ニ於テハ、パラセル群島ヲ海南島政府ニ付屬セシムル時ハ同群島ノ人民ニハ一八九八年四月十日ノ北京條約カ適用セサルコト、ナリ、茲ニ於テ佛國ハ此ノ群島カ如何ナル場合ニ於テモ他國ニ割譲セラレサルコトニ付保證セラル、コト、ナリ又同群島ニ防備ヲ施サ、ルコトニ付テモ、佛國カ支那ノ主權ヲ公式ニ承認スルコトノ代償トシテ支那政府ヨリ得ヘキ宣言ニヨリ付屬保證トシテ保證セラル、コト、ナルモノトナシ居レリ、

然ルニ一九二一年以來、北京ニ於ケル代理公使モーグラス氏及之ニ次キタルフルーリオ氏ハ、南

方支那ニ於テハ何等威權ヲ行フコト能ハサル政府トパラセル群島ニ關シテ商議スルコトハ時宜ニ適セスト思考シタリ、余モ亦、支那ニ於ケル我國ノ外交官カ、支那カ微弱ナル両政府ニ分レ國民黨カ今日見ラル、通リ依然トシテ發展セサリシ時期ニ於テ要求シ能ハスト信シタルモノヲ、現在ノ國民政府ヨリ獲得セントスルコトハ一層困難ナルヘシトノ感ヲ隠シ能ハサル者ナリ、

故ニ本件ニ關シ商議ヲ開始セハ必スヤ失敗ニ終ルヘシ、又單獨行動ヲ以テ占領ヲ行フコトハ我々ニハ何時ニテモ可能ナルモ、之カ爲ニ生スヘキ政治上ノ不利ノ、我々ノ達セントスル目的以上ニ重大ナルコトハ貴大臣カ秤量セラル、コトヲ疑ハサル次第ナリ、然レトモ本群島ノ有スル軍事上ノ利益ト我カ保護國ニヨリ獲得セラレ居ル權利上ノ價値アルヲ以テ本問題ニ無關心ナルコト能ハスト考慮致シ居ル次第ナリ、

斯ル事情ナルカ故ニ我々ノ取ルヘキ最モ適切ナル態度ハ依然トシテ観望的ノ態度ナルヘシ、此ノ態度ニハ良好ナル事情カ我國ノ権利ヲ承認セシメ得ル時迄我國ノ權利ヲ保留セシメ得ル利益アリ、即チ他日我國ハ今日支那ニ於テ有スル或種ノ特權又ハ利益ヲ放棄セサルヘカラサルコトヲ豫想シ得ルモ、パラセル群島ハ其ノ時機ニ於テ掛引ノ材料トナリ、若クハ他ノ方面ニ於ケル我國ノ讓歩ノ代償トナリ得ヘキモノナリ、

就テハ貴大臣ニ於テ外務大臣トモ協議下サレ、本官ノ見解ニ御賛同下サルヤ否ヤ御回示下サラハ感謝ニ堪ヘサル次第ニシテ本官トシテハ本問題ニ關シ貴省及外務省ヨリ訓令又ハ勧告ヲ受クルコト

ヲ期待スル次第ナリ、

貴大臣及外務大臣ニ對スル報告トシテ、パラセル群島ニ關スルラピック氏ノ調査二部ヲ添付シタリ、本小冊子ハ寫眞ヲ多ク含ミ、パラセル群島ノ歴史的並地理的理解ヲ助クル好乎ノ要説タリ

バスキエー署名

日本政府は、外務省が1938年4月17日に「新南群島位置及ヒ状況」をまとめた。「新南群島位置及ヒ状況」は、以下の通りである。

(一)　新南群島ノ所在ハ相當古クヨリ知ラレ居リ南支那海中大約北緯七度乃至一二度東經一一一度乃至一一七度乃チ佛領印度支那ト「フイリツピン」群島トノ中間ニ位ス、而シテソノ大部分ハ航行危險區域内ニアルモ、右區域外ノ西側ニハ高潮面上四五呎乃至十四呎面積五千坪乃至十一萬坪ノ平坦ナル小沙島多數アリソノ主ナル島嶼名左ノ如シ。

新名稱	舊名稱	新名稱	舊名稱
北二子島	North Danger North East Cay	長島	Tu aba I.
南二子島	North Danger South West Cay	北小島	Sand Cay
西青島	West York I.	南小島	Nam Yit I.

三角島　Thi tu I.　飛鳥島　Sin Cowe I.
中小島　Loai ta I.　西鳥島　Spratley I.
龜甲島　Elat I.　丸島　Amboyna Cay
南洋島　Nanshan I.

(二)　本島嶼ニ於テハ、一般ニ比較的小ナル雜木雜草ヲ生スルモ、稀ニハ椰子ソノ他ノ大木ヲ生スル他燐酸質「グアノ」及ヒ燐礦石ヲ藏シ又鮪、鰹、飛魚、青海龜、高瀬貝等ノ海産ニ富ミ稀ニ支那人漁夫カ二三十噸ノ「ジヤンク」ニテ來島シ各島ニ於テ海鼠、貝、鼈甲龜等ヲ採取シタルコトアル趣キニシテ畢竟無人ノ島嶼タリシモノナリ。

新南群島ト本邦人トノ關係

斯ノ如ク同群島ハ從来一般ニハ無主ノ地トシテ認メラレ居リタルモ本邦人ハ大正六年以來同群島ヲ踏査スルモノ相繼キ特ニ大正七年以來「ラサ」燐礦株式會社ハ同群島ノ「グアノ」及ヒ燐礦採取ソノ他ノ資源開發ノ目的ヲ以テ二回ニ亙リ前記島嶼ノ詳細ナル現地調査ヲ行ヒタル上大正十年ヨリ長島ニ於テ、又同十二年ヨリ南二子島ニ於テ巨額ノ資本ヲ投入シ永久的諸施設ヲ設ケ同島ノ開發ニ從事セルモ會々昭和四年經濟界不況ノタメ同會社ハ施設及ヒ採掘「グアノ」ヲ同島ニ殘シ、從業員ヲ一時内地ニ引揚ケタルカ、ソノ後臺灣ノ開洋興業會社ハ長島ニ於テ再ヒ諸施設ヲ設ケテ漁業及「グアノ」採掘ニ從事シ今日ニ及ヘリ「ラサ」燐礦株式會社カ大正十一年ヨリ昭和四年迄輸送セル「グアノ」輸送高

ハ約二萬五千九百餘噸、此金額七十二萬七千餘圓ニ及ヘリ

新南群島ヲ廻ル日佛紛争

㈠　本群島ヲ廻リ日佛間ニ紛争ヲ生シタノハ昭和八年以來ノコトテ當時前記邦人事業者カ一時群島ヲ不在トセル隙ニ乘シ佛國政府ハ航路ノ安全ノ爲ト稱シ昭和八年突如一隻ノ軍艦ヲ同群島ニ派遣シ之ヲ佛國主權ニ歸屬スヘキ旨ヲ宣言シ日本政府ニ通告シ來ツタノテアル。帝國政府トシテハ素ヨリ斯ル實際ヲ無視シタ行爲ヲ容認シ得ヘキ筈ナク當時直チニ佛國政府ニ對シテ領有宣言ノ撤回方ヲ申入レタノテアルカ佛國政府カ右勸告ニ應シナカツタノテ帝國政府ハ爾來群島ノ佛國側先占ハ之ヲ承認セストノ態度ヲ持シ他方ニ於テ各種ノ措置ヲ講シテ日本側ノ先占ヲ確保シ以テ今日ニ至ツタ。

㈡　紛争發生後佛國ハ何等ノ行動ニ出テナカツタノテアルカ日支事變起ルニ及ヒ再ヒ同方面ニ積極的活動ヲ開始シ曩ニハ西沙島ノ領有ヲ主張シタル新南群島ニ對シテモ軍艦ヲ派遣シテ邦人ノ活動狀況ヲ調査シ或ハ商船ヲ派シテ人及材料ヲ上陸スル等同島ノ占有ヲ實效的ナラシメントスルノ氣配ヲ示シタ我方ハ右佛側策動ニ對シテハ直チニ佛國政府ニ嚴重抗議スルト共ニ帝國軍艦ヲ派遣シ邦人ノ安全保護及帝國權益ノ確保ニ付萬全ノ措置ヲ講シタノテアル。

新南群島ニ對スル帝國ノ行政管轄確定ノ必要

抑々帝國ト新南群島トノ關係ヲ考フルニ帝國カ群島ニ對シ有スル長年月ニ及フ事實竝ニ國際法上ノ權限關係ハ嚴トシテ動カスヘカラス從ツテ群島ハ其ノ實際ニ於テ帝國領土ニ屬スヘキコトハ當然テア

ルカ未タ行政上ノ管轄關係カ確立シ居ラサル點ニ於テ佛蘭西トノ關係ニ於テ無用ノ紛糾乃至ハ摩擦ヲ生シタノテアル依ツテ此ノ際新南群島ノ行政管轄ヲ確立シ内外ニ對シテ其ノ所属關係ヲ判然ナラシムルコトカ最モ必要且適切ナリト認メラルルニ至ツタノテ今般群島ヲ臺灣ニ編入スルコトトナツタ、尚新南群島ハ其ノ經濟的竝ニ交通上ノ關係ヨリ之ヲ臺灣高雄州高雄市ノ管轄區域ニ編入スルコトトセリ。

南海諸島の調査・開発が進んだのは第二次世界大戦後のことで、その経過は、以下の通りである。

1956年5月　フランス、スプラトリー島上陸記録。

1974年3〜6月　中国、西沙群島で文物調査（広東省博物館『西沙文物—中国南海諸島之——西沙群島文物調査』北京、文物出版社、1974年）、1975年3〜4月第2回調査。

1977〜78年　中国、5次にわたる南海調査（広東省文物管理委員会・他編『南海丝綢文物図集』広州、広東科技出版社、1991年）。

1982年6月—85年9月中国科学院南海海洋研究所報告『南海海区綜合調査報告』（北京、科学出版社）。

1984年7月　中国、南沙諸島調査。

以後も、中国の文化調査が行われている中国国家博物館水下考古研究中心・海南省文物保护管理办公室編『西沙水下考古（1998〜1999）』北京、科学出版社、2006年台湾では、中国領土として、1975年にこれまでの資料を集成した『中國南海諸島文獻彙編』叢書10冊（台北、臺灣學正書房）が刊行された。

第一冊　段成式撰『西陽雑俎』／趙汝适撰『諸蕃志』／汪第淵撰『島夷誌略』／顧玠『海槎餘録』。

第二冊　趙變撰『東西洋考』一二巻。

第三冊　黄衷撰『海語』／陳倫炯撰『海國聞見録』／楊炳南撰『海録』／繼番撰『徐瀛考略』。

第四冊　巌如煜『洋防輯要』四冊。

第五・六冊、王錫祺『小万壺齋地叢鈔』第九帙・第一〇帙三冊。

第七冊　王之春撰『國朝柔遠記』二冊。

第八冊　李準撰『巡海記』／沈鵬飛撰『調査西沙群島報告書』／凌純聲『中國今日之邊疆問題』／張振國『南沙行』。

第九冊　『海軍巡弋南沙海疆經過』。

第一〇冊　許棠灝『瓊崖誌略』／鄭資約編撰『南海諸島地理誌略』／杜定友編『東西南沙群島資料目録』／丘岳栄編『海南文獻目録』／『中國南海諸群島文獻資料展覧目録』。

中国では、2007年に『中国南海海洋経済叢書』6冊が刊行された（広州、広東経済出版社）。

黄镇国主编『中国南海中心城市广州的崛起』。

麦贤杰主编『中国南海海洋渔业』。

徐质斌『中国海洋经济发展戦略研究』。

司徒尚纪『中国南海海洋国土』。

黄小平・黄良民・他『中国南海海草研究』。

张莉・何春林『中国南海海水珍珠産業研究』。

1994年4~5月ベトナムは、チュオンサ群島の第3回総合調査を実施した。南海の漁業調査、海底資源調査は進んでいる。なお、南海諸島調査とともに、東銘樞らが海南島調査に着手し、台湾総督府もこの成果を活用した。

Ⅱ 南シナ海問題の経緯（第二次世界大戦まで）

1. 南シナ海問題の変遷

南シナ海は、古代から人びとの往来があり、17世紀まではアジア人、特に中国人の世界であった。既に16世紀にはポルトガル人がマラッカ、そして澳門へ進出していたが、1795年英国がマラッカを占領し、南海諸島の探検がみられるようになった。19世紀以降は、近代ヨーロッパ世界に組み込まれた。これ以後の経過を整理すると、以下のようになる

Ⅰ　1800年〜1899年：探検の世界

ヨーロッパ列国が進出し、日本も1895年に台湾を獲得して以後、南海諸島への関心をみせた。

Ⅱ　1900年〜1945年：開発と植民地占領の世界

日本の南海諸島に対する開発と植民地占領が続き、フランスも先占による領土支配へ動いた。英国の関心は、マラッカ・シンガポール海峡の支配にあった。

Ⅲ　1945年〜1969年：中国復帰をめぐる混乱の世界

日本から中国に領土主権が復帰したが、中国内戦、台湾の分離といった状況下に、フィリピン、南ベトナムによる南海諸島占領がみられた。

Ⅳ　1970年〜1979年：領土支配をめぐる中国・ベトナム対立の世界

中国の支配に挑戦して南ベトナム、それを継承したベトナムの支配と開発、さらに、フィリピンによる本

土への領土併合と開発へと状況は進んだ。その背景にあったのは、南海諸島海域における海底石油・天然ガス資源への着目で、その状況は拍車がかけられた。この地域を巻き込んだベトナム戦争以後、現地での領土対立は、新たに中国・ベトナム間で戦火を交える事態にまで発展した。

その一方、世界経済の成長でシーレーンの重要性が着目されるにいたった。日本は同海峡における航行の安全に取り組んだ。

Ⅴ　１９８０年〜１９８９年：資源開発をめぐる沿岸国対立の世界

いよいよ資源開発が着手され、資源戦争としての中国・ベトナム軍事対立が続き、フィリピンのカラヤーン群島の併合と共に、マレーシアもその支配に参入した。

Ⅵ　１９９０年〜１９９９年：南シナ海関係国協議の世界

当事国中国が領土問題の棚上げによる共同開発を打ち出し、インドネシアが主導してＡＳＥＡＮの枠組みにおける解決へ向けた方向性が引き出された。その協力の枠組みは２０００年に結実した。

Ⅶ　２０００年〜２００４年：海賊・テロ対策協力の世界

シージャックなど海賊事件がいよいよ目立つようになり、その取組みへの地域・国際協力が進んだ。

Ⅷ　２００５年〜：対立再現の世界

中国がチャイナ・ドリーム（中国の夢）実現に向けて、旧帝国世界の復帰・支配に着手したことで、対立が再現されるところとなった。そこでは、これまでの国際規範の維持も無視される始末であった。

以下、その争点をとりあげ、その経緯を明らかにする。

2. 生活圏としての南海

1974年に発見された海南島漁民の記録『更路簿』は漁民の古い生活を記録しており、南海が漁民の世界にあることが確認されている

南海をめぐる人の往来は古く、1433年の鄭和の航海図（図1-5、図1-6）、1604〜34年の御朱印船貿易地図（図2-3）では、南海は萬里石塘と記述されていた。南海をめぐる交易は漸次、ヨーロッパ諸国をも加わって拡大した。1750年代、ヨーロッパ人の地図でパラセル（東沙）の表記が出現し、1838年ルイス・ターベル司教は、コーチシナ（交趾支那）の付属島嶼としてホアンサ（黄沙）がある、と記述した。

1537年の『粤海關志』、1730年の陳倫炯『海國聞見録』、1776年の黍貴惇『撫邊雑録』などの記録が現存している。1754年の『大南寔録』には、ベトナム王国の記録として、南海に関する記録が収められている。

3. 南海諸島世界の形成

明の時代に、中国は、南海諸島海域での海賊の被害が続出したことで、水軍を派遣し、海防巡視に当たったとの記録がある。『廣東通志』にある「海寇、有三路、設巡海備倭官軍以守之、春末夏初、風迅之時、督發兵船出海防禦、中路自東莞縣南頭城、出沸堂門、十字門、冷水閣、諸海澳」の記述がそれである。

当時、鄭和による7次の遠征をみているが、その記録には、鄭和が西沙群島を武力占有した、と記述されている一方、その西沙群島では、漁民が家を建て、田を耕し、農業生産に従事していた、と書かれている。

1617年に完成した地理書『東西洋考』には航海の海上ルートが書かれており、その西洋針路には「萬里石塘」と「七洲洋」に触れており、それはそれぞれ南沙群島と南海のことである。

1786年に完成をみた『皇朝文献通考』は、船舶の主要航路としての七洲洋の記述に詳しい。当時の文献には、アメリカ船やフランス船が七洲洋を航海していたとの記述がある。そして、外国船の遭難記事が多くみられるが、それは南海が航海の難所であったからである。そして、1730年の陳倫炯撰『海國聞見録』の南洋記や、1820年の謝清高口述、楊炳南筆録の『海録』などには、南海諸島の詳しい紹介がみられる。

17世紀に杜柏が編集したベトナム地図集『廣義地區地圖』（図1-10）が作成され、そこには、阮朝の祖先によって西沙群島は黄沙群島（ホアンサ群島）、南沙群島は長沙群島（チュオンサ群島）の地名で記されて

表2-1　1800年までの南シナ海

1433 年　鄭和の航海	15 世紀慎懋賞『海國廣記』
	1537 年　梁廷枏『粤海關志』 1540 年　顧玠『海槎餘録』
1776 年　ベトナムの黄沙隊、広義府平山県安永久村近くの岩礁で遭難者救済	1730 年　陳倫炯『海国聞見録』 1754 年　『大南寔録』 1776 年　黎貴惇『撫邊雑録』
1816 年　ベトナム、水軍と黄沙隊の黄沙派遣 1835 年　ベトナム、広義省黄沙に神祠建立	1820 年　謝清高述・楊炳南『海録』

いる。18世紀の『大南寔録　前編』には、ベトナムの河仙鎮総兵鄭玖が順化、つまりフエに来て明王に拝謁したとの記述があり、１７１１年4月明王が鄭玖を使わして「長沙海渚」の長短広狭の数を測らさせたとある。つまり、当時、ベトナムは南沙群島を探検していた。18世紀後半になると、黎貴惇（１７２６～１７８４年）の『撫邊雑録』に黄沙群島の阮氏による開発の記述があり、当時、この地にベトナム人が生活していたことがわかる。記述の一端には、「村居近海、海外之東北有島嶼焉、群山零星、一百三十餘嶺、間山有海、相隔或一日、或數更、山上間有甘泉、島之中有黄沙渚、長約三十餘里、平坦廣大、水清徹底、島傍燕窩無數、衆鳥以千萬計、見人環集不避、……」とある。

そして１８０２年嘉隆帝によるベトナム統一後も暫く、黄沙隊の活動が続いた。このことは『大南一統志』（１８６５～１９１０年）の記述や『大南寔録　正編』にある。インドシナに赴任したルイス・ターベル司教の『諸国民の歴史ならびに宗教、慣習、風俗に関する記述』（１８３８年）には、交趾支那（コーチシナ）の付属島嶼として、カット・バン（黄金海岸）あるいはホアンサ（黄砂）と呼ばれる島嶼がアンナン（安南）人によって占領されていたとある。そして、ジャロン（嘉隆）帝は、自らこの地域の領有を決定し、１８１６年に交趾支那（コーチシナ）旗を掲揚させた、とする記述がある。

4．南海の探険と支配

時代は、列国の進出、南海諸島の航海と測量へと移る。その経過は、次の通りである。

１５１１年　ポルトガル、マラッカを占領、１５５７年マカオ（澳門）を獲得。
１５４０年代以降　日本人がポルトガルの航海図を使用して南海を航海。
１７１０年　英マックレスフィールド号が中沙群島を探検・測量、マックレスフィールド礁と命名。
１７８６年　英国、ペナンを占領、１７９５年マラッカ占領。
１８００～１７年　英国、４度の西沙群島の調査・測量、１８０３年南沙群島の隠遁暗沙を測量、１８１３年東沙群島を測量。
１８２４年　英国、マラッカ獲得。
１８２６年　英国、南沙群島の逍遥暗沙を測量。
１８３４年　スペイン、マニラ開港。
１８３５年　米国、南沙群島を測量、１８４２年にも南沙群島を測量。

表2-2　1800~99年の南シナ海の探検

1800~17年	英国、4度の西沙群島の調査・測量	1838年ルイス・ターベル司教『諸国民の歴史ならびに宗教、慣習、風俗に関する記述』
1803年	英国、南沙群島の隠遁暗沙を測量	
1813年	英国、東沙群島を測量	
1815年	阮黄沙調査隊、西沙群島調査	
1858年	英国、中沙群島を測量	
1881~84年	ドイツ、南沙群島・西沙群島を調査	
1882年	英国、プラタス（東沙）島に灯台建設を提議	

1842年　英国、香港支配。
1844年　英艦隊、南海諸島を調査。
1858年　英国、中沙群島を測量。
1881~84年　ドイツ、南沙群島・西沙群島を調査。
1898年　スペイン、フィリピンを米国に譲渡。

1844年調査による1851年の地図（図2-1）には、パラセル群島（西沙群島）、マックレスフィールド群島（中沙群島）の記述がみられる。プラタス島（東沙島）の由来となったイギリス人プラタスの東沙島への漂着は1866年で、以後、地図にプラタス島の名称が登場した。1750年頃に出版のギローム・ド・リズルとジロラモ・アルブリッジの地図（図2-2）はそれまでの測量の成果を集成していた。

日本人が南洋航海に使用した地図は、父孫左衛門吉康のルソン（呂宋）、トンキン（東京）への航海に使用した「東亜航海圖」（図2-3）である。そこには、西沙群島の暗礁が描かれている。また「萬里石塘」と書かれた短冊紙片があって、その紙片には、天明7年（1787年）と記されている。

角屋七郎兵衛は、1631年ベトナム貿易のためアンナンに渡航し、ベトナム

図2-1　マレー半島・東インド1851年地図

出所：Richard Taylor Fell, *Early Maps of South-East Asia*, Singapore : Oxford U.P., 1988,

注：海南島は1Bの地点、パラセル群島は2Cの地点、マクレスフィールドバンク（中沙群島）は5Dの地点、台湾は8Aの地点、パラワン島は７Fの地点、南沙諸島は3E～5Hの地点、ロンドン群島は3Hの地点、インベスト群礁はA1の地点、ボンベイ群礁は6Hの地点にある。

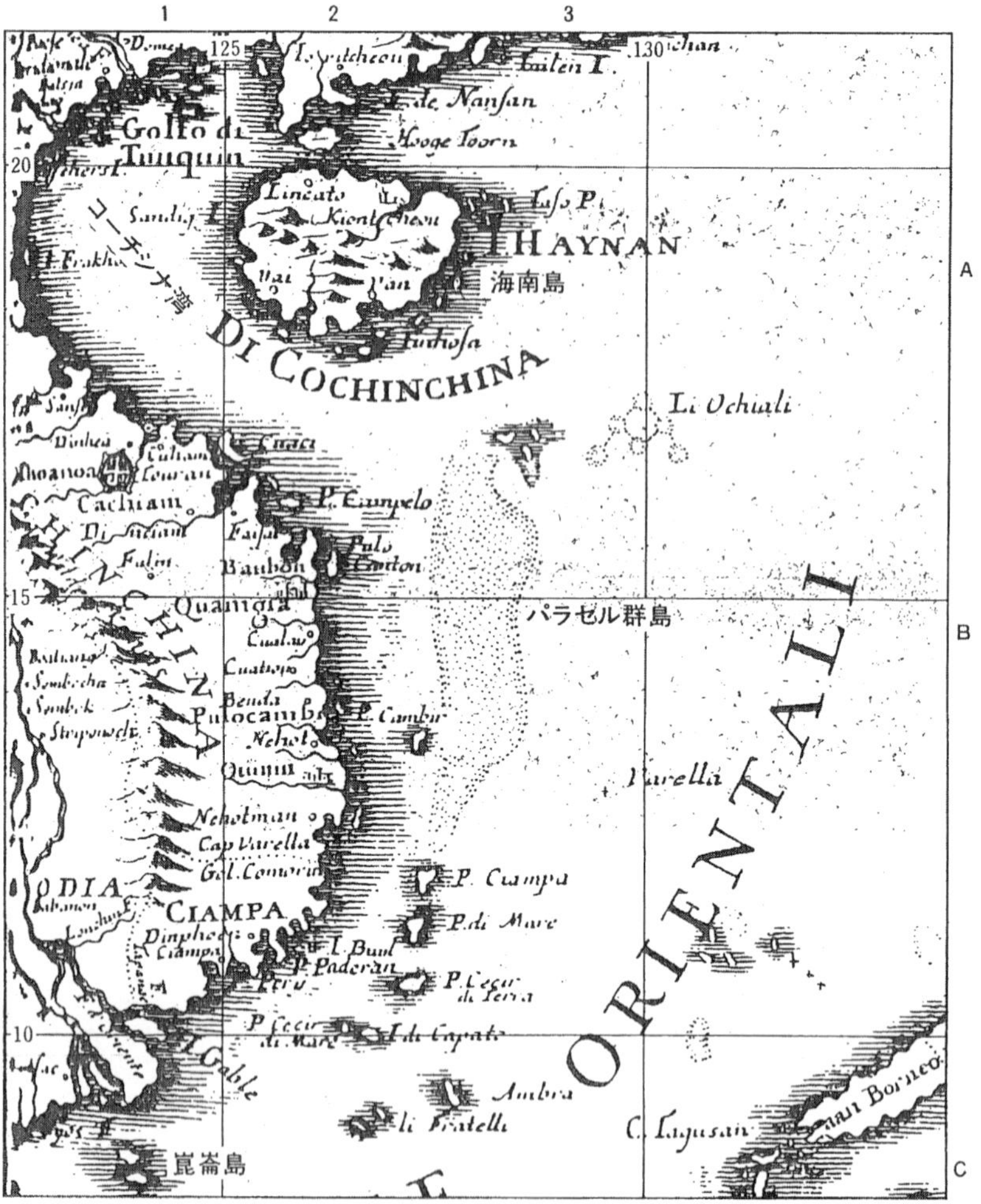

図2-2　ギローム・ド・リズルとジロラモ・アルブリッジの地図（南海諸島部分）
出所：op. cit., *Early Maps of South-East Asia*, pp. 76-77.
注：コーチシナ湾は1Aの地点、海南島は2Aの地点、パラセル群島は3Bの地点、崑崙島は1C の地点にある。

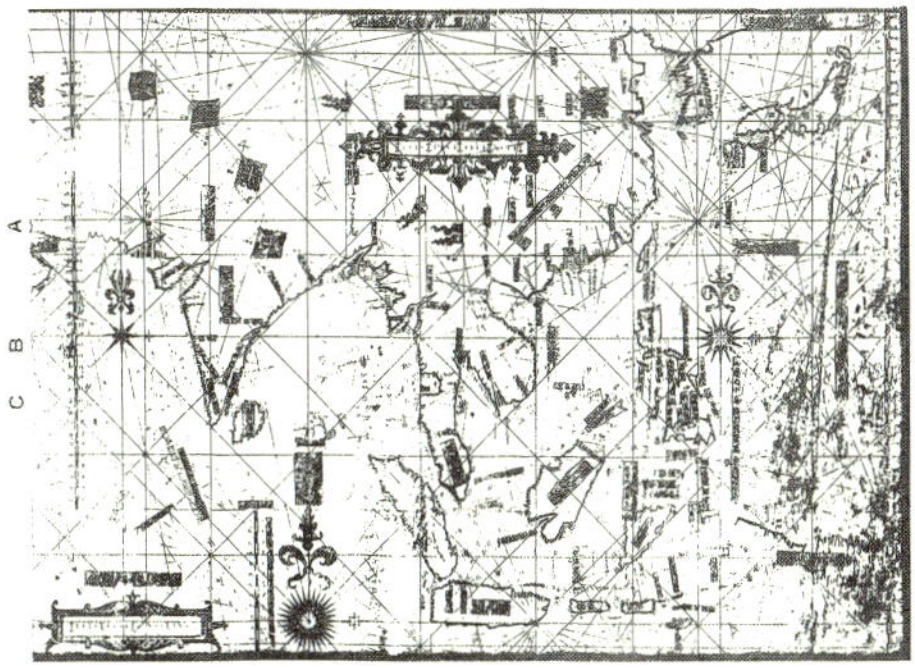

図2-3　御朱印船の貿易地

出所：大阪府立圖書館編『南方渡海古文獻圖録』小林寫眞製版所出版部、昭和18年の図1。

注：台湾はA3の地点、パラワン島はC2の地点にある。萬里石塘の記述はB1の点にある。

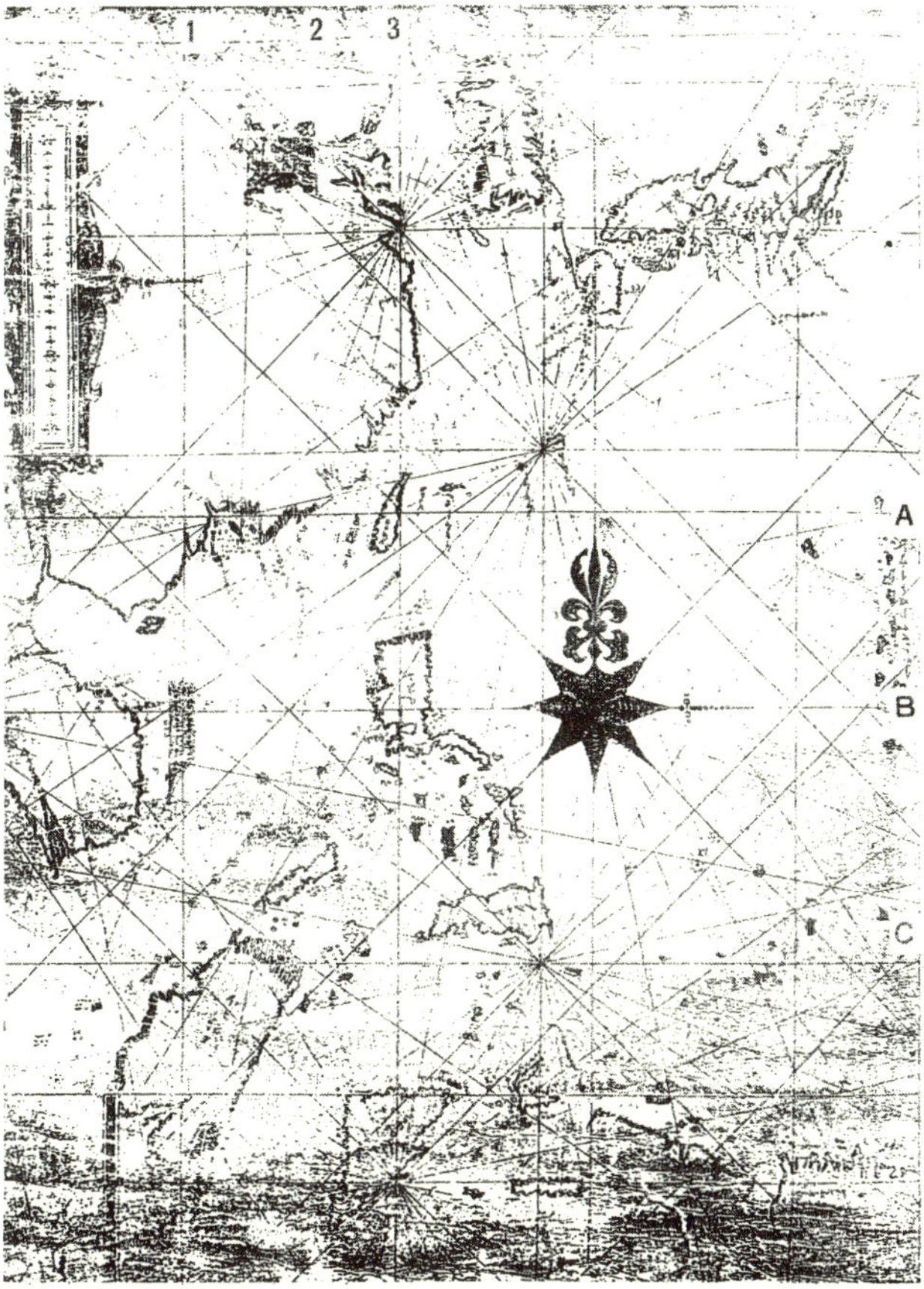

図2-4　東亜航海図 I

出所：前掲『南方海渡古文獻圖録』の図2。

注：台湾はA3の地点、パラワン島はC2の地点にある。南沙群島はB1の点にある。

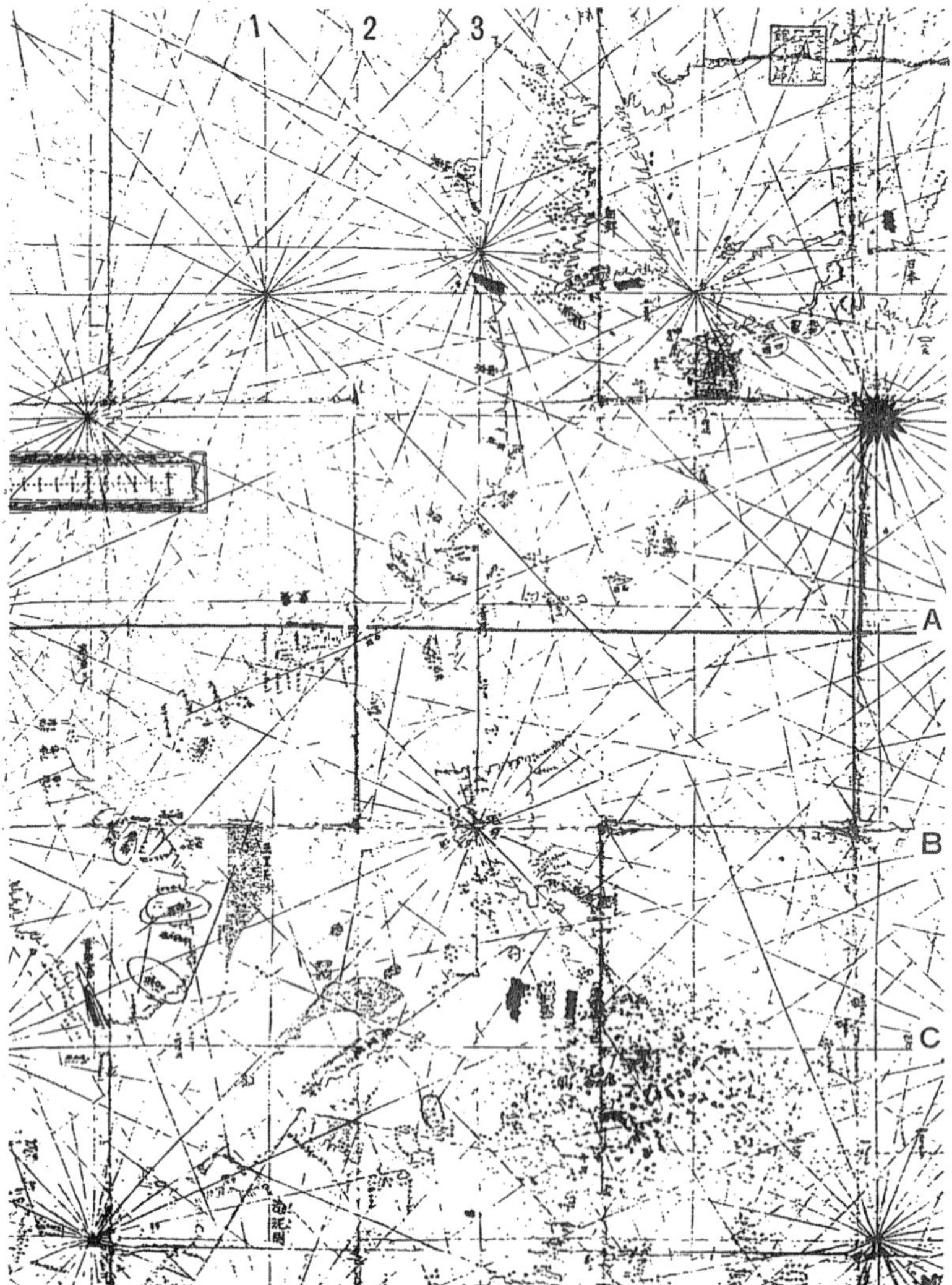

図2-5　東亜航海図 II

出所：前掲『南方海渡古文獻圖録』の図5。

注：台湾はA3の地点、パラワン島はC2の地点にある。萬里長沙の記述はB1の地点にある。

中部の日本人マイ・アン（会安）の監視官となった。彼は、１６３６年（寛永３）年の鎖国令で帰国できなくなり、１６５６年自分が使用した「東亜航海圖」（図2-4、図2-5）を兄治郎のもとに手紙とともに届けた。

5．各国の進出と中国領土の確認

日本が１８９５年台湾を獲得して以来、民間人による南海諸島探検が始まった。

１９０２年玉置半右衛門による東沙群島の探検となり、玉置は「海鳥棲息ノ島嶼ヲ発見」し、その帰属を意図していた。同年西澤商店の船舶長風丸がプラタス島（東沙島）に漂着し、燐鉱資源を発見した。

１９０５年貿易商社恒信社船舶長風丸がプラタス島の無帰属を確認し、１９０７年再調査した。

１９０７年4月水谷新六は台湾丸でプラタス島を調査し、のち台湾丸は流され、台湾総督府の救助船船津丸で6月帰台し、彼は、東沙島の台湾編入を内務省に願い出た。

同年8月西澤吉治が１０５名の労働者と資材をもって四國丸でプラタス島に上陸し、日章旗を掲揚して島名を西澤島と命名し、併せて周辺島嶼を西澤礁と命名し、木標を建立した。これに対して、中国官憲は、その帰属を調査して、10月南京日本副領事に東沙島は中国領である、と通告した。

１９０９年3月16日中国政府は、在広東日本総領事代理に対し東沙島は中国領土であると、正式に通告した。加えて、中国は、東沙島に英・米諸国からの要請がある灯台を建設する計画であると通告した。この領

表2-3　1901～20年南シナ海諸島の中国領有確認

1887年6月	フランス、海中島嶼の清國帰属を承認	1895年	ドイツ船ベロナ号、難破
		1896年	日本船姫路丸、難破
1989年	中国、西沙群島弁庫処設置		
1909年3月	中国、西沙群島籌弁処設置	1902年	玉置半右衛門、東沙群島探検、開発の機運高まる
1913年10月	日本、プラタス島の中国への引渡し		
		1909年	灯台設置
1921年3月	中国、西沙群島を海南省管轄		

有に対する当時の日本政府の態度は、東沙島はいずれにも属していないが、東沙島の編入は実行しないし、西沙群島も同様であると、１９０９年12月に確認している。一方、日本政府は、同島からの日本人の退去要求を拒否し、西澤はその退去要求に対して賠償を持ち出した。

結局、この問題は、日本・中国政府間交渉に移され、１９１３年10月6日プラタス島の中国への引渡し取極が成立し、中国は西澤事業の買収につき広東銀16万元（日本円10万円）を支払い、解決した。

なお、東沙島には、英国香港政庁の正式要請で、１９０９年に灯台が建設された。以後、中国人による東沙島開発が計画されたが、実現はみなかった。

一方、西沙群島海域で１８９５年ドイツ船ベロナ号が暗礁で難破し、続いて１８９６年日本船姫路丸が同様に難破し、いずれも積荷は放棄された。その積荷を中国漁民がジャンク船で回収し、一方、その取得をロイド保険会社が拒否し、積荷の銅の差押えを英外交ルートを通じて要求した。これに対して要求された海南島官憲は領有権及び管轄権がないとして、その要求を拒否した。

１９１７年以降、日本人石丸庄助は東沙島近海で漁業を行っていたが、１９２５年5月中国の抗議を受け、始末書を提出した。その後、年収の15パーセントを上納するとの条件で操業許可を受けたものの、中国は上納の割合を25％とし、石丸を逮捕した。こうした事例は他にも多く生じた。

一方、西沙群島に、１９０９年3月21日中国が西沙群島籌弁処を設置し、現地調査に入った。さらに、１９１７年中国企業海利公司が西沙群島を探検し、燐鉱資源の採取を願い出たが、許可されなかった。

6. 開発、調査、及び支配

以後も、西沙群島及び南沙群島の探検と開発が続いた。

１９１７年2～8月小松重利と池田金造成が西沙群島および南沙群島を探検した。同17年6月平田末治が西沙群島で燐鉱資源を発見し、その開発に着手するも、西沙群島は中国領土と確認され開発は中断された。しかし、再び１９１９年と２１年にラサ島燐鉱株式会社による南沙群島開発申請が出され、１９２１年6月長島（太平島）に出張所が設けられ、生産された燐鉱及びグアノは日本に輸送された。一方、この開発では、１９２１年4月東京地方裁判所に会社が登記され、彼は新南群島として帝国領土の編入につき陳情した。それはいうまでもなく「植民地占領」を企図していた。このラサ島燐鉱株式会社による開発は肥料の値下がりで事業不振となり、１９２９年4月事業が中止された。

この日本の動向にインドシナを支配していたフランスは関心を寄せ、１９２０年以降、西沙群島にモーター・ランチを派遣していて、それは、武器、弾薬、及び阿片の密輸業者が西沙群島を避難所として利用していたからでもあった。1921年2月フランス・インドシナ政庁は、パラセル群島（東沙群島）の帰属につき、本国に照会した。5月6日ハノイで作成のパラセル島機密覚書は、パラセル群島に潜航艇の基地の可能性を指摘している一方、その帰属は不明としており、本国にその対処を求めた。1887年6月26日中国・トンキン国境条約があるにもかかわらず、そこでは西沙群島および東沙群島に対する領土権は確認されていなかった。

1921年3月11日西沙群島は海南省の管轄と決定されたことで、中国人何瑞年が西沙群島開発を政府に申請して許可され、11月会社を設立した。その開発は1926年に中断された。翌27年10月23日中国軍が西沙群島を占領した。そして、1928年5～6月広東実業庁が西沙群島の現地調査を行った。続いて同庁は翌29年4月東沙島の調査を行った。

1927年9月在ハノイ日本総領事は、南海諸島の帰属につきフランス・インドシナ総督府に問い合わせていたが、その回答は、フランスにとっては、中国側の領有権を認めないし、巡視船を派遣してインドシナ側の占有権を留保しているとのことであった。それは、1925年にベトナムの安南王朝兵部尚書タン・チョン・フエが黄沙群島（西沙群島）はベトナム領土と主張し、そして同年11月6日のユエ条約で、フランスはアンナン政府の保護権を行使しており、西沙群島にも関与した。同25年フランスは、西沙群島での第1回科学調査を実施した。そして、ラサ島燐鉱株式会社による新南群島開発が中断されて以後の1930年に、フランスはスプラトリー群島（南沙群島）を調査し、その際、タンペール島（西鳥島）の最高地点にフランス国旗を掲揚し、同島の占領を宣言した。

このフランスの南海諸島への関心は、日本が中国との15年戦争に突入する１９３１年に深まっており、日本が中国を支配することにでもなれば、同時にインドシナ沿岸防衛の要衝である西沙群島も日本の手に陥ることになる可能性が生じるとフランスは判断し、フランスとしていよいよ方策をとることになった。同31年12月中国が西沙群島で燐鉱資源開発に着手したとの情報で、フランスは早速、中国に対して西沙群島における権益保持を申し立てた。翌32年4月29日フランスは、さらに西沙群島の領有権を主張した。また、フランスは6月16日、在広東日本領事に対し西沙群島はアンナンに属すると、その経緯を明らかにした。

そして、１９３３年3月日本が国際連盟を脱退する段階で、フランスは、4月7日から13日にかけ軍艦3隻を派遣してスプラトリー群島（南沙群島）を占領し、その旨、7月24日日本政府に通告された。28日日本の「報知新聞」、「東京日日新聞」、「東京朝日新聞」の各紙は、占領されたのはパラセル群島（西沙群島）の平田群島であると報じるも、それは事実の誤認であった。占領の動きを知ったラサ島燐鉱株式会社は7月21日付で、現状保持につき政府に陳情書を提出した。このフランスの行動に対しては、中国政府が8月12日日本政府に対して海軍の出動を要請したが、日本は応じなかった。しかし、15日日本政府は、フランスの先占は認めない方針を閣議で決定し、19日フランスに通告した。

以後における日本の対応と措置は、次の通りであった。

1934年3月日本はフランスとの外交交渉を中断。

1935年春海軍省と台湾総督府の斡旋で平田末治のイニシアチブで開洋興業株式会社設立、南沙群島の長島（太平島／イツアバ島）へ進出。

1937年9月3日海軍が東沙島占領。12月9日フランスが日本の東沙島占領に抗議。

1938年10月30日フランスが日本海軍の長島上陸に抗議、12月27日も。

12月23日日本が長島を含む新南群島の台湾編入を閣議で決定し、28日実施。

12月27日日本が西沙群島編入の閣議決定。

1939年2月10日日本軍、海南島上陸。

2月12日日本がフランスに対し新南群島の先占を主張して、フランスによる先占の主張に対し撤回を要求。

3月30日日本外務省は新南群島の行政管轄を発表し、31日そこでは「永年無主の珊瑚礁島嶼」に対する主権行使が確認された。

1939年3月30日日本政府の新南群島の行政管轄の決定は、次の通りである。

新南群島ノ行政管轄決定ノ件

一、新南群島ハ南支那海中大約北緯七度乃至十二度・東經百十一度乃至百十七度ニ亘ル範圍ニ存在スル小礁島群島テアル本群島ハ従來何國ニモ屬セサル無主ノ島嶼トシテ知ラレテキタモノテアルカ、大正六年以來我國人ハ何レノ他國人ニモ先立ツテ巨額ノ資本ヲ投下シ恒久的ノ諸施設ヲ設ケテ同群島ノ經濟的開發ニ從事シ來ツタ。帝國政府トシテハ是等邦人ノ活動ヲ承認シ數次同島嶼ヘ軍艦ヲ派遣シ又必要ニ應シ各般ノ援助ヲ與ヘ來ツタノテアルカ偶々昭和四年經濟不況ノ爲前記邦人等ハ施設ヲ其ノ儘トシ一時群島ヲ引揚ケタカ近年再ヒ邦人ニヨル經濟活動ハ開始セラレ以テ現在ニ至ツテキル

二、本群島ヲ廻リ日佛間ニ紛爭ヲ生シタノハ昭和八年以來ノコトテ當時前記邦人事業者カ一時群島ヲ不在トセル隙ニ乘シ佛國政府ハ航路ノ安全ノ爲ト稱シ昭和八年突如一隻ノ軍艦ヲ同群島ニ派遣シ之ヲ佛國主權ニ歸屬スヘキ旨ヲ宣言シ日本國政府ニ通告シ來ツタノテアル。帝國政府トシテハ素ヨリ斯ル實際ヲ無視セル一片ノ通告ヲ容認シ得ヘキ筈ナク當時直チニ佛國政府ニ對シテ領有宣言ノ撤回方ヲ申入レタノテアルカ佛國政府カ右勸告ニ應シナカツタノテ帝國政府ハ爾來群島ノ佛國側先占ハ之ヲ承認セストノ態度ヲ持シ他方ニ於テ各種ノ措置ヲ講シテ日本側ノ先占ヲ確保シ以テ今日ニ至ツタ

三、紛爭發生後佛國ハ何等ノ行動ニ出テナカツタノテアルカ日支事變起ルニ及ヒ再ヒ同方面ニ積極的活動ヲ開始シ曩ニハ西沙島ノ領有ヲ主張シタカ新南群島ニ對シテモ軍艦ヲ派遣シテ邦人ノ活動狀況ヲ調査シ或ハ商船ヲ派シテ人及材料ヲ上陸スル等同島ノ占有ヲ實効的ナラシメントスルノ氣配ヲ示シタ我方ハ右佛側策動ニ對シテハ直チニ佛國政府ニ嚴重抗議スルト共ニ帝國軍艦ヲ派遣シ邦

人ノ安全保護及帝國權益ノ確保ニ付萬全ノ措置ヲ講シタルノテアル

四、抑々帝國ト新南群島トノ關係ヲ考フルニ帝國カ群島ニ對シ有スル長年月ニ及フ事實關係竝ニ國際法上ノ權源ハ嚴トシテ動カスヘカラス從ツテ群島ハ其ノ實際ニ於テ帝國領土ニ屬スヘキコトハ當然テアルカ未タ行政上ノ管轄關係カ確立シ居ラサル點ニ於テ佛蘭西トノ關係ニ於テ無用ノ紛糾乃至ハ摩擦ヲ生シタノテアル依ツテ此ノ際新南群島ノ行政管轄ヲ確立シ内外ニ對シテ其ノ所屬關係ヲ判然ナラシムルコトカ最モ必要且適切ナリト認メラルルニ至ツタノテ今般群島ヲ臺灣ニ編入スルコトトナツタ

五、尙新南群島ハ其ノ經濟的竝ニ交通上ノ關係ヨリ之ヲ臺灣高雄州高雄市ノ管轄區域ニ編入スルコトトセリ

同39年3月31日の行政管轄の決定に関する日本外務省の発表は、以下の通りである。

新南群島ハ佛領印度支那ノ東方南支那海中ニ存在スル小珊瑚礁島群テアツテ、永年無主ノ珊瑚礁島嶼トシテ知ラレテヰタモノテアルカ大正六年以來我國人ハ何國人ニモ先立ツテ巨額ノ資本ヲ投下シ恒久的ノ諸施設ヲ設ケテ同島嶼ノ經濟的開發ニ從事シ來ツタ。

帝國政府ハ是等邦人ノ活動ヲ承認シ數次同島嶼ヘ軍艦ヲ派遣シ且必要ニ應シ各般ノ援助ヲ與ヘ來ツ

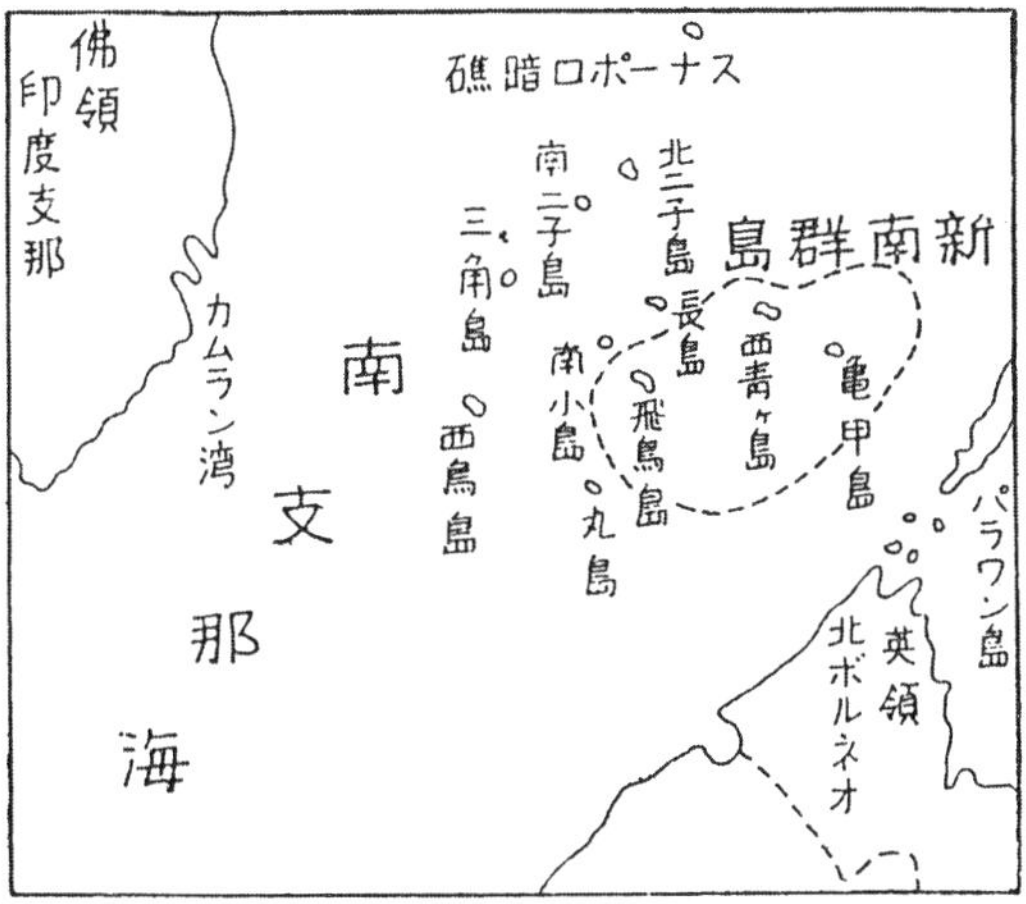

図2-6　新南群島、1939年
出所：南支那研究所編『南支那年鑑（昭和14年版）』台北、臺灣實業會社、282頁。

タノテアルカ、從來其ノ行政管轄カ確定セス爲ニ邦人ノ生命、財産及其ノ事業ノ保護竝ニ取締ニ不便カアリ又佛國トノ間ニ無用ノ紛争ヲ生スル虞カアツタノテ、斯カル不便及不利ヲ除ク爲今般同群島ヲ臺灣總督府ノ管轄ニ屬セシムルコトトシ三月三十日附ヲ以テ公示スルト共ニ右ノ次第ヲ三十一日澤田外務次官ヨリ在京佛國大使ニ通告シタ。

そして、新南群島は、南沙群島の以下の島嶼で構成された。

［新南群島］

北二子島、南二子島、西南島、三角島、中小島、亀甲島、南洋島、長島、北小島、南小島、飛鳥島、西鳥島、丸島。

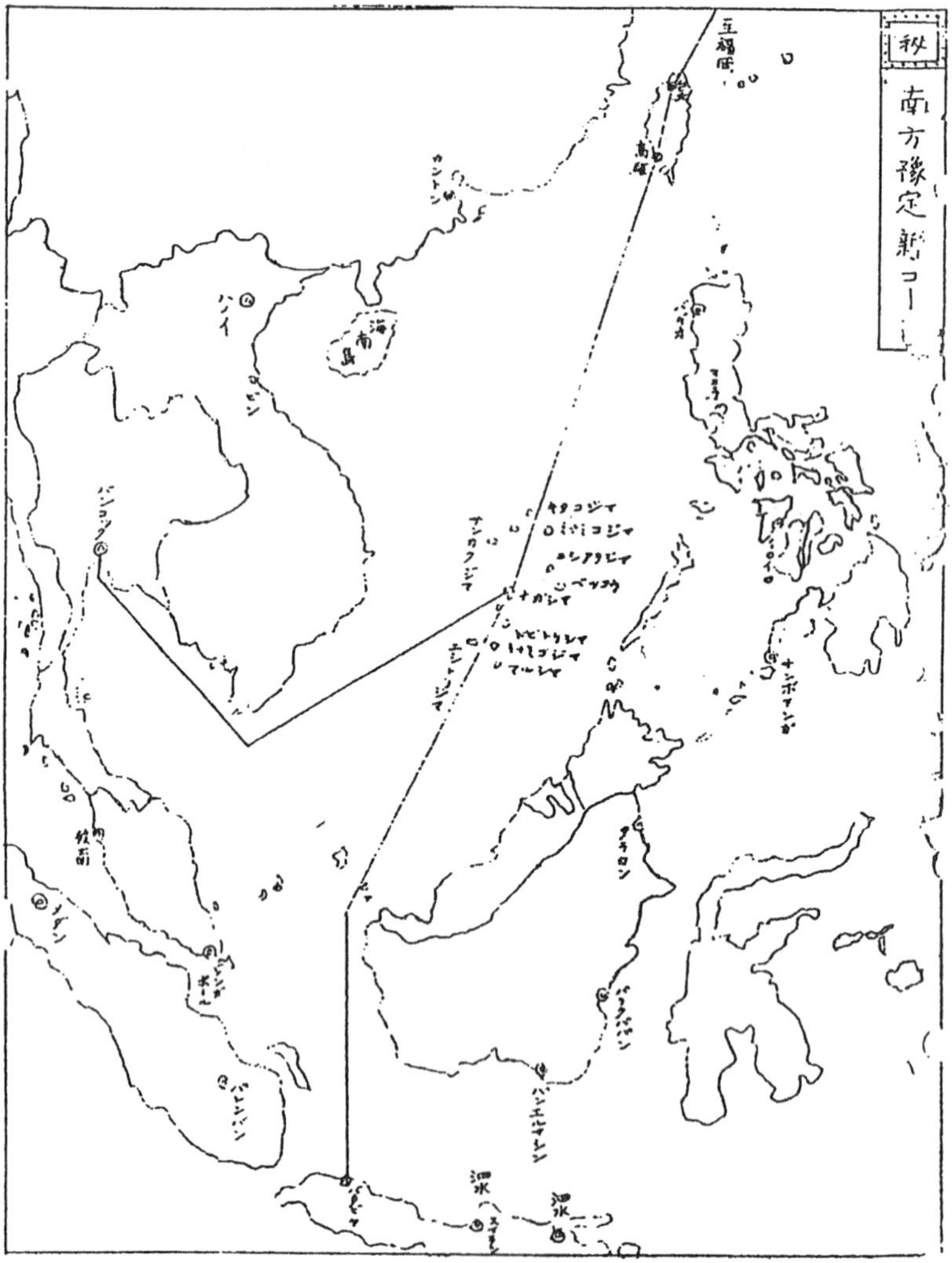

図2-7　水上基地としての新南群島

出所：「水上機基地トシテノ、新南群島」、外務省記録A-4-1-0-21『各国領土発見及帰属関係雑件——南支那海諸礁島帰属関係』第2巻、所収。

表2-4　1900～45年南シナ海の開発と植民地占領

1907年	8月	西澤吉治、プラタス（東沙）島上陸、西澤島と命名			
1909年	3月	中国、西沙群島籌弁処設置			
1913年	10月	日本、プラタス島を中国へ引渡し			
1921年	6月	長島でラサ島燐鉱株式会社の開発	1929年	4月	ラサ島燐鉱株式会社、事業中止
1933年	4月	フランス、スプラトリー群島占領、日本、フランスの先占拒否	1933年	7月	日本外務省文書「南支那海諸島に関する件
1939年	3月	日本軍、西沙群島、上陸		8月	中国、日本海軍の出動要請、日本、フランスに申入れ
	4月	日本、新南群島（南沙群島）支配・併合			
			1939年	2月	日本軍、海南島上陸
1945年	8月	日本、新南群島占領終了			

そして、４月７日日本は、フランスの要求を、最終的に拒否した。

かくて、日本は８月11日、新南群島の統治方針を決定し、そこでは、開発とならんで、バンコク（タイ）及びバタビア（蘭領東インド）への中継を担う水上基地としての役割が検討されていた（図２-７）。

１９４０年３月１日フランス軍艦マルヌ号が座礁し、イツアバ島（長島）に上陸した。翌２日日本が軍艦を派遣し、フランスに抗議した。

１９４５年８月27日新南群島の長島に駐留の日本軍部隊に対し投降命令が届き、日本の支配は終わった。

日本の敗戦で、南シナ海は、新しい争奪の局面となった。

１９４５年12月８日中国台湾省は、西沙群島に成田号を派遣し、12日林島（永興島）に中華民国国旗を掲揚した。

他方、１９４６年５月フランス軍艦サボールナ・ブラザ号をパラセル群島（西沙群島）に派遣し、９月まで占領した。

フィリピンは、１９４６年7月4日の独立に次いで、23日外相が、南沙群島を国防範囲に包含する、と宣言した。

III　南シナ海問題の経緯（第二次世界大戦以後）

1．中国への復帰、フランス占領、及びフリーダム・ランド事件

日本の敗戦で、南シナ海は、新しい争奪の局面となった。

１９４５年12月８日中国台湾省は西沙群島に成田号を派遣し、12日林島（永興島）に中華民国旗青天白日満地赤旗を掲揚した。

他方、１９４６年５月フランス軍艦サボールナ・ブラザ号をパラセル群島（西沙群島）に派遣し、９月まで占領した。

フィリピンは、１９４６年７月４日の独立に次いで、23日外相は、南沙群島を国防範囲に包含する、と宣言した。

１９４６年８月２日中国広東省は、内政部と高雄市の要請で、東沙群島及び西沙群島の調査に着手し、９月13日南海諸島の接収方針を決定した。９月フランス艦隊の撤退で、11月中国軍は西沙群島の永興島に上陸した。10月フランス軍艦がスプラトリー群島（南沙群島）のスプラトリー島（南威島）及びイツアバ島（長島）に石碑を建立していたこともあって、12月15日フランス軍艦の引揚げで、中国軍は南沙群島の双子島、南極島、帝都島（中業島）などに上陸し、中国国旗を掲揚した。

これに対し、翌47年１月９日フランスは、西沙群島はベトナム領である、と声明した。13日フランスは西沙群島の中国軍隊の駐留に抗議し、17日軍艦トンキン号を派遣してウッディ島（永興島）への上陸を決行し

たが、それは中国軍に阻止された。他方、18日フランスは、パラセル群島（西沙群島）のパッツル島（珊瑚島）を占領した。この事件は中国・フランスの外交問題となる一方、中国は、3月15日南沙群島・西沙群島の海軍管轄を決定し、4月1日両群島を海南特別行政区とした。

中国は、南海諸島の支配を処理したが、以後の動きは混乱した。

1947年4月12日中国海軍、長島を太平島と改称。

4月14日中国中基号、西沙群島の調査。

9月4日中国内政部、南沙群島・西沙群島・東沙群島・中沙群島を広東省に編入。

今度は1948年にフィリピン海洋研究所トマス・クロマが南沙群島のイツアバ島（太平島）を探検した。そして1950年4月フランスがパラセル群島（西沙群島）のクレセント諸島（永楽諸島）を占領した。この事態に、キリノ・フィリピン大統領が5月17日、スプラトリー群島（南沙群島）が敵に占領される事態になれば、フィリピンの安全が脅かされると発言し、フィリピンの関心をのぞかせた。

1949年7月ベトナム国の成立で、1950年10月14日フランスは西沙群島・南沙群島の主権をベトナム国（南ベトナム）へ委譲した。

1950年5月15日新中国が西沙群島の永興島（林島）に軍隊を派遣し、5月17日南海諸島の主権声明を発した。

その1950年5月15日中華人民共和国外交部声明は、次の通りである。

【新華社一九日電】米国に握られたフィリピン傀儡政府の一部人物が近頃、我が国領土の團沙群島［南沙群島］を侵犯しようとの空気を作り出すべく企んでいる。マニラの消息によると、フィリピンのキリノ大統領は五月一七日、記者会見で「国民党軍隊が本当に團沙群島を占領していれば、フィリピンとしては、それを占領する必要がない。仮に敵の手元にあるとなれば、それは、我が国の安全を脅かすことになる」と、挑発的口調で公言した。キリノは、彼の侵略的企図のために、「国際法に基づき、この群島は最も近い国により管轄されるべきであり、團沙群島に最も近い国家はフィリピンなのだ」という荒唐無稽な理論を作り出した。

北京の資格のある政府要員は、中国領土についてのフィリピン政府の荒唐無稽な宣伝は米国政府の支持によるところは明白で、フィリピンの挑発者とその支持者としての米国は、このような冒険的計画を放棄しなければならず、しからざれば重大な結果を引き起こしかねない。中華人民共和国は、團沙群島及び南シナ海にある中国所属の他のすべての諸島がいかなる外国からも侵犯されることは絶対に許さないことを指摘する。

1951年9月8日サンフランシスコ対日平和条約が調印され、日本は、その第2条で南海諸島（新南群島及び西沙群島）の権原を放棄した（7月12日公表の英・米条約草案の第2条fでは、「西鳥島（＝新南群島／南沙群島）及び西沙群島の放棄」が言及された）。新中国は、8月15日声明で条約草案を批判する一方、それら諸島に対する中国の主権を確認した。ソ連はこの中国の立場を支持した。他方、ベトナム国はこれら諸島に対する自国の主権を確認した。

サンフランシスコ平和条約には、新中国も台湾（国民政府）も調印しなかった。台湾は、1952年9月8日日本との単独平和条約（日華平和条約）に調印し、同条約は、サンフランシスコ条約の第2条を確認した。中国は、1972年9月29日日中共同声明で、この破棄された日華条約の文言と精神を引き継いだ。

1954年7月21日フランスは、インドシナ・ジュネーブ協定でそのインドシナにおける存在を喪失したが、1955年1月またも軍艦をパラセル群島（西沙群島）のウッディ島（永興島）に派遣した。そこで、1956年以降、パラセル群島の支配を強化した中国とのあいだで、フランスは衝突となった。

フランス勢力の後退で、1955年6～7月にフィリピン在住の米退役軍人がスプラトリー群島（南沙群島）の一部に上陸して、「人道王国」を樹立した。台湾は、この事件でフィリピンに抗議した。翌56年3月1日トマス・クロマがスプラトリー群島を探検し、3月17日「無主の島嶼を発見し、カラヤーン群島と命名した」と発表した。4月29日彼らはイツアバ島（太平島）に上陸し、5月27日再上陸した。その後、彼らはスプラトリー島（南威島）において占領宣言を発し、「フリーダム・ランド」と命名した（図5–11）。これらスプラトリー群島の一部占領宣言に対し、5月19日ガルシア・フィリピン外相はその先占行為を公認した。

この間を通じて、クロマは、関係の各島にフィリピン国旗を掲げ、正式の領有であると宣言した。そこに建立された看板には、次の一文が書かれていた。

NOTICE
THIS ISLANDS IS CLAIMED ATTY TOMAS CLOMA AND PARTY, MANIRA, PHILIPPINES AND GORMSP PORMAS PART OF FREEDOM LAND

同5月21日台湾は、フィリピンに対し、クロマのいう島嶼は中華民国の版図に含まれる、と抗議した。

フランスは1956年4月南ベトナムから引き揚げ、この際、ベトナム共和国（南ベトナム、ベトナム国の後継）がホアンサ（西沙群島）とチュオンサ群島（南沙群島）の一部島嶼を接収した。前記のフリーダム・ランド事件で、6月1日南ベトナムは、チュオンサ群島に対する主権声明を発した。一方、同1日台湾はこれに抗議した。

ここにおいて、日本の後退で空白となった南海諸島の支配をめぐり、関係国による支配と主権主張の論争・対立の局面が浮上した。

現地では、以下の動きが続いた。

1956年6月台湾部隊、南沙群島の再占領。

6月トマス・クロマの息子ジェームス・クロマが太平島で中華民国旗を撤去。

7月6日チツ島（中業島）にフリーダム・ランド政府樹立。

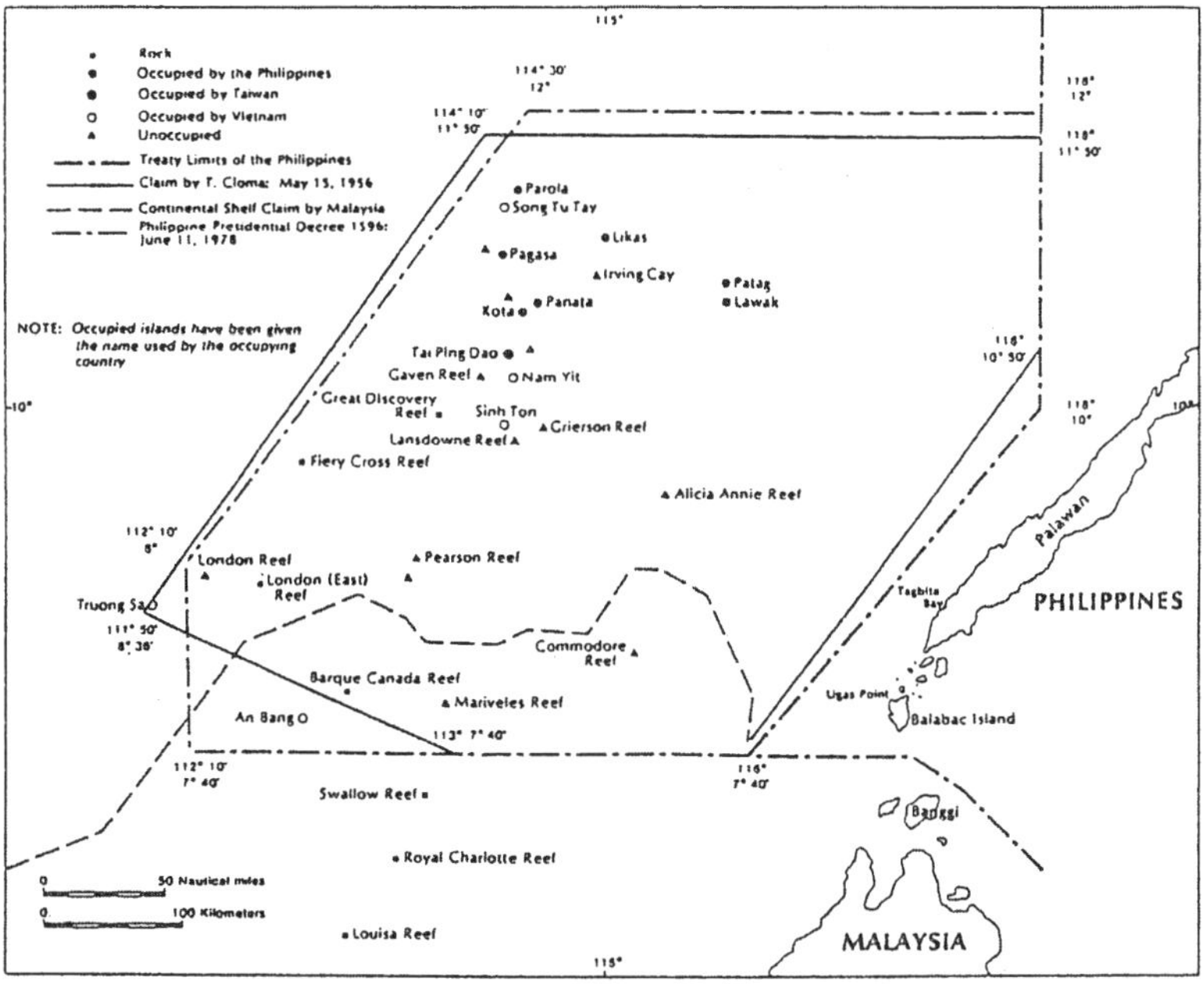

図3-1　1945～69年南シナ海の中国復帰をめぐる混乱
出所：Joseph R. Morgan & Mark J. Valencia eds., *Atlas for Marine Policy in Southheast Asian Seas*,Berkeley: Univ. of California Press, 1983, p. 51.

7月台湾部隊、太平島など南沙群島に再上陸。

7月南ベトナム、ホアンサ群島（西沙群島）のチャム・テエン島（フーニャット島／甘泉島）占領。

8月南ベトナム、チュオンサ群島（南沙群島）に上陸。

8月~10月台湾、南沙群島を巡視。

12月台湾、フリーダム・ランドを拒否、南沙群島の主権声明。

1957年5月米軍、スプラトリー群島（南沙群島）の3島を占領、レーダーを設置、23日中国がこの事実を非難、24日米国は気象台設置と弁明。

5月南ベトナム、ホアンサ群島（西沙群島）のグエトティエム諸島（クレセン

表3-1　1945~69年南シナ海の中国復帰をめぐる混乱

1945年	12月	中国台湾省、西沙群島へ成田号派遣、林島に中華民国旗掲揚
1946年	5月	フランス、軍艦をパラセル群島（西沙群島）派遣、占領
	9月	中国、南沙群島・西沙群島接収
1950年	5月	新中国、西沙群島の林島（永興島）へ軍隊派遣
1951年	8月	新中国、南海諸島主権声明
1955年	6~7月	フィリピン、スプラトリー群島（南沙群島）に人道王国設立
1956年	3月	南ベトナム、フランスに代わってホアンサ（西沙群島）占領
	7月	フィリピン、チツ島（中業島）にフリーダム・ランド政府樹立
1957年	1月	南ベトナム軍、ホアンサ群島（西沙群島）のフーニヤット島（甘泉島）で中国漁船に発砲
1959年	3月	南ベトナム、ホアンサ群島（西沙群島）で資源開発
1968年		フィリピン、コタ島（南鑰島）、パガサ島（中業島）など占領
1969年	10月	南ベトナム、ホアンサ群島（西沙群島）をクアンナム省に編入

ト諸島／永楽諸島）に上陸。

５月クロマ、スプラトリー群島のサウスウェスト・ケイ（南小島／南子礁）に上陸。

2. 西沙群島における中国・南ベトナム対立

１９５７年1月25日西沙群島の甘泉島（チャム・テエン島／ロバート島）で、給水中の中国海南島所属の漁船發興号が同島を占領中の南ベトナム軍によって発砲を受ける事件が起きた。これは、フランスに代わって南ベトナムが中国と対決する始まりとなった。

１９５８年9月４日中国は、12海里の領海宣言を発し、東沙群島、西沙群島、中沙群島、及び南沙群島の主権を明確にした。そこでは、南ベトナムに関与した米国の脅威を、中国としても、十分認識していた。

１９５９年1月南ベトナムが外国系会社とホアンサ群島（西沙群島）での鳥糞開発契約を締結したことで、事態は以下の通りエスカレートした。
2月21日　南ベトナム砲艦、中国漁船を拿捕。
2月22日　南ベトナム砲艦、ホアンサ群島（西沙群島）のクァン・ホア島（ダンカン島／琛航島）で中国漁船5隻を破壊、82名を検挙、中華人民共和国旗五星紅旗を破棄。
2月22日　米太平洋統合軍司令官ラドフォード、パラセル群島での中国の行為は遺憾であると指摘。
2月25日　台湾、西沙群島の主権声明。
2月27日　南ベトナム海軍、中国漁船2隻を拿捕。
2月27日　中国、南ベトナムの行為は挑発行動と非難、さらに南ベトナムによる領海侵犯と指摘。
1959年3月2日　南ベトナムにカンスタイサ会社設立、同社はホアンサ群島の燐鉱資源開発に従事と判明。
3月3日　南ベトナム、中国に対しホアンサ群島はベトナム領土と口上書送付。
3月9日　台湾、南ベトナムに対し西沙群島は中国領土と口上書送付、15日南ベトナム、反論。
3月26日　南ベトナム砲艦、ホアンサ群島（西沙群島）のクァン・ホア島（琛航島）で中国漁船3隻を拿捕。
3月31日　中国、西沙群島永興島に海南行政区西沙・南沙・中沙群島弁事処を設置。
4月5日　中国、南ベトナムの行為を非難、西沙群島の主権を確認。
4月6日　南ベトナム、クァン・ホア島（琛航島）とドイモン島（晋郷島）へ侵攻。

4月8日　南ベトナム、ホアンサ群島（西沙群島）に対する主権声明。
6月23日　中国、米軍機の西沙群島侵犯を指摘、以後、1971年12月25日まで200回以上の領海・領空侵犯を指摘。

そして、以後、台湾、中国、南ベトナムがそれぞれ南海諸島の支配を強化した。台湾は、1961年7月26日西沙群島に対する主権声明を発し、西沙群島海域の巡視を強化した。南ベトナムは1963年5月、チュオンサ群島6島に主権碑を建立し、クァン・ホア島（琛航島）に行政センターを設立し、その支配を拡大した。

3. 海底資源調査と南海諸島沿岸国の対立

1969年のCCOP（アジア沿岸鉱物資源共同探査調整委員会）報告で、中国が主張する領海範囲にある南ベトナム、マレーシア、インドネシア3国に隣接した地域における海底油田の開発可能性が高まった。そこでは、南シナ海域全体にかかわる利益をめぐる争点が浮上するところとなった。

インドネシアは、1960年2月18日の群島宣言で領海を設定したが、それは南沙群島にかかっていない。マレーシアは、1963年7月連邦として発足し、1966年7月28日大陸棚を設定した。その大陸棚には南沙群島の一部が含まれた。

フィリピンは、1968年にスプラトリー群島（南沙群島）のロイアタ島（南鑰島）、チツ島（中業島）、ノースイースト・ケイ（北小島）の３島を占領し、１９７０年にナンシャン島（馬歓島）を併合し、さらに１９７１年にロイアタ島を併合し、チツ島をも併合した。

南ベトナムは、１９６９年10月21日、ホアンサ群島をクアンナム省に編入した。１９７１年４月２日南ベトナム沖で海底石油資源の地質調査を行っていた石油業界筋が同海域の石油埋蔵量は東南アジアでは最大と報じるなか、石油開発が軌道に乗りいよいよ注目されるところとなった。

同71年６月９日南ベトナムは自国の大陸棚の試掘を認めると発表したが、これに対し、12日ハノイのベトナム通信社は、南ベトナム傀儡政権とのいかなる投資開発協定も無効である、と声明した。１９７３年１月27日のベトナム和平協定調印後も、南ベトナムはその方針を継承した。そして７月には７つのブロックの入札が決まった。これに関連して、南ベトナムは、７月チュオンサ群島（東沙群島）のナム・イエット島（鴻麻島）を占領し、併合した。

そして現地では、以後も、対立事件が続いた。

１９７１年７月２日フィリピン国会議員がスプラトリー群島を視察中、台湾軍が発砲と発言。但し、台湾軍事筋は、台湾軍は発砲していないと発表。

７月15日南ベトナム、ホアンサ群島とチュオンサ群島のベトナム主権をフィリピンに通告。

７月16日黄永勝中国人民解放軍総参謀長、フィリピンに対し南沙群島と西沙群島は中国領土と発言。

７月17日マルコス・フィリピン大統領、フィリピンが占領したのはスプラトリー群島以外の島嶼で、フィリピンとしてはスプラトリー群島の領土権は主張していないと発言（フィリピンの主張するカラヤーン群島はスプラトリー群島の一部を形成しているので詭弁となっている）。

7月28日フィリピン、フリーダム・ランドとスプラトリー群島は別だと台湾に通告。

緊張を深める南沙群島海域では、1972年9月26日台湾が太平島で日本漁船を拿捕した。

4．1974年中国・ベトナム抗戦事件

南シナ海対立は中国と南ベトナム間で交戦事件となり、結局、中国は西沙群島の支配を回復した。その経過は、以下の通りである。

1973年3月26日　南ベトナム、ホアンサ群島（西沙群島）で中国漁船3隻拿捕。

1974年1月1日　中国、南沙群島のフォクトゥイ省管轄を非難。

1月15日　南ベトナム駆逐艦、ホアンサ群島のグエトティエム群島（永楽群島）海域で中国漁船2隻に対し威嚇、チャム・テュン島（甘泉島／ロバート島）で五星紅旗に向けて砲撃。

1月16日　南ベトナム、中国のホアンサ群島（西沙群島）への侵入で国連提訴、20日中国が反論。

1月17日　南ベトナム駆逐艦、ホアンサ群島のビンラク島（金銀島／マネー島）で五星紅旗を引き降ろし、巡視中の中国海軍駆潜艦がこれに警告。

1月18日　南ベトナム駆逐艦2隻、ホアンサ群島海域で中国漁船3隻を破壊、中国海軍の警告で引き揚げたが、南ベトナム駆逐艦7隻態勢で中国海軍駆潜艇に接近。これに対し、中国海軍は哨戒部隊を編成。

1月19日　南ベトナム、中国に対し主権侵害の警告、中国軍に対して艦砲射撃と航空機の爆撃決行。

1月20日　中国軍、ミグ戦闘機の支援で西沙群島の南ベトナム軍は壊滅、中国軍が西沙群島全域を支配。

1月24日　南ベトナム、国連提訴を取下げ。

南ベトナムは、西沙群島の支配を失ったものの、領有権の主張を撤回しなかった。そして1月30日南ベトナム軍は、チュオンサ南沙群島のナム・イエット島（鴻庥島）などに、相次いで再上陸した。2月4日中国は南ベトナム軍の南沙群島への一連の上陸事件に抗議し、南海諸島の主権を確認した。これに対し、1975年2月14日南ベトナムは、「黄沙群島（パラセル）及び長沙群島（スプラトリー）に対する外交白書」（1975年白書）を発表して、その主権を明らかにした。

中国による西沙群島の制海権確保で、2月フィリピンがフィリピン、台湾、及び南ベトナムの国連3カ国との協議を模索したが、成功しなかった。

南沙群島では、中国の主権声明にもかかわらず、フィリピン、南ベトナム、また台湾による軍事占領が続いた。一方、南ベトナムによる南沙群島における石油開発は前進した。1974年5月21日南ベトナムは領海法を制定し、大陸棚に対する主権行使となった。南ベトナムでは、5月26日石油採掘権の第2回入札が実施されたが、南ベトナム共和臨時革命政府は6月3日、南ベトナムの石油を含む国家資源はすべてベトナム

表3-2　1970～80年南シナ海の領土支配をめぐる中国・ベトナム対立

1971年	6月	南ベトナム、自国の大陸棚で石油試掘着手
1973年	1月	フィリピン、フィリピン歴史水域を確認
	1月	ベトナム和平協定調印
1974年	1月	南ベトナム・中国、西沙群島海域で交戦（西沙群島事件）
1975年	2月	南ベトナム、黄沙・長沙群島（パラセル・スプラトリー群島）主権白書（1975年白書）公表
	4月	ベトナム人民解放軍、チュオンサ群島（東沙群島）に南ベトナムに代わって上陸
1978年	6月	フィリピン、カラヤーン群島（南沙群島の一部）併合宣言
1979年	2月	フィリピン、リード・バンク（礼楽灘）で石油生産開始
	2月	中国人民解放軍、ベトナム国境を越えて侵攻（中越戦争）
	7月	中国、西沙群島に飛行禁止区域設定
	10月	ベトナム、ホアンサ・チュオンサ群島主権白書（1979年白書）公表
1980年	1月	ベトナム、ベトナム領海の外国船規制令公布
	1月	中国、南海諸島主権確認の1980年外交文件公表

人民の神聖不可侵の所有に属する、と声明し、ベトナム共和国（南ベトナム）のかかる協定はすべて無効である、と声明した。南ベトナムは翌4日、かかる共和臨時革命政府の声明を否認した。

１９７４年12月に始まったベトナム人民解放軍のテト攻勢で、南ベトナムの支配は崩れ、その試掘作業も中断された。１９７５年4月ベトナム人民解放軍は、チュオンサ群島（東沙群島）に駐留の南ベトナム軍に対する上陸作戦を決行し、4月30日南海諸島地域の支配を含めてベトナム共和国政権は崩壊した。ここに、南ベトナムに代わってベトナム民主共和国（北ベトナム）が南海支配の主役として登場するところとなった。

5．中国・ベトナム対立の激化

ベトナム共産主義勢力（北ベトナム）は、南ベトナム及び米国と対立していたベトナム戦争の段階では、西沙群島及び南沙群島の主権を表明していなかったばかりか、両群島に対する中国の主権を認めていた。しかし、１９７４年1月西沙群島での中国・南ベトナム対立では、各国がこれまでの中国支持の立場を後退させ、いずれの国に対する支持も表明しなかった。そこでは、西沙群島に対する北ベトナムの主権を主張することもなかった。

そして、南ベトナムの崩壊により、ベトナム共産主義勢力が、１９７５年5月南ベトナムが占拠していたチュオンサ群島の各島嶼を接収するとともに、南ベトナムが先占と歴史性を根拠としていたホアンサ群島及びチュオンサ群島に対する主権を継承して主張するところとなった。そこでは、当然に中国・ベトナム対立が浮上した。

経過は、次の通りである。

１９７５年5月15日　ベトナム人民解放軍機関紙「クァンドイ・ニャンザン」、チュオンサ群島の接収を確認。

5月15日　「人民日報」記事「西沙群島と南沙群島の争いの由来」（資料Ⅱ）。

8月5日　ベトナム人民海軍創設20周年大集会でボー・グエン・ザップ・ベトナム副首相兼国防相がベトナム（旧北ベトナム）のホアンサ群島とチュオンサ群島の防衛をもって主権護持と表明。

9月22～28日　レ・ジュアン・ベトナム労働党中央委員会第一書記の訪中で、24日鄧小平中国副総理兼人民解放軍総参謀長が西沙群島と南沙群島問題につき指摘、ベトナムはこれを拒否して双方が対立。

11月2日　「ニャンザン」、解放されたベトナム全土の地図「大南一統図」を掲載、黄沙（西沙群島）と萬里長沙（南沙群島）を記載。
11〜12月　カオバン・ランソン地域の中国・ベトナム国境地区で軍事衝突事件。この事件は、中国のベトナム制裁行動であったし、米国に対する米中接近のシグナルでもあった。
1976年1月30日　ボー・グエン・ザップ・ベトナム副首相兼国防相、サイゴンで領土、領空、領海、国境、沖合諸島、及び大陸棚の防衛を強調。
3月8日　ベトナムがチュオンサ群島をドンナイ省に編入。
4月25日　「クァンドイ・ニャンザン」、統一ベトナム地図を掲載、ホアンサ群島とチュオンサ群島を初めて明記。
7月9〜13日　ベトナム使節団のフィリピン訪問、フィリピンが南海海域の分割を提案――その内容は、中国とベトナムが西沙群島を分割、フィリピンは南沙群島を領有というものであった。
7月20〜23日　ファン・バン・ドン・ベトナム首相のインドネシア訪問で西沙群島・東沙群島のベトナム主権を主張、南海海域の大陸棚画定を協議。
1977年5月12日　ベトナム、領海・接続水域・大陸棚の声明（資料Ⅳ）。
6月10日　李先念中国副総理、ファン・バン・ドン・ベトナム首相との会談で、ベトナムは南海諸島に対する中国の主権を認めていた1975年以前の立場に戻るよう要求。

１９７８年1月6～9日　グエン・ズイ・チン・ベトナム副首相兼外相のフィリピン訪問、解決へ向けての進展なし。

4月26日「クァンドイ・ニャンザン」、１９７５年4月のチュオンサ群島解放記事を掲載。

7月30日　中国、ベトナム援助を全面停止。

１９７９年2月14日　中国、対ベトナム自衛反撃・国境防衛戦闘に関する通知を発出、17日中国軍がベトナム国境へ侵攻、ベトナム作戦発動、３月16日中国軍が引揚げ。

2月　中国、エクソン、モービル、テキサコ、ソーカルを含む欧米石油企業と黄海及び海南島沖合鉱区での調査契約を締結。ここに、トンキン湾をめぐる中国・ベトナム境界線問題が浮上した。

4月10日　ベトナム軍が6日開始したカンボジアでのポルポト制圧作戦に連動して、軍人が操縦するベトナム船3隻が西沙群島海域で巡視中の中国船に発砲、中国軍はベトナム軍事要員24名を拘留、13日中国、ベトナムに抗議覚書を送付、16日国際連合にも覚書を提出。

4月18日　第1回中国・ベトナム会談開催（ハノイ）。

7月23日　中国、海南島東部地区及び西沙群島に4つの飛行禁止区域を設定、10月16日国際民間航空機関が西沙群島など4つの飛行禁止区域の通報。

8月13日　中国・ベトナム会談の行詰りで、新華社論評「ベトナム当局はいったことを守らない典型である」。

9月6日　台湾、200海里排他的経済水域を宣言。
10月1日　ベトナム外交白書「ホアンサ群島及びチュオンサ群島に対するベトナムの主権」（1979年白書）（資料Ⅴ）公表。
11月22日　中国政府文書「ベトナム政府が南沙群島及び西沙群島を中国領土として承認した二、三の文献的証拠」（資料Ⅵ）公表。
11月28日　ベトナム、中国の飛行禁止区域の適用通報に対する抗議声明で、これを全面的拒否と主張、10月16日国際民間航空機関の通報も拒否。
1980年1月9日　ベトナム、中国による1974年の西沙群島制圧以後における周辺海域調査を非難。
1月29日　ベトナム、ベトナム海域の外国船規制令制定・公布。
1月30日　中国外交部文書「中国の西沙群島及び南沙群島に対する主権は議論の余地がない」（1980年外交文件）（資料Ⅶ）公表。
2月5日　ベトナム、1980年中国外交文件に反論、ホアンサ群島及び及びチュオンサ群島に対する主権を重ねて表明（資料Ⅷ）。
2月9日　中国、1979年4月拘留のベトナム軍事要員24名の送還につき通告、14日送還完了。
2月12日　ベトナム、1979年2月以来の中国によるベトナム侵犯を非難する覚書を中国に提出。
5月8〜11日　グエン・コ・タク・ベトナム外相のマレーシア訪問、スプラトリー群島のアンボン島（ケシルアンボイナ・ケイ）の帰属問題が議論。
5月12日　マレーシア、1977年測量したアンボイナ・ケイ（安沙洲）がベトナム軍によって占領されていると公表。このアンボイナ・ケイは、1947年と1950年にトマス・クロマが発見し、1979年6月11日フィリピンが大統領宣言で領有を確認していた。
7月3日　ベトナム、南部大陸棚の石油・天然ガス探査・採掘協定調印。これは日本の技術協力を断念してソ連との協力への第一歩であった。9月3〜9日レ・ジュアン・ベトナム労働党書記長の訪ソで、この協力を確認した。そして1986年12月30日油井戸の操業が始った。
1982年1月18日　ベトナム、外務省白書（1982年白書）でホアンサ群島及びチュオンサ群島に対するベトナム領有権を確認。
2月15日　ベトナム通信社、中国軍幹部、参謀総長と副参謀総長の西沙群島視察を非難。
3月3日　ベトナム砲艦3隻が中国漁船11隻に対し発砲、4日中国西沙群島守備隊がベトナム偵察船を拿捕。
6月11日　新華社論評「ベトナム外務省の白書を評す」、7月21日「ニャンザン」、これに反論。
11月12日　ベトナム、領海基線声明。これに対して、11月28日中国、ベトナムが発表した北部湾境界線は無効であると声明した。12月2日「ニャンザン」論評「だれが侵略者で領土拡張主義者なのか」、中国を非難。

1983年2月12日　ベトナム通信社、中国によるバクボー湾（北部湾／トンキン湾）での石油探査に対する許可につき抗議声明。18日新華社がこれに反論、この中国声明には、1982年のベトナム領海基線声明に対する反論声明が添付されていた。

1983年2月12日ベトナム通信社声明の全文は、以下の通りである。

外交筋によると、中国側は、バクボー（トンキン）湾のオア・カの領海内で石油及びガスの探査を米国の石油・ガス会社に許可した。

この事実に関して、ベトナム通信社は、以下の通り宣言する権限を与えられた。

従来から、ベトナム社会主義共和国は、確固たる歴史的かつ法的資料に基づき、ベトナム領海及び大陸棚に対する、並びにこれら地域のいっさいの天然資源に対する自らの主権を一貫して確認してきている。

ベトナムの主権を侵犯して石油・ガスの探査・開発を行っている外国の会社は、自らの違反行為から生じるいっさいの結果につき責任を負わなくてはならない。

これに対し、同83年2月18日新華社の声明全文は、以下の通りである。この声明は、2月25日付国連文書S/15624; A/38/97として配布された。

中国領海の大陸棚での石油・天然ガスの開発における中国と外国会社の協力は、まったくなんら干渉されることのない中国の主権にある問題である。

ベトナム当局による最近の声明でも、中国領海における資源開発の中国の正当な行動を妨害することはできない。

ベトナム通信社による声明は、「ベトナムの主権を侵犯した」として北部（トンキン）湾蔦歌海での中国と外国石油会社の合同探査および石油開発を中傷し攻撃した。その声明はまた、中国と協力したこれら外国石油会社は、これら会社の行動から生じる「いっさいの結果」につき責任を負うべきである、と言及した。こうした恥知らずの攻撃と脅迫は、ベトナム当局の拡張主義の立場に基づくものである。

１９８２年11月12日発せられたベトナムの「領海基線に関する声明」で、ベトナム当局は、一貫して中国に帰属する西沙群島及び東沙群島に対してのみでなく、北部湾海域の広大な部分を要求している。

中国外交部スポークスマンは、「ベトナム政府により主張される北部湾のいわゆる国境線も不法かつ無効である」（１９８２年11月28日中国外交部声明、S/15505. A37/682）と指摘した厳粛な声明を直ちに行うものである。この中国に対する不法かつ根拠を欠く要求を強いる企図は、ハノイの意図的な考え方に立脚している。ベトナム当局が中国の領海での石油開発という正当な行為を妨害する不法な要求を喚き立てている限り、彼らは、そこから生じる結果に対し責任を負うべきである。

ベトナム当局は、乱暴な野心をみせつけており、その手段は余りにも乱暴である。彼らは、力によってカンボジアを占領し、ラオスを支配したのみならず、中国の領海・領土にも攻撃をかけてきた。彼らは、東南アジアの他国領土をも欲しくてたまらないのである。ベトナム当局は、拡張主義者は必ず自から苦い果実を食べることになるのを知らねばならない。

4月24日　中国、南海諸島の地名調査（これは中国全土で実施された）。5月6日ベトナムが抗議声明。

5月16日～6月14日　中国人民海軍、南沙群島の曽母暗沙（ジェームス・ショール）海域まで拡大した遠洋航海訓練を実施。6月7日「ニャンザン」論評「南海に対する覇権政策を実現しようとする中国の陰謀」。

5月31日　中国、海南行政区西沙群島・南沙群島・中沙群島弁事処が復活。

1984年4月　ベトナムが占領中のチュオンサ群島（南沙群島）の8つの島嶼に軽戦車を配備、6月までにアム・ボイ島（安波沙洲／安邦島）に滑走路を建設。

6月5日　ベトナム、ベトナム領空声明。

7月　中国、南沙群島周辺海洋科学総合調査。

1985年12月31日　胡燿邦中国共産党中央総書記、軍幹部とともに西沙群島の珊瑚礁陣地を視察。翌86

年1月4日ベトナムがベトナムの主権侵犯と非難声明。

1986年2月11日　中国、国際連合あて文書で1979年9月以来のベトナム・中国国境でのベトナム敵対行為を指摘。

3月10日　ベトナムが1974年1月ホアンサ群島（西沙群島）占領以来の中国敵対政策の非難文書を国際連合に送付。

1987年4月15日　中国、ベトナムに対し南沙群島からの撤退を要求。

5月16日〜6月6日　中国人民海軍、南沙群島海域で大規模な軍事演習を実施。6月13日ベトナムが非難声明、17日中国が反論。

1988年1月31日　ベトナム海軍輸送船が中国艦隊に接近、2月20日ベトナムが中国の挑戦行為を指摘、2月22日中国が主権声明。

2月1〜7日　中国東海艦隊・南海艦隊が西沙群島を訪問、海洋気象観測所を建設。

3月14日　南沙群島の赤爪礁（ジョンソン礁）海域で、中国軍艦3隻が応戦してベトナム輸送船3隻に向け発砲、中国はベトナムの挑発事件と指摘。

4月13日　中国、海南省設立、南沙群島、西沙群島、及びその周辺海域を海南省に編入。同13日ベトナムがその措置は非合法であると声明。

4月27日　中国、南海諸島の主権を再確認、ベトナムとの交戦事件でベトナムの西沙群島及び南沙群島から引き揚げるよう要求した覚書を送付。
11月19日　南沙群島の鬼喊礁（コリン島）で活動中のベトナム海軍艦艇に対し中国駆逐艦が発砲、22日ベトナムが中国に抗議。
1989年6月30日　ベトナム、チュオンサ群島（東沙群島）をフーカイン省に編入。7月13日中国が非難声明、14日台湾が非難声明。
8月2日　中国、東沙群島永暑礁（ファイリー・クロス礁）、赤爪礁（ジョンソン礁）、華陽礁（クアテロン礁）、南薫礁（ガベン礁）、及び東門礁（フーカス礁）に中国領土と記した石碑建立。
9月28日　中国、6月以来、ベトナムが蓬勃堡礁（ボンベイ砦）、萬安礁（トゥ・チン碓／バンガード碓）、廣雅礁（プック・タイ礁／プリンス・オブ・ウェルズ礁）に軍隊を派遣したと非難、30日ベトナムは事実の歪曲と拒否。
局面は、南海諸島の支配をめぐって中国による1979年ベトナム制裁戦争の発動となった。しかし、ベトナムはこれに屈せず、ベトナムと中国間での外交文書合戦となった。そして、再び1982年に交戦事件が起きた。そこでは、南海諸島の支配は既成事実の様相をみせるにいたった。そして再び1988年に交戦事件となった。

6．フィリピン・マレーシアなど沿岸関係国の南シナ海協議

一方、フィリピンは、先占の大義で南沙群島でのカラヤーン群島支配を強行しつつ、方向として自ら多国間協議を模索した。その動向は、以下の通りである。

１９７６年1月17日　フィリピン、スプラトリー群島のリード礁（礼楽灘）探査秘密協定調印、5月28日台湾が抗議。

6月12日　フィリピン紙、リード礁での石油探査を報道、14日中国が非難声明、南海諸島の主権を確認、15日フィリピンがリード礁開発はフィリピン大陸棚内の開発であると反論、30日中国に抗議。

１９７８年3月3日　フィリピン、カラヤーン群島コタ島に近い雙黄沙洲（英文名なし）を占領、パナト島と改称し駐留、4日パナト島の占領（これで、フィリピンの占領支配下にあるカラヤーン群島は7つの島嶼となった）。

3月12〜16日　李先念中国副総理のフィリピン訪問、南海諸島の解決で柔軟な路線を表明。

6月11日　フィリピン、カラヤーン群島宣言でカラヤーンをパラワン省に編入、２００海里水域を宣言。

12月2日　フィリピン、カラヤーン群島を編入したパラワン島一帯で飛行場を建設して防衛力を強化。これに対し、7日台湾、29日中国がそれぞれ南海諸島の主権声明。

１９８０年3月11〜13日　黄華中国外交部長のフィリピン訪問、南海諸島について協議。

8月　フィリピンがカラヤーン群島宣言による支配を再確認して、一時マレーシアが占拠していたリスカ島に再上陸。

1987年11月19日　フィリピン、カラヤーン群島（南沙群島53島嶼のうちの7つの島嶼）を含むフィリピン群島領海境界線法案を国会提出。26日と27日「人民日報」、南沙群島は中国領土と確認。

1989年3月　フィリピン下院でスプラトリー群島（カラヤーン群島）紛争の平和解決決議（資料X）成立。

マレーシアも、スプラトリー群島（南沙群島）へ進出した。それは、自らの領海支配にあった。その動向は、以下の通りである。

1979年12月21日　マレーシア、ツルンブ・ラクサマナ（司令礁）などのスプラトリー群島の一部をマレーシア地図に掲載、1980年2月29日マレーシア政府がこの事実を確認、この地図に関して、1980年5月この地図に書き入れられた経済水域宣言の適用と表明、タイ、シンガポール、インドネシア、中国、ベトナムの隣接国がマレーシアに対し抗議の通告。

1980年4月25日　マレーシアが200海里排他経済地帯を宣言（ツルンブ・ラクサマナ（司令礁／コマンドル礁）などのスプラトリー群島の一部に適用）、ツルンブ・ラクサマナに海軍監視所を設置。4月28日マレーシア法相代理、マレーシアの排他的経済地帯の声明（資料IX）。

5月8～11日　グエン・コ・タク・ベトナム外相のマレーシア訪問、スプラトリー群島（チュオンサ群

表3-3　1980～89年南シナ海域の資源開発をめぐる沿岸国対立

1980年	4月	マレーシア、200海里排他的経済水域を宣言、スプラトリー群島（南沙群島）の一部に適用
1982年	1月	ベトナム、ホアンサ・チュオンサ群島主権白書（1982年白書）公表
	2月	台湾、南沙群島・東沙群島開発3カ年計画作成。
	5~6月	中国人民海軍、南沙群島一帯で遠洋航海訓練実施
	11月	ベトナム、領海基線声明、中国は北部湾（トンキン湾）境界線を拒否
1983年	2月	ベトナム、バクボー湾（トンキン湾）で石油探査に着手
1984年	4月	ベトナム、占領中のチュオンサ群島（南沙群島）に戦車配備
	5月	中国、海南区西沙群島・南沙群島・中沙群島弁事処復活
1987年	4月	中国、ベトナムに対し南沙群島からの撤退を要求
1988年	4月	マレーシア海軍、スプラトリー群島海域でフィリピン漁船を拿捕
1989年	3月	フィリピン、スプラトリー群島（カラヤーン群島）平和解決決議成立

島）アンボン島（ケシル・アンボイナ／安波沙洲）の帰属問題で対立。

８月　フィリピン、カラヤーン群島宣言による支配を再確認し、一時マレーシアが占拠していたリスカ島（コモドル礁／司令礁）に再上陸。

１９８３年６月　マレーシア、ベトナム軍が駐留するツルンブ・ランヤン（安波沙洲／アンボン島）に軍を派遣、その近くのツルンブ・ラヤンラヤン島（弾丸礁）を占領。９月７日ベトナム、マレーシアに抗議。

１９８５年７月　ベトナム砲艦、マレーシアのケランタン州沿海域でマレーシア漁船に発砲。

１９８８年４月５日　マレーシア海軍、スプラトリー群島海域で操業中のフィリピン漁船３隻を領海侵入で拿捕。８月１日拘留中のフィリピン人死者１名を除く全員48名は裁判の結果、無罪で釈放、13日帰国。

１９８９年１月　マレーシア海軍、スプラトリー群島（東沙群島）海域で台湾漁船を拿捕。

そして、フィリピンは１９７６年８月３日カラヤーン群島のリード堆（礼楽灘）海域での石油発見を機に、8月中国、ベトナム、タイ、マレーシア、インドネシア、フィリピン６カ国による統一海図作成会議を開催した。以降、フィリピンは関係国協議を主導した。

こうした状況にあって、中国は、西沙群島の支配を強化する一方で、柔軟な路線を模索するところとなった。

一方、台湾は１９８２年２月７日、南沙群島・東沙群島開発３カ年計画を作成し、両群島への移住に入った。そして、１９９０年10月７日台湾島及び太平島を含む南沙群島周辺島嶼における海上・空中飛行禁止区域を設定した。

7. 各国の南海諸島支配強化と対立回避

南沙群島海域における多くの国家対立あるいは拿捕事件の続出から、南シナ海沖合で開発を進める諸国にとって南シナ海問題が大きな関心事となり、そこで、インドネシアの支援で南シナ海関係国による非公式協議をみるにいたった。

１９８９年１月16〜20日　バリで東南アジアの沖合石油工業活動及び共同開発の展望に関する研究会開催。

4月1日ジャカルタで世界の新しい関係下のアジア・太平洋の繁栄に関するセミナー開催。

1990年1月22～24日　バリで南シナ海における潜在的紛争の管理に関する第1回非公式協議開催。ASEAN諸国の学者と研究者が参加した。

1991年7月15～18日　バンドンで南シナ海における潜在的紛争の管理に関する第2回非公式協議開催。中国、台湾、ベトナムとASEAN関係国がすべて参加した。

1992年6月29日～7月2日　ジョクジャカルタで南シナ海における潜在的紛争の管理に関する第3回非公式協議開催。この会議でマーク・J・バレンシアがスプラトリー条約（草案）を提出した。会議は、6項目の共同声明を発し、その南シナ海問題の管理が明示された。その要旨は以下の通りである。

1、領土権・支配権を棚上げにして、南シナ海に協力地域を形成する。

2、南シナ海での航行・通信の安全促進、捜索と救助の調整、海賊及び武装略奪に対する闘争、生物資源の保護と合法的利用の促進、海洋環境の維持と保全、海洋科学調査の運営、麻薬の非合法輸送の除去などについて協力を進める。

3、領土要求で対立している地域において、関係国は、情報交換と共同開発のための協力を行う可能性につき検討する。

4、南シナ海のいかなる領土・支配権をめぐる対立も、対話と交渉を通じた平和的手段で解決すべきである。
5、領土・支配権をめぐる紛争解決においては、武力を行使しない。
6、紛争当事国は、状況を複雑化するような行動を控えるよう、勧奨される。

7月21〜22日　マニラで開催のASEAN外相会議が南シナ海宣言（資料XI）を採択。これは、ASEANが南シナ海諸島問題の解決にかかわる第一歩となった。この会議にベトナムが初参加した。

1993年8月23〜25日　スラバヤで南シナ海における潜在的紛争の管理に関する第4回非公式協議開催。

1994年10月26〜28日　ブティンギで南シナ海における潜在的紛争の管理に関する第5回非公式協議開催。

1995年10月10〜14日　バリックパパンで南シナ海における潜在的紛争の管理に関する第6回非公式協議開催。

南シナ海における潜在的紛争の管理に関する第1回非公式協議が開催されるという新しい流れのなかで、1990年8月11〜13日シンガポールを訪問した李鵬中国総理は、12日ベトナム関係の正常化とともに、南沙群島問題での主権問題を棚上げにした共同開発協力の方針を打ち出した。この政策方針について、同日香港で高官による仲介発言がなされた。早速、13日ト・ムオイ・ベトナム首相が同発言を歓迎すると表明した。

12月10～15日李鵬中国総理のマレーシア訪問でも、11日その方針が確認された。その一方で、「クァンドイ・ニャンザン」は12月23日、レ・ドク・アイン・ベトナム国防相が、チュオンサ群島のベトナム軍は防衛を堅持するとした原則的立場を強調した、と報道した。これに対して、27日中国は、南沙群島の主権を確認してベトナム軍の撤退を要求した。そして、中国の１９９２年領海法公布で、両国の交渉は振り出しに戻った。

１９９１年6月5～10日インドネシアを訪問した楊尚昆中国国家主席は、共同開発の方針を確認した。これにより、南シナ海における潜在的紛争の管理に関する第2回非公式協議に中国が参加した。そして、１９９２年ＡＳＥＡＮ南シナ海宣言は、中国代表団が中国の主張と合致するものであると論評したことで、以後、ＡＳＥＡＮ枠組みが解決に向けた手続きとなった。

その一方で、各国とも、規定方針どおり支配と開発を着々と進めた。

中国は、１９９１年11月5～10日ト・ムオイ・ベトナム共産党書記長が訪中して、領土問題の平和的解決につき合意した。続いて１９９２年2月25日中国は領海法を制定した。これに対して、2月28日ベトナムは、その制定は１９９１年11月の合意に反すると発言し、米国は、マレーシアを初めとする諸国の中国に対する懸念に対して、それはこれまでの中国の立場を追認したものにすぎない、と注解した（3月27日クアラルンプールでのジェームス・リリー米国防次官補の発言）。

そして１９９２年5月8日中国は、米系クレストン・エナジーと南沙群島での石油調査協定に調印した。17日ベトナムはこれに反発した。6月6日フィリピンも、同協定は容認できない、と表明した。

7月4日中国が南沙群島の南薫礁（ダラク礁／ガーベン礁）に兵士を上陸させ、領有権を示す標識を建立した。これに対して、ベトナムは同日、標識の撤去を求めたが、中国は自国領土である、と主張した。7月23日銭基琛中国外交部長がグエン・ベトナム外相とマニラで会談をもったが、物別れに終わった。一方、銭外交部長は同月20日ラウル・マングラブス・フィリピン外相との会談では、共同開発の方針に合意した。

10月中国・ベトナム国境交渉が始まった。1994年11月20～22日江沢民中国国家主席のベトナム訪問で、南沙群島などの領海問題の長期的解決につき合意した。

1994年2月16日の「チャイナ・デーリー」は、中国が南沙群島海域で石油・天然ガスを含む地層を発見した、と報じた。これは、中国の米系企業との石油探査契約による成果であった。こうした動きに対してベトナムは警戒を深めており、5月中国の探査用ケーブルをベトナムが切断するなどの妨害事件が起きた。7月中国は、ベトナムに対し西沙群島の協議を拒否した。

同94年4～5月中国は、第3回南沙群島総合調査を実施した。中国と台湾は、1995年以降、南シナ海での気象研究の共同実施をとることになった。

台湾は1990年1月12日、太平島に中華民国の主権を示す標識を建立した。8月台湾の中国石油公団がベトナム沖合での英系クライド・ペトロリアム、その他との共同石油開発に合意した。そして10月7日台湾島及び太平島を含む南沙群島周辺島嶼における海上・空中飛行禁止区域を設定した。これに対し、ベトナムが18日この声明に抗議した。

表3-4　1990~2000年南シナ海関係国協議

1990年	1月	南シナ海における潜在的紛争の管理に関する第1回非公式協議開催
	8月	中国、南沙群島主権問題の棚上げによる共同開発を提議
1992年	5月	中国、南沙群島での石油開発に着手、1994年2月石油層発見
	6月	マーク・バレンシア、スプラトリー条約（草案）起草
	6月	ASEAN南シナ海宣言発表
1995年	3月	「中国時報」（台北）社論、南海天然資源の中国・台湾共同開発を提議
	8月	中国・フィリピン、ASEAN枠組みでの8項目の行動基準合意
1997年	4月	フィリピン、マックレスフィールド堆（中沙群島）で中国旗を引き降ろし
2000年	12月	中国・ベトナム、南沙・西沙諸島領有権棚上げのトンキン湾画定協定調印
2001年	11月	中国・ASEAN南シナ海各行動宣言成立

１９９２年12月３日台湾は、南海政策綱領を採択して、南海群島の主権を確認して南海の開発と協力、係争問題の解決、南海生態環境の保護の方針を打ち出した。そして、１９９４年１月台湾は太平島に飛行場を建設する計画を決定した。

ベトナムは、１９９２年１月20~23日ボー・バン・キエット・ベトナム首相のマレーシア訪問で、スプラトリー群島の共同開発が合意されたと報道された。但し、注解の報道では、スプラトリー群島は含まれていないことが判明した。

４月27日ベトナムは、ベトナム沖合鉱区での石油・ガス探査及び開発契約にオランダ系のシェルと合意した。

１９９５年９月８日ベトナムは、チュオンサ群島の南威島（チュオンサ島）に漁港を建設したと、主権侵害につき非難した。

フィリピンは、１９９２年４月25~30日ラモス大統領が訪中して、双方が共同開発の立場に合意していたにもかかわらず、８月28日カラヤーン群島付近で操業の中国人漁民12名をフィリピンが逮捕する事件が起きた。

マレーシアは１９９１年以降、ツルブ・ラヤンラヤン（弾丸礁）の観光開発に着手した。そして、１９９２年５月21日マレーシア国王はツルブ・ラヤンラヤンを訪問したが、それは、その支配を既成事実とするためであった。同島は１９９２年８月に滑走路が開設され、１９９３年に観光地として開発された。

１９９１年４月ベトナム漁船がインドネシア領海内のナトゥナ群島付近で違法操業したとの理由で、インドネシア官憲に拿捕された。一方、インドネシアは、ベトナムの要請で、１９９１年12月スプラトリー群島について大陸棚画定交渉をもった。同交渉は、２００３年６月26日両国大陸柵画定協定が調印され、同協定は２００７年５月発効した。

8. ＡＳＥＡＮと南シナ海各行動宣言

１９９５年２月９日レナト・デビリヤ・フィリピン国防相が、フィリピンが実行支配しているカラヤーン群島のミスチーフ礁（美済礁）に中国が建造物を構築したと、公開写真を公表した。これに対して、中国は、建造物は漁船の避難施設であると主張し、軍事施設であることを否定し、それは共同開発の合意の精神に反していないとした。但し、フィデル・ラモス・フィリピン大統領の発言は、中国の行為は「国際法にも、南沙群島問題の平和的解決を求めている（関係国の）合意に反する」というものであった。

そこで、３月18日開催された東南アジア諸国連合ＡＳＥＡＮ外相会議は、ミスチーフ礁をめぐる問題を協議し、1992年ASEAN南シナ海宣言の精神に基づく平和的解決を求める共同声明を発表した。これに従い同月19日〜22日に北京でフィリピン・中国外交当局者の会議が開催されたが、問題解決の糸口は見出されなかった。

7月21日ASEANは、武力不行使と領土の現状凍結を柱とする行動基準を起草し、それは23日ジャカルタで開催のASEAN地域フォーラムで、中国に提案された。これにより、8月9〜11日マニラで中国・フィリピン高級事務レベル協議が開催され、南海諸島周辺海域での8項目行動基準の合意が成立した（資料XIII）。それは、武力行使や武力による威嚇の自粛について合意したもので、その行動基準は共同声明に盛り込まれた。この成果に基づき、ラモス・フィリピン大統領は12月24日、ASEAN5カ国首脳会議で、南沙群島の領有権を主張する関係各国が「多国間信頼醸成の枠組み」を構築すべきであるとの提案を行い、各国首脳の基本的合意が得られた。

ASEANの立場が信頼醸成構築を打ち出したことで、1996年7月ジャカルタで開催のASEAN地域フォーラムARFとASEAN拡大外相会議では、中国は、南沙群島の領有権問題で関係各国との話合いに応ずる姿勢を明らかにし、ここに、国連海洋法条約に沿った平和的解決への呼びかけがASEAN地域フォーラム議長声明に初めて盛り込まれた。中国は同96年5月15日国連海洋法条約を批准していた。

1997年7月14〜18日訪中したド・ムオイ・ベトナム共産党書記長と江沢民中国国家主席の間で、「両国の指導者が努力すれば、早期に妥当な解決が得られる」との発言がみられた。ベトナムと中国は、4月9

～11日北京で海底石油探査問題専門家協議、4月22～25日北京で海事専門家グループ協議、さらに8月12～15日北京で国境問題外務次官級協議をそれぞれ開催した。

一方、同97年4月30日フィリピン海軍は、マックレスフィールド堆（中沙群島）のスカーボロ礁（黄岩島／民主礁）で中国船が中国旗を掲揚していたことを発見した。フィリピン海軍は中国旗を撤去し、フィリピン旗を掲揚した。フィリピンは5月20日、同海域で中国漁船を違法操業容疑で拿捕し、中国人21人を拘束した。このため、両国はそれぞれ自国の領有権を主張し、5月下旬まで双方の非難合戦が再び続いた。さらに、7月20日南沙群島のコタ島（ロアイタ島／南鑰島、1971年4月フィリピン軍進駐）沖で漁業観測をしていた中国船に対しフィリピン海軍哨戒艇が警告発砲を繰り返した。この事件で、28日銭基琛中国外交部長とドミンゴ・シアゾン・フィリピン外相が会談し、南シナ海の無害航行の原則適用につき確認した。

同年5月マレーシアのランカウィ島で開催のARFで、南シナ海問題の平和的解決が確認された。こうして、12月16日クアラルンプールで中国とASEAN9カ国首脳（ASEAN＋1）は、南シナ海の領有権問題で、国際法を遵守し武力や威嚇に訴えることなしに平和的に解決するとの合意をした。

にもかかわらず、1998年9月ベトナムが南沙群島の2つの環礁に漁業施設を建設したとの報道に続いて、11月5日中国は100人以上を動員してミスチーフ礁建造物の拡張工事を行った。これに対し、フィリピン海軍は操業中の中国漁船6隻を拿捕し、漁民20人を拘禁した。フィリピンは中国の漁民釈放要求を拒否し、エストラダ・フィリピン大統領が司法当局への起訴を指示した。

この解決のため、中国とフィリピンは外相レベルの専門家部会を発足させた。一方、12月1日ジャカルタで開催の関係6カ国信頼醸成のための専門家会合は、それへの取組みを強く求めた。そして同月16日ハノイで開催のＡＳＥＡＮ９カ国と胡錦濤中国国家副主席の拡大首脳会議（ＡＳＥＡＮ＋１）では、ＡＳＥＡＮ諸国が中国の対応の遅れを批判した。これは、ミスチーフ礁事件で、中国が１９９７年クアラルンプール合意を守らなかったことへのフィリピンの強硬非難にあった。

ここに、１９９９年３月22～23日マニラで中国・フィリピン南シナ海信頼醸成措置に関する第１回会議が開催された。

６月29日中国は、マレーシアが南沙群島に施設を建設していると非難し、それは不法であり無効であると声明した。７月20日シンガポールで開催のＡＳＥＡＮ外相会議高級事務レベル協議は、フィリピンの提案で、多国間の行動規範草案を検討する作業部会の設置で合意した。そこで、８月18日マハティール・マレーシア首相が訪中し、朱鎔基中国総理との会談で、南沙群島問題の平和的解決につき合意した。

中国とＡＳＥＡＮは、高級事務レベル協議に向けて行動規範草案作成に着手することになった。しかし、共同規範の適用範囲をめぐって各国の意見が対立したまま、11月24日の協議で、ともかくその適用範囲を「南シナ海の係争地域」とすることで合意した。しかし、翌25日中国側は、内容の点で不透明な部分が多く、このままでは受け入れない、と表明した。29日シンガポールを訪問した朱鎔基中国総理は、行動規範を支持するとしつつも、「意見が一致するまでは議論を尽くすことが重要である」と記者会見で指摘した。

以後、信頼醸成へ向けた努力が重ねられたが、2000年3月始まった交渉は、11月シンガポールのASEAN＋1（中国）までには、最終合意は間に合わなかった。その際、朱鎔基中国総理は「協議を早く終え、南シナ海の平和と安定を守ることを望んでいる」と発言し、早期合意への努力を明らかにした。

一方、中国とベトナムは、同99年12月25日南沙群島・西沙群島の領有権問題を棚上げにして、懸案のトンキン湾の領海画定に合意した。

2001年2月14日中国は、ベトナムによる南沙群島での工作が中国領土への侵犯であり違法であると、ベトナムを非難する声明を行った。その一方、7月中国は、行動規範の適用範囲については南シナ海でも南沙群島でもよいと発言しており、それは妥協を強いられない立場に立った中国の柔軟姿勢への転換であった。7月ハノイで開催のARFは、議長声明で、関係国による合意達成への努力を続けることが確認された。

そして、2001年7月ASEAN事務レベル協議は「行動規範」を規範とせずに、宣言に変えて「行動宣言」とし、より法的規制が弱いものとすることで、合意した。かくて、11月4日プノンペンで開催のASEAN＋1首脳会議で南シナ海各行動宣言（資料XVI）が採択された。

そこでは、領有権は棚上げとなった。そしてベトナムが求めていた行動規範は、将来の採択に委ねられた。いいかえれば、この行動宣言は、各国が占有している現状を変更せず、とりあえず秩序を維持することを課題としたものであった。そこでは、共同開発の方針も明示していたといえるものの、中国には、この南シナ海を「コモンズの海」としていくことの視点は拒否されており、南沙群島の平和的解決としてのこれまでの展望は挫折していた。

この間にも、以下の事件が起きた。

１９９７年4月30日フィリピンのサンバレス州沖合い、マックレスフールド堆（中沙群島）のスカーボロ礁（黄岩島／民主礁）で、フィリピン軍が中国船を確認して、同岩礁の中国旗五星紅旗を降ろした。

１９９８年1月10日ベトナム軍はフィリピン漁船に発砲した。19日フィリピンが抗議し、23日ベトナムは遺憾の意を表した。

11月29日フィリピン海軍がスプラトリー群島のアリシア・アニー礁（仙娥礁）海域で中国漁船6隻に発砲し、拿捕し、乗組員22人を拘束した。

１９９９年6月22日フィリピンがスプラトリー群島のインベスティゲター瀬（楡亜暗沙）でマレーシアが建造物を建設していると指摘し、24日抗議した。マレーシアは、これは海洋調査のためであると反論した。

7月17日フィリピン海軍は、スプラトリー群島海域で中国漁船2隻を追跡し、1隻に追突し撃沈させた。

２０００年5月26日フィリピン海軍は、パラワン沖で中国漁船に発砲し、船長1人を射殺し、船員7人を拘束した。

２００1年1月10日スプラトリー群島でベトナム軍がフィリピン漁船に発砲する事件が起こり、19日フィリピンが抗議し、23日ベトナムは遺憾の意を表した。

２００2年5月31日ベトナムは、中国が南シナ海で漁獲禁止区域を設定したことに反発した。また、6月

10日ベトナムは、中国が西沙群島の北西海域で実弾射撃演習を計画していると指摘し、それは主権侵害であるとの非難声明を出した。これに対し、中国は軍事演習を認めた上で、このことは国内法・国際法上問題はないと反論し、またベトナムがチュオンサ群島（南沙群島）のテネント礁（ティエ・ヌ／無乜礁）に櫓を建設したと抗議した。また、フィリピンは、引続き中国漁船の拿捕、中国人漁民の拘禁を重ねており、7月には中国が南沙群島周辺で海軍の活動を強化していることがフィリピン政府文書から判明した。

9．中国の新戦略と米国の対応

南シナ海行動規範作成をめぐる努力は続き、2002年11月南シナ海各行動宣言（資料XVII）が成立した。そして、中国は2003年10月ASEANとの首脳会議で、東南アジア友好協力条約に調印した。これは、行動宣言が政治的約束であったのに対し、東南アジア友好協力条約が法的規範としての拘束力を持っていたことで一つの成果であった。

それで、2005年3月14日フィリピン・中国・ベトナム3国の国営石油会社が、南沙群島海域約14万3000平方キロメートルでの石油・天然ガス探査の実施合意文書が成立し、3年にわたる作業が着手されることになった。フィリピン当局も、この合意は地域の平和と解決モデルになると歓迎した。

しかし、2007年7月9日南沙群島で、中国艦船がベトナム漁船を銃撃する事件が起きた。さらに、8

表3-5　2000-13年中国の新戦略と米国の対応、関係国の協議

2001年	4月	海南島上空での米軍機中国軍機衝突事件	2000年	12月	中国・ベトナム、トンキン湾排他的地帯協定調印
2006年		中国南海艦隊、南沙群島巡航	2008年	10月	ベトナム・中国、ホットライン協定調印
2009年	3月	米海軍海洋調査船事件	2011年	6月	ASEAN政府南シナ海問題会議開催
2011年	6月	米上院、南シナ海問題での中国非難決議採択	2011年	10月	中国・ベトナム、海洋における紛争解決の基本原則協議協定調印
2013年	5月	米国、フィリピンのパラワン島軍事基地を共同使用	2013年	9月	中国・ASEAN、初の行動規範協議

月25日中国海軍がベトナム漁船2隻の船員28人を拘束した。中国は、２００８年1月トンキン湾でベトナム漁船からの銃撃があったとしていたが、２００９年3月西沙群島海域に活動が可能となった漁業監視船を派遣するところとなった。ベトナムは当然、反発した。

２０１１年3月フィリピンは、マニラでＡＳＥＡＮ政府南シナ海問題会議を開催したが、中国派のカンボジアとラオスは欠席した。会議は、フィリピン軍が常駐しているリード堆（礼楽灘）を除く、スプラトリー群島及びパラセル群島を紛争地域として「平和と友好の海」とするＡＳＥＡＮ構想を提起して、共同開発を提唱した。但し、10月22日バリで開催のＡＳＥＡＮ非公式国防相会議は明確にそれへの支持が打ち出されなかった。

そこでは、マレーシアとインドネシアの発想した「平和と友好の海」構想の局面にはなく、その発想の文脈に立つ将来の協力交渉の推進は封じられた。

２０１２年7月ＡＳＥＡＮ外相会議で、親中派カンボジアは強硬派のフィリピン及びベトナムと対立し、行動規範の協議もなされない事

態となった（共同声明すら出されなかった）。そこでは、中国は、スカーボロ礁（黄岩島）へ艦隊を派遣した。

このため、2013年5月以降、米国は、フィリピンのパラワン島軍事基地を共同使用するところとなり、米国が初めて参加した2013年11月の東アジア首脳会議では、米国と中国の対立となった（図5-13）。局面は、ASEAN当事国と中国との協議の域に収まらなくなってしまった。それは、中国を含めたアジア諸国の争点に変わってしまった。そこには、中国の支配姿勢が明白になってきたからである。

Ⅳ　南シナ海の地域性と戦略性

南シナ海問題は当該地域の問題であるが、その戦略性においてアジア地域の問題であり、そこでの海賊や国際テロではグローバルな次元と連繋している。

その問題次元を整理して、争点を列記して考える。

1．南シナ海の国家間次元

島嶼支配をめぐる軍事的視点はいうまでもない。

特に注目されたのは、2001年4月に起きた海南島における米・中軍用機の接触事故である。中国領空に入り中国軍機と接触した米軍偵察機は、中国本土の軍事状況の偵察、具体的には弾道ミサイル配備などの偵察を目的としていた。同時に、米国の関心は、中国原子力潜水艦とそれに搭載する水中発射弾道ミサイル（SLBM）の動向であった。当時、SLBMの発射実験が行われたとの情報もあった。加えて、海南島での偵察が特に米国の関心事であったのは、中国南海艦隊の動向であった。軍事基地化されつつある海南島海域は西沙群島から250キロメートルの距離にあり、中国は、1979年7月に西沙群島地域を飛行制限区域としてきた。西沙群島の永興島に中国は3000トン級船舶が停泊できる海港を建設しており、SLBMの南海諸島海域での軍事訓練も確認されていた。

そして、この西沙群島海域は、南沙群島のシーレーンの接続地帯にあった。

以上の点から、南海諸島に広がる海南島周辺海域は中国にとって潜水艦の聖域とされており、軍事戦略上の要衝にある。米軍機はそのための偵察であった。

この軍事戦略上の関心は、戦前に日本が南洋進出において南海諸島の基地を重視してきた以来のことである（図2‒7）。１９２１年5月6日フランス・インドシナ総督府が作成の機密文書「パラセル島に関するラコンブ覚書」によると、このパラセル群島（西沙群島）に中国の潜水艦基地が建設されることにでもなれば、フランス支配のインドシナ沿岸地帯は封鎖されてしまうとの認識があった。ここは、ベトナムの南海諸島にとり死活的関心があった。

日本も、南海諸島を占領し、航空基地として着目していた。そこでは、関係国の南海支配は、当該国による自衛と安全保障のための軍事衝突を引き起こしてきた。

領海が接するベトナムにのみか、フィリピンのこの海域での死活的な軍事安全保障はいうまでもない。

その主要事件は次の通りである。

１９５６年6月フィリピン民間人が東沙群島にフリーダム・ランド政府を樹立した（図5‒11）。これを契機に、フィリピンは支配を拡大し、１９７８年6月カラヤーン群島宣言で、関係の島嶼をフィリピン本土に併合した（図5‒12）。

１９５９年5月以降、ベトナム（当初は南ベトナム）はホアンサ群島（黄沙群島／パラセル群島／西沙群島）、チュオンサ群島（長沙群島／スプラトリー群島／東沙群島）での占領を拡大し、以後、ベトナム（統一ベトナム）がその支配を引き継ぎ拡大した（表5-7）。

1974年1月に西沙群島でベトナム・中国交戦事件が起きた。ベトナムは、これによって西沙群島の支配を失った。

7月西沙群島を支配していた中国は、西沙群島空域を飛行禁止区域とした。

10月マレーシアが東沙群島の一部を占領し、その支配を確立した。

1988年3月中国は、南沙群島の赤爪礁（ジョンソン礁）でベトナムと交戦した。

2001年5月ベトナムが漁獲禁止地域を設定した。

南シナ海における各国の12海里経済水域は複雑に重複しており（図4-1）、問題の解決は難しく、そのために各国とも実力行使による自己防衛に走らざるをえない状況にあって、南シナ海における関係国大陸棚の画定は多くが設定されているものの、領土支配が対立しているところでは、解決をみていない。

1990年代までに、ほぼ占領と分割支配を確立しており、その関係国は、中国、台湾、ベトナム、フィリピン、マレーシアである（表5-2、表5-3、表5-4、図5-2、図5-3、図5-4、図5-5）。その支配島嶼では、防衛強化のために、最低、ヘリポート軍事施設を維持し、軍隊が駐留している。

2000年以降、漁業活動が大きく拡大したために、武装衝突が激発している。

いずれの各国とも、緊要とされる経済課題である石油・天然ガス開発の着手をその国際入札から、自国の開発へと方針を転換した。

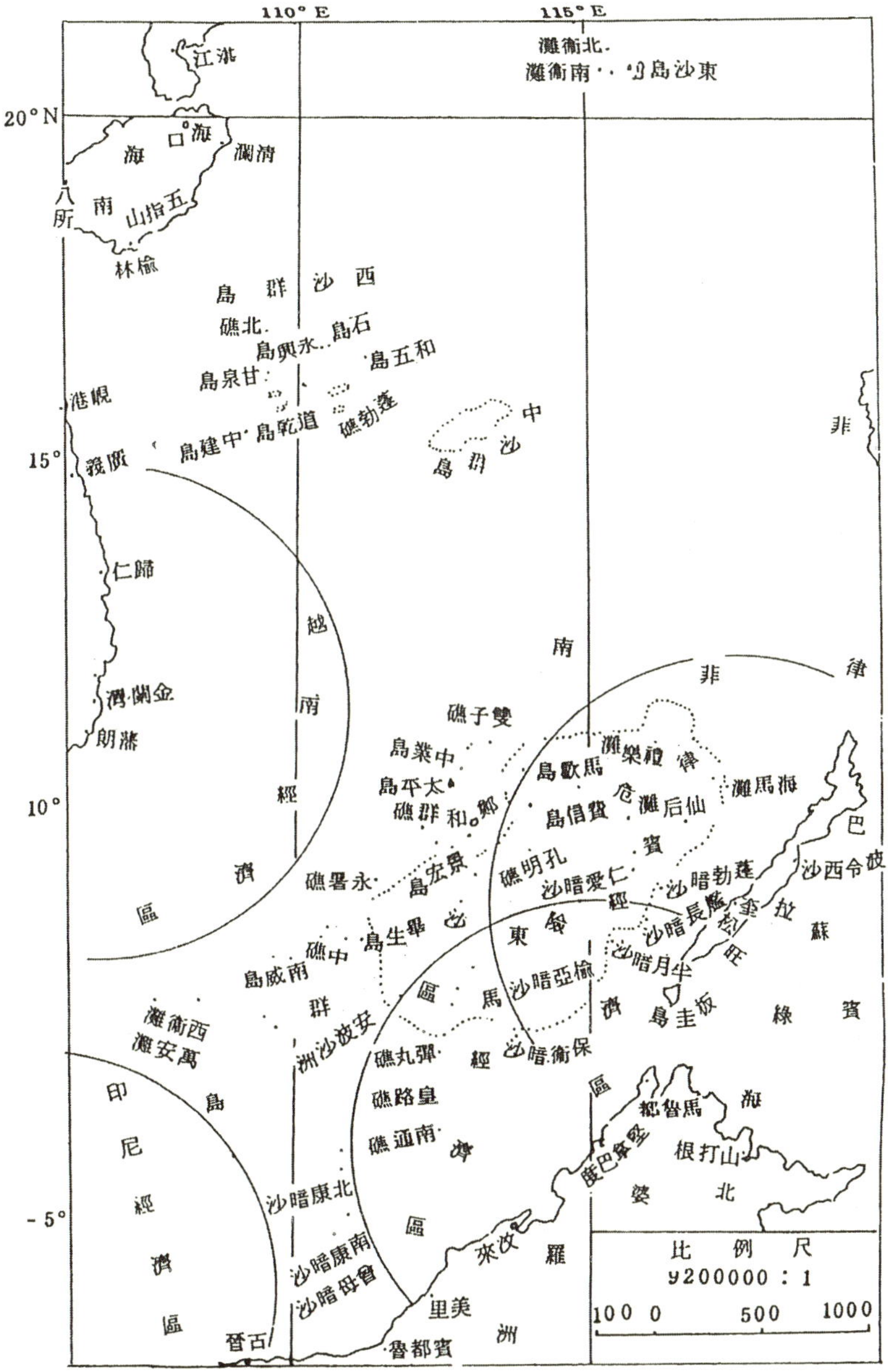

図4-1　南シナ海経済水域の重複状況

出所：符駿『南海四沙群島』台北、世紀書局、1981年、54頁。

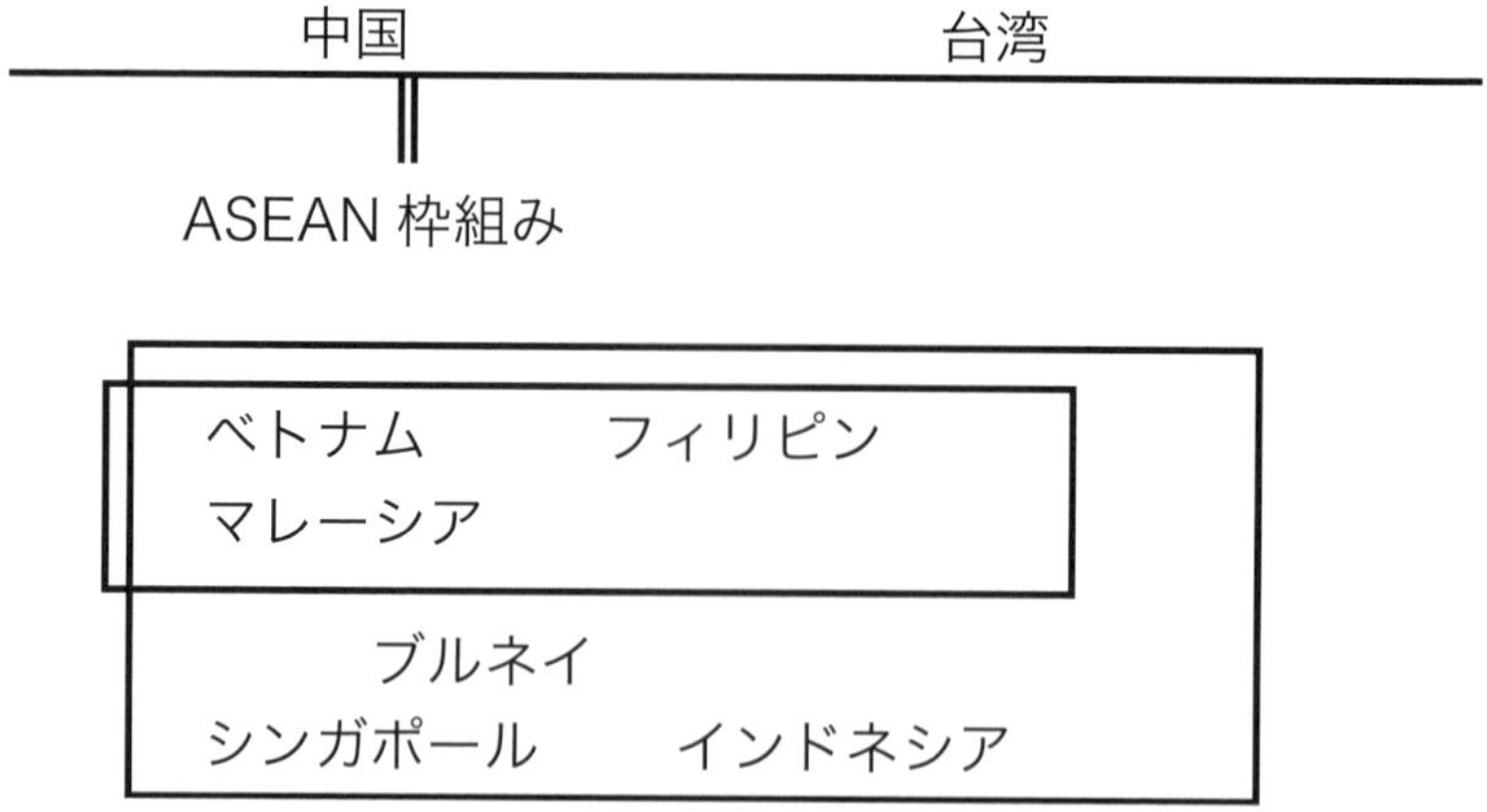

図4-2　南シナ海問題の沿岸関係図

注：1．中国は、ASEAN3カ国と枠組み交渉している。それはASEAN全体との交渉となった。
　　2．ベトナムとフィリピンは中国と対立した。
　　3．台湾は中国の立場と同じである。但し、ASEANの枠組みには公式に参加していない。
　　4．中国は、ベトナムと南シナ海以外の国境でも対立した。
　　5．マレーシアは、中国・台湾との顕在化した紛争は起っていない。
　　6．ブルネイは、潜在的に中国・台湾と対立しうる条件を内包している。
　　7．シンガポールとインドネシアは、ASEAN加盟国であるが、中国・台湾との係争にはない。

資源開発について、１９９０年8月中国は、関係国の間での領有権の棚上げによる共同開発の方針を打ち出したが、それは実現をみていない。

中国海洋石油総公司は、１９６２年1月設立され、その事業は、２００４年末、総資産は１５３２億人民元に達し、南シナ海の東部・西部で生産された石油・天然ガスを中国華南に供給しており、南シナ海中部での開発に着手した。

南シナ海問題における沿岸国間の関係図は図４−２の通りである。

2. 南シナ海の地域次元

この南シナ海域への戦略ルートの関心は、１９３１〜３３年に中国とフランスが航海及び航空基地としての戦略的関心から、西沙群島の領有をめぐって争った。フランス・インドシナ総督府の１９２１年５月機密文書は、パラセル群島（西沙群島）における潜水艦基地の建設がインドシナの海上封鎖となる危険性を指摘していた。そしてこの争いは南沙群島をめぐり日本とフランスの拮抗へと移ったが、それは当時、日本の中国を封じ込めるインドシナ支配の戦略に関連しており（１９３６年８月国策基準の決定、１９３８年11月日本の仏印ルート閉鎖申入れ、12月22日東亜新秩序に関する近衛声明）、１９３９年８月日本政府文書は「國防上の生命線」として新南群島の支配を確認しており、「水上基地トシテノ新南群島」の役割も指摘されていた（１９３９年２月日本軍が海南島上陸）。さらに、１９３６年10月31日サイゴン紙「アンバルシャル」は、シンガポール・香港間の中継地としてのパラセル群島（西沙群島）をめぐる英中当局の交渉について報じた（図２-７）。当時から南海諸島の軍事要衝への着目は目立ったものがあったが、日本の南進と太平洋戦争における日本の戦略的要衝への認識も、この文脈にあった。

ところで、インド洋は太平洋と大西洋を結ぶ世界的航路で、西はバブエルマンデフ海峡を経てペルシャ湾に達し、あるいはスエズ運河、また紅海に接し、東はマラッカ・シンガポール海峡に通じて南シナ海へと至る（図４-４）。この海域は、先進工業国の求める世界の石油供給の60パーセントが運ばれており、さらに、西側世界の戦略資源であるレアメタル、クロームが世界比97パーセント、バナジウムが71パーセント、コバルトが64パーセント、マンガンが58パーセント、それぞれこのシーレーンを通じて供給される。この戦略資源の航行ルートの問題がシーレーンとして関係国の死活的関心事となっている（表４-４、図４-６）。

表4-1　シーレーン通航の貨物量、1993年　　　　　　　単位100万トン

	南海諸島／南沙群島	マラッカ海峡	ロンボク海峡	スンダ海峡
貨物量	575.7	534.8	139.8	21.5

出典：エリザベス・マン・ボルゲーゼ「オーシャンガバナンスと海上交通――東南アジアを中心として」シップ・アンド・オーシャン財団、2002年。

このシーレーンは、マラッカ海峡、そして南海諸島、さらに、インドネシアのロンボク海峡、あるいはスンダ海峡があるが（図4-3、図4-5）、前二者の経由が圧倒的に多い。マラッカ・シンガポール海峡の船主国籍別通航量は、表4-2の通りであ

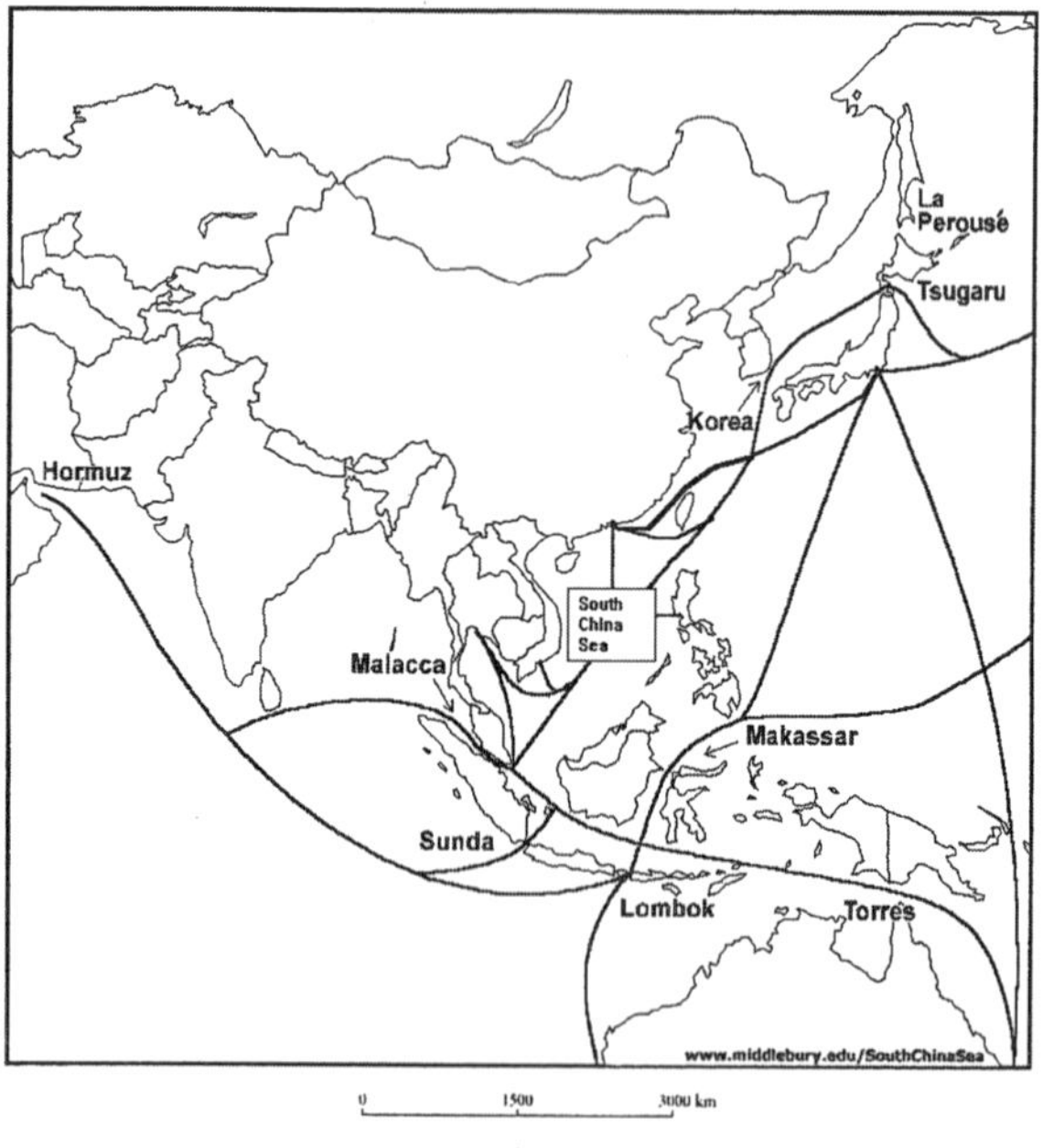

図4-3　アジア・太平洋の主要航路

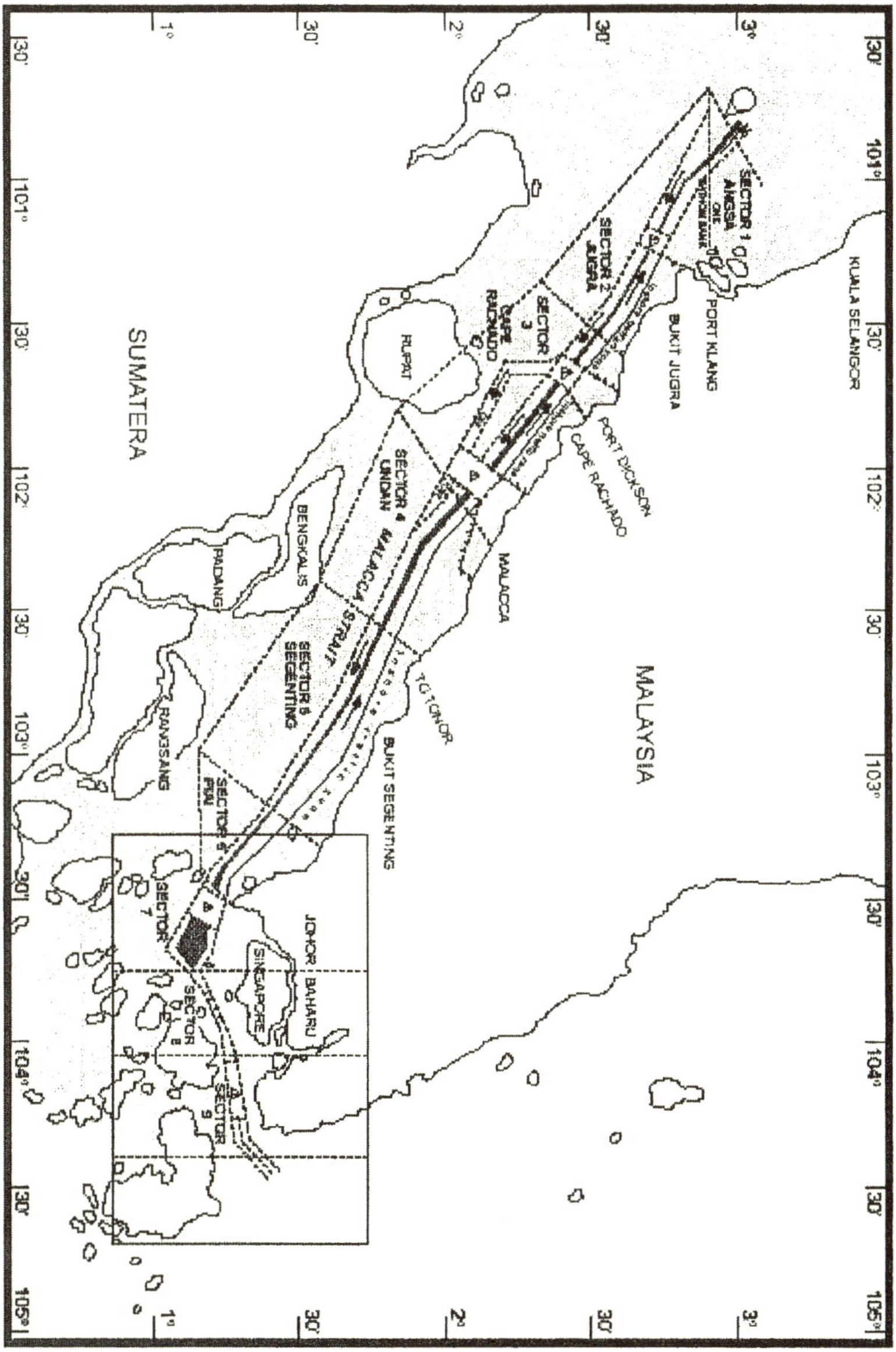

図4-4　マラッカ・シンガポール海峡

表4-2　マラッカ・シンガポール海峡の通航状況　船主国籍別通航量、1999年

船主国籍	通航隻数	割合
日本	13,764	18.2%
シンガポール	9,849	13.0
中国、香港を含む	5,695	7.5
ギリシャ	5,428	7.2
ドイツ	4,845	6.4
マレーシア	3,188	4.7
タイ	3,091	4.2
台湾	3,077	4.1
英国	2,192	4.1
韓国	2,146	2.9

出典：海洋産業研究所資料。

表4-3　マラッカ・シンガポール海峡及びスプラトリー諸島の航行状況、1995年

船主国	マラッカ・シンガポール海峡		スプラトリー群島／南沙群島海域	
	載荷重量（100万DWT）	便宜置籍船による割合（%）	載荷重量（100万DWT）	便宜置籍船による割合（%）
日本	432	62	471	62
ギリシャ	102	67	90	65
米国	97	77	70	77
英国	90	91	79	90
シンガポール	88	50	67	49
ノルウェー	68	32	62	33
韓国	66	67	70	64
香港	63	85	63	80
バーミューダ	40	100	32	100
デンマーク	39	56	51	45
台湾	39	22	53	31
マレーシア	36	3		
中国			43	15

出典：John Noer & David Gregory, *Maritime Economic Concerns in Southeast Asia*, Washingto ,DC: National Defence U. P., 1996.

表4-4　マラッカ・シンガポール海峡の通航状況、1998～2000年　船種別割合

	1998年	1999年	2000年	平均
貨物船	34.3%	24.3%	27.2%	28.3%
旅客船	15.5	14.8	13.0	14.4
タンカー	14.6	17.6	15.0	15.8
コンテナ船	14.4	14.8	17.3	15.6
曳航船	6.5	8.5	9.3	8.2
漁船	3.8	7.2	3.5	4.8
特殊船	3.2	3.0	4.0	3.4
作業船	2.7	6.3	7.9	5.8
その他	2.4	1.3	0.1	1.2
押航船	1.3	0.0	1.0	0.7
LPG、LNG	0.9	1.3	1.4	1.2
プレジャー	0.5	1.0	0.3	0.6

出典：『通航船舶実態調査報告書――シンガポール海峡における通航船舶の実態と考察』日本海難防止協会シンガポール連絡事務所、2001年。

る。データは、１０００トン以上の船舶が対象で、総数は年間７５５１０隻となっている。その船種別通航データは、表４-２で、日本が18パーセントである。さらに、その船種別では、貨物船は１０００～１００００トン級が60パーセントを占め、１００００～１０００００トン級は26パーセントである。タンカーは、１０００～１００００トン級が40パーセントを占め、１００００～１０００００トン級は33パーセントで、１０００００トン以上級は８パーセントに過ぎない。ＬＰＧとＬＮＧは、１０００～１００００トン級が50パーセントを占め、１００００～１０００００トン級は39パーセントで、１０００００トン以上級は８パーセントである。旅客船は、１０００トン未満級が81パーセントを占め、１０００～１００００トン級は15パーセントである。コンテナ船は、１０００～１００００トンが51パーセント、１００００～１０００００トンが47パーセントである。そして、２０００年は１００００～１０００００トン級が31・３パーセント、１０００００～１００００００トン級は

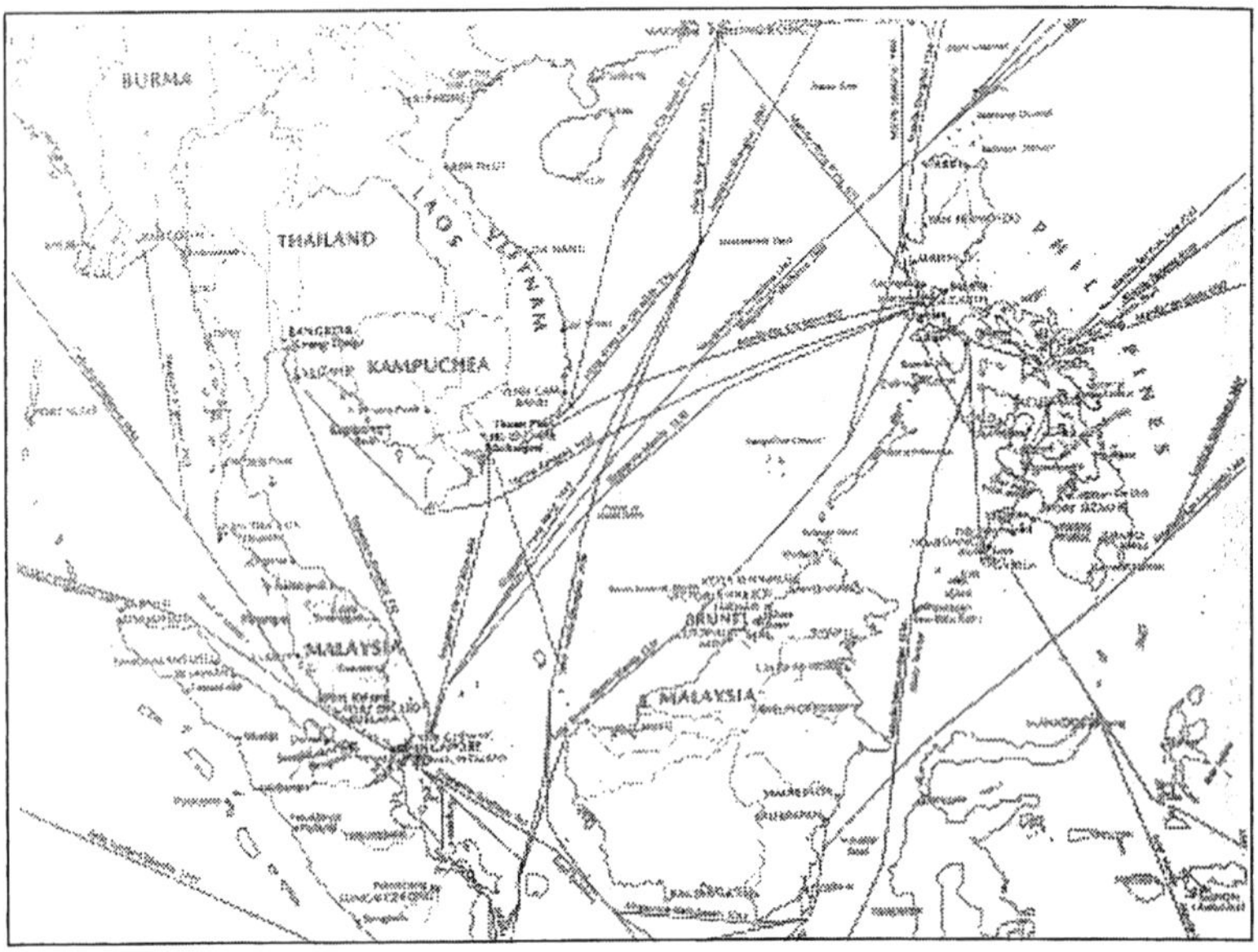

図4-5　東南アジアにおける航路

出所：Josef R. Morgan & Mark J. Valencia eds., *Atlas for Marine Policy in Southeast Asian Seas*, Honolulu: East-West Environment and Policy Institute/ Beekley: Univ. of California Press, 1983, p.50.

41・１パーセントで、１００００トン以上級は27・５パーセントの割合となっている。

　このインド洋は、永らく「イギリスの海」であり、英海軍がそのシーレーンを維持してきた。英国は１９６７年２月22日の国防白書で、スエズ以東からの撤退を打ち出し、１９７１年末には、インド洋は１つの戦略的空白状態となった。１９６８年にソ連艦隊インド洋分隊が発足し、翌69年にはソ連艦隊のインド洋常駐が実現した。これは、ソ連のハートランド（心臓部）を狙うマープＭＩＲＶ装備のポセイドンが米国により陸上の大陸間弾道ミサイル（ＩＣＢＭ）に代わってインド洋海域に展開されたことへの対応としてであった。それで、主要航路としてのシーレーンの存在が経済的生存戦略から注目されるところともなった。そして、１９７１年

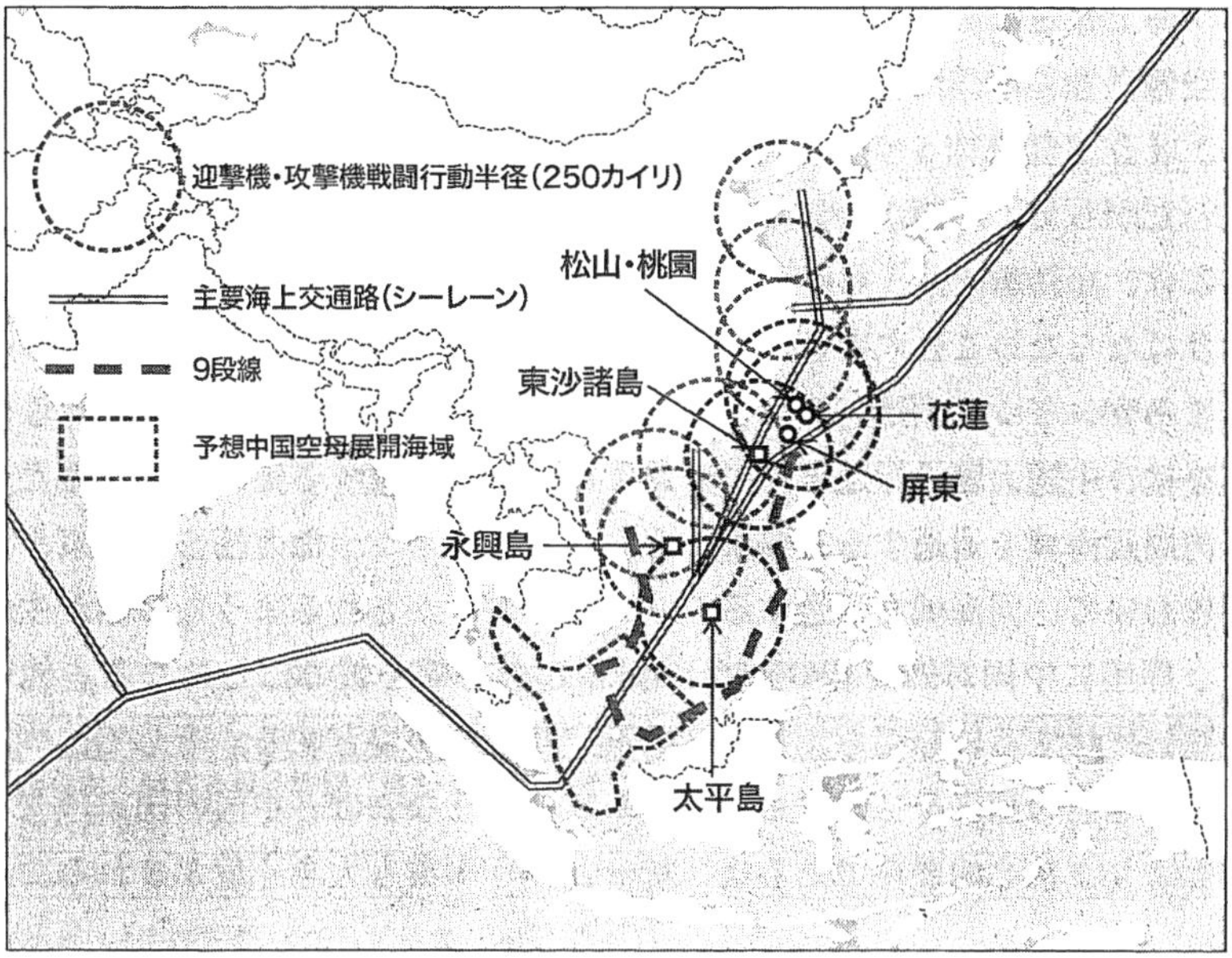

図4-6　東南アジア海洋圏におけるシーレーンと航空優勢図
出典：海洋政策研究財団編『中国の海洋進出』成文堂。2013年148頁。

11月インドネシア・マレーシア・シンガポール3カ国は、マラッカ・シンガポール海峡協定に調印した。

そして、マラッカ海峡沿岸3カ国は、以下の協力を確認している。

1975年2月　3カ国外相会議開催（資料Ⅰ）。

1977年2月　マラッカ・シンガポール海峡の航行安全に関する3カ国会議開催（資料Ⅲ）。

1979年12月　インドネシア、日本、マレーシア、シンガポール、マラッカ海峡統一基準点海図共同作成第一次計画の共同新聞発表。

2005年12月　3カ国、領域外の共通海賊追跡手続きSOP合意。

いうまでもなく、航海の自由の原則は、国連海洋法条約によって設定されている。そして南シナ海海洋秩序は、以下の宣言で確立した。

1992年7月　ASEANの南シナ海宣言（資料XI）。
1995年8月　中国・フィリピンの8項目行動基準の原則合意（資料XIII）。
2002年11月　中国・ASEAN各行動宣言（資料XVI）。

3. 南シナ海域の海賊・テロ問題

1990年代以降、国家の枠を超えた海賊問題が生じてきた。南シナ海（図4-5）は、バージー海など他の東南アジア・ルートに比べて船舶遭遇率は2割以上高く、遭遇密度では、ジブラルタル沖の1・5倍、ペルシャ湾の2・2倍とされる。以下の事件が生起している。

1995年9月　アンナ・シエラ号事件。
1998年4月　ペトロレンジャー号事件。
9月　テンユー号事件。
1999年10月　アロンドラ・レインボー号事件。
2000年2月　グローバル・マース号事件。
2003年8月　トンイー号事件。
8月　ペンリダア号事件。

１９９２年10月クアラルンプールにＩＭＢ地域海賊情報センターＰＲＣが設立された。そして、南シナ海の地域次元では、次の協力体制にあった。
１９７１年12月　ＡＳＥＡＮ東南アジア平和・自由・中立化宣言。
１９７６年２月　東南アジア友好協力条約。
２００２年11月　ＡＳＥＡＮ反テロ行動宣言（資料ⅩⅦ）。
国際海事局（ＩＭＢ）による海賊行為のパターンは、次の通りである。
⑴低レベルの武装略奪　粗雑で無計画的な攻撃をいう、ヒット・オブ・ランといわれるもので、被害も限定的である。
⑵中レベルの攻撃や略奪　組織化された集団による武力攻撃や窃盗の類で、彼らは重武装しており、重傷者や死亡者も生じうる。
⑶ハイジャック犯罪　正確な情報に基づき綿密な計画のもとで国際犯罪グループによって実施されるもので、迫撃砲や小型ミサイルの使用もありうる。これは「幽霊船」事件とも呼ばれるもので、それは海賊が船舶を奪取した後、積み荷は別に運び、その一方、特別な人脈で船舶は新たな偽造書類とともに再登録され、積荷、船舶それぞれが別に売買されてしまうといった形をとる。
この武装行為には、マージナルな階層分子が参入することが多く、一部地域では、それを管理する治安機構がかかわることもある。

表4-5　南シナ海関係地域の海賊被害発生件数、1995～2003年

海域／年	1995	1996	1997	1998	1999	2000	2001	2002	2003
インドネシア	33	57	47	60	115	119	91	103	103
マラッカ・シンガポール海峡	4	5	5	2	16	80	24	21	21
マレーシア	5	5	4	10	18	21	18	14	14
フィリピン	24	39	16	15	6	9	8	10	10
タイ	4	16	17	2	5	8	8	5	4
中国、香港を含む	38	13	6	2	*	2	*	*	1
東シナ海	*	1	1	*	*	1	2	1	1
南シナ海	3	2	6	5	3	9	4	*	1
世界　計	188	228	247	202	300	469	335	370	343

注：*は空欄。
出典：IMB報告。

表4-6　南シナ海関係地域の海賊被害発生件数、2008～13年

海域／年	2008	2009	2010	2011	2012	2013
インドネシア	23	7	26	30	51	68
マラッカ海峡	2	2	1	*	2	1
マレーシア	7	14	13	14	8	5
フィリピン	6	1	3	2	3	2
シンガポール海峡	2	6	2	7	6	5
南シナ海	*	10	30	13	1	4
ベトナム	8	8	9	6	4	6
バングラデシュ	9	12	18	7	9	10
インド	10	10	4	6	6	7
アデン湾	51	100	44	32	13	4
紅海	*	15	24	36	13	2
ソマリア	*	47	56	130	44	4

注：*は空欄。アデン湾、紅海、ソマリアはいずれもソマリア海域を構成する。
出典：IMB報告。

そこで、この事件がとりわけ発生している南シナ海域の、①香港・海南島・ルソン島の三角地帯、②フィリピン海域、③インドネシア・マレーシア海域、④シンガポール海港地帯だけで、1990年以降、全世界の発生件数の半数を占めた。内訳をみると、1998年1月～1999年3月の統計では、それぞれ以下の通りとなっている（表4-5、表4-6）。

①三角地帯　8件。この地域は、1991～93年に全世界の半数を占めた。

②フィリピン海域　115件。漁船の乗っ取りとかフェリーの略取が著しく、特にスール海の状況はひどい。

③インドネシア・マレーシア海域　69件。13000個の島からなるこの弓状地帯は海賊の格好の避難場所となっている。

④シンガポール海港地帯　11件。この停泊地は、夜間に海賊の襲撃に出会ってきた。

インドネシア・マレーシア海域は、マラッカ・シンガポール海峡、ロンボク海峡、スンダ海峡などいずれもが狭い海域で、1991年には海賊事件が200件を超えた。以後も続き、2002年は154件にも達した。

海賊事件の多発に直面して、主要航路を変更するかそれともそれを再調整するしかないが、マラッカ周辺、スンダ周辺、ロンボク周辺、及びマラッカ・シンガポール海峡はシーレーンであり、シンガポール港は燃料補給と積替基地であり、いずれにしてもこの海域の重要性は決定的なものがある。現在のところ、シーレーンでの海賊行為の発生は商業取引における特別経費の加重、そして余計な日程の遅延を引き起こしている程度で、海賊行為が頻繁になっていずれかの海峡の一つでも遮断されるようなことにでもなれば、海賊問題の国際的取組みを強化せざるをえない。そうした努力の方向は、シーレーンの閉塞という事態を考えれば、合理的であり、かつ経費も安価と算定される。

4. 南シナ海の海洋汚染

マラッカ・シンガポール海峡は、世界でも最も交通量の多い水路の一つであり、船舶による油汚染の脅威が増加している。同海峡では、過去10年余りの間にやや大規模なものとして、次のような油流出事故が発生している。

1992年9月　ナガサキ・スピリット号の衝突による油流出。
1993年1月　マースク・ナビゲータ号の衝突による油流出。
1997年10月　エボイコス号の衝突による油流出。
2000年10月　ナトウナ号の座礁による油流出。

現在、タンカーの原油流出事故、ケミカル・タンカーの事故への地域諸国の防止協力体制がマラッカ海峡レベルないしはアジア地域レベル、グローバル・レベルで確立している。

5. 南シナ海の戦略資源

第二次世界大戦前、日本が南沙群島に関与したのは、漁業資源と燐鉱資源のためであった。1960年代、南海における石油資源開発とともに、その領土支配をめぐる抗争へと移った。1967年6月国連アジア沿岸地域鉱物資源共同調査調整委員会（CCOP）に対しK・O・エマリーと新野弘が報告書を提出し、ここにいよいよ東シナ海域での石油資源への関心が高まった。そして1969年6～8月に南シナ海でR・V・ハント号による大陸棚調査が実施され、ブルネイ・サイゴン推積盆地、メコン推積盆地、及びシャム湾推積盆地の3つは有望な海底資源地層であることが確認された。これら調査結果については賛否両論があったが、それは資源空間としての新しい着目であった。

1971年その自国支配地域での本格的な石油開発とともに、1974年1月自国の領土であるとする中国は、南ベトナムとの間で西沙群島交戦事件となった。1979年8月中国は、西沙群島を飛行禁止区域とした。

南ベトナムは、1973年3月メコン・デルタ沖鉱区の入札を行い、翌74年8月ベトナム・ペクテンが海底油田層を発見し、11月米系石油会社コッパイもベトナム大陸棚で油田層を発見した。こうして、1988年以降、ベトナムは、石油生産が軌道に乗り、産油国となった。

1978年6月フィリピンは、南沙群島のカラヤーン群島の併合宣言を発し、翌79年2月石油生産を開始した。

遅れて1987年11月中国は、調査船海洋第4号で南沙海域の地質・地球物理の総合調査を行い、豊富な石油・ガス資源を確認した。1992年5月中国は、米系クレスト・エナジーと南シナ海での石油・天然ガスの共同採掘計画に合意した。そこでは、中国は海軍力を展開してでも、南海における石油開発を保証するとの暗黙の合意があった。

こうして、いよいよ石油開発競争が激しくなる一方、沿岸国の関与も強まった。そして共同開発という関係国の協力というシナリオも提起されるところとなった。

この南海諸島海域の石油資源は、原油埋蔵量が1000億バーレルと推定されており、中国はこの膨大な国家維持のための石油資源の確保という上でも、南海諸島の支配を不可欠としている。

中国は、南海諸島の開発を海南島の開発に結び付けており、海南島の海軍軍事基地が南シナ海の軍事活動に従事している。

その経過は、以下の通りであった。

1959年3月　南ベトナム、ホアンサ群島で資源調査。

1970年12月　南ベトナム、メコン・デルタ資源調査終了。

1971年9月　南ベトナム、自国大陸棚で石油開発着手。

１９７４年６月　南ベトナム、「大陸棚資源白書」公表、その要旨は、公表されたところでは、以下の通りである。

１９６７年９月７日国家指導委員会議長が、共和国領海に隣接した大陸棚とその資源は、共和国の直接支配下におかれることを確認する覚書を発表した。

１９７２年12月26日共和国大統領は、法令No.0561/TT/SLVを公布し、領土から50海里の漁業水域の境界を定め、外国船は共和国政府の許可なしにそのなかで漁獲を行なってはならない、と規定した。

１９７４年２月共和国政府は、中国の西沙群島・南沙群島に対する誤った主権主張と西沙群島の軍事侵略に対して声明と行動によって反対することを決定した。

１９７４年２月14日共和国政府は、中部及び南部ベトナム沖合の従来からベトナム領土と見做されていて、現在、外国との係争地点となっている諸島に対する主権を主張する宣言を発表している。

１９７４年６月20日に始まるカラカス海洋法会議で、共和国代表は、ベトナム人民の正統な立場と合法的な利益を防衛する唯一の代表団である。さらに、、大陸棚国家資源の合法的な開発の動きのなかで、共和国大統領は、石油の探査開発に関する１９７０年12月１日付法 No.001/70を公布した。政府は、また、海底の鉱物資源の有無の可能性についての研究に着手した。１９７３年と翌74年に行われた入札を通じ、外国の会社に石油探査開発権を与えた。これは、南ベトナム人民に大きな利益をもたらすであろう。

共和国政府は、恒常的に国家財産を保持し、豊かにすることに前向きである一方、共産主義者は、何もしておらず、中国は、共和国が西沙群島を占領したとき沈黙していた。したがって、共産主義者は、いかなる合法的な資格も有していないだけでなく、南ベトナムの国家資源について発言する道義的な権利もない。共和国沿岸における政府の石油探査開発権の譲渡に対する彼らの批判は無効である。この機会に、ベトナム共和国政府は、国家指導委員会議長による1967年9月7日宣言を再確認する。したがって、ベトナム共和国領海に隣接した大陸棚は共和国の占有支配と直接的支配下にある。

以上から、共和国政府は、ベトナム共和国の大陸棚に立ち入る他のいずれの国の認めたいかなる特権も無効である、と考える。不法な特権の下に操業し、又はベトナム共和国による正式の許可なく、ベトナム共和国の大陸棚で鉱物探査開発を進める者は、すべてその責任と危険を負うことになる。

1975年2月　モービル・他、南ベトナム沖合で石油・天然ガス発見。
　　　4月　ベトナム人民解放軍、チュオンサ群島に上陸。
1978年6月　フィリピン、南沙群島カラヤーン群島の併合宣言、1979年2月　カラヤーン群島で石油開発。
1983年6月　マレーシアとベトナム、共同石油採掘合同委員会設立。

２００５年３月　フィリピン・中国・ベトナム、国営石油会社、南沙群島周辺地域の石油・天然ガス共同探査に合意。
10月　ベトナム、南沙群島近海で石油・天然ガス開発の国際入札。
２０１３年７月　フィリピン、リード堆周辺で石油・天然ガス開発の国際入札。

表4-7　南シナ海関係国の石油生産展望

	1980年	1990年	2000年	2010年
中国	107.9	140.8	167.3	202.8
ベトナム	—	285.0 ＊	—	—
インドネシア	80.0	76.0	55.0	45.0
マレーシア	14.2	31.0	31.0	31.0
シンガポール	0.0	0.0	0.0	0.0
ブルネイ	12.3	8.0	8.0	8.0
台湾	0.2	0.3	0.1	0.1

単位：万メートルトン
注：＊は1991年。—は不明。
出所：『アジア太平洋地域におけるエネルギー需給措置、政策の現状と今後の動向』日本エネルギー計量分析センター、1995年、29頁。ベトナムを除く。

南シナ海の原油埋蔵量は、現在、米エネルギー局ＥＩＡの推定では、全体で１１０億バレルと算定され、個別情報では、南沙群島海域での埋蔵量は、８億バレルとも、あるいは55億バレルともされていて、その開きは大きく、その埋蔵は大変なものだとの評価がある一方、たいしたものではないとの見解も存在する。

図４‐７は、１９７６年当時の関係各国の石油利権状況を示している。関係国の石油生産は表４‐７が１９９５年データで、表４‐８は公表されている２０１１年までのデータを表示している。但し、特に南海地域の生産量は十分確認できるデータはない。とりあえず、表４‐９に石油生産量と石油消費量を掲出し、

表4-8　南シナ海関係国の石油生産、1980～2011年 単位1,000トン／日 ＊1000バレル／日

	1980年	1990年	1995年	2000年	2005年	2008年	2010年	2011年
中国	105,950	138,310	149,020	162,620	181,353	190,440	203,014	202,876
ベトナム	—	2,700	7,652	16,484	18,968	15,220	15,250	15,464
インドネシア	79,035	74,434	76,455	71,810	53,715	49,427	48,623	46,307
マレーシア	13,222	29,550	33,323	33,501	34,625	34,024	31,972	28,897
ブルネイ	11,715	7,320	8,464	9,493	10,120	8,591	8,452	8,112
フィリピン＊				13.78 (2003)	25.00	24.55	32.95	
タイ	—	2,534	3,554	7,009	11,391	14,032	14,847	14,820
台湾＊	5.00	3.00	1.22	0.74	0.88 (2002)			

出所：GLOBAL NOTE, BP. フィリピン、台湾はEnergy Information Administration.

表4-9　南シナ海関係国の石油需要展望、2012～13年 単位1,000トン／日＊1000バレル／日

関係国	2012年生産量	2013年消費量	備考
中国	207,474	43,393	大陸油田に限界、グローバルに開発努力を拡大中。南海海域は、自国領土として開発拡大中
ベトナム	17,028	17,466	開発は急務。開発拡大中
フィリピン	＊19,99	7,85	開発に着手
台湾	＊0.88 (2003)	0.20	生産に限界
インドネシア	44,624	73,825	生産に限界
マレーシア	29,739	31,187	生産に限界
ブルネイ	7,786	—	生産の維持

出所：GLOBAL NOTE, BP. フィリピン、台湾はEnergy Information Administration.

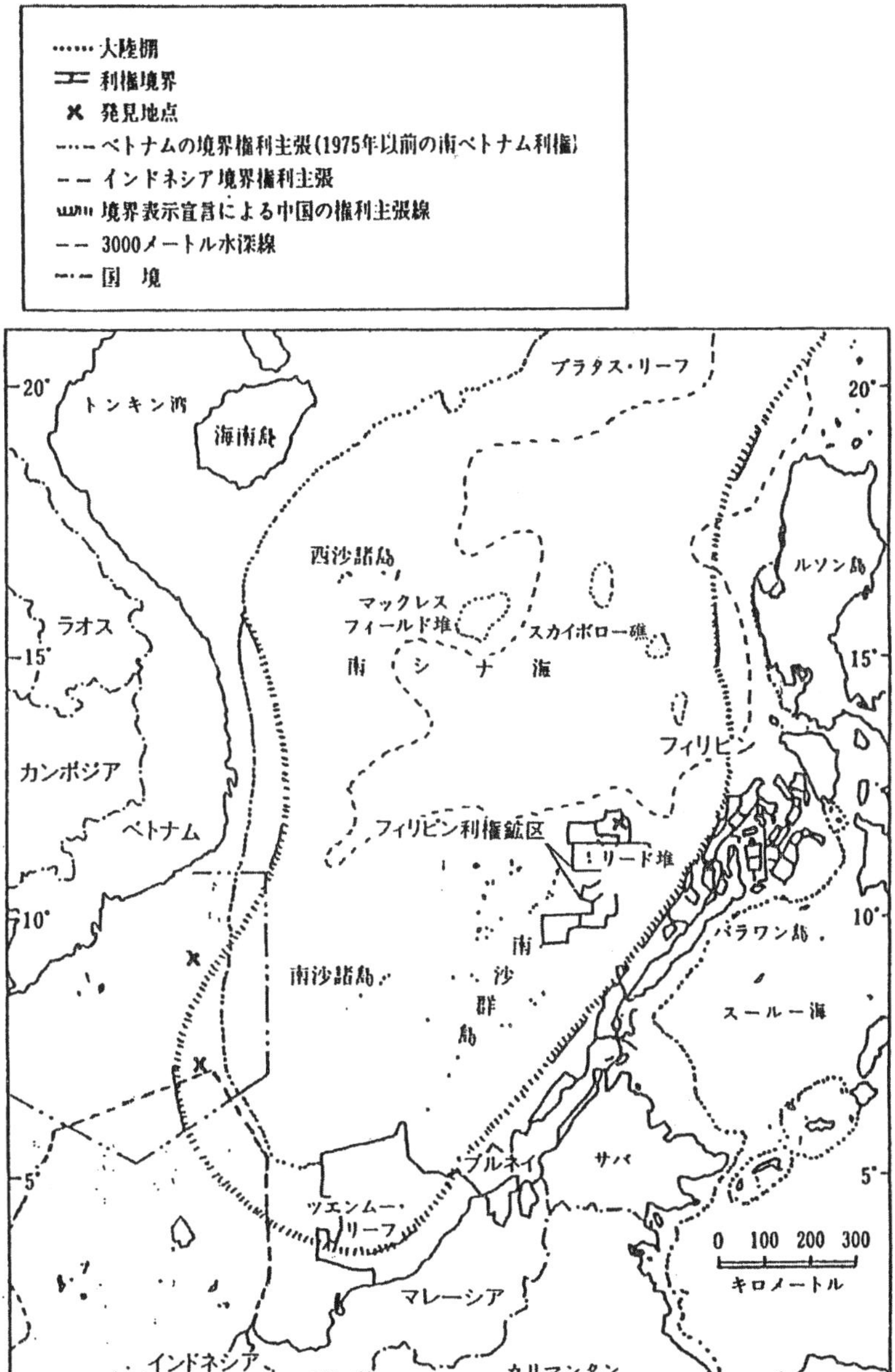

図4-7　南シナ海域の石油利権状況

出所：Selig S. Harrison, China, Oil, and Asia: Conflict Ahead?, New York: Carnegie Endowment for International Peace, 1977. 中原伸之訳『中国の石油戦略――大陸棚をめぐって』日本経済新聞社、1978年の図9。

これにより関係各国がいかに石油開発に従事し関心事として国家戦略の目標として取り組んでいるかの一端が分かろう。

V 南シナ海の領土支配

1. 南シナ海の領土主権論争

1945年12月8日中華民国は、台湾気象局が西沙群島の接収に入り、翌46年9月12日東沙群島を、11月29日西沙群島を、12月12日南沙群島をそれぞれ接収した。1951年9月8日の対日平和条約では、日本は「新南群島及び西沙群島に対するすべての権利、権原及び請求権を放棄する」ことが確認された。一方、中国は、その対日平和条約に調印していなかった。

そこでは、次のような動向があった。

1946年5月　フランス、パラセル群島（西沙群島）占領。

1947年1月　フランス、パラセル群島はベトナム領であると声明。

1950年5月　新中国（中華人民共和国）、南海諸島の主権声明。

10月　フランス、スプラトリー群島（南沙群島）をベトナム国（南ベトナム）に移譲。

1955年6月～7月　フィリピン元軍人トマス・クロマ、スプラトリー群島に上陸、人道王国を宣言、フィリピン政府、支持。

1956年4月　南ベトナム（ベトナム共和国）、フランス軍に代わってホアンサ群島（西沙群島）及びチュオンサ群島（南沙群島）を接収。

5月　中国（中華人民共和国）、南沙群島を含む南海諸島に対する主権声明。6月南ベトナム、チュオンサ群島の領有権声明。

6月　台湾（中華民国）、立威部隊が南沙群島に上陸、主権石碑を建立、太平島では基地整備。

これにより、領土帰属論争となり、北ベトナム（ベトナム民主共和国）は中国を支持し、南ベトナムと対決した。1956年6月クロマの息子が太平島に赴き、中華民国旗を持ち帰り、フィリピン政府が在マニラ台湾大使館に引き渡す事件が起きた。そして、8月南ベトナム軍が南沙群島に立ち入り、これに台湾部隊が再派遣される事態となった。

南ベトナムは、1957年2月ホアンサ群島（西沙群島）及びチュオンサ群島（東沙群島）に対する主権声明を発した。これに、台湾が反発し、フィリピンは、クロマによる人道王国を支持し、南ベトナムは西沙群島の防衛を強化した。

1958年9月中国は12海里宣言を公布した。他方、12月南ベトナム海軍が中国漁船を拿捕し、以後も、この混乱は続いた。その結果、1974年1月西沙群島で中国・南ベトナム交戦事件となり、中国は西沙群島を支配し、2月中国は、南沙群島、西沙群島、中沙群島、東沙群島、及びその近海に対する主権を主張した。3月西沙群島をめぐり国連会議で主権論議が重ねられた。そして、南ベトナムは、南沙群島の石油開発とともに防衛態勢を強化した。中国も石油開発も進めた。1974年4月南ベトナムが崩壊し、北ベトナムは、南ベトナムの先占と歴史的支配を根拠にして、その主権支配の継承を確認して、チュオンサ群島を接収し、ベトナム（統一ベトナムのベトナム社会主義共和国）は1977年5月200海里排他的経済水域・大陸棚宣言を公布し、局面は、中国とベトナムの南海諸島に対する主権論争となった。
そこでは、フィリピンとマレーシアも、南海諸島海域で石油開発に入っており、その島嶼占拠から、ここに南沙諸島の分割支配が現実となった。

このベトナムの事態に対し、中国は1977年6月、ベトナムが1975年の統一ベトナム以前における立場に戻るよう要求し、7月中国のベトナム援助が停止され、1979年2月中越戦争となった。同年7月中国は、西沙群島を飛行禁止地域に設定した。
その経過は、以下の通りであった。

1957年1月　南ベトナム、西沙群島チャム・テエン島（甘泉島／ロバート島／フィニヤット島）で給水中の中国漁船への発砲事件。
1959年2月　南ベトナム海軍、中国漁船2隻拿捕。
　　　3月　南ベトナム、中国に対しホアンサ群島はベトナム領土と通告、台湾、南ベトナムに対し西沙群島は中国領土と通告。
1973年3月　南ベトナム、ホアンサ群島（南沙群島）で中国漁船3隻拿捕。
1974年1月　中国、ホアンサ群島（南沙群島）のフォクトゥイ省管轄を非難。
　　　1月　16日　南ベトナム軍、チャム・テエン島（ロバート島／甘泉島）で五星紅旗砲撃、続く南ベトナム攻撃で、20日中国空軍の反撃で西沙群島の南ベトナム軍壊滅、中国は西沙群島全域を支配。

1975年2月　1月　インドネシア、西沙群島は中国領土と確認。

2月　中国、南ベトナムによる一連の南海諸島上陸事件を非難。

2月　南ベトナム、外交白書「黄沙（パラセル）群島及び長沙（スプラトリー）群島に対する白書」公表。

1977年～1978年　中国、5次にわたる南海測量。

1977年3月　ベトナム、チュオンサ群島（西沙群島）をドンナイ省に編入。

6月　中国、ベトナム援助停止。

1978年12月　中国、南海諸島の主権声明。

1979年4月　中国、西沙群島及び南沙群島の主権声明。

4月　24日「クアンドイ・ニャンザン」論説「祖国の領海を守ろう」。

5月　15日「人民日報」記事「西沙群島と南沙群島の争いの由来」（資料Ⅱ）。

8月　ベトナム、ホアンサ群島及びチュオンサ群島の主権声明。

9月　ベトナム外交白書「ホアンサ群島及びチュオンサ群島の主権」（資料Ⅴ）公表。

11月　中国政府文書「ベトナム政府が南沙群島及び西沙群島を中国領土として承認した二、三の文献的証拠」（資料Ⅵ）公表。

１９８０年１月　中国外交部文書「西沙・南沙群島に対する中国の主権は論争の余地はない」公表（資料Ⅶ）。

２月　ベトナム、ホアンサ群島・チュオンサ群島の主権声明（資料ⅥⅨ）。

１９８２年２月　中国・ベトナム、第２次西沙群島交戦事件。

３月　ベトナム、ホアンサ群島で中国漁船を拿捕。

１９８７年４月　中国、南海諸島の主権声明。

１９８８年３月　中国・ベトナム、南沙群島赤爪礁（ジョンソン礁）で衝突。

南ベトナムから統一ベトナムへ政権が移行した局面においても、一貫してベトナムは、南海諸島に対する主権の行使及び主張を崩さなかった。１９８０年代になっても、中国とベトナム間での領土主権論争は続いた。

中国は、ベトナムのカンボジア干渉を大義名分に、１９７９年2月ベトナム制裁の中国・ベトナム国境戦争を発動した。１９８２年に西沙群島でも、中国・ベトナム衝突となった、そこでは、これまでの主権声明に代わって自国の主権の根拠を明らかにした主権白書による領土主権論争となった。その内容は、以下の通りであった。

1979年8月7日ベトナム外務省の主権声明は、以下の通りである。
1、中国は、1958年9月北ベトナム首相覚書（図5－1）でホアンサ群島・チュオンサ群島の主権を認めたとしているが、それは中国の12海里を認めたに過ぎない。
2、中国は、上海コミュニケで米侵略者と結託してベトナム人民を裏切り、サイゴン（南ベトナム）政権が管理していたホアンサ群島を占領した。
3、それは、南ベトナム共和臨時革命政府の主権を侵したものである。

9月28日　ベトナム政府白書「ホアンサ群島及びチュオンサ群島に対するベトナムの主権」（資料V）公表。その要点は、以下の2点にある。
1、1974年1月中国は、南ベトナムが支配していたホアンサ群島を占領した。
2、ここに、ホアンサ群島及びチュオンサ群島に対するベトナムの主権に対する資料をもって明らかにするもので、それは『撫邊雑録』、『大南寔録　正編』、「大南一統全図」、その他において明白である。

11月23日中国政府白書「ベトナム政府が南沙群島及び西沙群島を中国領土として承認した二、三の文献的証拠」（資料VI）公表。要点は、以下の通りである。

THỦ TƯỚNG PHỦ
NƯỚC VIỆT-NAM DÂN-CHỦ CỘNG-HÒA

Thưa Đồng chí Tổng lý,

Chúng tôi xin trân trọng báo tin để Đồng chí Tổng lý rõ :

Chính phủ nước Việt-nam Dân chủ Cộng hoà ghi nhận và tán thành bản tuyên bố, ngày 4 tháng 9 năm 1958, của Chính phủ nước Cộng hoà Nhân dân Trung-hoa, quyết định về hải phận của Trung-quốc.

Chính phủ nước Việt-nam Dân chủ Cộng hoà tôn trọng quyết định ấy và sẽ chỉ thị cho các cơ quan Nhà nước có trách nhiệm triệt để tôn trọng hải phận 12 hải lý của Trung-quốc, trong mọi quan hệ với nước Cộng hoà Nhân dân Trung hoa trên mặt bể.

Chúng tôi xin kính gửi Đồng chí Tổng lý lời chào rất trân trọng./.

Hà-nội, ngày 14 tháng 9 năm 1958

PHẠM VĂN ĐỒNG
Thủ tướng Chính phủ
Nước Việt-nam Dân chủ Cộng hoà

Kính gửi :
Đồng chí CHU ÂN LAI
Tổng lý Quốc vụ viện
Nước Cộng hoà Nhân dân Trung-hoa
tại
BẮC-KINH.

図5-1　ベトナムの1958年9月9日付書簡
出所：中国外交部『西沙群島和南沙群島自古以来就是中国的領土』北京、人民出版社、1981年。

1、1958年9月9日北ベトナム首相の書簡（図5-1）は、東沙群島、西沙群島、南沙群島、及びその他の島嶼を、中国領土として認めている。
2、1965年5月9日北ベトナムは、米軍の作戦地域として、中国の西沙群島の領海を指摘していた。「ニャンザン」1965年5月10日にその記事がある。
3、1969年5月13日「ニャンザン」は、米軍機の中国領空侵犯報告で、「5月10日米軍機1機が中国広東省西沙群島永興島と東島の領空を侵犯した」と報じた。

1980年1月30日中国政府文書「中国の西沙群島及び南沙群島に対する主権は議論の余地がない」（資料Ⅶ）公表。その要旨は、以下の通りである。

1、ベトナム当局は、地域覇権主義拡張の野望を抱いてインドシナ及び東南アジアに対する侵略・拡張に拍車をかけ、かつて西沙群島・南沙群島を中国領土と認めた立場を翻し、1975年に南沙群島のいくつかの島嶼を不法占領した。
2、西沙群島及び南沙群島は、三国時代から中国が開発経営に取り組み、元代の『島夷志略』、明代の『東西洋考』、『順風相送』、清代の『指南正法』、『海國聞見録』、及び歴代漁民の『更路簿』が明らかにしている。

表5-1　南シナ海の交戦事件と領土主権論争

1974年1月	中国・南ベトナム、西沙群島で交戦事件	1975年2月14日	南ベトナム「ホアンサ・チュオンサ群島の外交白書」
		1979年2月14日	ベトナム「ホアンサ・チュオンサ群島の主権覚書」
		5月15日	人民日報「西沙群島と南沙群島の争いの由来」
		9月28日	ベトナム「ホアンサ群島及びチュオンサ群島に対するベトナムの主権」
		1979年11月23日	中国「ベトナム政府が南沙群島及び西沙群島を中国領土として承認した2、3の文献的証拠」
		1980年1月30日	中国「中国が西沙群島及び南沙群島に対する主権は議論の余地がない」
1982年2月	中国・ベトナム、第2次西沙群島交戦事件	1982年1月18日	ベトナム「ホアンサ・チュオンサ群島の主権覚書」
1988年3月	中国・ベトナム、南沙群島交戦事件		

3、中国は、1946年12月にフランス及び日本に不法侵略されていた西沙群島及び南沙群島を接収した。

4、1979年ベトナム白書は、フランス及び南ベトナムが侵犯した西沙群島及び東沙群島の主権を持ち出しているに過ぎない。

5、ベトナムの資料はホアンサ群島には230余の嶺があるとしているが、いわゆる群山はそもそも存在しない。ベトナムの指摘する事実は、的確でなく、統治もしていない。

結局、ベトナムは中国との交渉しかなく、その解決への活路は封じられた形となった。そうしたなか、南シナ海問題は、インドネシアが主導して、中国との単独交渉ではなく、ASEANレベルでの交渉に移った。その限り、南海諸島の分割支配は既成事実となった。

2. 南シナ海の分割支配

領土の主権的立場は、いずれの国も変わっていない。

南沙群島海域は、230以上の島・岩礁・浅瀬・砂州があり、それは82万平方キロに及ぶ。海域の面積は360万平方キロで、中国は、議論の余地のない主権地域として、1947年12月に11段のU字線をもって描かれ、1953年にこの11段線は9段線と書き変えられ、断続線ともいわれ、伝統的帰属線としてその法的根拠を設定した（図5-7、図5-8）。この9段線以内の海域は約200平方キロで、そのうち係争地域は154平方キロとなっており、係争のない地域は44平方キロに過ぎない。いうまでもなく、こうした事態が生じたのは、従前、当該国の実効的支配が欠如していたためで、その限り利害関係当事国はすべて、その南沙群島の領有権交渉にかかわる権利があるという議論が成立することになってしまった。その関係7カ国は、台湾、中国、ベトナム、マレーシア、フィリピン、インドネシア、ブルネイで、そのうち、占領行動に出ていないのはインドネシアとブルネイのみである。

現状は、以下の通りになっている。データとしては、表5-1、表5-2、表5-3、表5-4、図5-2、図5-3、図5-4、図5-5の情報があり、流動的で、占領あるいは支配・未支配の状況がすべて判明して

表5-2　南シナ海諸島の占有状況、1993年

国名	占有島嶼数	駐留軍数	装備
台湾	1	*	兵舎5、5インチ砲門
中国	7	260	兵舎2、25M/M4、57M/M4、レーダー1
ベトナム	34	600	滑走路1、大砲5カ所以上
フィリピン	9	480	兵舎2、水陸共用戦車
マレーシア	8	70	兵舎5、5インチ砲1

出典：中華民國國防部『中華民國82/83年國防報告』台北、黎明文化事業股有限公司、1994年。

表5-3　南シナ海諸島の占有状況、2009年

国名	領有主張島嶼数	占拠島嶼数	駐留軍数
ブルネイ	1	0	0
中国	7	7	900 ~ 1,000
マレーシア	16	5	230 ~ 330
フィリピン	53	9	60 ~ 70
台湾	1	1	500 ~ 700
ベトナム	21	21	900 ~ 1,000

注：フィリピンの民間研究機関Center for Intelligence and National Security Studiesが2009年に発表のデータで、マレーシアとフィリピンの理解とは一致していない。

表5-4　南沙群島の占有状況、2013年

国名	主権主張（島嶼数）	実行支配（島嶼数）	守備隊（人）
ベトナム	全部	28～31	600
フィリピン	一部（53）	10～42	100＋
マレーシア	一部（16）	7～10	120＋
ブルネイ	一部（1）	—	—
台湾	全部	1～2	110＋
中国	全部	7～15	600

出所：海洋政策研究財団編『中国の海洋進出——混迷の東アジア海洋圏と各国対応』成山堂書店、2013年、13頁。

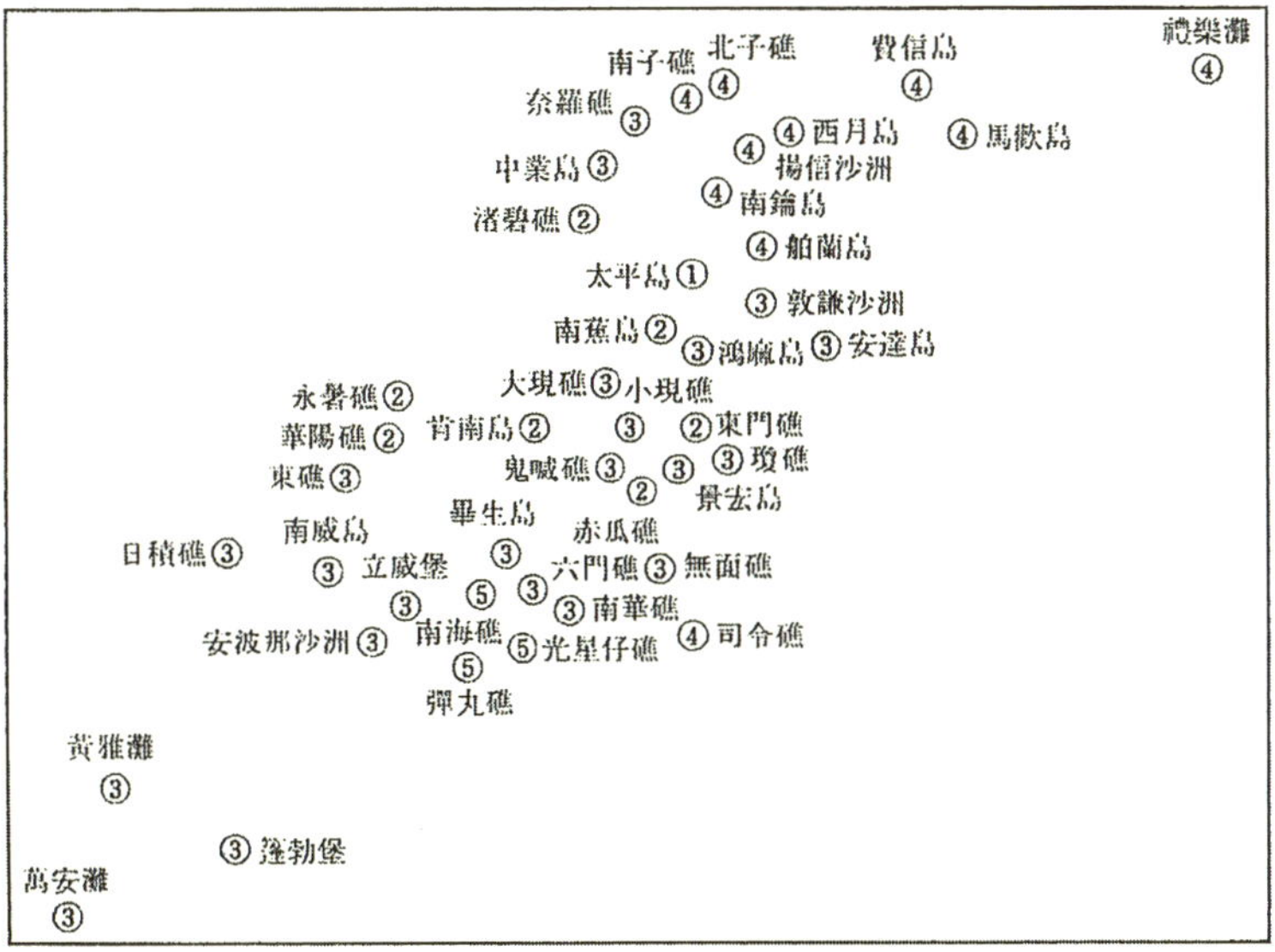

図5-2 南沙群島の占領状況、1981年

注：①台湾、②中国、③ベトナム、④フィリピン、⑤マレーシアの占有地。
出所：符駿『南海四沙群島』台北、世紀書局、1981年。

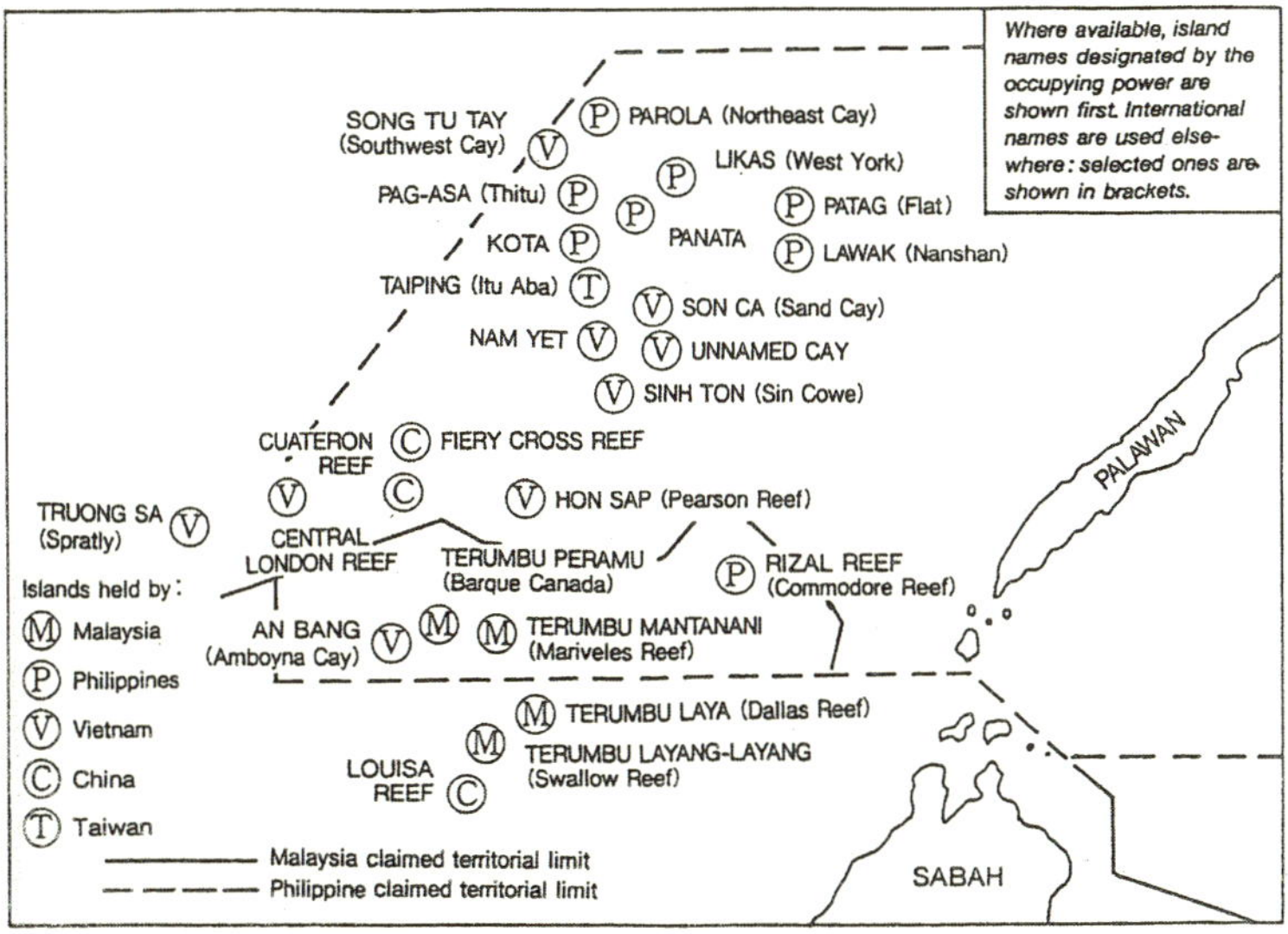

図5-3 南沙群島の占領状況、1989年

出所：*Asia Week*, May 20, 1989。

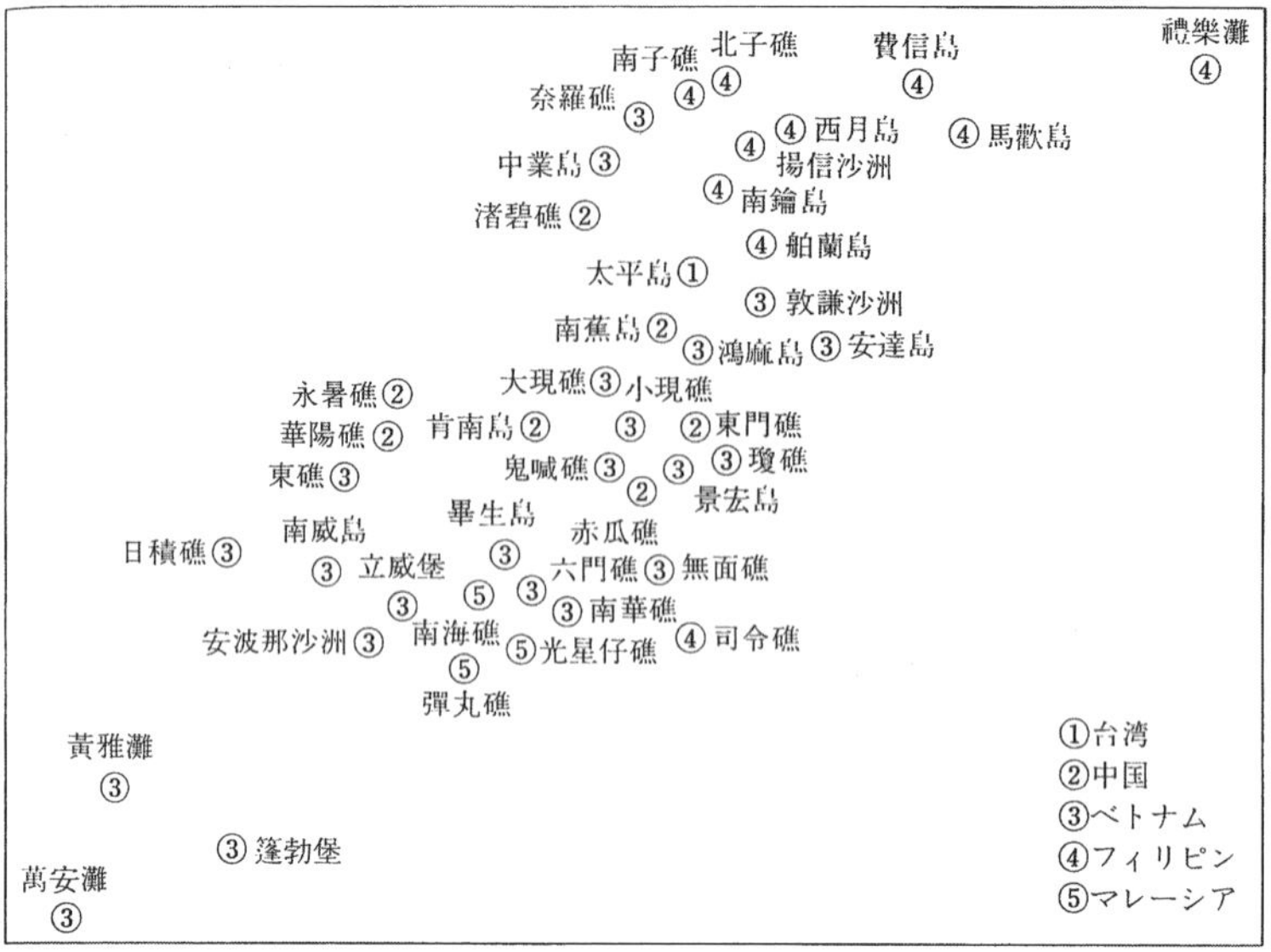

図5-4　南沙群島の占領状況、1994年

注：中華民国①、中国②、ベトナム③、フィリピン④、マレーシア⑤、ただし、ベトナム占領の大兜礁は位置が不明である。

出典：中華民國國防部『中華民國82/83年國防報告』台北、黎明文化事業股有限公司、1994年。

いるわけではない。

中国　15島に軍事駐留し、現在、それが著しく拡張されている（表5–5）。西沙群島（30島嶼で構成される）は、中国が完全に支配している。

台湾　太平島に軍事駐留している。他に東沙島を支配している（表5–6）。

ベトナム　29の島嶼、100万平方キロを自国領土としている（表5–7）。

マレーシア　12の島嶼、27万平方キロを支配し、さらに、2つ以上の島・岩礁・浅瀬・砂州の主権を主張している（図5–10、表5–8、表5

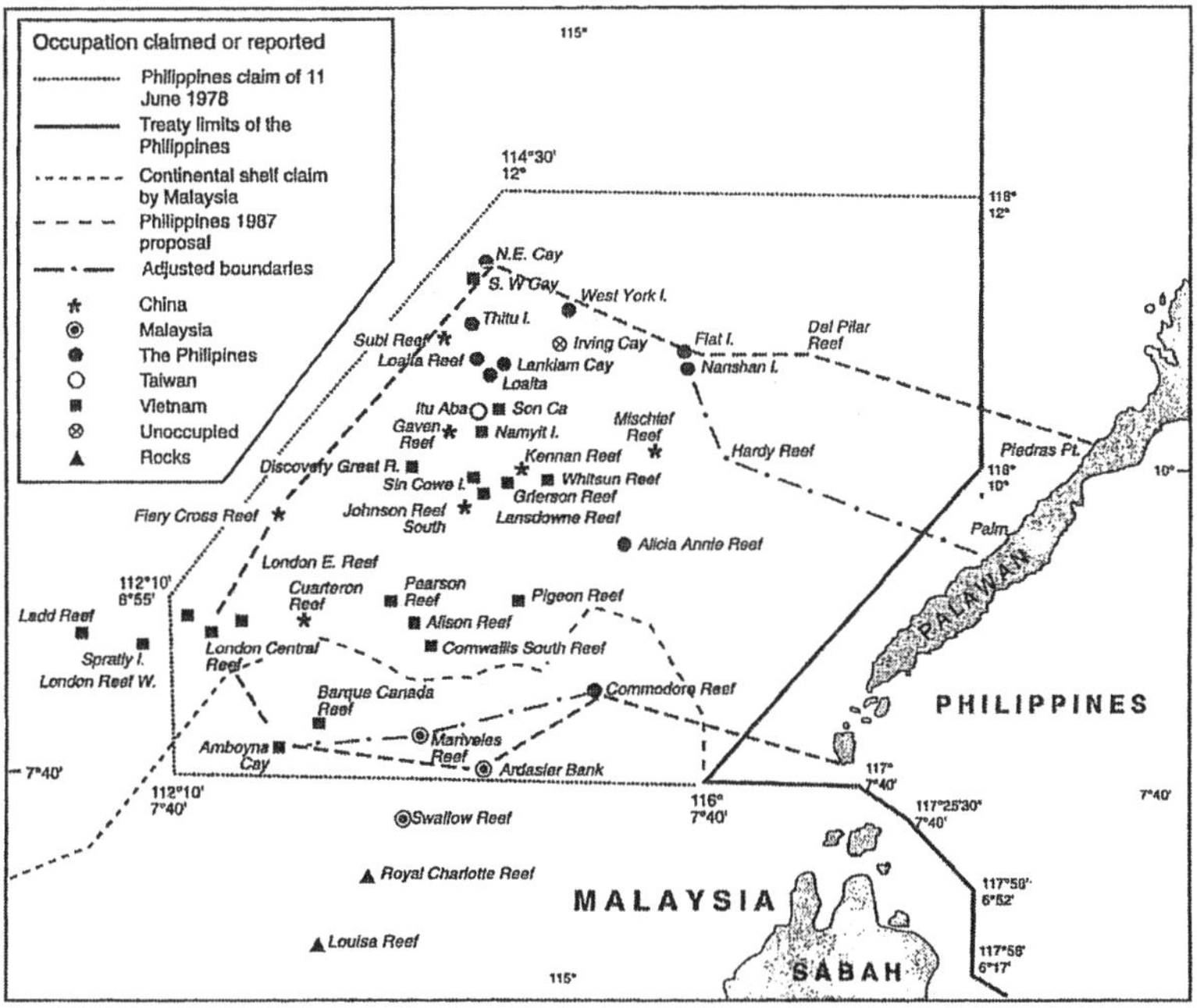

図5-5　南沙群島の占領状況、1996年

出所：Victor Prescott, *The South China Sea: Limits of national Claims*, Kuala Lumpur: Maritime Institute of Malaysia, 1996/ *Limits of National Claims in the South China Sea*, London: Asean Academie Press,1999, p. 55.

-9）。

フィリピン　11の島嶼の41万平方キロを占領し、53の島・岩礁・浅瀬・砂州の主権を主張している（表5-10、図5-11、図5-12）。

インドネシア　中国によると、海上国境線から5万平方キロのところまで入り込んでいるとされるが、問題は生じていない（図5-15）。

ブルネイ　スプラトリー群島のルイサ礁（南通礁）及び周辺3万平方キロの主権を主張している（図5-13）。

中原の統治

版図――異民族の羈縻（きび）政策／彼ら同士の牽制による組込み（正州＝本土化）

朝貢国（藩部の冊封体制）

以上の王化思想にない狄夷の制圧

図5-6　中華世界の構造

3. 中国の領土

中国は、中華思想の一統システムのもとに南海地域を歴史的に中国領土としており、それは、「古来、自国領土」という表現にみるように、中華思想の領土観念にある。それは、超安定システム下の中国文明の生命力＝黄帝以来の国家の連続性＝諸子百家の文化的優越が漢民族の生存を支えるという思想で、中華世界は、中央と周辺の狄夷とからなり、それは、四層構造で構成される（図５‐６）。

　その図式において認識される限り、その版図は天下の一部であって、実効的支配地域としての版図は区切られた支配空間とされ、これをもって現実の物理的境界が明確にされ、ここに領土支配が成立し、管轄線の境界が設定され、歴史や統治の実績は、かかる版図の根拠を形成し、軍事力の支配をもってその版図が維持され、その容態はその能力によって変動することになる。

　それが領土問題として提起されたのは、１９３３年フランスが南沙群島の９つの島嶼に侵攻して以降であった。１９３５年中国は、水陸地図審査委員会が1935年4月出版の「中國南海島嶼圖」で、最南端を北緯44度とする南海諸島の主権を宣言した。その南沙群島は、1946年8月広東省政府が東沙・西沙・南沙群島を接収し、12月までに旧日本領土の南海諸島は接収された。1947年1月内政部は、東沙群島、西沙群島、中沙群島、及び南沙群島の4つからなる南海諸島の名称を公表することで、南海諸島に対する主権を行使し、「南海諸島の最南端は曽母灘である」と、広東省政府は確認した。それを1949年6月新中国は、海南特別行政区とした。同年9月永興島の中国軍は台湾へ引き揚げ、1950年5月中国人民解放軍が永興島に上陸した。日本は、サンフランシスコ対日平和条約及び日華平和条約で、新南群島及び西沙群島の支配権を喪失した。但し、現状復帰の原則が適用されつつも、そこでは、その喪失をもって中国領土とは決定されていない。

このため、フランスは、パラセル（西沙）群島はベトナム領土であるとしており、1946年10月パラセル群島イツアバ（長島）を占領した。フランスは、同年9月南沙群島・西沙群島への中国軍駐留に抗議したもので、翌47年4月パラセル群島パスツル島（珊瑚島）を占領した。12月中国軍は長島（太平島）を回復した。

その経過は、以下の通りである。

1945年12月　中国（中華民国）、西沙群島林島（永興島）接収。
1946年8月　中国広東省政府、東沙・西沙・南沙群島接収、九月中国軍、進駐。
　　10月　フランス、パラセル群島占領。
1947年1月　中国内政部、東沙群島、西沙群島、中沙群島、及び南沙群島の南海諸島名称公表。

1月　フランス、西沙群島への中国軍駐留に抗議、パラセル群島（西沙群島）パスツル島（盤石嶼）占領。
12月　中国（台湾）、長島を太平島と改称。
1949年6月　新中国（中華人民共和国）、西沙・南沙群島を海南特別行政区編入。
1951年8月　周恩来中国外交部長、西沙群島、南威島のある南沙群島及び中沙群島、東沙群島はすべて中国領土と表明。
9月　サンフランシスコ対日平和条約調印。
1952年4月　日華平和条約調印。
1956年5月　中国、南海諸島主権確認。
1958年9月　中国、12海里主権の領海声明で南海諸島の領有権確認。
1976年2月　中国、西沙群島に海軍基地建設。
1979年8月　中国、西沙群島を飛行禁止区域に設定。

南海諸島の中国領土確認は、1947年4月中華民国内政部と国防部・外交部・海軍総司令部など関係部門が領土を線をもって画定する作業に着手し、そこでは、以下の3点が確認された。⑴南海領土は曽母灘を最南端とし、この原則は抗戦前と変わりない。⑵西沙・南沙群島の主権を公布し、海軍は島嶼への進駐に入る。(3)住民の保護は広東省政府が保持する。

かくて、12月中華民国内政部地域局が「南海諸島新旧名称対照表」及び「南海諸島位置圖」を公布し、南海諸島領土は11段のU字線をもって図示された（図5-7）。そして、1953年以後、それは、新中国地図では、11段線が9段線といいかえられ（図5-8）、2001年以降、南シナ海の9つの破線は断続線として、以下の法的解釈がなされた（図5-9）。

第一　それは島嶼帰属線とする。線内の島嶼及び周辺地域は中国に属し、中国はこれを管轄し、統制する。

第二　それは歴史的権利の範囲とされる。線内の島・礁・浅瀬・砂洲は中国領土で、内水以外の海域は排他的経済水域及び大陸棚である。海域は、法的には、排他的経済水域に相当し、他国による航行、上空通過、海底ケーブル及びパイプライン敷設の3つの活動の自由は確保される。

第三　それは歴史的水域線とされる。中国は、線内の島・礁・浅瀬・砂洲は中国に属するのみならず、線内のすべての海域は中国の歴史的水域で、当該水域においては、外国船は許可なしに航行し通過できない。

第四　それは伝統的疆界線（国境線）である。すなわち、線内の島・礁・浅瀬・砂洲は中国に属し、線外の区域は公海又は他国に属する。この線は、断続した国境線を示しており、したがって、線内は中国領、線外は隣国領あるいは公海となる。よって、この線は、中国と隣国の中間線、あるいは境界を表示している。

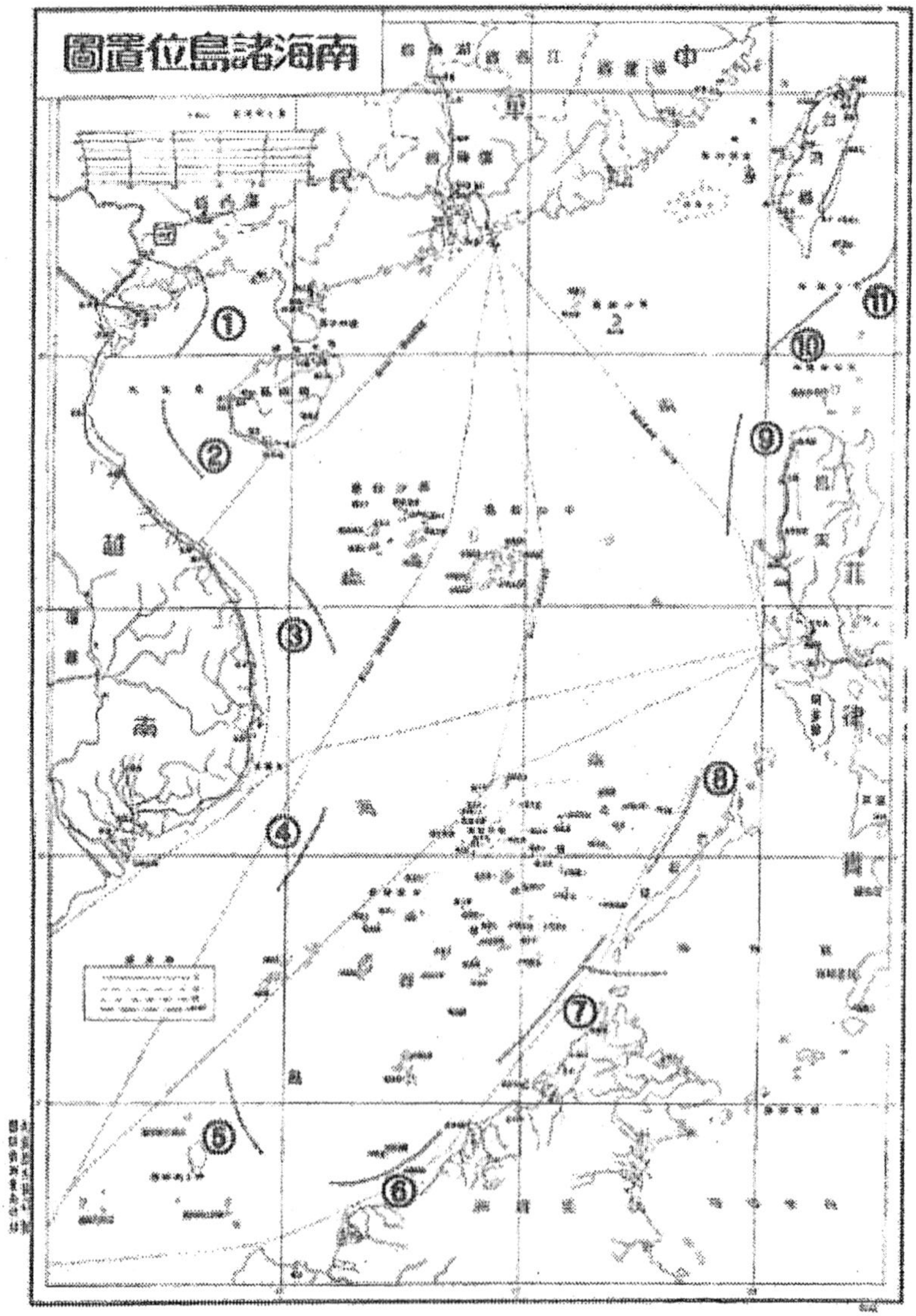

図5-7　南海諸島の11段線、1947年
注：①～⑪を接合した範囲を示している。

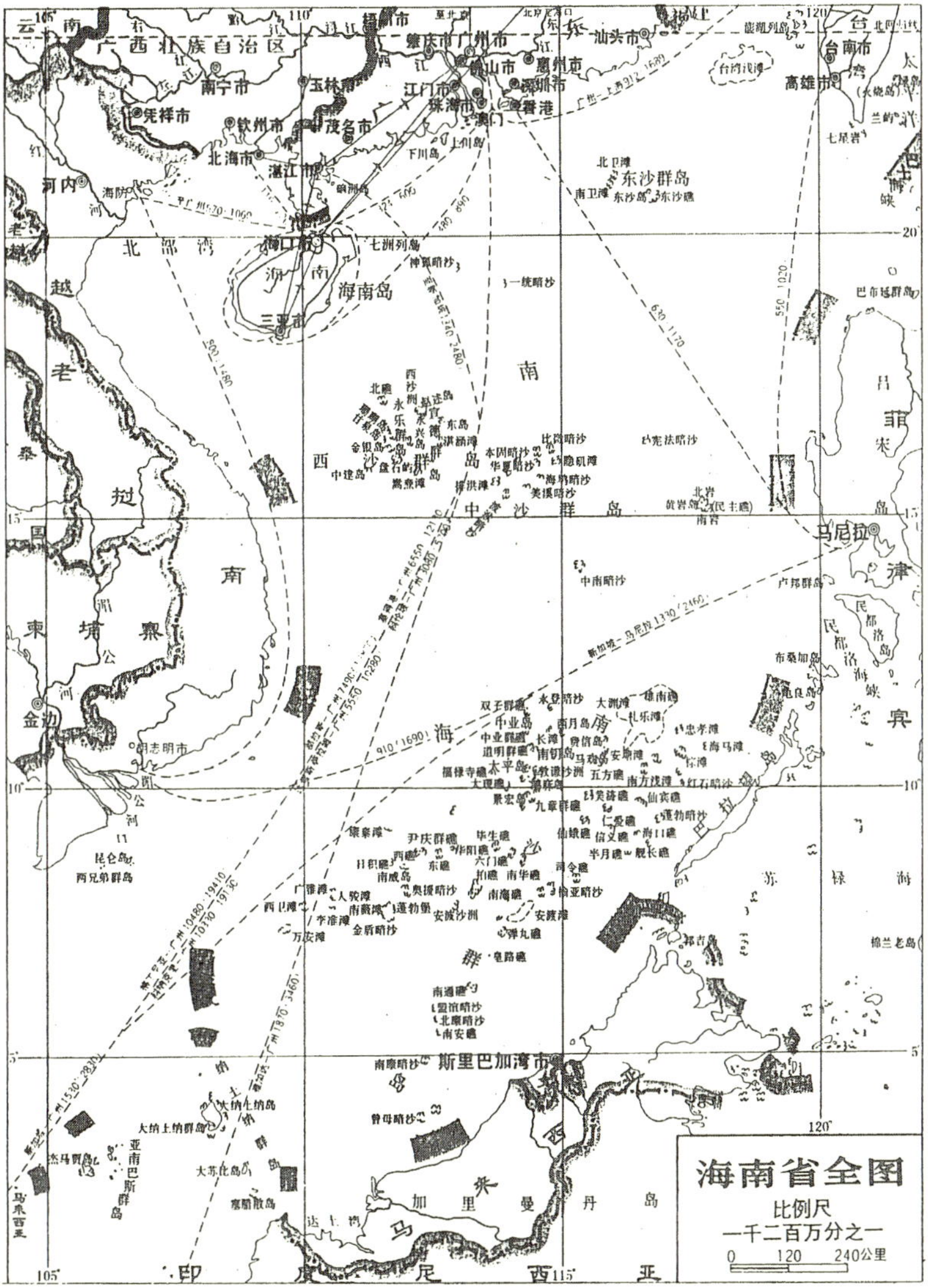

図5-8　南海諸島の9段線

出所：中国地图出版社編制『海南省地图』北京、中国地图出版社、1988年。

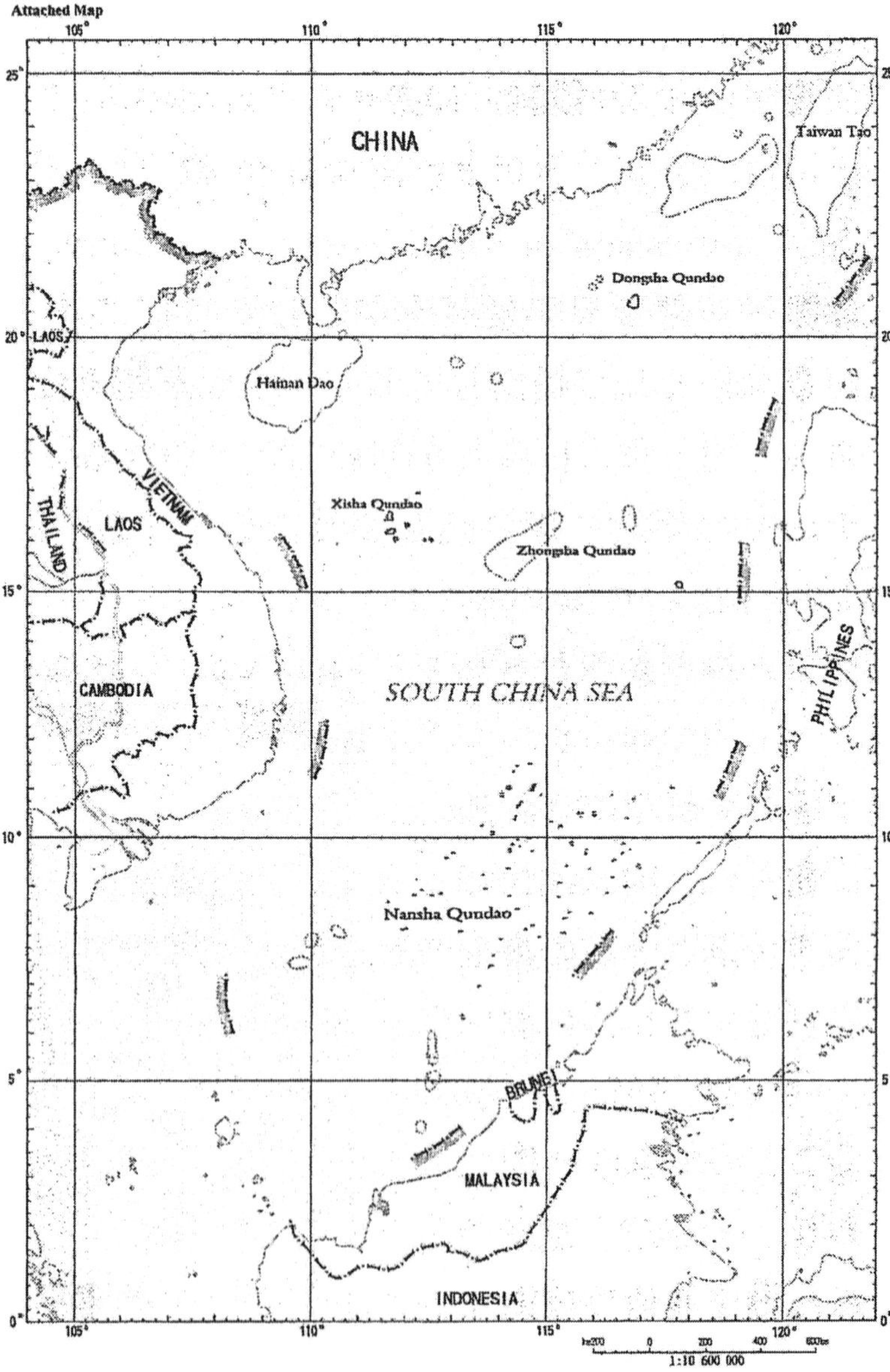

図5-9　南海諸島の断続線、2009年
出所：中国の2009年5月7日国連あて口上書添付付地図。

表5-5　中国が占有している南沙群島・西沙群島・中沙群島の主要島嶼・珊瑚礁

中国名	ヨーロッパ語名	備　考
南沙群島		
渚碧礁	スビ礁	ベトナム支配、1988年3月中国支配、レーダーサイド建設、2015年施設拡充
南薫礁	ガベン礁	1892年軍隊駐留、1914年人工島化
赤爪礁	ジョンソン礁	1988年3月軍事視察施設設置、2014年滑走路建設確認
永暑礁	ファイアリー・クロス礁	1987年11月海洋施設建設着手、1914年人工島化
東門礁	フーカス礁	1988年2月支配
華陽礁	クアールテロン礁	フィリピン支配、1954年中国支配、2014年人工島化
美済礁	ミスチーフ礁	1995年2月軍事施設の存在確認、1995年3月フィリピン軍上陸、施設、標識破壊、2015年航空施設建設
五方礁	ジャクソン礁	
信義礁	ファースト・トーマス砂州	
仙俄礁	アリシア・アンイー礁	
半月礁	ハーフ・ムーン瀬	1995年3月フィリピン軍上陸、施設・標識破壊
甘泉島	ロバート島	2014年基地拡張
	エクダト礁	2014年基地拡張
西沙群島		
永興島	ウッディ島	1974年に全域支配、1949年9月台湾撤収、1950年5月中国軍上陸、1969年西沙・南沙・中沙事務所設置、2004年空港・公共施設建設を確認、2012年6月三沙市設置
北礁	ノース礁	1979年標識灯建設
浪花礁	ボンベイ礁	1979年標識灯建設
中沙群島		
黄岩島／民主礁	スカボロー礁	1997年4月フィリピン軍、中国旗引降し事件、2012年4月フィリピンと対立、2015年航空施設建設

中国の学者は、9段線の法的地位に対する認識は完全に整合しており、その認識は決して一致しているわけではないものの、9段線は中国の歴史的発展のなかで形成され、近代以来の中国人民の認識を反映したもので、U字線は断絶国境線である、としている。そして、断続線による中国の南シナ海における権利は、50年前、国連海洋法条約の成立以前に形成され、公認されてきたもので、新しい海洋法制度の確立は、一国の伝統的権利を否定できるものではない。したがって、国連海洋法条約は、排他的経済地帯及び大陸棚の海洋に関する権益に対する主張又は歴史的権利を否定することはできないとしている。

以上の解釈は、台湾も支持している。但し、研究者の間では、その9段断続線をめぐり議論が提起された。「中国新聞週刊」電子版、2014年10月17日は、南沙群島の7つの岩礁で、永暑礁、赤爪礁、南薫礁、華陽礁などにおいて人工島化が進行し、飛行場建設による要塞化を報じ、着々と軍事化が実現しつつあると伝えている。

4. 台湾の領土

国民政府が日本から継承した南海諸島は、新中国に移管された。他方、台湾は、1955年6月南沙群島の主権を主張し、翌56年6月フィリピンが空白に乗じて占拠していた太平島に軍事進駐し、南沙諸島を実効的に支配した。そこでは、中国と台湾間の交戦は起きていない。1995年以降、中国と台湾は気象研究を

表5-6　台湾が占有している、または占有していた
南沙群島・東沙群島の主要島嶼・珊瑚礁

中国名	ヨーロッパ語名	備考
南沙群島		
太平島	イツアバ島	1956年6月フィリピン人上陸、中華民国旗を撤去、7月台湾、再上陸、支配。2007年9月ベトナム、空港建設に抗議
東沙群島		
東沙島	プラタス島	1971年気象レーダー設置、2007年東沙環礁公園
南沙群島		
敦謙沙洲	サンディ・ケイ	1956年台湾軍再上陸、ベトナム支配
西月島	ウェスト・ヨーク島	1956年台湾軍再上陸、撤収
鴻庥島	サムイェト島	1956年台湾軍再上陸、撤収
南威島	スプラトリー島	1956年台湾軍再上陸、ベトナム支配
南輪島	ロアティア島	1956年台湾軍再上陸、撤収
南子礁	スス・ウェスト・ケイ	1956年台湾軍再上陸、ベトナム支配
北子礁	ノース・イースト・ケイ	1956年台湾軍再上陸、撤収
永興島	ウッディ島	1949年9月撤収、1950年5月中国軍上陸

共同して実施している。

１９９２年12月台湾の南海政策綱領は、「南海の歴史的水域境界海域はわが国の管轄海域である」としており、海域巡視整備の建設、係争問題の平和的解決などを図るとある。その海域は、１９４７年のU段線で構成される。台湾の南沙群島の支配は、太平島などに限定されており、太平島は高尾市棋津区中興里で、高尾港から１６００キロメートルの位置にある。

２００６年1月蔡明憲台湾国防部長は、台湾から２０００キロメートルしかない太平島の飛行場建設は、台湾海峡における縦深選択の拡大である、と明言した。かくて、南海政策綱領に従い、太平島の滑走路は２００７年12月竣工され、翌08年1月台湾空軍のC—１３０輸送機が着陸を果たし、同日台湾に帰還した。２００８年2月陳水扁総統は、太平島を

訪問し、南シナ海における行動指針となる、以下の4点南沙提案を行った。

1. ASEAN各行動宣言の精神及び原則を受け入れる。

2. 南シナ海の開発は、環境生態の保持・育成を優先する。

3. 国際的な生態学者及び環境保護団体を招請して、定期的に東沙環礁・太平島・中洲礁の研究・調査を行う。

4. 微妙な主権問題で南シナ海地域協力の疎外が生じることを回避し、民間団体として南海研究中心を設置し、定期的に国際シンポジウムを開催し、トラック2による接触を深める。

台湾政府の対外文件及び関連事項は、以下の通りである。

1955年6月　南沙群島の主権確認。
1956年6月　太平島の実効的支配。
1957年5月　米国、南沙群島の3島上陸、台湾の同意でレーダー基地建設。
1960年10月　太平島に気象台建設。
1961年7月　西沙群島の主権声明。
1992年12月　南海政策綱領作成。

２０００年１月　海巡署設立、太平島管轄。
２００８年２月　４点南沙提案。

5. ベトナムの領土

ベトナムは、南海諸島を自国領土としている。それは、伝統王国ベトナムの歴史的な往来、そして生活圏の形成にあり、南ベトナムはこの事実をフランス統治の継承として確認しており、南ベトナムの解放で北ベトナムが南海の南ベトナム占有地域を接収した。以後、統一ベトナムがこの南海諸島の支配を継承しており、１９７７年3月チュオンサ群島（南沙群島）をドンナイ省に編入した。

中国は、このベトナムの支配を認めておらず、１９７４年西沙交戦事件となった。

ベトナムは、１７７６年の黍貴惇『撫邊雜録』に記述されているホアンサ及びチュオンサの地理、資源、及び阮朝による両群島の開発に与ってきた。外国船が嵐に遭遇すると、広義府平山県安永村に近い岩礁に立ち寄り、その救済に70名男子の黄沙隊が赴いた一方、黄沙隊はタイマイ・海亀などの海産物を管理したことなどを通じて、南海はもともとベトナムの生活と支配の域にあったとされている。また、１８３６年の『大南寔録』には、その第52巻に、嘉隆帝が、「１８１６年に、水軍と黄沙隊を派遣し、船で黄沙を渡って水路を調査した」、また第１５４巻に、１８３５年夏「広義に属する黄沙に神祠を建てた」などの記述が残る。

フランスはインドシナに進出し、１８８７年6月のフランス・中国国境画定協定には、ベトナムの海中島嶼は中国領とされたが、フランスは、１９３３年7月スプラトリー諸島を占領し、その旨、告示した。そして、10月サイゴン植民地議会は、この南沙群島をコーチシナ（南圻）に組み込み、12月バリア省に行政編入した。

さらに、フランスは、これら南沙群島・西沙群島が日本の統治となって以後、日本の敗戦で、１９４５年10月スプラトリー群島に軍事上陸を果たしたが、それは、戦前におけるフランス・インドシナ支配の回復としてであった。１９４７年1月フランス軍・ベトナム軍はパラセル群島林島（ウッディ島）に上陸し、中国軍を撃退した。このフランス統治は、１９５６年に南ベトナムに引き継がれ、南ベトナム承認による燐酸塩の生産活動も始まり、１９６３年5月南ベトナムはチュオンサ群島（スプラトリー群島）6島嶼に主権碑を建立し、ホアンサ群島（パラセル群島）の統治は文民統治から軍部支配へ移行した、そして、１９７０年代に移り、石油資源の開発が主題となった。

こうした南ベトナム政府の対外文件及び関連事項は、以下の通りであった。

１９５７年1月　西沙群島で中国漁船に発砲事件。
１９７０年12月　石油探査法制定。
１９７２年12月　50海里漁業水域決定。

１９７３年７月　メコン・デルタ沖合区で第１次国際入札、１９７５年５月第２次入札。
７月　南ベトナム軍、チュオンサ群島（東沙群島）ナムイェット島（鴻庥島）占領、９月本土フォクツィ省に編入。
１９７４年１月　ホアンサ群島（西沙群島）で南ベトナムが中国漁船の妨害工作でホアンサ群島の防衛宣言。
１月　ホアンサ群島で中国・ベトナム交戦事件、中国軍による自衛発動の制圧、南ベトナムは主権侵害と主張。
２月　南海諸島の主権声明。
５月　領海法公布、12海里適用。
６月　大陸棚覚書作成。
８月　19日　米系石油会社シティ・サービス、メコン流域で掘削着手。
１９７５年２月　チュオンサ群島にヘリコプター基地建設。
１９７４年６月の南ベトナム大陸棚覚書は、５月の12海里適用を受けて、「ベトナム共和国の大陸棚に立ち入る他のいずれの国の認めたいかなる特権も無効である」としていた。
ベトナム本土では、ベトナム内戦が最終局面に移りつつあり、１９７４年５月南ベトナムは領海12海里宣言を発したのに、南ベトナム共和臨時革命政府が直ちに無効声明を発し、９月の石油開発の着手に対しても、共和臨時革命政府は無効声明を発し続けた。1975年4月サイゴンの解放でベトナム人民解放軍がチュオンサ群島に上陸し接収した。6月南ベトナムはハノイ時間へ移行し、8月共和臨時革命政府は、米系石油会社と南ベトナム・サイゴン政権の取決め無効を宣言し、同社との交渉に入り、12月同社は開発を再開すると発表した。

この新局面におけるベトナム統一政府の対外措置及び関連事項は、以下の通りであった。

1975年4月8日　「クアンドイ・ニャンザン」、「ホアンサ・チュオンサ群島の地図」掲載。

1976年1月　トン・ドク・タン大統領、ベトナムの陸・海・空国境防衛を強調。

3月　チュオンサ群島をドンナイ省編入。

1977年5月　領海・接続水域・排他的経済水域・大陸棚に関する声明。

6月　ホアンサ群島で軍事演習。

1979年2月　「ホアンサ・チュオンサ群島の主権ベトナム覚書」公表。

9月　外交白書「ホアンサ群島及びチュオンサ群島のベトナム主権白書」（資料Ｖ）公表、1980年1月中国、拒否、2月ベトナム、反論。

1980年1月　ベトナム海域の外国船規制令公布。

1982年11月　領海基線に関する声明。

1984年6月　領空に関する閣僚会議規則制定。

表5-7 ベトナムが占有している、または占有していた
チュオンサ群島・ホアンサ群島の主な島嶼・珊瑚礁

ベトナム名	中国名	ヨーロッパ語名	備考
チュオンサ群島	南沙群島	スプラトリー群島	
ダオ・ソング・ツ・テイ	南子礁	サウス・ウェスト礁	
シン・トン・コング	奈羅礁	サウス礁	
	安達礁	エルダド礁	
パオ・ナム・エト	鴻麻島	ナム・エト島	
バイ・パク・タン	廣雅灘	プリンス・オブ・ウェルズ礁	
	蓬勃堡	ボンベイ砦	
ダオ・ロン	大現礁	ディスカバリー・グレート礁	2011年5月輸送基地飛行場建設
ダ・ノー	小現礁	ディスカバリー・スモール礁	
コ・リン	鬼喊礁	コリンズ礁	
ティエ・ヌ	無乜礁	テネント礁	
ダ・ラト	日積礁	ラッド礁	
バオ・シア・トン	景宏島	シン・コウン島	
ダオ・ファン・ビン	畢生礁	ピアーン礁	
ダイ・トク・タン	六門礁	アリソン礁	滑走路建設
ダ・ドン	東礁	イースト・ロンドン礁	1984年6月仮設滑走路
ヌイ・タイ	舶蘭礁	ペトレイ礁	建設、1995年灯台建設
ベイ・サオ・ビン	蓬勃堡	ボンベイ礁	1984年4月滑走路建設
ダオ・トロング・サ	南威島	スプラトリー島	
ダオ・アン・バン	安波沙洲／	アム・ボイ礁	
	安邦島	アンバン島	
バイ・ト・チン	萬安灘	バングアード瀬	
	立威堡	ロンドン・セントラル礁	
ダ・ヌイ・レイ	南華礁	コルンウァールス・サウス礁	
ダオ・ティ	西礁	ウェスト・ロンドン礁	
ダオ・トラング	中礁	セントラル礁	
サ・ドン	康樂礁	カムンジャリス礁	1977年4月飛行場建設
ダオ・ソン・カ	泛愛暗沙	ファンシー・ウオェック礁	
ビンニューエン	敦謙沙洲	サンデー礁	
	大現礁	ロン礁	
ダ・ホア・ラウ	萬安礁	ヤンガード瀬	
チュオンサ群島	南沙群島		
	美済島	ミスチーフ礁	1995年中国支配
ホアンサ群島	西沙群島		
クアン・ホア	琛航島	ダンカン島	
パオ・シャン・トン	東門礁	フーカス礁	1988年中国支配
ヌイ・ホヤ	赤爪礁	ジョンソン礁	1988年中国支配
チャウ・ビエン	華陽礁	クアールテロン礁	1987年11月中国支配確認
チュ・タクロ	永暑礁	ファイアリー・クロス礁	1988年中国支配
チャム・テエン	甘泉島	フーニャット島/ロバート島	1956年中国支配

1979年9月のベトナム外交白書「ホアンサ群島及びチュオンサ群島のベトナム主権白書」（資料V）は、以下の指摘がある。

「ホアンサとチュオンサは、ベトナムの東方にある、主に珊瑚礁と砂洲からなる二つの群島で、以前は、黄沙、大長沙、又は萬里長沙と総称されていた。両群島の島嶼は、みな、非常に小さいが、戦略的価値と経済的重要性は極めて大きい。

ホアンサ群島は、北部湾の湾口外に位置し、ダナンから120海里である。……

チュオンサ群島は、東海の南に拡がって、カムラン湾から250海里のところにある。……

古来、チュオンサ群島及びホアンサ群島は、ベトナム領土であった。各王朝を通じ、以前のベトナム封建国家が、歴史上はじめて、国家として両群島を占有し、主権を行使し、開発を行ってきたところで、これら両群島は、それより以前は、いかなる国の行政区画にも入っていなかった。したがって、この占有は事実であり、国際法及び国際慣行に合致したものである。ベトナムの各政権は、これら群島を大陸部諸省に属する行政管轄のもとにおいてきた。……ベトナム人民は、自らの両群島に対する主権を証明するのに十分な法的根拠、歴史的根拠、及び事実を有している。欧米の航海者、地理家、宣教師も、何世紀も前から、この事実を認めてきた。」

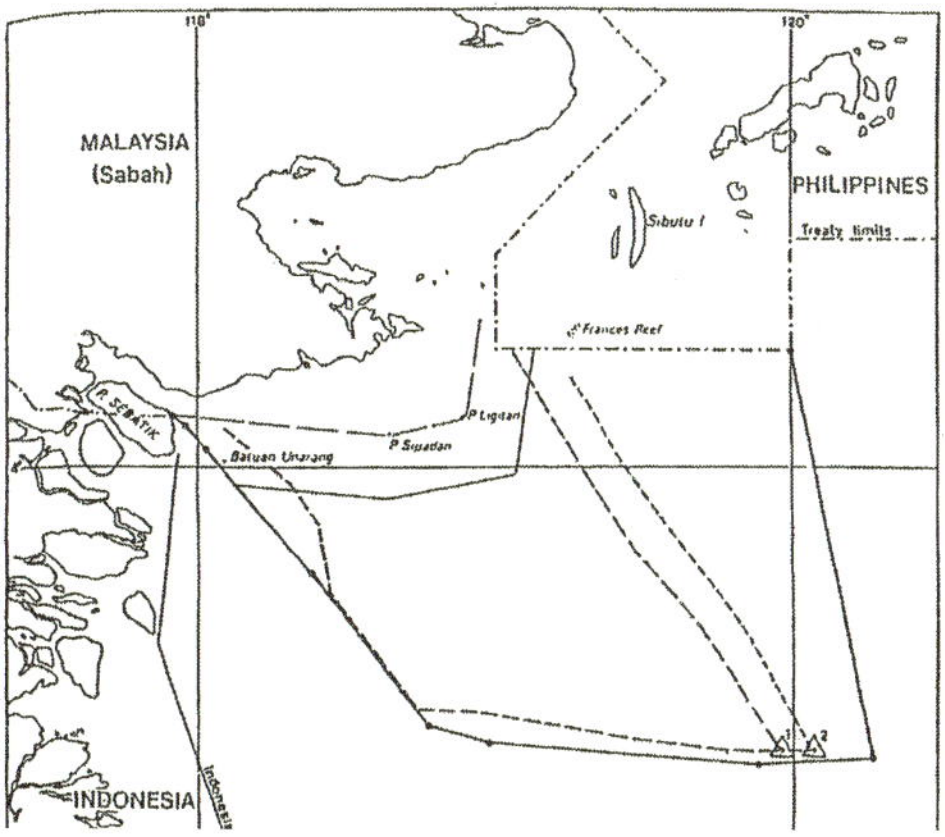

図5-10　マレーシアの主張するセレベス海域

注：――はマレーシアの主張する領海基線で、―　―　―が領海基線となっている。―・―はマレーシアの主張する大陸棚の範囲で、……は中間線を示している。△2はツルシブ・タヤンラヤンである。

出　所：J. R. V. Prescott, The *Maritime Political Boundarise of the World*, London: Methuen, 1986.

なお、1982年8月ベトナムの基線声明は、1977年5月の領海宣言の南海基線に従うとしている。

6. マレーシアの領土

マレーシアは、1974年10月スプラトリー群島ツルシブ・ラヤンラヤン（弾丸礁／スワロー礁）を占領し、1976年以降、スプラトリー群島での石油探査に着手し、1976年9月中国領海とマレーシアの石油・ガス鉱区が重複していることを認めた。1979年12月ツルシブ・ラクサマナ（司令礁）などツルシブ群島（南沙群島）を掲載したマレーシア地図が刊行された。そして1979年以降、スプラトリー群島12島嶼の主権を主張しており、その実効的管理に入っている（図5-10）。フィリピンは、これを拒否している。そのマレーシア支配は、199

表5-8　マレーシア地図に表記のツルシブ群島

対立島嶼	マレー語名	ヨーロッパ語名	中国名
中国及びフィリピンとの対立島嶼	ツルシブ・ラクサマナ ツルシブ・モンタナニ ツルシブ・ベニンジャウ ツルシブ・ウビ	コマンドル礁 マレープレス礁 インペスティゲーター礁 アルダシール礁	司令礁 南海礁 楡亜礁 光星仔礁
中国及びベトナムとの対立島嶼	ツルシブ・ラヤ ツルシブ・ペナフ ツルシブ・ラヤンラヤン ツルシブ・セマング・バクトベサール	ダルカス礁 バルケ・カナダ礁 スワロー礁 ロイヤル・カルトッテ礁	光星礁 柏礁 弾丸礁 皇路礁
中国及びブルネイとの対立島嶼	ツルシブ・セラマン・バラトケシル	ルイサ礁	南通礁
中国との対立島嶼		グラスゴー瀬 グロスターブレー・カース ノース・イースト瀬	南樂暗沙 破浪礁 校尉暗沙

1年5月ツルシブ・ラヤンラヤンでのリゾート・ホテルの完成で、観光による国際認知が進められ、これとともに漁業開発と石油開発が着手されている。

マレーシア地図で判明した、ツルシブ群島とされる南シナ海において他国領土と対立している島嶼は、表5-8の通りであった。

マレーシアの対外文件及び関連事項は、以下の通りである。

1966年7月　大陸棚法制定。

1969年10月　インドネシア・マレーシア大陸棚協定調印。

1974年10月　ツルシブ群島ツルシブ・ラヤンラヤン（弾丸礁）占領、1979年12月マレーシア地図に明記。

1980年4月　海軍監視所設置。

1977年　ツルシブ群島で油田調査。

1979年1月　ツルシブ群島（スプラトリー群島）12

表5-9　マレーシアの占拠している南沙群島の主要島嶼

ヨーロッパ語名	中国名	備考
サウス・ルコニシア瀬	南康暗沙	開発区
ヘラルド礁	海寧礁	開発区
ノース・ルコニシア瀬	北康暗沙	開発区
ジェームス瀬	曽母暗沙	開発区
リットモンド礁	潭門礁	資源調査
ムーディ礁	康西暗沙	資源調査
フレンドシップ瀬	盟誼暗沙	資源調査
ラヤンラヤン礁	弾丸礁	1991年観光施設建設、1992年マレーシア国王訪問
アルダスター堆	安波礁	
エリカ礁	簸真礁	
アンボン島	安波沙洲	

島嶼の主権を主張（表5−7）。

10月　マレーシア・タイ領海画定条約調印。

1980年4月　排他的経済地帯の声明（資料Ⅸ）。

1982年2月　インドネシア・マレーシア、領海・領水相互利用協定調印、マレーシア、南シナ海を「平和・中立の海」（SOPAN）と提唱。

1984年12月　排他的経済水域法公布。

1988年4月　マレーシア領でフィリピン漁船が拿捕。

1991年5月　ツルシブ・ラヤンラヤン（弾丸礁）にリゾート施設建設。

1992年5月　マレーシア国王、ツルシブ・ラヤンラヤン訪問、1993年観光地化。

1999年6月　フィリピン、南沙群島でのマレーシアの建設工事に抗議、マレーシア、拒否。

マレーシアは、1966年大陸棚法で、南沙群島の8万平方キロの地域、サウス・ルコニシア瀬（南康暗沙）、ヘラルド礁（海寧礁）、ノースルコニシア瀬（北康暗沙）、ジェームス瀬（曽母暗沙）をマレーシア開発区に入れた。１９７０年にサウスルコニシア瀬とノースルコニシア瀬で資源調査が着手され、翌71年3月ヘラルド礁とリットモンド礁（潭門礁）で資源探査に入り、さらに１９７２年にムーディ礁（康西暗沙）で、１９７３年にフレンドシップ瀬（盟誼暗沙）で資源調査を進めた。この資源調査は、１９７５年10月までにジェームス瀬（曽母暗沙）でも成功し、これとともに１９７４年10月以降、ツルシブ・ラヤンラヤン占領地となった。

１９８０年4月マレーシアは、排他的経済地帯の声明（資料Ⅸ）で、漁業資源に対する排他的権利の適用を確認し、１９８４年12月排他的経済水域法で、石油開発の遂行及びその責任とともに、排他的経済地帯における防衛責任の行使を明記した。

マレーシアにとって大きな問題は、マレー半島とサバ・サラワクとが南シナ海を介して領土の分離をしていることであり、また南沙群島及びインドネシアと領海を接していることであり、マレー住民は、南シナ海の周辺地帯を生活圏としている。そこで、マレーシアはインドネシアとの大陸棚交渉に成功し、インドネシア群島理論の施行で、１９８２年2月南シナ海におけるインドネシアの領海・領空においてマレーシア人に対し伝統的に通航と通信の権利を認めるとした領海・領空協定が成立し、そこでは、南シナ海を「平和・中立の海」（ＳＯＰＡＮ）と改めるべきと合意され、インドネシアは、マレーシアのコモド礁支配を支持した（図5−15）。

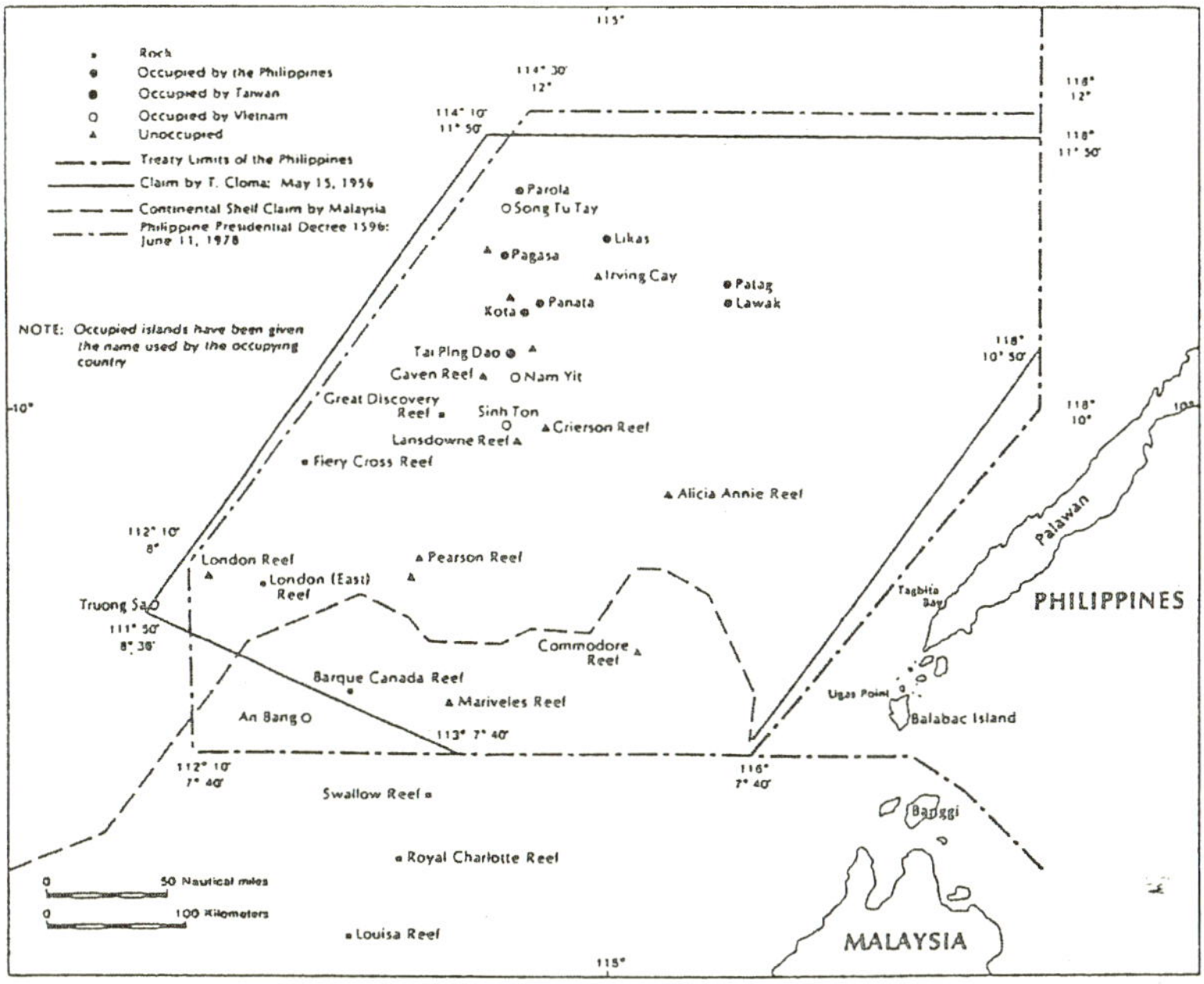

図5-11　トマス・クロマのフリーダム・ランド
出所：Joseph R. Morgan & Mark J. Valencia. eds., *Atlas for Marine Policy in Southeast Asian Seas,* Honolulu: Univ. of California Press, 1983, p. 51.

このマレーシアのインドネシアと共同利用空間の維持の精神は、インドネシアがドーナツ・フォミューラのモデルをASEAN非公式協議で提案したところの文脈にあり（図6−2）、マレーシアは、これに対応して「平和・中立の海」を提唱している。

7. フィリピンの領土

フィリピンは、その防衛空間戦略から、1948年先占の論理を貫徹してスプラトリー群島イツアバ島（太平島）に元軍人、フィリピン海洋研究所長トマス・クロマが個人的に上陸し、政府はその移民計画を認めた。そして、さらに、195

6年3月スプラトリー群島の一部につきカラヤーン群島の発見として確認し、5月フリーダム・ランドの存在が宣言された（図5-11)。しかし、そこの太平島で、フィリピンから台湾が支配を回復してきており、先占の論理をもってするその支配は成立しない。

フィリピンは、ベトナム戦争による混乱に乗じて、さらに、その占領を拡大し、その支配を既成事実と化した。その強行占領は、1973年1月に歴史的領土といいかえられるも、かかる事実はない。そこで、1978年6月カラヤーン群島主権宣言が発せられ、この自称カラヤーン群島の要衝パラワン島では、飛行場建設が進められ、パラワン島の防衛態勢が強化された。

そのカラヤーン群島の支配は、フィリピンの大陸棚及び経済的排他地帯の適用にあって、問題はないというのが、フィリピンの立場である（図5-12)。

フィリピンの対外措置及び関連事項は、以下の通りである。

1946年7月　フィリピンがスプラトリー群島を国防範囲に編入。
1948年　フィリピン人が南沙群島イツアバ島（太平島）探険。
1949年4月　南沙群島移民計画を検討、海軍将校のイツアバ派遣を決議、これに対し、中国は、フィリピンに南沙群島は中国領土と通告。
1950年5月　キリノ・フィリピン大統領、南沙群島占領を検討中と発言、中国が抗議。
1955年10月　群島水域論を展開。

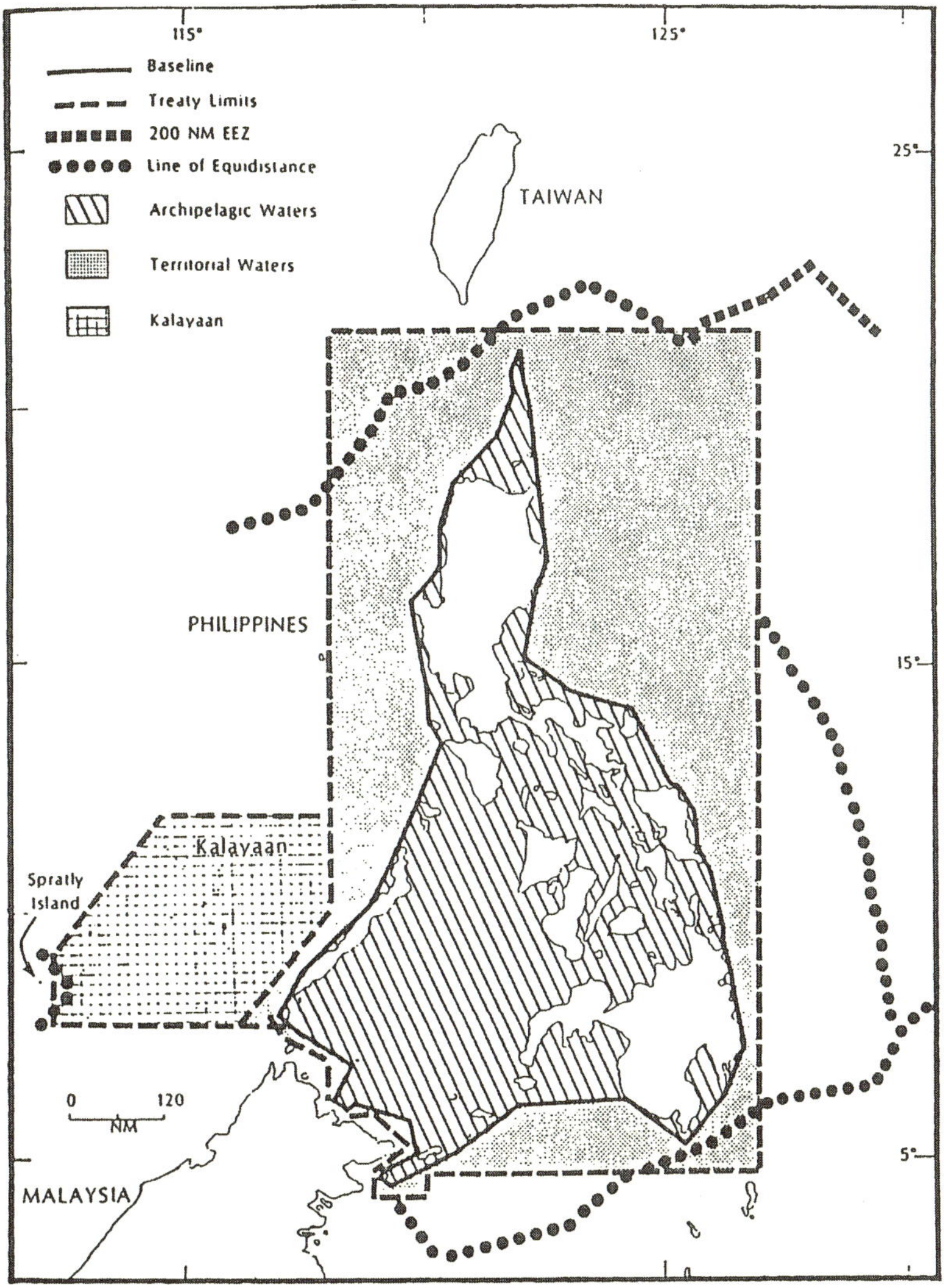

図5-12　フィリピンの海上境界、200海里域とカラヤーン群島海域、1979年
出所：J. R. V. Prescott, *The Maritime Political Boundaries of The World*, London: Methnen 1985.

1956年3月　クロマ、南沙諸島探険、パラワン沖の無人島をカラヤーン群島と命名、5月領有宣言。
　　　7月　クロマ、スプラトリー群島チツ島を首都にフリーダム・ランド樹立。
1972年4月　カラヤーン群島をパラワン省編入、1978年6月正式宣言。
1973年1月　フィリピン、カラヤーン群島を歴史的水域として確認。
1976年3月　7つの島嶼占領公表、リード堆（礼楽灘）で石油探査、1979年2月生産開始。
1978年6月　カラヤーン群島の主権宣言、及び200海里経済水域宣言。

1955年3月フィリピンは、南海諸島の囲い込みの過程で、群島水域論を提起した。その群島水域概念は、国際法上、最初の提起であり、その国際連合あて口上書は、次のように言及された。

「フィリピン群島に属する相異なる諸島間及び諸島を結ぶすべての水域は、その幅員又は範囲のいかんにかかわらず、フィリピンの排他的主権に従うフィリピン陸地領土の必要な付属物であって、フィリピンの国家水域又は内水として不可分の一部を構成する。その外の水域は、すべて、1898年12月10日パリ条約、1900年11月7日米国・スペイン・ワシントン条約、1930年1月2日英国・米国条約、及び1932年7月6日英国・米国条約、並びにフィリピン連邦法第6節において再確認された線内に含まれる。」

以上の宣言は、当時、フィリピンのスプラトリー群島の一部併合とは直接関係はなかったが、その論理はのちパラワン州へのカラヤーン群島の併合において、国際法的適用の基礎とされた。

翌56年3月クロマは、イツアバ島（太平島）に上陸し、4月同地はフリーダム・ランドに属すると宣言し、5月クロマは、カルロス・ガルシア・フィリピン外相あて書簡で、このカラヤーン諸島に対する先占による合法的な領有につき確認し通告した。ガルシアは、同島は無主地であると認め、領有支持を表明した。5月台湾は、この島嶼は中華民国領土であると抗議声明を発し、6月台湾はイツアバに立威部隊を派遣して、同島を占領した。再び6月クロマが同島に上陸し、中華民国旗を持ち去り、7月チツ島（中業島）にフリーダム政府の首都を設立したことで、7月台湾は威遠部隊を派遣し、支配するところとなり、10月台湾軍はクロマ船を臨検した。以来、台湾は、太平島を実効的に支配している。

一方、フィリピン本土のパラワン島の基地が強化され、1978年3月フィリピン軍は、南沙群島の太平島周辺の7つの島嶼を占領し、翌79年2月19日マルコス・フィリピン大統領はカラヤーン群島主権宣言、大統領令第1596号を発し、この島嶼をパラワン州に併合して、これに従う200海里経済水域宣言を発した（図5-12）。その宣言は、「フィリピン領土管轄の一部であることの宣言及び行政管理規定」と題されており、以下の通りである。

「以下の範囲に位置する南シナ海の一部島嶼及び砂州は、その近接性の故に、フィリピンの安全保障

表5-10　フィリピンが占有している、または占有していた
スプラトリー群島の主要島嶼・珊瑚礁

ヨーロッパ語名	中国名	備考
ノース・イースト・ケイ	北子島	1974年3月灯台設置
フラット島	費信島	
ナンサン島	馬歓島	
チツ島/パガサ島	中業島	1955年フリーダム・ランド政府樹立、のち滑走路建設、2012年公共施設設立
(英文名なし)	雙黄沙洲	1978年占領
コタ島/ロアイタ島	南鑰島	1968年占領、1971年フィリピン軍駐留
リード堆	礼楽灘	1999年フィリピン軍常駐、1999年1月スウェーデン財団と探査秘密協定調印
セカンド・トーマス礁	仁愛礁	
ラム・ケイアム礁	楊信沙洲	
ウェスト・ヨーク島	西月島	
コモドル礁/リスカ島	司令礁	1980年11月マレーシア占領、のちフィリピン支配
サウスウェスト礁	南子礁	1957年5月クロマ上陸
イツアバ島	太平島	1948年フィリピン上陸、1956年台湾支配
スカボロー礁	黄岩島	中国と領地対立、中国支配
フーカス礁	東門礁	フィリピン支配、中国支配、2014年基地建設

上及び経済上の生存にとって極めて重要である
により、

　カラヤーン群島は、

　北緯7度40分、東経116度00分の地点から南に北緯7度40分の緯度線に沿って、東経112度10分の経度線との交差点までを結び、……そこから南東方面へ北緯7度40分、東経116度00分の起点までを結ぶ範囲にあって、

　前記の区域の多くがフィリピンの大陸棚の一部であるが故に、

　これら区域は、法律上、いかなる国家にも属さないばかりか、歴史的根拠、不可分の必要性、及び国際法に従って確立された実効的な占領及び支配によって、今やフィリピンの主権下にあって、それに属すると見做され、

　他国は、この区域の一部領有権を主張してい

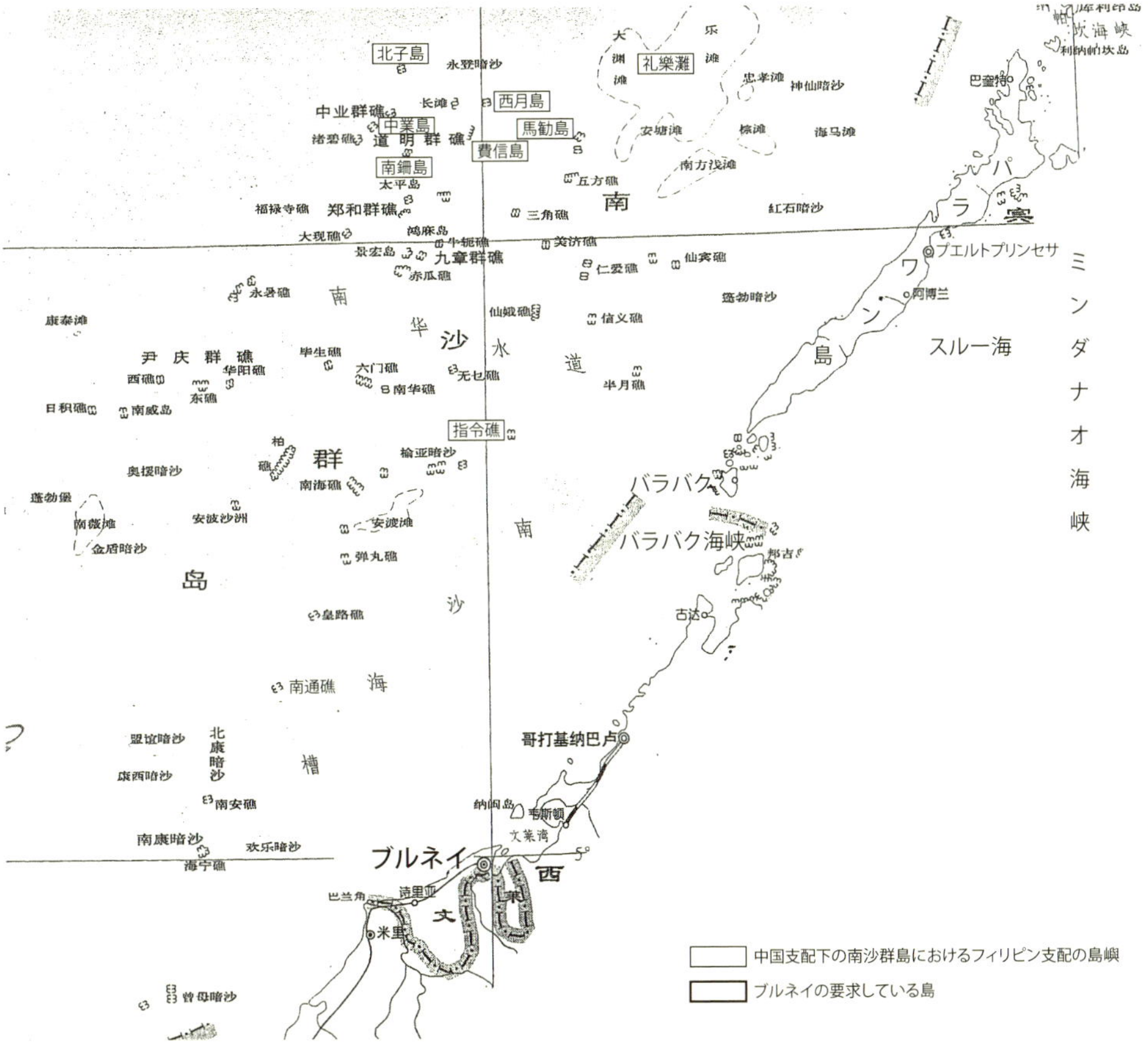

図5-13　南沙群島とフィリピン、ブルネイ

出所：總参謀部測繪局編制『中華人民共和国地図集』北京、星球地図出版社、2000年

注：フィリピンの支配している島嶼と、ブルネイが要求している島嶼を▭で示した。

るが、これら主張は、この措置により効力を失い、法的、歴史的、及び公正な根拠に基づくフィリピンの主張を覆すことはできないが故に、……

第1条　海底、底土、大陸棚限界、及び上空を含む、以下の境界内の地域は、フィリピンの主権のもとにあり、それに属するものとする。

北緯7度40分、東経116度00分の地点……のこの区域は、ここに、パラワン省の別個に分立した地方自治体として設置され、「カラヤーン」として知られる。

第2条　通常の定例選挙に先だち、及び第1081号布告に定める非常事態の期間を通じ、及び法律により事前に定められない限り、この区域の行政及び支配は、国防相又は大統領が任命した文民政府、又はフィリピン国軍の同等の高官に付与されるものとする。……」

したがって、このカラヤーン群島地域は現在、フィリピンの実効的支配にある。

図5-13をみれば、フィリピンはパラワン島を支配の本土としていて、そこに拡がる南シナ海の諸島に対して群島国家をもっていかに西フィリピン海への進出を国家の民族的大義としているかが分かろう。そこでの中国の活動は、フィリピンにとり障碍を形成し、常に警戒し、カラヤーン群島の内海化をいかに保持するかが至上の課題となっている。

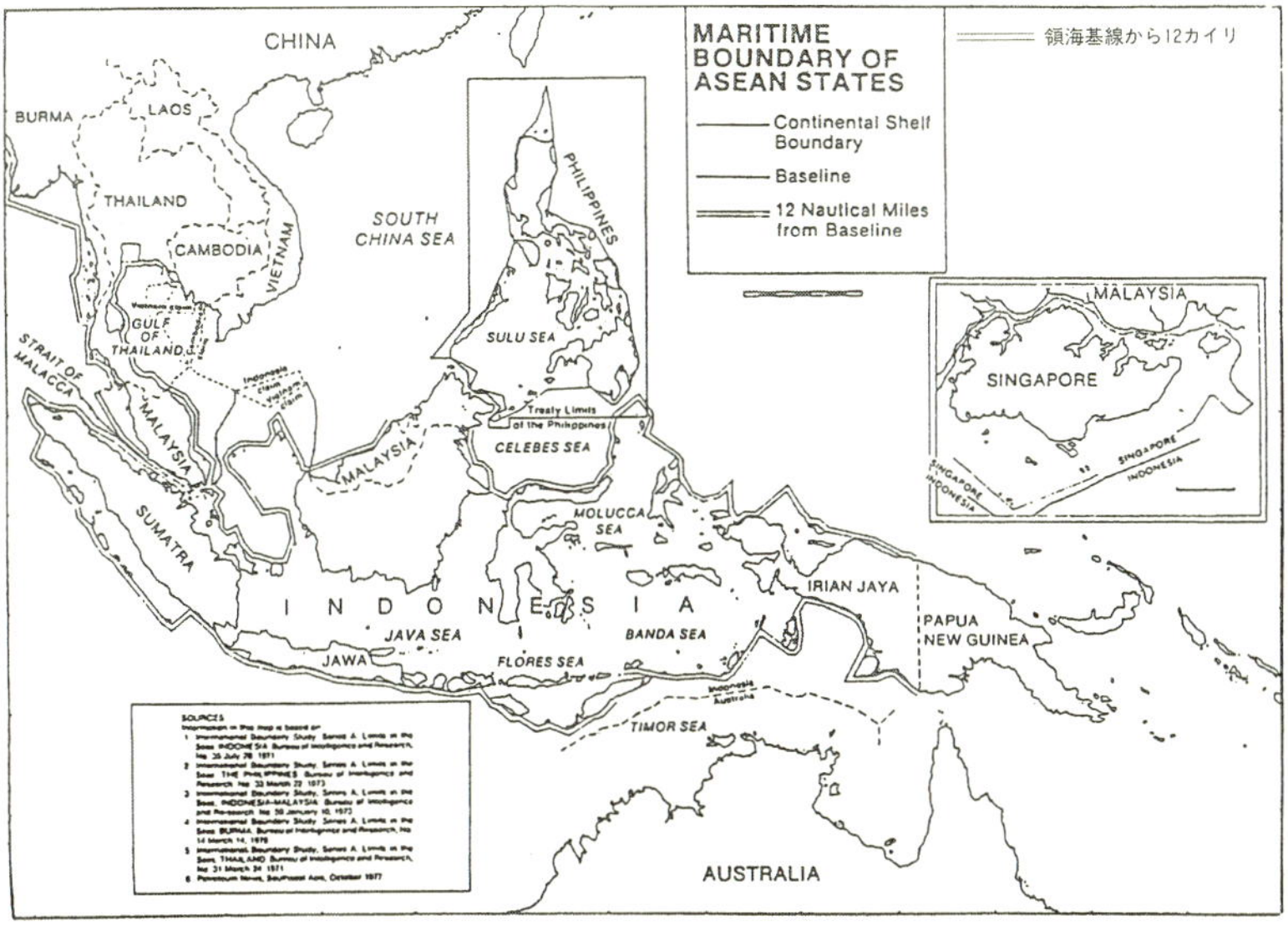

図5-14　ASEAN諸国の海上境界
出所：D. M. Johonston et al., International Symposium on the Law of the Sea in South East Asia, 1983.

8. 隣接国との関係―インドネシアの領土とタイの領土

インドネシアは、南海諸島問題の直接利害関係国ではない。他方、マラッカ海峡当事国であり、シーレーンの関係でロンボク海峡及びスンダ海峡を抱えている。但し、中国の主張する南海諸島の領有権とは競合関係にない。一方、南海諸島関係国とは、大陸棚画定交渉はほぼ終わっている。但し、ベトナムは、チュオンサ群島領有の立場から、インドネシアとの大陸棚画定協定交渉が難航し、ようやく２００３年に大陸棚画定に成功した（２００７年協定発効）。その遅れは、インドネシアが１９７４年西沙事件で中国の南海諸島に対する主権的立場を公式に支持していたからでもあった。他方、この中立的立場で、インドネシアは、ＡＳＥＡＮ諸国を主導し、南シナ海の潜在的紛争の管理に関する非公式協議の開催に努力し、マレーシアが主唱してきたＡＳＥＡＮ平和・中立宣言の立場で、マレーシアとの共同空間を維持しつつ、１９８２年にマレーシアの提唱した、南シナ海を「平和・中立の海」（ＳＯＰＡＮ）とする構想を支持している。

ＡＳＥＡＮ諸国の海上境界は図５‐14をみよ。マレーシアは、南シナ海を跨いで国家が成立しており、したがって１９８２年協定で生活圏を維持している。これもマレーシアが南シナ海を「平和・中立の海」とする願いである（図５‐15）。

インドネシアの対外文件及び関連事項は、以下の通りである。

１９５７年12月　群島宣言、領海12海里適用。
１９６０年２月　群島国家宣言、群島水域法制定。
１９６９年２月　海洋の範囲に関する声明。
　　　　10月　インドネシア・マレーシア大陸棚画定協定調印。
１９７０年３月　マレーシア・インドネシア、マラッカ領海画定協定調印。
１９７１年12月　インドネシア・タイ、マラッカ海峡北部・アンダマン海協定調印。
　　　　12月　マレーシア・インドネシア・タイ、マラッカ海峡北部大陸棚画定協定調印。
１９７３年６月　大陸棚法制定。

１９７４年１月　インド・インドネシア大陸棚画定協定調印。
　　　　８月　インド・インドネシア、大ニコバル島・スマトラ間の大水域大陸棚協定調印。
１９７５年12月　タイ・インドネシア、アンダマン海海底境界画定協定調印。
１９７７年１月　インド・インドネシア、アンダマン海及びインド洋大陸棚協定拡大協定調印。
１９７８年６月　インドネシア・タイ・インド、アンダマン海領海画定協定調印。
１９８０年３月　２００海里経済水域宣言、９月同宣言に従う排他的経済水域の外国漁船の操業条件規則制定。
１９８２年２月　インドネシア・マレーシア領海・領空協定調印（図５－15）。
１９８３年９月　２００海里経済水域法制定。
１９９０年12月　チモール・ギャップ条約調印。
１９９７年３月　インドネシア・オーストラリア、経済専管水域画定協定調印。
２００３年５月　インドネシア・フィリピン・マレーシア、反テロ協定調印、のちカンボジア、タイが参加。
２０１１年５月　中国・インドネシア、協調的な哨戒活動を含む、広範な防衛協力のための合同委員会設立。

インドネシアは、１９８８年、１９９２年に続いて、１９９６年9月に第3回軍事演習を、南沙群島に接するナッツ島海域で実施しており、これには艦艇50隻、ジェット戦闘機41機、兵員1万人が参加した。インドネシアの南シナ海問題における立場は、２０１１年2月ジャカルタの戦略国際研究センター研究員エバン・Ａ・ラクスマナが、以下の通り、考察している。

「インドネシアは領有権を主張する沿岸国ではないが、南シナ海問題に重大な関心を有しており、それは、９段断続線地図に示される中国の領有権主張が約３００島嶼群からなるインドネシア最大の天然ガス田のバトナ諸島周辺地域に及んでいるからである。１９９０年代から、インドネシアは、中国の主張につき明確な説明を求めてきたが、今日まで、十分な説明を得ていない。この戦略的に重要な地域でインドネシアが１９９６年と２００８年に大規模な統合演習を実施したのは、このためである。インドネシアが、近年、オーストラリア、インド、及び米国との戦略的安全保障パートナーシップを進めているその背景には、中国の主張がある。」

一方で、中国との関係は、全般的に改善されている。しかしながら、ジャカルタの指導層には、特に、中国の急速な軍事力増強、軍事における透明性の欠如、及び南シナ海における強固な姿勢をめぐって、依然として対中不信感を根強くしている。なかんずく、南シナ海問題は、長期的な国際関係を占うリトマス試験紙

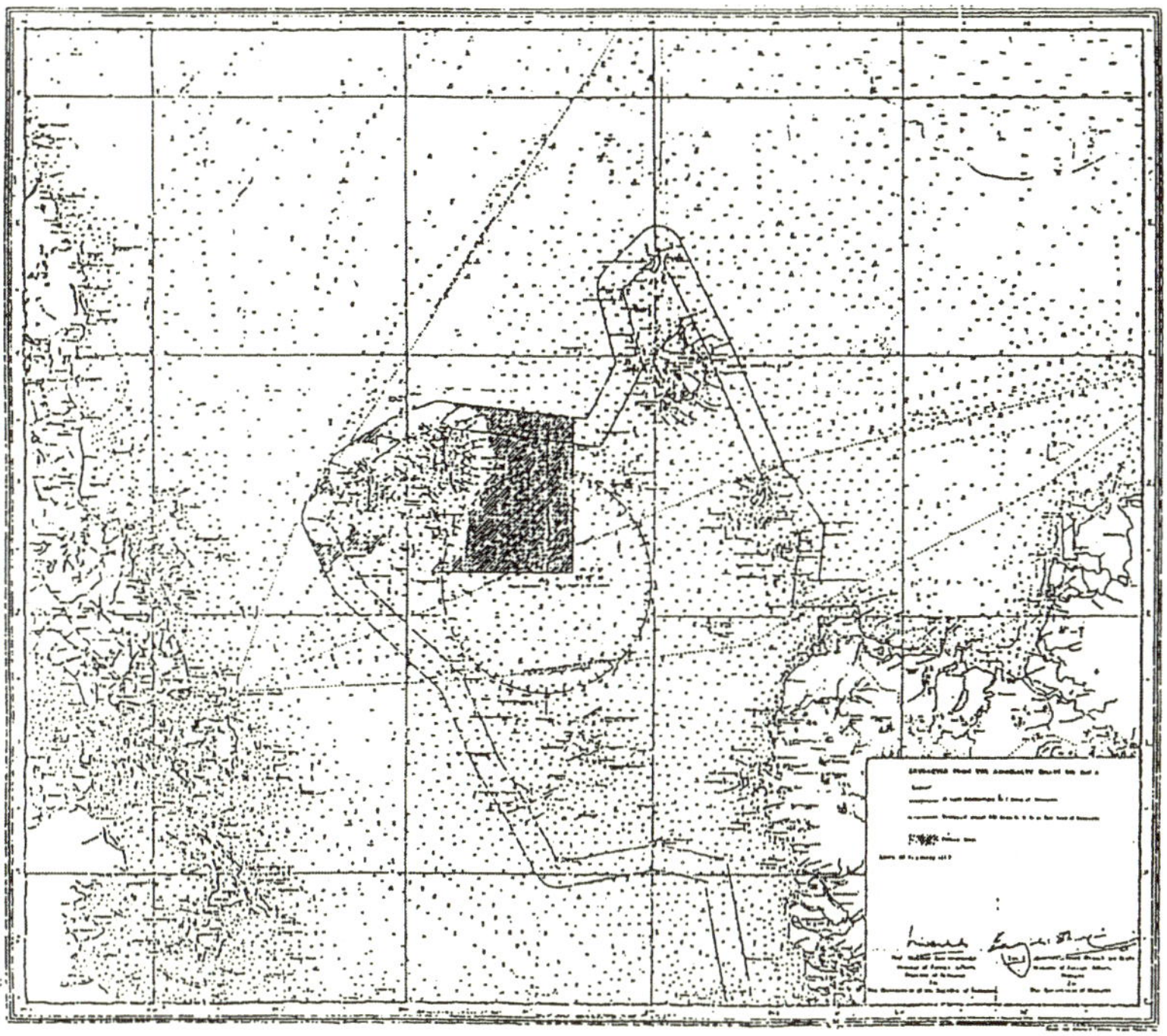

図5-15　1982年インドネシア・マレーシア協定に従うインドネシア領海内のマレーシア航路とマレーシア漁民の伝統的漁業権地域
出所：*Lembaran-Negara Ropublike Indonesia*. No. 7, 1983.

となっている。

南シナ海問題は、貿易、漁業、及び天然資源開発におけるインドネシアの生命線でもある。それは、北部地域において潜在的紛争要因となっている。このため、インドネシア外務省は１９９０年以来、南シナ海問題に関するトラック２の非公式のワークショップや専門家会合を主張してきた。これら会合を通じて、捜索救難活動や海洋科学調査などの具体的な活動を話し合ってきた。一部専門家は、その交渉で２００２年のＡＳＥＡＮ・中国の各行動宣言の実現がもたらされた、と評価している。

南シナ海問題は、常に域内の会合に

おいて最も論議を生む問題の1つであった。この問題は、ASEANの団結にひびを入れ、時に紛争の平和的解決という「ASEAN方式」を危うくしてきた。1974年から2002年までの間、中国、フィリピン、マレーシア、及びベトナムがかかわる軍事紛争は17回生じており、このことは、中国との二国間交渉だけでなく、関係国すべてが協調しなければならないことを示している。したがって、インドネシアは、議長国として各行動宣言のさらなる履行を求め、最終的には、法的拘束力をもつ「行動規範」の実現を求めて努力する以外に選択肢は持たない。

なお、タイは、インドシナの接壌国で、南シナ海とは自国の領海が接しているものの、その領海は、いわゆる南シナ海領域にまでは及んでいない。南シナ海で隣接しているマレーシアとの領海及び大陸棚問題は既に画定されている。

タイの南シナ海及びシーレーンに関連する対外文件は、以下の通りである。

1958年9月　歴史的バンコク湾に関する法公布、タイ湾の主権設定。
1966年10月　領海の幅員画定布告、領海12海里適用。
1970年6月　タイ湾及びマラッカ海峡北部の基線布告。
1971年12月　インドネシア・タイ、マラッカ海峡北部・アンダマン海協定調印。
　12月　マレーシア・インドネシア・タイ、マラッカ海峡北部大陸棚画定協定調印。

1973年5月　タイ湾の大陸棚設定宣言。
1975年12月　タイ・インドネシア、アンダマン海海底境界画定協定調印。
1978年6月　タイ・インド、アンダマン海領海画定協定調印。
　　6月　インドネシア・タイ・インド、アンダマン海領海画定協定調印。
1979年10月　タイ・マレーシア、大陸棚画定協定調印。
1981年2月　排他的経済水域宣言。

インドネシアは、南シナ海の緊張が依然続き、その協力の枠組みが生かされず、関係国の懸念がいよいよ高まる一方、中国が新たな海洋秩序を打ち出すなか、2014年11月ウィドト大統領が、ミャンマー首都ネピドでの東アジア首脳会議で演説し、インドネシア海洋ドクトリンを提唱した。それは、マレーシアとともにインドネシアが追求してきた南シナ海を「平和・中立の海」とする構想を進めて、海洋秩序の在り方を展望したものであった。

2014年11月13日インドネシアの海洋ドクトリンの要旨は、以下の通りである。

1、インド海洋文化の再建

インドネシアは、1万7、000の島嶼からなる群島国家として、海洋が民族アイデンティティの一部であることを自覚すべきであり、国家の繁栄と将来はわれわれが海洋をいかに管理するかによって左右される。

2、漁業の発展を通じて、海洋食糧資源に対する主権的権利を確立し、かつ海洋資源の管理と維持保全に努める。

3、ジャワ島沿岸海域に沿って海洋ハイウェーを設定し、深水港及び物流ネットワークを建設するとともに、海運業及び海洋観光事業を発展させ、そして海洋インフラストラクチャー開発とそれらの連繋を重視する。

4、海洋分野における協力を促進するとともに、不法操業、主権的権利の侵害、領有権紛争、海賊、海洋汚染といった、海洋における紛争要員を除去するよう、海洋外交を通じて他の諸国に働きかける。

5、海洋防衛戦力を整備していかねばならない。これは、海洋主権と海洋資源を防衛するためばかりでなく、船舶航行の安全及び海洋安全保障を維持するわれわれの責任を遂行する上においても必要なことである。

以上のインドネシアの海洋ドクトリン表明は、ＡＳＥＡＮの主体性をもって、その海洋ルートの支配を確認するもので、海洋支配における中国に対するＡＳＥＡＮの決意をみせていた。

Ⅵ　南シナ海の多国間協力

1. 南シナ海の潜在的紛争の管理に関する関係国非公式協議

南シナ海の動向が対決と支配の局面において一つの転機を迎える段階で、南シナ海における潜在的紛争の管理に関する関係国非公式会議が１９９０年1月以降、年一回開催されるところとなった。

この会議は、南海諸島に直接の支配を及ぼしていないインドネシアがＡＳＥＡＮの指導的国家として着手したものであった。１９９０年1月22日〜24日バリでＡＳＥＡＮ諸国の学者・研究者が参加して、南シナ海の潜在的紛争を地域協力によって解決しようという議論がなされ、南海の資源を南海沿岸国の協力による開発を進めるとの提案がなされた。会議は、その課題として、南海の資源・環境問題の検討、そのための生態系についての理解、相互協力の精神と方向性、地域海峡問題の解決の理念的基礎についての合意と協定化、海上紛争の平和的解決と力の不行使による協定の樹立などが取り上げられ、そこでは、中国・台湾の参加が求められた。

これに応えて、同90年8月李鵬中国総理は、シンガポール訪問で、「中国は、当面、主権の問題には触れないで、ＡＳＥＡＮ諸国と共同して南沙群島の開発にあたる用意がある」と述べ、南海諸島の領有権を棚上げにしてＡＳＥＡＮ諸国との共同開発の方向を打ち出した。さらに、翌91年6月インドネシアを訪問した際、楊尚昆中国国家主席が「共同開発は関係国の共通の利益になる」と発言し、インドネシアが提案する関係国会議に参加する用意がある、と付け加えた。

かくて、第2回会議は、ＡＳＥＡＮ諸国のほか、中国、台湾、ベトナムといった関係国の代表が一堂に会してバンドンで１９９１年７月15日〜18日開催された。
以後、会議は、以下の通り開催された。
１９９２年６月　29日〜７月２日ジョクジャカルタで第３回会議。
１９９３年５月　30日〜６月３日マニラの第３回専門家会合で合意の南シナ海の海洋科学調査に関する非公式専門家グループ会合。
　　　　７月　５〜６日ジャカルタで南シナ海の資源環境及び開発保護に関する非公式専門家グループ会合。
　　　　８月　23〜25日スラバヤで第４回会議。
１９９４年４月　24〜29日シンガポールで南シナ海の海洋科学調査に関する非公式専門家グループ第３回会合。
　　　　10月　６〜９日杭州で南シナ海の海洋環境保護に関する非公式専門家グループ会合。
　　　　10月　26〜28日ブキティンギで第５回会議。カンボジアが新たに参加した。但し、会議の政府レベルへの公式格上げはみなかった。
１９９５年10月　10〜14日バリックパパンで第６回会議。
会議の成果は、次の三点にあった。

1、中国、台湾の他、ＡＳＥＡＮ加盟国すべてが参加して討議された（ベトナム、カンボジアは当時は未加盟であったが、後に加盟するところとなった）ことで、ＡＳＥＡＮが南シナ海問題をめぐる討議と解決に向けて主導的役割を果たす基礎が形成された。

2、海洋観測及び海洋環境の保護などをめぐる政策上の論点が議論され、一定の合意をみた。つまり、共通理解と共同行動への基礎が確立した。

3、大きな成果の1つは、第3回会議でスプラトリー群島における平和解決の枠組みとして1982年国連海洋法条約に合意し、この見地でＡＳＥＡＮ協力の枠組みを拡大する可能性が合意されたことである。会議では、マーク・Ｊ・バレンシアが「南海における潜在的紛争と協力」の報告を行い、その付属として南極条約に倣った形でのスプラトリー条約（草案）を提出した。そして第5回会議でスプラトリー群島及びパラセル群島問題と信頼醸成措置の議論が提起された。

このスプラトリー条約（草案）は、スプラトリー群島問題当事国に、仲介国としてインドネシア・米国・ソ連を加えた共同機関としてスプラトリー当局を設立し、生態系保護の協力、漁業協力、また天然ガスの共同探査と採掘、科学研究の促進、及び平和的手段による紛争の解決と非軍事区域の設立をもってスプラトリー群島問題当事国の活動を規制し、この地域の安全に寄与する枠組みを設定するというものである。この非軍事地域の設立による共同開発と利益の均等分配の原則による運用は、既に国連海洋法条約で企図されていたが、１９８８年９月26日にベネシア・フィリピン下院外交委員長を中心にフィリピン議会議案第９２９号として提出されており、第１回会議でその議論がなされた。そして、この南極条約に倣った共同開発構想は、１９９０年12月４〜６日香港で開催の南中国海主権問題学術討論会でもＡＳＥＡＮメカニズムの試みとして検討されており、同会議ではペーター・ポルムカが提案していた。

１９９２年６月南シナ海における潜在的紛争の管理に関する非公式協議にバレンシア提出のスプラトリー条約（草案）は、以下の通りである。

「中華人民共和国、マレーシア連邦、フィリピン共和国、及びベトナム社会主義共和国の政府は、世界の平和、安定、及び調和を促進するために、地域の内でも外でも、平和と自由を愛するすべての諸国家の協力により、現下の挑戦及び新たな発展に対処する必要性を信じ、東南アジアの平和・自由・中立地帯の概念につき認識することを希求し、スプラトリー区域（以下、「区域」）が、永遠に平和目的のみに引続き利用されねばならず、国際的対立の場又は対象物となってはならないということが、全人類の関心事となっていることを認識し、区域の科学調査での国際協力により増進される科学知識への実際の貢献を認識し、区域の生物・非生物資源の国際協力による調査、開発、及び管理は、区域への多方面からの主張に

対する最大公平な解決策であり、区域における合理的な資源利用及び平和を生むことになるであろうことを認識し、

また、平和目的のみのための区域の利用、及び同地域の国際的和解の維持を確保する条約は、国際連合憲章に定められる目的及び原則を促進するであろうことを認識して、

以下の通り、合意した。

第1条

1. 区域は、平和目的のためにのみ利用されるべきこと。とりわけ、いかなる型の兵器の実験と同様に、軍事基地及び要塞の設置、軍事演習の実施のような、軍事的性向のいかなる手段も、禁止される。

2. この条約は、科学調査のため、又は他の平和目的のための軍事要員又は設備の使用を妨げない。

第2条

この条約の規定に従う区域の科学調査、及びそれを目的とした協力は、自由である。

第3条

1. この条約の第2条に規定される区域での科学調査の国際協力を促進するために、締約国は、最大限、履行可能かつ実用的な範囲で、以下の通り、合意した。

(a)区域における科学プログラムのための計画に関する情報は、最大限、運用の経済化と効率化を

もって交換されなければならない。

(b)科学要員は、調査と部署の区域内で、交替するものとする。

(c)区域から得た記録及び結果は、交換されなければならず、自由に利用できるようにしなければならない。

2．この条約の履行にあたり、区域に科学的・技術的関心をもつ、国連専門機関及び他の国際機関との協同作業関係を確立するために、あらゆる奨励がなされなければならない。

第4条

1．この条約に盛られるいずれも、以下の通り解釈されることはない。

(a)区域に関して明確に宣言された権利又は区域の領有権主張についての締約国による放棄。

(b)区域における締約国の行為であれ、締約国の国民による行為であれ、そうでないものであれ、その結果としてもたらされる、締約国による区域のいっさいの権利又は区域の領有権主張の放棄又は縮小。

(c)他のいかなる国の区域における権利又は主張あるいは主権の基礎を容認する又は否認することに関する締約国の立場の侵害。

2．条文又はこの条約が効力を有する限りにおいて生じる行為のいずれも、区域における領有権主張を宣言し、支持し、又は否定する根拠とはならないし、あるいは区域における主権のいかなる権利も生じるものでない。

第5条

1. 区域内での、いかなる核爆発、核兵器の配備又は設置、及び放射性廃棄物の廃棄も禁止する。

2. 核爆発及び放射性廃棄物の廃棄を含む、原子力の使用に関する国際協定の締結により、(この条約の)全締約国代表がそのような協定のもとに規定される権利を与えられたことは、区域にも適用される。

第6条

1. この条約の条項は、地図Ⅰに示される区域に適用される。この条約のいずれも、同区域内の公海に関しては、国際法のもとにいかなる国の権利又は権利の行使を害することも、なんら影響を及ぼすことはない。

第7条

1. この条約の規定の動機を促進し遵守を確立するため、この条約の第9条に言及される会議への代表参加資格を有する各締約国は、本条に規定される調査の実施を監視員に命じる権利を有する。監視員は、それを任命する締約国国民でなければならない。監視員の名前は、監視員を任命する権利をもつ他の全締約国に伝達されるものとし、任期の満了に関する情報が与えられる。

2. 本条1項の規定に従い任命された監視員には、区域のいかなる一部もしくは全部に、いかなる時であれ、完全に自由に立ち入ることを認める。

3．同区域内のすべての基地、軍事施設、及び軍事設備、並びに区域内の貨物や人員の積み下ろし地点としてのすべての船舶及び航空機を含む区域全体は、本条第1項の規定に従い任命されるいかなる監視員による査察に対しても、いかなる時であれ、開放されなければならない。

4．空中査察は、監視員を任命する権利を有するいかなる締約国により、区域のいかなる一部もしくは全部の上空を、いかなる時であれ、行使できる。

5．各締約国は、この条約が発効された時点で、他の締約国に対し以下のことを通知しなければならず、以後、事前に情報を、他の締約国に引き渡さねばならない。

(a)自国の船舶又は自国民の側での区域に対する及び区域内のあらゆる調査、並びに自国の領域に編入された区域又は自国の領域から利益を生じる区域に対するあらゆる調査。

(b)自国民により支配される区域内のすべての基地、及び

(c)本条2項又は第1条に規定される条件に従い、自国により、区域内に持ち込まれる予定の、いっさいの軍事要員又は設備。

第8条

1．この条約に基づく機能の行使を促進し、かつ区域での他のあらゆる者に及ぶ管轄権にかかわる締約国それぞれの立場を毀損しないために、この条約の第7条1項に基づき任命される監視員、及び

この条約の第3条1項(b)に基づき交替する科学要員、並びにそのような者に同行する職員は、すべての作為又は不作為から生じたものに関しては、その機能を行使するため区域内にいる限り、彼らが国民として属する締約国の法律にのみ従う。

2．本条1項の規定を破損しないために、かつ第9条1項(c)に従った措置の採択までは、締約国は、区域における自国の権利行使に関するいかなる対立の場合においても、締約国が相互に可能な解決に到達するべく他の締約国と速やかに協議しなければならないことにつき、合意する。

第9条

1．この条約の前文に言及された締約国の代表は、この条約の発効日より2カ月以内に、そして以後の、しかるべき時、しかるべき場所での情報交換、区域における共通利益の問題に関する協議、及びスプラトリー当局を含む条約の原則及び目的を促進する措置の諸政府への検討及び勧告、といった目的のために、会合をもたねばならない。そのスプラトリー当局は、

(a)平和目的のためのみの区域の利用を確立する。

(b)区域における科学調査を促進する。

(c)区域における国際的科学協力を促進する。

(d)この条約の第7条に規定される監査権の行使を促進する。

(e)区域における司法権の行使に関する問題を究明する。及び

(f)公正の原則に基づき、かつ全締約国の利益となるように、生物・非生物資源、又は区域の調査、開発、及び合理的管理を調整する。

2．第13条において正式承認されこの条約の署名国となった各締約国は、科学基地を設立し、又は海洋探査組織を派遣するといった、締約国が同区域で実際の科学調査活動を指揮することにより利益が明確であるときは、本条1項に言及される会議に参加する代表を任命する権利を有する。

3．この条約の第7条に言及される監視員からの報告は、本条1項に言及される会議に参加している締約国の代表に伝達されなければならない。

4．本条1項に言及される措置は、それら措置を考察するために開催される会議に代表が参加する資格を有する全締約国により承認されたとき、有効となる。

5．この条約において確立された権利のいずれも、あるいはすべてについて、そのような権利の行使を促進する措置は、本条に規定されたように提案し、考察し、又は承認されようがされまいと、この条約の発効日より行使される。

第10条

各締約国は、区域内においてこの条約の原則又は目的に反したいかなる行為もなさないために、国際連合憲章に則って、適切な努力に尽力することを約する。

第11条

1．この条約の解釈又は適用に関して締約国の2カ国以上の間で紛争が生じたときは、交渉、調査、仲介、調停、仲裁、司法解決、又は他の平和的手段のうち当事国間の選択により紛争を解決するという立場で、これら当事国の間で話し合うものとする。

2．この種のいかなる紛争も、各事例において、紛争に関わるすべての国の同意を得て、解決のため中立の第三国に付託される。但し、第三国への付託に基づき合意の達成に失敗したとき、当事国は、本条1項に言及したさまざまな平和的手段をもって解決の責任を負う。

第12条

1a．この条約は、いかなるときも、第9条に規定される会議に代表が参加する資格を与えられた締約国の全会一致により、修正又は改正される。そのような修正又は改正は、参加国がそれを批准したという通知を、国際連合が受理した時点で、効力を有する。

b．そのような修正又は改正は、締約国による批准の通知が国際連合に受理された時点以降、他のいかなる締約国に対しても効力をもつものとする。本条1項aの規定に従った修正又は改正による効力発生後、2年以内に批准の通知を受理しなかった締約国はいずれも、この条約を期間満了の日に撤回したと見做されるものとする。

2a．第9条に規定される会議への代表参加資格を与えられている締約国が、この条約の発効日から30年の満了後、国際連合に対する通報を要求される場合、この条約のできるだけ実用的な運用の見直しにつき、実際的に可及的速やかに全締約国による会議が開催されなければならない。

b．第9条に規定される会議に代表の参加資格を与えられている締約国の多数を含め、その会議に出席した締約国の多数によって、そのような会議で認められたこの条約の修正又は改正は、会議の終了後、速やかに締約国に対し国際連合を通じて通知されるものとし、本条1項の規定に従い効力を発するものとする。

c．全締約国に通知された後、2年以内に本条1項aの規定に従い、そのような修正又は改正が効力を発しなければ、いかなる締約国も、その期間の満了後いつでも、この条約の撤回につき国際連合に通知し、そしてその撤回は、国際連合が通知を受理した後、2年で、発効する。

第13条

1．この条約は、署名国によって批准されなければならない。この条約は、この条約の第9条に規定される会議への代表参加資格を与えられている全締約国の承認によりこの条約への加盟を求められる他のいかなる国にも、加盟が認められなければならない。

2．この条約の批准又は加盟は、立憲的手続きに従い、各国において有効としなければならない。

3．批准文書及び加盟文書は、受諾国として選任された政府を通じて、国際連合に付託されるものとする。

4．国際連合は、批准又は加盟の文書を届け出た各日付、及びこの条約の日付とそれに加えて修正又は改正の発効日を、全署名国及び全加盟国に通知しなければならない。
5．全署名国による批准文書の付託に基づき、この条約は、署名国及び加盟のため加盟文書を寄託した国に対し効力をもつものとする。以後、この条約は、加盟文書の寄託に基づき、いかなる加盟国に対しても効力を有するものとする。
第14条
この条約は、英語、中国語、マレー語、タガログ語、及びベトナム語それぞれの言語で作成され、同等に真正である謄本が国連文書館に付託され、署名国及び加盟国の政府に通達されるものとする。
以上の証拠として、正式に権限を与えられた全権代表が一九××年×月×日、この条約に署名した。」

インドネシアは、こうした背景で、国連海洋法条約、南極条約、1990年12月のチモール・ギャップ条約を基礎に、ドーナツ型の共同開発区域としてのドーナツ・フォーミュラ（図6-2）を提起し、それは1994年8月に公表された。その構想は、南シナ海沿岸国の海岸から320キロを排他的国際水域とし、ドーナツ状に領有権を主張する国が共同開発区域を設定するというものであった。この発想には、先例として1970年2月タイ・マレーシア海底資源共同開発の領海覚書があり、1982年2月インドネシア・マレーシア領海・航空協定にその精神が生かされていた。

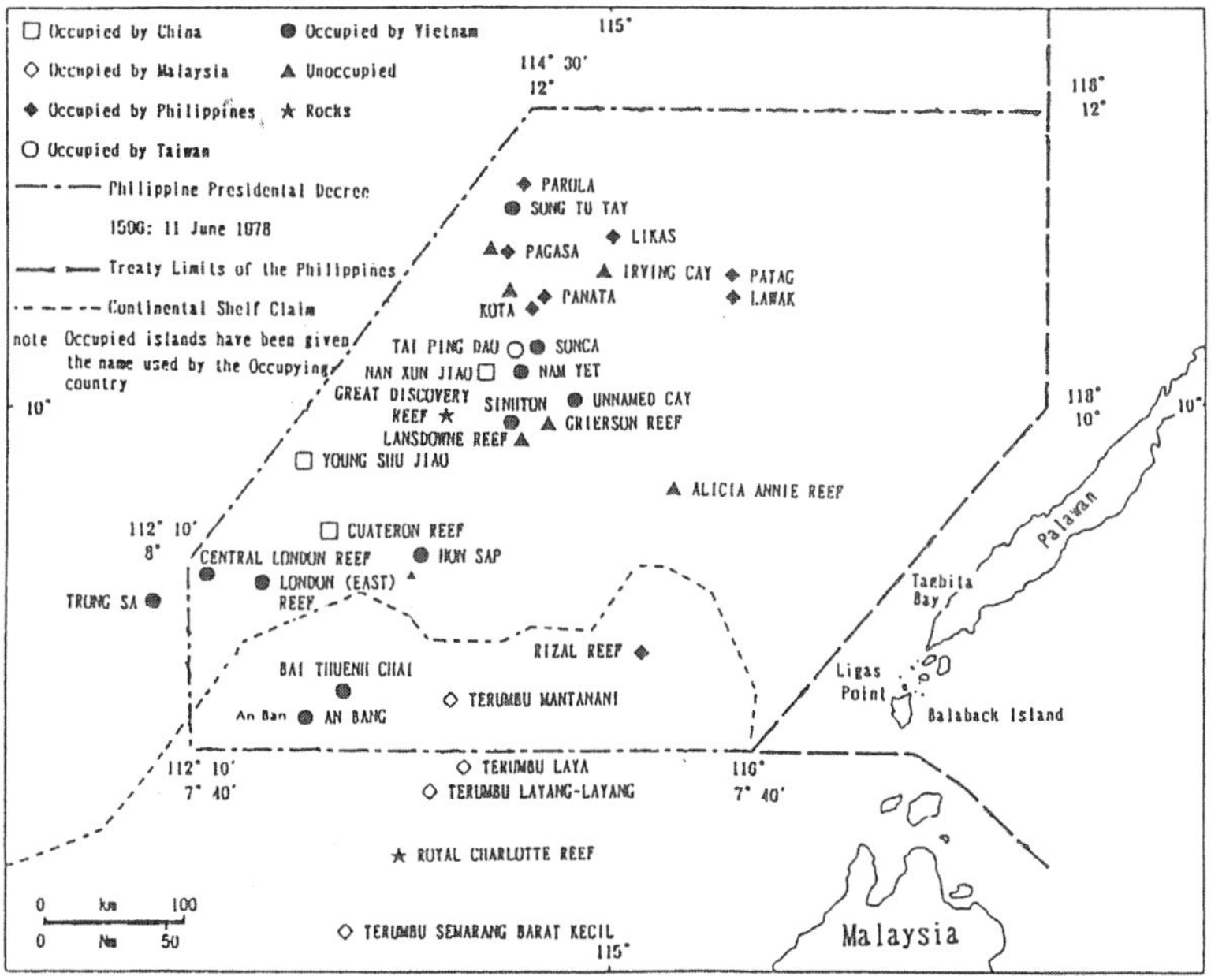

図6-1　スプラトリー条約（草案）の第６条地図

出所：Mark J. Valencia, "Spartly Solution Still at Sea," *The Pacific Review*, Vol. 6 No. 2, p. 156.

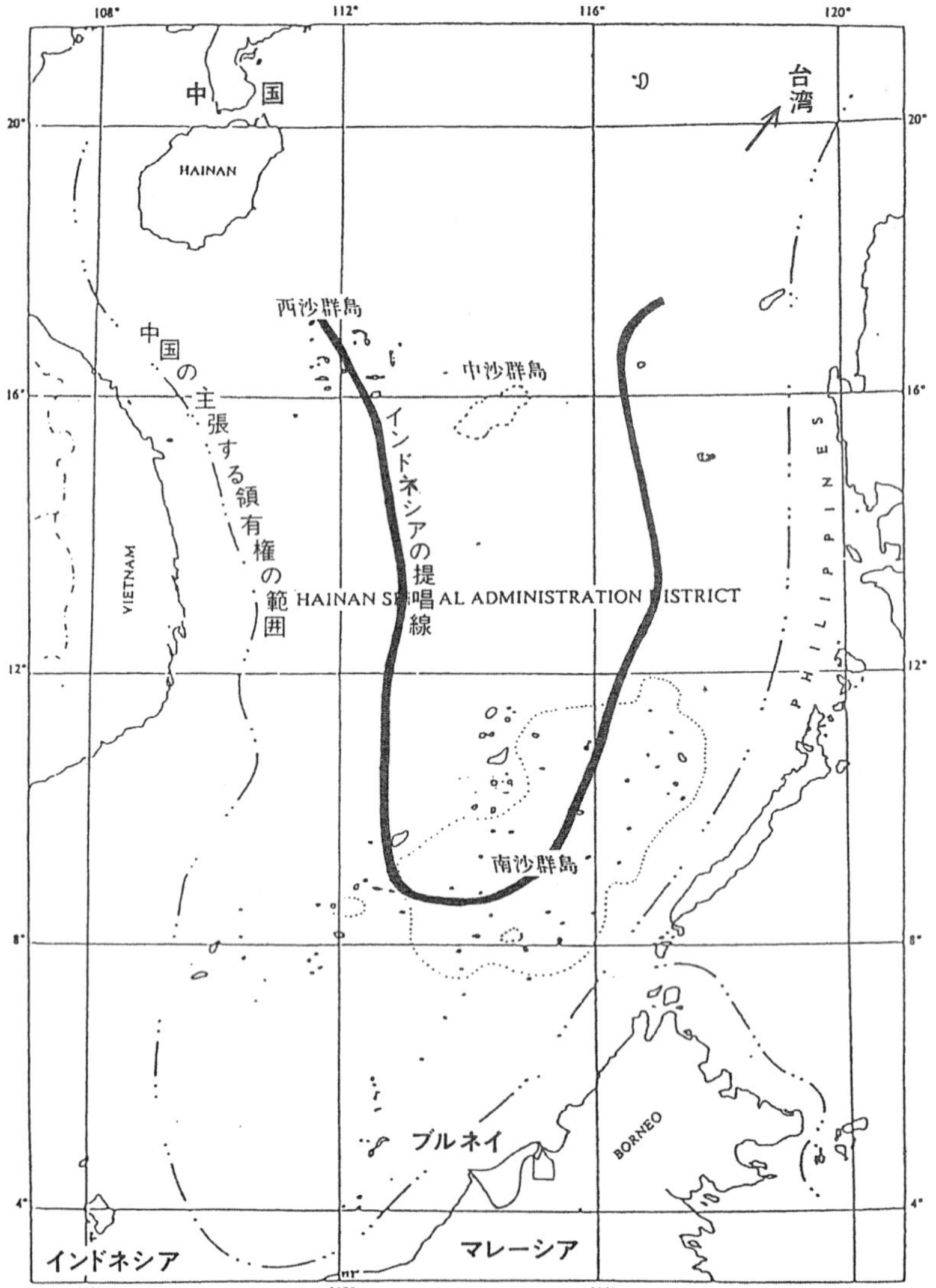

図6-2　南シナ海のドーナツ・フォーミュラ
出所：*Far Eastern Econonic Review*, 11 Aug. 1994, p. 18.

2．ＡＳＥＡＮの南シナ海宣言と南シナ海各行動宣言

１９９２年7月21～22日マニラで開催の第25回ＡＳＥＡＮ外相会議の開会演説で、ラモス・フィリピン大統領は、南シナ海問題についての各国の主張が今後懸念される問題となってきた、と指摘し、速やかなる解決はできないにしても、これを延ばすことはできない、と述べた。そしてＡＳＥＡＮは、国際連合での支持を強めなければならないといい、スプラトリー群島問題への国際連合の貢献を期待した。これに対して、シンガポールとインドネシアは、域内での安全保障の枠組みの必要性について主張した。マレーシアは、スプラトリー群島での緊張を高めるいかなる敵対行動も、地域の安定に悲惨な結果をもたらすといい、中国を暗に非難した。

同会議では、ベトナムとラオスが東南アジア友好協力条約に調印し、ＡＳＥＡＮのオブザーバーとなった（中国は２００３年6月調印した）。この外交上の勝利を得て、ＡＳＥＡＮは南シナ海に関する宣言（資料XI）を採択し、ＡＳＥＡＮ6カ国がこれに署名した。主文は、5項からなり、以下の通りである。

１、南海に関する主権及び領有権の問題を、武力に訴えることなく平和的手段により全面的に解決する必要性を強調する。

２、すべての当事国に対して最終的な解決に向けた肯定的な雰囲気作りのため、自制することを要請

する。

3、南海に直接利害関係をもつ諸国が、主権及び領有権にとらわれることなく、同海域での海洋航行・通信の安全、海洋環境の汚染防止、海難救助協力、海賊・麻薬・密輸摘発などの協力の可能性を追求することを決議する。

4、南海の国際管理の取決め作成にあたっては、すべての当事国が、東南アジア友好協力条約の精神を適用するよう、勧告する。

5、すべての当事国に対し、この宣言に盛り込まれた精神に賛同するよう、要請する。

同22日中国は、同宣言のなかに言及されている基本原則は中国の立場と一致しあるいは共通したものである、と表明した。そして、中国は、領有権の棚上げと共同開発を提案しているが、それは条件が合ったとき関係国が交渉を行うべきで、これは暫く時間をおいて関係国の友好関係に影響させないためのものである、と言及した。

1995年2月9日ミスチーフ礁（美済礁）事件が起こり、ラモス・フィリピン大統領は、中国の行為は「国際法にも、南沙群島問題の平和的解決を求めている（関係国の）合意に反する」と、中国に対して抗議した。3月18日開催されたASEAN外相会議は、ミスチーフ礁をめぐる問題について協議し、1992年南シナ海ASEAN諸国宣言の精神に基づく平和的解決を求めるとの共同声明を発表した。7月21日ASE

ANは、武力不行使と領土の現状凍結を柱とする行動基準を起草し、それは23日ジャカルタで開催のASEAN地域フォーラムARFで中国に提案した。これにより、8月9～11日マニラで中国・フィリピン高級事務レベル協議が開催され、南海諸島周辺海域での8項目行動基準の合意が成立した（資料XIII）。それは、武力行使や武力による威嚇の自粛について合意したものであった。

この紛争解決の確認は、国連海洋法条約の精神を確認したところであった。この成果に基づき、ラモス大統領は、12月24日ASEAN5カ国首脳会議で、南沙群島の領有権を主張する関係各国が「多国間信頼醸成の枠組み」を構築すべきであるとの提案を行い、各国首脳の基本的合意が得られた。ASEANが信頼醸成構築を打ち出したことで、1996年7月ジャカルタで開催のARFとASEAN拡大外相会議では、中国が、南沙群島の領有権問題で関係各国との話合いに応ずる姿勢を明らかにし、問題の国連海洋法条約に沿った平和的解決への呼びかけがARF議長声明のなかに盛り込まれた。

1997年4月30日のスカーボロ礁（黄岩島）事件、続く7月20日のコタ島（ロアイタ島／南鑰島）事件で、7月28日中国とフィリピンは、南シナ海の無害航行の原則適用につき確認した。こうしたなか、同年5月マレーシアのランカウィ島で開催のARFでは、南シナ海問題の平和的解決が確認され、12月16日クアラルンプールで中国とASEAN9カ国首脳（ASEAN＋1）は、南シナ海の領有権問題で、国際法を遵守し武力や威嚇に訴えることなしに平和的に解決するとの合意を確認した。

そして、1998年12月1日ジャカルタで開催の関係6カ国信頼醸成のための専門家会合は、それへの取組みを強く求めた。そして同月16日ハノイで開催のASEAN9カ国と胡錦濤中国国家副主席が出席した拡大首脳会議（ASEAN＋1）では、ASEAN諸国が、中国は1997年クアラルンプール合意を守らなかった、と批判した。

1999年3月22～23日マニラで中国・フィリピン専門家信頼醸成部会の初会合が開かれた。7月20日シンガポールで開催のASEAN外相会議高級事務レベル協議は、フィリピンの提案で、多国間の行動規範草案を検討する作業部会の設置で合意した。こうして、中国とASEANは、高級事務レベル協議に向けて行動規範作成に着手することになった。しかし、同規範の適用範囲をめぐって各国の意見が対立し、11月24日の協議で、ともかくその適用範囲を「南シナ海の係争地域」とすることで合意した。しかし、翌25日中国側は、内容の点で不透明な部分が多く、このままでは受け入れはしない、と表明した。29日シンガポール訪問中の朱鎔基中国総理は、行動規範を支持するとしつつも、「意見が一致するまで議論を尽くすことが重要である」と記者会見で指摘した。

以後、信頼醸成へ向けた努力は、以下の通り進んだ。

2000年3月　15日タイ南部フアヒンで第1回行動規範作業部会開催。

4月　マレーシアで第2回会合開催。

5月　16日～20日エストラダ・フィリピン大統領の訪中、南沙群島の平和的解決で合意。

7月　ASEAN外相会議、行動規範の進捗を歓迎。

8月　大連で行動規範作業部会開催、この際、ASEAN側は中国に誠意をみせてほしいと要請した。

11月　シンガポールで開催のASEAN＋1（中国）では、最終合意はみられなかった。その際、朱鎔基中国総理は「協議を早く終え、南シナ海の平和と安定を守ることを望んでいる」と発言し、早期合意への努力を明らかにした。

2001年7月　中国は、行動規範の適用範囲について南シナ海でも南沙群島でもよいと発言したが、それは中国の柔軟姿勢への転換であった。7月ハノイで開催のARFは議長声明で、関係国による合意達成への努力を続けることが確認された。

2002年7月　ASEAN事務レベル協議は「行動規範」の規範をはずして宣言に変えた形で「行動宣言」とし、より法的規制が弱いものとすることで、合意した。そこで、11月4日プノンペンで開催のASEAN＋1首脳会議で南シナ海各行動宣言（資料XVI）が採択された。

各行動宣言の主文は以下の通りである。

1、当事国は、国際連合憲章、1982年国連海洋法条約、東南アジア友好・協力宣言、平和共存5原則、及び国家間関係を処理する基本的ノモスとして与る国際法の他者に普遍的に承認された諸原則を再確言する。
2、当事国は、前掲の諸原則に従い、そして平等・互恵に基づき、信頼を醸成する方途を見つけることを確言する。
3、当事国は、1982年国連海洋法条約を含む、国際法の普遍的に承認された諸原則に規定された通り、南シナ海でのいっさいの航行の自由に対する尊重と誓約を再確言する。
4、関係当事国は、力の脅威又は行使をもたらすことなく、直接関係主権国との友好的な協議及び交渉を通じて、1982年国連海洋法条約を含む国際法の普遍的に承認された原則に従い、平和的手段により究極的で司法的な紛争解決につき着手することを了解する。
5、当事国は、相互に、現在人が居住していない島、暗礁、岩礁、及びその他のものには人が居住しない行動をすることを含めて、紛争を起こしたり、激化させたり、また平和と安定に影響を及ぼすところの行為の処理を自制し、かつ建設的手段で対立を処理することを了解する。
究極的で司法的な紛争の平和的解決に先立ち、関係当事国は、以下を含む、相互間の信頼を醸成する道を、協力と了解の精神で追求する努力を強化することを了解する。

a適切な防衛・軍事官吏間の対話と意見交換を保持する。

b危険又は紛争にかかわるすべての者に対して公正かつ人道的扱いを確保する。

c自発的に、関係当事国のすべての合同軍事演習の履行に関して通告する。

d自発的に、関係の情報を交換する。

6、紛争の完全かつ永久的な解決に先立ち、関係当事者は、協力的活動を推進し又は了解する。このことには、以下を含む。

e海洋環境の保護。

f海洋科学調査。

g海洋での航海・通信の安全。

h捜査・救援協力。

i海上での不法麻薬、海賊行為、及び軍事行動、及び武器の不法輸送を認めないことを含む、国家を越えた犯罪との闘い。

二国間及び多国間協力に関して、その具体的実施に先立ち関係当事国は、その様式、範囲、及び地点に関して合意するものとする。

7、関係当事国は、善隣及び透明性を前進させ、調和、相互理解、及び協力を樹立し、そして当事国間の紛争の平和的解決を促進するために、宣言の遵守に関する定期的な協議を含む当事国間で合意された方式を通じて、関係事項を含む協議及び交渉を継続する用意があるとの立場である。

8、当事国は、この宣言の規定を尊重し、それに合致した行動をとることを了解する。

9、当事国は、この宣言に盛られた原則の尊重を他国に対して奨励する。

10、関係当事国は、南シナ海行為規範の採択は、地域の平和と安定をいっそう促進する南シナ海各行動宣言を再確言し、かつこの目的の結果としての遵守に向けて、コンセンサスの基礎で作業することにつき、合意する。

そこでは、領有権は棚上げとなった。そしてベトナムが求めていた行動規範は、将来の採択に委ねられた。この行動宣言は、各国が占有している現状を変更せずに、とりあえず秩序を維持することが課題とされた。そして、中国も早くから共同開発の方針を明示しており、この南シナ海を「コモンズの海」とすることが、南沙群島の平和的解決としての展望である。

その後における行動宣言交渉は、以下の通りであった。

2005年8月　南シナ海事務レベル作業部会開催（マニラ）

2006年2月　南シナ海事務レベル作業部会開催（海南島）

米国は、この南シナ海紛争の回避のための行動規範の確立を期待しているが、中国は、自らの立場と行動を制約することになる行動規範の作成には、原則とされた合意にもかかわらず、対応的でない。したがって、その作成は進捗していない。

3. 南シナ海の海賊・テロ対策協力

海賊行為は、昔から国際犯罪として存在し、海上貿易に大きな影響を及ぼしてきた。１９８２年国連海洋法条約において海賊行為に対する臨検の権利が規定されているが、「追跡権は、被追跡船舶がその旗国又は第三国の領海に入ると同時に消滅する」（第１１１条3）とあり、「個人のための」「航海上での」「特定国の管轄権の範囲外の」非合法行為とされる。これでは、頻繁に起こる海賊行為の取締りも追跡・拿捕もできない。つまり、政治的テロとしての船舶を抑留し奪取する集団的行為は対象外とされた。実際、１９８５年10月7日地中海上でパレスチナ・ゲリラによって奪取されたイタリアのアキレ・ラウロ号事件は、国際法上の対象にはならなかった。

そこで、政治的動機から生じる船舶に対するテロを取り扱うために、１９９2年のこれまでの航空ハイジャックを先例とした国連国際海事機関ローマ条約が採択された。しかし、同条約も、領海内の航行船舶に対する関係規則の管轄権を適用する状況にはいたらなかった。つまり、他者による立入り検査・捜索についての合意は成立しなかった。海賊行為と海上テロに対しては、依然として大部分の事件に関して共通する対処コードがなく、海運社会の秩序に向けた対応はできていない。

こうしたなか、１９９０年代以降、国境を越えた海賊・テロ事件が多発した。そこで、それへの地域協力の取り組みが日本のイニシアチブで進められた。

1992年にIMB海賊情報センターが設立され、2001年の9・11テロ以後、ASEAN諸国はテロ対策共同行動へ向けて積極的に動いた。そして、2002年11月ASEAN地域テロ対策センターが設立された。こうした反テロ共同行動で成果を上げるべく2004年3月テロ対策に関するバリ地域閣僚会議が開催された。

2004年11月アジア海賊対策地域協力協定が締結され、日本の支援活動が続いてきている。2005年にマレーシアで、2006年にインドネシアでそれぞれ海上保安機関が設立され、また2005年12月に海峡3カ国は領域外の共通海賊追跡手続きSOPに合意し、こうしてその海上法執行能力が向上するとともに、海賊の発生件数は著しく減少した。

アジアにおける海賊行為及び船舶に対する武装強盗との戦いに関する地域協力協定の加盟国は、日本、シンガポール、ラオス、タイ、フィリピン、ミャンマー、韓国、カンボジア、ベトナム、インド、スリランカ、中国、ブルネイ、バングラデシュ、ノルウェー、オランダ、デンマークの17カ国で、その要点は、以下の3点にある。

(1)情報共有センターISCが2006年11月、シンガポールに設立された。

(2)ISCを通じた情報供給及び協力態勢（容疑者、被害者、及び被害船舶の発見、容疑者の逮捕、容疑船舶の拿捕、被害者の救助などの要請など）の構築となった。

(3)ISCを経由しない締約国同士の二国間協力の促進（犯罪人の引渡し、及び法律上の相互援助の円滑化、並びに能力の開発など）となった。

同協定の第1条は、対象とされる海賊取締りのために、「海賊行為」を、次の通り、規定している。

「私有の船舶または航空機の乗組員または旅客が私的目的のために行うすべての不法な暴力行為、抑留、または(a)掠奪行為であって、次のものに対し行われるもの。

（i）公海における他の船舶または当該船舶内にある人若しくは財産。

（ii）いずれの国の管轄権にも服さない場所にある船舶、人又は財産。

(b)いずれかの船舶又は航空機を海賊船舶又は海賊航空機とする事実を知って当該船舶又は航空機の運航に自動的に参加するすべての行為。

(c)(a)又は(b)に規定する行為を扇動し、又は好意に助長するすべての行為。

「船舶に対する武装強盗」は、以下の通りである。

(a)私的目的のために船舶又は当該船舶内にある人物若しくは財産に対して行われるすべての不法な暴力行為、抑留又は掠奪行為であって、締約国がそのような犯罪について管轄権を有する場所において行われるもの。

(b)いずれかの船舶を船舶に対する武装強盗を行うための船舶とする事実を知って当該船舶の運航に

自動的に参加するすべての行為。

(c)(a)又は(b)に規定する行為を扇動し、又は好意に助長するすべての行為。

締約国は、以下の一般的義務を第3条において遂行する、と規定している。

(a)海賊行為及び船舶に対する武装強盗を防止し、及び抑止すること。

(b)海賊又は船舶に対する武装強盗を行った者を逮捕すること。

(c)海賊行為又は船舶に対する武装強盗に用いられた船舶又は航空機を拿捕すること、海賊又は船舶に対する武装強盗を行った者によって掠奪され、かつ、それらの者の支配にある船舶を拿捕すること及び当該船舶内の財産を押収すること。

(d)海賊行為又は船舶に対する武装強盗の被害船舶及び被害者を救助すること。

その経過は、以下の通りである。

2000年3月　船舶に対する海賊行為と武装強奪会議開催、東京アピール採択。

4月　アジア反海賊チャレンジ2000措置成立（資料XIV）。

2001年11月　テロリズムに対する共同行動ASEAN宣言2001成立（資料XV）。

2002年9月　APEC財務相会議テロ資金供与と闘うためのAPEC行動計画採択。

11月　ASEAN反テロリズム宣言（資料XVI）。

11月　アジア海賊対策地域協力協定調印、2006年11月同協定による情報共有センター設立。
2003年6月　ASEAN地域フォーラム（ARF）での討議（議長声明）。
6月　ARF、国境管理に対するテロ対策協力声明。
2003年6月　ARF、海賊行為及び海上保安への脅威に対する協力の声明。
2004年2月　テロ対策に関するバリ地域閣僚会議の議長声明（資料XVIII）。
6月　アジア海上セキリュティ2004成立。
2005年12月　海峡3カ国、領域外の共通海賊追跡手続きSOP合意。

そのシーレーンにおける海賊行為への対処は、沿岸国のレーダー管理であり、そのための海上重視とその情報の共有化がとられる。これと並んでいま1つの課題は、潜水艦による航路妨害で、その対処には、対潜水艦用のプラットフォームを設置し、対哨戒機によるシーレーン内外及び周辺の巡視が必要となる。これには、海軍力の整備、同盟関係の構築による海軍力の運用が課題となる。

かくして、確立が展望される海洋ガバナンスへの移行展望は、以下の点にある。

1．国家管轄水域を超克した海洋ガバナンスの確立。

2．沿岸国の十分適切とはされない管理の超克。資源は沿岸国の独占とはいえない。そこでは、国家の環境は許されえない。沿岸国海軍力の覇権支配は認められない。

3．海洋の自由の新しい概念と次元。新国連海洋法条約に対応した海洋調査を可能にする沿岸国の措置の対処が課題とされる。それは、多くの海洋調査船事件、例えば、２００１年１月インド洋の英海洋調査船スコット号事件、２００９年３月南シナ海の米調査船チンペッカプル号事件、あるいは日本近海の中国調査船事件などがあり、新しい取組みが求められる。

4．海洋管理の新しい概念。海洋の平和的共同利用と平和地帯化。１９７１年11月ＡＳＥＡＮ外相会議は、東南アジア中立化構想が提起されており、その構想は生きている。

5．海洋管理の新しいレジーム。国家管轄を残しつつも、その枠内で、市民社会も参加した機能的で多重かつ争点別の地域レジームの創成が課題とされる。

２０１４年11月インドネシアの海洋ドクトリンは、この方向に立脚している。

なお、南シナ海電子海図は２００５年に刊行され、一つずつ海洋ガバナンスは実現をみせつつある。

表6-1　南シナ海の海賊・テロ対策協力、1990 ～ 2010年

		事件	協力
1992年	10月		クアラルンプールにIMB海賊情報センター PRC設立
1995年	9月	アンナ・シエラ号奪取事件	
1998年	4月	ペトロレンジャー号奪取事件	
	9月	テンユー号奪取事件	
1999年	10月	アロンドラ・レインボー号奪取事件	
2000年	3月		海賊対策東京国際会議開催
	4月		アジア反海賊チャレンジ2000措置採択
	10月	アデン港で米駆逐艦コール爆破テロ事件	
	11月		中国・ASEAN南シナ海各行動宣言成立
2001年	9月	米国同時多発テロ事件	
	11月		ASEANテロ対策共同行動宣言2001採択
2002年	4月		シンガポールにニッポン・マリタイム・センター NMC設立
	10月		海賊対策アジア協力東京会議開催
	10月	バリ島爆発テロ事件	
	11月		ASEAN反テロ宣言採択
	11月		ASEAN地域テロ対策センター設立
2003年	5月		ブッシュ米大統領の拡散安全保障イニシアチブPSI提唱
	6月		ASEAN地域フォーラム、海賊行為及び海上保安への脅威に対する協力声明
	6月		エビアン・サミット、海峡環境及びタンカーの安全に関するG8声明採択
	8月	トンイー号奪取事件	
	8月	ベンリダア号奪取事件	
	9月		拡散防止原則宣言（PSI阻止原則宣言）採択
2004年	3月		テロ対策に関するバリ地域閣僚会議開催

VII

南シナ海の管轄と安全保障

1. 中国の海洋戦略

中国は南シナ海に関する主権声明を発し、1973年12月トンキン湾（北部湾）でのエネルギー資源の発掘に着手した。1972年6月中国海洋石油公司は、ベトナム付近の海域16万平方キロメートルを9鉱区に分け、石油、天然ガス開発を外国企業に解放すると発表していた。

これに先だち、中国は、1992年2月領海及び接続水域法を制定して、南海諸島を自国領土と確認し、領海侵犯に対処するとした。その規定は、以下の通りであった。

第1条　中華人民共和国の領海に対する主権及び接続水域に対する管轄権を行使し、国家の安全渡海洋の権益を擁護するため、本法を制定する。

第2条　……中華人民共和国の陸地領土は、中華人民共和国大陸及び沿岸島嶼、台湾、及び釣魚島を含む、その付属各島、澎湖列島、東沙群島、西沙群島、中沙群島、南沙群島、並びにその他いっさいの中華人民共和国に付属する島嶼を含む。

そして「領海基線から陸地側に向かう水域は、中華人民共和国の内水である」と規定され、第3条で、「領海幅は、領海の基線から測定して12海里とするとしている。そして、次の規定が盛られた。

第7条　外国潜水艦及びその他潜水船舶が中華人民共和国の領海を通過する際は、海面上を航行し、かつその旗を掲げなければならない。

第8条　外国船舶が中華人民共和国の領海を通過する場合は、中華人民共和国の法令に従わなければならず、中華人民共和国の平和、安全、及び良好な秩序を犯してはならない。

第14条　中華人民共和国の関係主管機関は、外国船舶が中華人民共和国の法令に違反したと認める十分な理由があるときは、当該外国船舶に対し追跡を行うことができる。

この領海法の公布・施行で、同92年の非公式協議で、ＡＳＥＡＮ諸国が中国に対しその適用の意図につき糺すという事態が生じ、ＡＳＥＡＮ諸国は中国に極めて強い不信感をみせた。その結果、武力の不行使と沿岸国の自制、航行の安全を謳ったＡＳＥＡＮ南シナ海宣言（資料XI）が成立した。したがって、中国は、南海諸島では、領海法における管轄権の行使を限定された。

しかし、１９９６年5月国連海洋法条約の批准で、中国大陸から12海里の領海範囲、特に西沙群島の領海範囲の適用を明確にした。それとともに、中国の南海諸島に対する9段線説が提起されるところとなった。

その１９９６年声明は、「中華人民共和国は海洋の向かい合う国又は隣接した沿岸国との協議を通じ、国際法に基づく公平な原則により、それぞれの海洋管轄権の範囲を定める」とあった。但し、南沙群島及び中沙群島に関する基線はもられず、西沙群島に関して、中国本土から独立した集団として、北西端の北礁、東方の宣徳群島、東南東の東島、西南南の波花礁、西南西の中建島を結ぶ線の地域が設定された。その群島理論の適用は、ベトナムもフィリピンも反発したが、その中国の基線適用は実効的支配を確認していた。その群島理論については、中国のような大陸国家ではその適用が妥当かどうかの議論も提起された。

その海上法執行体制は、５龍、即ち国土資源部国家海洋局海監総隊（海監）、農業部漁部漁業局（漁政）、公安部辺防海警総隊（海警）、税関総署（海上密輸取締警察）、交通運輸部海事局（海運）によって担われた。１９９８年10月海監総隊が成立し、２００１年に南海海区で活動に入り、２００８年に北海海区、南海海区を含むすべての海域での定期巡航に入った。２０１３年その活動強化のため、５龍の海区４機関は中国海警局となった。その海監船の編成は、中国監隊の旅大型駆逐艦あるいは電子偵察船、測量船などを転用したもので、深海底調査、科学調査、ケーブル敷設、あるいは砕氷船を含む情報収集艦、戦闘能力のある監視船の機能を十分に発揮できる。そして、これまで海底資源の開発では、他国の資源探査活動の妨害活動を起こした。

米海軍大学中国海洋研究の研究総括官リアン・D・マーチンソンは、「ナショナル・インタレスト」２０１４年10月１日号の「海上法執行船隊」と題する論説で、５龍を分析した。中国の海監は中国の海洋権益を守る最新の船隊で、非軍事的砲艦外交を遂行するもので、それは中国海軍の保護下に行動している。２０１２年４月スカーボロ礁事件以来、52隻の監視船、大型艦11隻、さらに全天候型の外国船舶に対処できる監視船６隻が就役しそれは中国の主張する３００万平方キロメートルの海域に対する実効支配の強化と管理能力の強化にある。したがって、同体制は、平時における海洋支配、つまり、行政権限の行使にある。海上権力の論理に従えば、海上からの接近路を制圧することで、その領有権を主張する9段線の内側の海域に対する効果的な支配、通例の表現でいえば、大陸棚の管轄権を主張するところにある。

さらに、マーチンソンは、1904年11月21日「ウェブ」に論説「海警の軍事組織化」を発表し、こう論じた。中国海警は、2013年3月の法律で、海洋権益の護持という国家戦略の一大使命を帯びた。それは、組織の統合という以上に、行政のための各機関の調整を大幅に改善したことである。それは、文民機関を越えて軍事組織化に突入した。中国が管轄権を主張する300万平方キロメートルの支配のため、近隣国との関係を損なっても、住民の生活のため、麻薬の密売を阻止し、漁業を振興し、そして秩序を維持して海洋権益を強化するのがその狙いである。

この中国海洋戦略は、台湾戦略、太平洋戦略とともに、以下の海洋戦略の強化にある。

①　中国の海洋における管理空間の強化・拡大。
②　東シナ海及び南シナ海における領有権の主張と支配拡大。
③　シーレーンに対する保護能力の拡大。
④　大国としての海洋基地抑止力の貫徹強化。

1994年5月に南沙・西沙諸島海域での軍事展開が始まり、そして2006年以降、核戦力の強化とともに、米国に対抗して、南海艦隊が中国の支配する南沙群島海域における米軍事測量船を追跡し監視する定期巡航を遂行している。

2011年12月中国共産党中央軍事委員会が起草した内部資料、南シナ海戦略の要点は、以下の通りである。

第一段階 「絶対安全水域」としてのシーレーン確保。
第二段階 石油・天然ガスの開発。
第三段階 米軍の影響力排除と南海の聖域化。

その中国の基本方針は、南シナ海の内海化にあり、その認識は、東シナ海の第一列島線における東海艦隊の支配確立と連関している。いいかえれば、歴史的に中国固有の海域を回復するというものである。崔天凱中国外交部副部長が2010年7月、「130万平方海里の海の領有権はチベット、台湾と同じく、北京に属する」と発言したと「ワシントン・ポスト」が報じた記事を引用して、オーストラリア国防大学教授カーライル・セイヤーは、南シナ海分析で「海南島と周辺地域は中国の核心利益である」と断定した。

中国海軍は、以下の三段階を経て、外洋に海軍艦艇を展開できるまでにいたっているが、南海海域では、1987年以降、著しい。

第一段階　１９５０年代～１９６０年代　海軍の創設、沿岸防衛。
第二段階　１９７０年代～１９８０年代　近海防衛。
第三段階　１９９０年代～現在　外洋行動展開。

その南海における主要な軍事行動は、以下の通りである。
１９８７年5月～6月　南沙群島海域で軍事演習。
１９９８年8月　南沙群島海域で軍事演習。
１９９８年10月　海監総隊発足。
１９９０年10月　中国、西沙群島海域で軍事演習。
１９９４年5月　中国、南沙・西沙群島海域で軍事展開。
２００１年4月　中国海南島上空で米軍偵察機と中国軍戦闘機の接触事件。
２００６年　南海艦隊の南沙群島定期巡航。
２００７年11月　中国軍、西沙群島地域で軍事演習。
２０１１年6月　南シナ海で最大級の軍事演習、広州高蘭港から海巡31隻参加。
２０１３年3月　海口に海監常駐化。

それを担う南海艦隊の編成（所属船）は表7-1の通りである。基地は１９４９年当初、広州にあったが

表7-1　中国南海艦隊の所属艦、2012年

駆逐艦	
旅大型051型	南昌（1982.11）、桂林（1987.7）、湛江（1989.12）、珠海（1991.11）
旅海型051型	深圳（1991.1）
旅洋Ⅰ型駆逐艦052B型	広州（2004.7）、武漢（2004）
旅洋Ⅱ型	蘭州（2005.10）、海口（2005）
フリゲート艦	
江滬-Ⅰ型053H1型	韶関（1985.9）、昭通（1987.3）
江滬-Ⅴ型053HIG型	自貢（1993.5）、康定（1994.）、東莞（1993.）、汕頭（1996.）、江門（1996.）、佛山（1995.）
江衛型-Ⅱ型053H3型	宣昌（1999.12）、楡林（2000.3）、楡渓（2002.3）、襄樊（2002.9）
江凱型-Ⅱ型054A型	巣湖（2008.6）、黄山（2008.5）、運城（2010.1）、五林（2010.2）、衡水（2012.7）、柳州（2012.12）
攻撃型原子力型潜水艦	
商型093型	長征8号（2007.6）
弾道ミサイル原子力潜水艦	
普型092型	長征12号（2009.）
通常型潜水艦	
明型036型	遠征5号、遠征6号、遠征7号、遠征8号、遠征9号、遠征10号、遠征11号、遠征12号
改キロ級636M型	遠征70号、（2005.）、遠征71号（2005.）、遠征72号（2005.）、遠征73号（2006.）、
宋型039型	遠征13号、遠征14号、遠征15号、遠征16号、遠征17号、遠征18号
元型039A型	遠征30号、遠征31号、遠征32号、遠征33号
潜水艦支援艦	
大州型救難艦946型	南救502（1978.2）
大捞型救難艦926型	永興島（1970年代）
ドック型揚陸艦071型	崑崙山（2007.11）、井崙山（2012.1）、長白山（2012.9）
戦車揚陸艦	
玉亭-Ⅰ型072Ⅱ型	峨眉山（1992.9）、丹霞山（1995.9）、雪峰山（1995.12）、海洋山（1996.5）、青城山（1996.8）
玉亭-Ⅱ型072Ⅲ型	華頂山（2003.）、羅霄山（2003.）、載雲山（2004.）、万羊山（2004.）老鉄山（2005.）、雲霧山（2005.）
王登型073Ⅲ型	武当山（1994.8）
運輸型073A型	華山（2004.）、嵩山（2004.）、廬山（2004.）、雪山（2004.）、衡山（2004.）、泰山（2004）
中型揚陸艦　4隻	
補給艦　2隻	
支援輸送艦　6隻	

注：（　）は就役の年月。

湛江に移され、旗艦は駆逐艦深圳で、現在、香港、広州、三亜などに配備され、南沙群島と西沙群島を含む台湾海峡の西南海域と南海海域、及び東山からベトナム国境に展開している。潜水艦は海南島の楡林基地に駐留している。南海艦隊司令員は広州軍区副司令員を兼ねる。同艦隊は、1974年、西沙海戦の遂行で、その実力が発揮され、1988年の赤爪礁海域ではベトナム軍艦1隻を撃沈した。

なお、中国の南海諸島政策文件は、以下の通りである。

1992年2月　領海法公布。

1996年5月　西沙群島などで領海基線適用実施、外国船による海洋の科学的な調査管理に関する中華人民共和国規則制定。

2002年5月　南海地域に漁業禁止地域設定。

2011年6月　南沙群島の石油探査活動の中止警告。

12月　中国共産党中央軍事委員会、南シナ海戦略作成。

2012年6月　南海の海南省管轄解除、三沙市の管轄と決定、政府庁舎は永興島に設置。

7月　中国軍、三沙警備管区設置。

2012年6月の決定は、自国領土として自治体を設立し、その統治を明確化した意義がある。

2. 中国の南海戦略

中国は、1992年2月領海法を制定して、南海諸島を自国領土と確認し、領海侵犯に対処するとした。そして1996年5月国連海洋法条約の批准で、中国大陸から12海里の領海範囲、及び西沙群島の領海範囲の適用を明確にした。

この中国海洋戦略は、台湾戦略、太平洋戦略とともに、以下の海洋戦略の強化にある。

――中国の海洋における緩衝地帯の強化・拡大。

――東シナ海及び南シナ海における領有権の主張と支配拡大。

――シーレーンに対する保護能力の拡大。

――大国としての海洋基地抑止力の貫徹強化。

1994年5月に南沙・西沙諸島海域での軍事展開が始まり、そして2006年以降、核戦力の強化とともに、米国に対抗して、南海艦隊が中国の支配する南沙群島海域における米国軍事測量船を追跡監視する定期巡航を遂行している。

南海艦隊の重要基地は、海南島の南部、南海諸島に面した三亜で、亜龍湾東岸にある。その一帯は、軍事管理地域で、潜水艦の出入りが激しい。2011年12月13日「解放軍報」に南海艦隊の潜水艦部隊の訓練記事が初めて掲載され、魚雷発射訓練の成功が報じられた。射程距離8000キロの弾道ミサイル搭載の「晋」

表7-2　中国の海洋戦略展開、1987年～2013年

1987年	5月~6月	中国、南沙群島海域で軍事演習
1988年	8月	中国、南沙群島海域で軍事演習
1990年	8月	中国、南沙群島の領有権棚上げ提唱
	10月	中国、西沙群島海域で軍事演習
1992年	2月	中国、領海法制定
1994年	5月	中国、南沙・西沙群島海域で軍事展開
1996年	5月	中国、南沙群島・東沙群島を除き西沙群島で領海基線適用
1998年	10月	海監総隊発足
2001年	4月	海南島上空で米軍偵察機と中国軍戦闘機の接触事件
2001年		李金明「南海“9条線説線”及相関問題研究」中国辺疆史地研究、2001年第2期
2002年	5月	中国、南海地域に漁業禁止地域設定
2005年	6月	賈宇「南海“断続線”的法律地位」中国辺疆史地研究、第15巻第2期
2006年	5月	南海艦隊の南沙群島定期巡航
2009年	5月	西沙群島に漁業海視船巡航
2011年	6月	南シナ海で最大級の軍事演習、広州高蘭港ら海巡31参加
	6月	中国、南沙群島の石油探査活動の中止につき警告
2012年	12月	中国共産党中央軍事委員会、南シナ海戦略作成
2013年	3月	海口に海監常駐化

型原子力潜水艦巨浪2が5隻、配備されている。そして南シナ海に面する山頂には、レーダー基地がある。

要するに、中国の戦略は、南シナ海の内海化である。それは、東シナ海の第一列島線における東海艦隊の支配確立と連関している。いいかえれば、歴史的に中国固有の海域を回復するというものである。

なお、南海諸島の中国領土確認は、新中国地図では、11段線（図5-7）が9段線といいかえられ（図5-8）、2001年以降、南海の9つの破線は断続線として論じられ（図5-9）、以下の法的解釈がなされた。

島嶼帰属線とする。線内の島嶼及び周辺地域は中国に属し、中国はこれを管轄し、統制する。

歴史的権利の範囲とする。線内の島・礁・浅

瀬・砂洲は中国領土で、内水以外の海域は排他的経済水域及び大陸棚である。海域は、法的には、排他的経済水域に相当し、他国による航行、上空通過、海底ケーブル及びパイプライン敷設の3つの活動の自由は確保される。

歴史的水域線とする。中国は、線内の島・礁・浅瀬・砂洲は中国に属するのみならず、線内のすべての海域は中国の歴史的な水域で、当該水域においては外国船は許可なしに航行・通過できない。

伝統疆界線（国境線）である。すなわち、線内の島・礁・浅瀬・砂洲は中国に属し、線外の区域は公海又は他国に属する。この線は、断続した国境線を示しており、したがって、線内は中国領、線外は隣国領あるいは公海となる。よって、この線は、中国と隣国の中間線、あるいは境界を表示している。

そして、断続線による中国の南シナ海における権利は、50年前、国連海洋法条約の成立の間に形成され、公認されてきたもので、新しい海洋法制度の確立は、一国の伝統的権利を否定できはしない。国連海洋法条約であっても、排他的経済地帯及び大陸棚の海洋に関する権益に対する主張又は歴史的権利を否定することはできない。

そこでの版図という領土観念は天下の観念の一部であって、実効的支配地域としての版図が区切られた支配空間とされるもので、これをもって現実の物理的境界が明確にされ、ここに領土支配が成立し、もって管轄線の境界が設定され、そこでは、歴史や統治の実績が版図観念の根拠を形成しており、そして軍事力の支配をもってその版図が維持され、あるいはその能力によっていつでも版図が歴史の根拠で変動することになる、という理解にある。

3. ASEAN・中国交渉

南シナ海を内海とするＡＳＥＡＮ諸国は、インドネシアの主導で、１９９０年以降、南シナ海の潜在的紛争の管理に関する関係国非公式協議に取り組み、中国とのあいだでの協議を追求してきた。そのインドネシアの方策は、ドーナツ・フォーミュラによる非軍事化にあった（図6-2）。この会議を通じて、ＡＳＥＡＮ諸国の共通理解と共同行動の基礎が確立された意義は大きかった。かくて、１９９２年7月ＡＳＥＡＮ南シナ海宣言（資料Ⅺ）が採択されて、かくて信頼醸成の促進が確認され、中国とのあいだで２００２年11月中国・ＡＳＥＡＮ南シナ海各行動宣言（資料ⅩⅥ）が調印された。

２００２年各行動宣言は、以下の原則にあった。

——国際法の原則を確言する。

——各関係当事国は、信頼醸成の方途をとる。

——南シナ海でのいっさいの航行の自由を尊重する。

——平和的な司法的紛争解決に着手する。

――究極的な平和的な司法的紛争解決に先立ち、人道的扱いの確保、航海の安全などを図る。

そこで、いよいよ、局面は、当事国間の交渉という実務へと移った。資源共同調査に、中国は同意した。

その経過は、以下の通りであった。

1990年1月　南シナ海の潜在的紛争の管理に関係国非公式協議開催、1995年10月第6回会議まで開催。

　8月　李鴻中国総理、シンガポールでASEAN諸国に対し南海諸島の領有権棚上げを提唱、ベトナム、歓迎。

1992年6月　バレンシア、南シナ海の潜在的紛争の管理に関係国非公式協議でスプラトリー条約（草案）提出。

　7月　ASEAN南シナ海宣言（資料XI）採択。

2002年11月　ASEAN首脳会議、中国・ASEAN南シナ海各行動宣言（資料XVII）調印。

2004年9月　フィリピン・中国、南海の石油・天然ガス共同調査で合意。

2006年3月　フィリピン・中国・ベトナム、南沙群島周辺地域の石油・天然ガス共同調査で合意。

しかし、その交渉は、決して順調には進まなかった。それは、中国があくまで2国間交渉で解決する方針を堅持したからであった。現在までに、行動規範は作成され調印されるに至っていない。

２００５年８月　南シナ海事務レベル作業部会開催（マニラ）。
２００６年２月　南シナ海事務レベル作業部会開催（海南島）。
10月　ＡＳＥＡＮ・中国首脳会議開催（南寧）、各行動宣言履行への努力の共同声明。
２０１０年10月　佟暁玲中国ＡＳＥＡＮ担当大使、南シナ海問題は2国間問題として解決すべきと談話。
10〜11月　中国・ＡＳＥＡＮ外相会議開催（昆明）、楊潔篪中国外交部長、行動宣言は南シナ海の平和と安定の維持に貢献と発言。
２０１１年７月　中国・ＡＳＥＡＮ、行動宣言の履行方針で合意。
11月　行動規範の第1回作業部会開催（インドネシア）、中国・ＡＳＥＡＮ各行動宣言の履行の指針で合意。
11月　東アジア首脳会議で中国は南シナ海問題は中国とＡＳＥＡＮ問題と主張して米国と対立。
２０１２年７月　ＡＳＥＡＮ外相会議開催（プノンペン）、中国支持のカンボジアがベトナム及びフィリピンと対立して共同声明見送り。
11月　ＡＳＥＡＮ首脳会議開催（プノンペン）、行動規範協議を先送り。
２０１３年６月　中国・ＡＳＥＡＮ外相会議開催（バンダルスリブガワン）、成果なし。
８月　中国・ＡＳＥＡＮ特別外相会議開催（北京）、南シナ海の良好な関係維持で合意。
９月　行動規範に関する初の公式協議（蘇州）、まったく進展なし。

10月　中国・ＡＳＥＡＮ首脳会議開催（バンダルスリブガワン）、行動規範に関する対話促進を確認。
10月　ＡＳＥＡＮ首脳会議開催（バンダルスリブガワン）、行動規範の早期締結を要望する声明。

4. 中国・ベトナム交渉

関係当事国ベトナムは、中国の干渉をいかに排除するかを課題とし、資源開発と海洋防衛を強化してきたが、２国間交渉を優先する中国としても、ＡＳＥＡＮ枠組みにおけるベトナムの存在は無視できなかった。そこでの中国・ベトナム交渉は、１９９２年に始まり、その交渉で、２０００年12月トンキン（東京）湾排他的経済水域・大陸棚画定協定が成立し、同協定が２００４年6月発効し、衡平の分割と共同開発の海洋秩序の先例が成立したことで、２０１１年10月中国とベトナムは、海洋における紛争解決に関する基本原則協定（資料XIX）に調印し、境界画定交渉のため政府レベルで年2回の定期協議、及び特別協議の開催となった。

但し、この２０００年協定は、中間線の設定で、ベトナムが大きく妥協していた。というのは、トンキン湾（北部湾）では、海南島寄り近くに海溝が存在しているからで、そこで中国はベトナム大陸棚に大きく進出した形となり、国際判例に照らして妥当でないとの見解を残した（図7-1）。そこにあっては、ベトナムの大陸棚にあるトンキン湾（北部湾）は「中国の海」だという説が成立していた（図7-2）。

同２０００年協定の第1条2項は、以下の通り、規定している。

第2項　この協定の下で、北部湾は、東は中国雷州半島及び海南島海岸に、西はベトナム大陸海岸に、南は中国海南島鶯歌嘴の最突出点、北緯18度30分19秒、東経１０８度41分7秒に接し、北緯16度57分40秒、東経１０７度08分42秒の地理座標に定めるベトナム海岸の昏果島を横断する半閉鎖湾である。

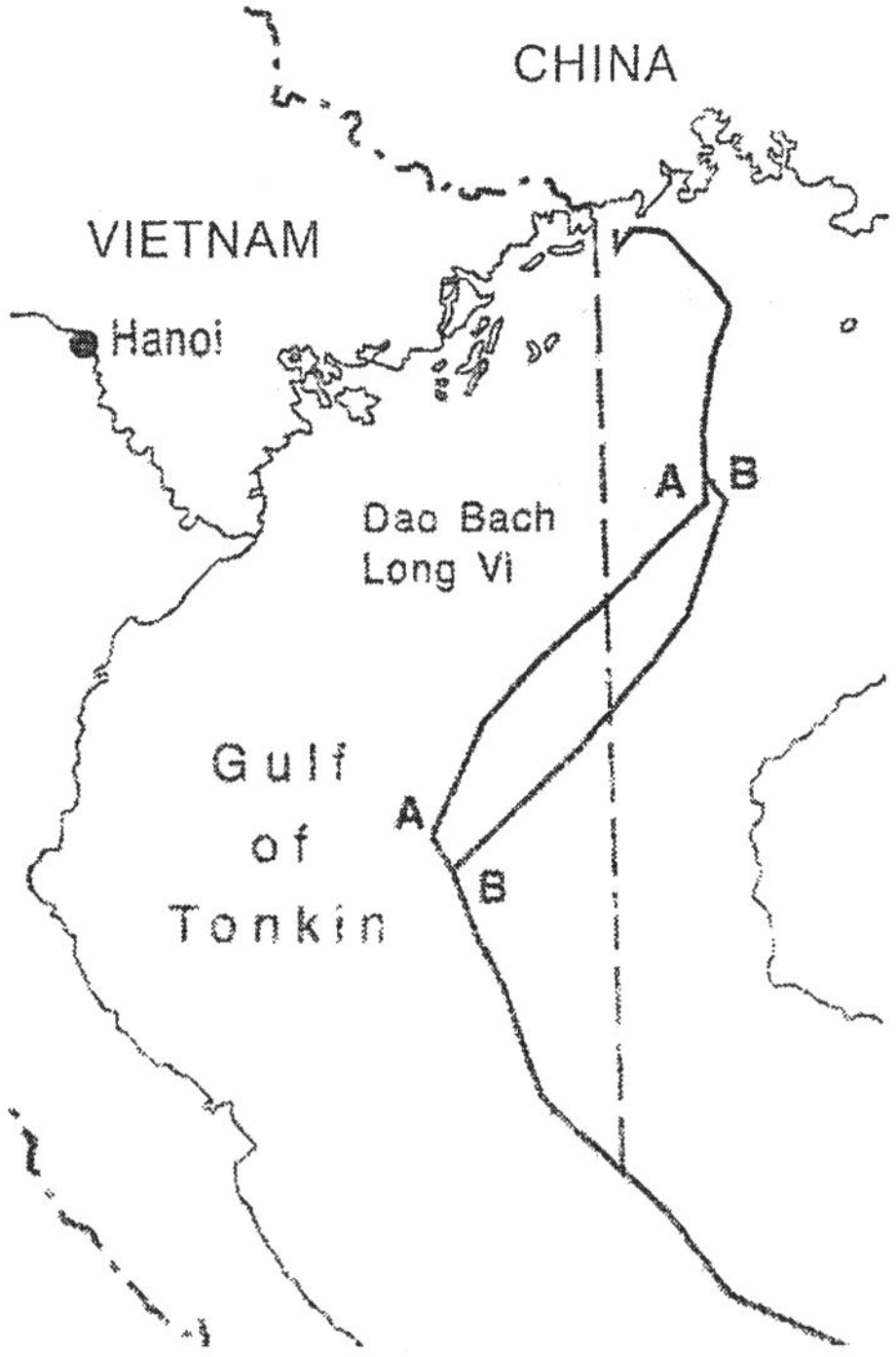

図7-1　トンキン湾に対する中国とベトナムの要求
出　所：Victor Prescott & Clive Schofield, *The Maritime Polittical Boundaries of the World*, Leiden/ Boston: Marrtinus Nijhoff Publisher, 2005, p. 593.
注：A―Aは2000年協定の配分線。B―Bはトンキン湾の中間線、縦線は1887年条約の東経108度03分18秒線。

続いて、第2条で21点の座標を設定して分割を画定し、以下の通り、規定した。

第6条　両締約国は、この協定に定める通り北部湾において、それぞれの領土、排他的経済地帯、及び大陸棚に対する主権、主権的権利、及び相互の管轄権を代表するものとする。
第7条　この協定の第2条に定める画定線を越えた、いかなる石油又は天然ガスの単一地質構造又はいかなる性状の処理も、両締約国は、構造、分野、又は処理において最上に有効とされる開発と並んで、かかる開発から生じる利益の公平な分配がなされる方法で、友好的な協議を通じて合意に達するものとする。
第8条　両締約国は、北部湾の生命体資源の適切な利用及び適切な開発に関して、そして北部湾の両国の排他的経済地帯における生命体資源の保存、運営、及び利用に関する協力活動に関して、協議を進めるものとする。

以後、局面は新しいそれに移った。トンキン湾（北部湾）は分割画定されたが（資料7−2）、これですべてが解決し安定をみたわけではない。

2004年4月　ベトナム、チョオンサ観光ツアー実施。
2005年7月　ASEANと中国、南シナ海紛争解決に向けた作業部会設置合意。
2006年10月　ASEAN・中国首脳会議、2002年中国・ASEAN南シナ海各行動宣言の履行合意。
2007年7月　南沙群島で中国艦艇とベトナム漁船銃撃事件、両国、北京で協議。
2008年1月　トンキン湾で操業中の中国漁船に対するベトナム漁船発砲事件。

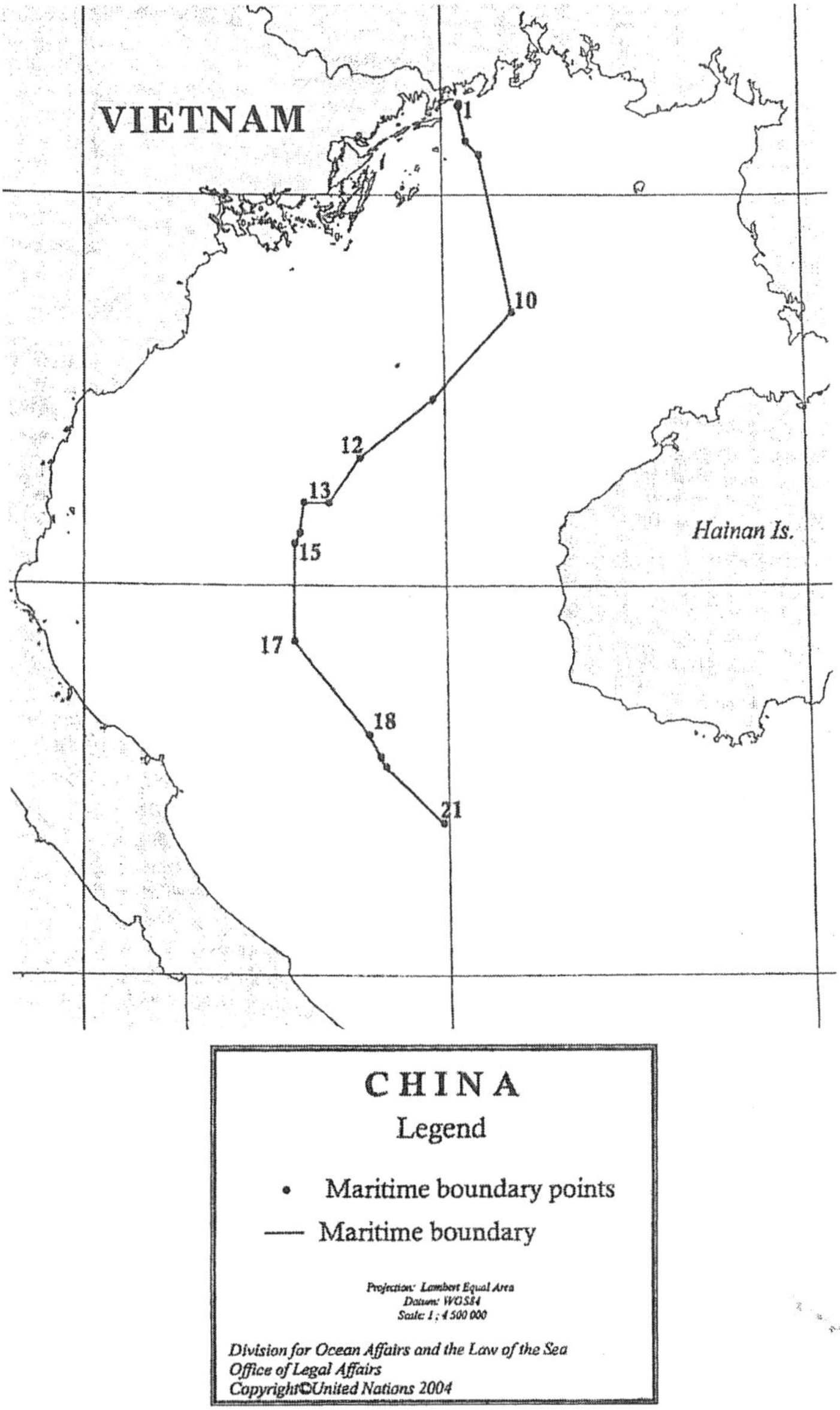

図7-2　2000年トンキン湾排他的経済水域・大陸棚画定中国・ベトナム協定のトンキン湾分割

出所：*Law of the Sea Information Circular*, Losic No, 21, New York: Division for Ocean Affairs and the Law of the Sea Office of Legal Affairs, United Nations, April 2005.

２０１１年10月　中国・ベトナム、海洋における紛争解決の基本原則協議協定調印。
２０１２年６月海洋法制定、２０１３年１月施行。

２００４年４月ベトナムが実施の観光ツアーは非軍事化による支配確認の示威であったが、それは関係国によりベトナム支配の恒久化方策とみられた厳しい非難から、直ぐにも中止となった。

２０１１年７月中国とＡＳＥＡＮは、行動宣言の履行に関する指針に合意した。中国代表は、対話の継続と協力の強化のための好ましい出発となった、と総括した。その指針は、⑴行動宣言調印国は対話と協議を継続する、⑵行動宣言に規定された活動又はプロジェクトを確認する、⑶活動又はプロジェクトへの参加は自由意思とする、を骨子としていた。

そしてその協議成立の前提となった同11年10月協定（資料ⅩⅨ）で成立した６項目基本原則は、以下の通りで、その発想はインドネシアとマレーシアのＡＳＥＡＮ原則にある。そこでは、南シナ海に対しベトナム語の東海という用語を使用している。

1. 東海は「平和・友好・協力の海」とする。
2. 国際法に従う、長期的な解決を目指す。
3. 交渉は、ＡＳＥＡＮの各行動宣言に従う。

表7-3　中国・ベトナム交渉、2000～11年

2000年	12月	中国・ベトナム、トンキン湾の排他的経済水域・大陸棚画定協定調印
2004年	4月	ベトナム、チョオンサ観光ツアー実施
2005年	7月	ASEANと中国、南シナ海紛争解決に向けた作業部会設置合意
2006年	10月	ASEAN・中国首脳会議、2002年中国・ASEAN南シナ海各行動宣言の履行合意
2007年	7月	南沙群島で中国艦艇とベトナム漁船銃撃事件、両国は北京で協議
2008年	1月	トンキン湾で操業中の中国漁船に対するベトナム漁船発砲事件
	10月	中国・ベトナム、首脳間ホットライン設置声明
2011年	7月	中国・ASEAN、行動宣言の履行に関する指針合意
	10月	中国・ベトナム、海洋における紛争解決の基本原則協議協定調印

4. まず過渡的かつ暫定的な措置の協議に入る。
5. トンキン湾の境界協定を加速化し、海洋科学調査を促進する。
6. 年2回の定期会談、必要ならば、特別会談を開催する。

但し、その展望は、中国による支配の進行とともに、その方策の実施は極めて暗い。もっとも、大規模な戦闘をもって現状が変更する意図も方策も展望も、中国の選択にはない。

2012年6月中国に対抗して米国に接近してきたベトナムは、スプラトリー群島とパラセル群島の領有権を定めた海洋法を制定した。これは中国の三沙市設立に対抗したもので、大陸棚・排他的経済水域を新たに規定しており、2013年1月の施行でその主権と管轄を明記し、新しい事態に対処するものであった。それで、中国はいよいよ軍事拠点の確立に入ることになる。

そこでは、中国・ベトナム対立が予測される方向にあった。

2008年10月、中国とベトナムは、南シナ海ホットラインを設けた

が、その成果に期待するしかない。

なお、2004年4月実施の観光ツアーは、非軍事化による支配確認のデモであったが、それをベトナム支配の恒久化とみた関係国による厳しい非難から、すぐにも中止された。

5. フィリピン・中国交渉

フィリピンは、1989年3月マレーシアとの領海基線交渉で、南シナ海決議（資料X）を採択し、交渉による解決へと方向を転換した。

この路線で、フィリピン首脳は、たびたび中国を訪問し、外交交渉を重ねてきたが、一方、1995年2月中国は、カラヤーン群島ミスチーフ礁（美済礁）に軍事施設を建設した。そこで、8月中国との間で、8項目の行動基準の原則に合意した（資料XIII）。

その要点は、以下にあった。

——国際法の原則により双方の紛争を解決することに合意する。

——海洋資源の保護、航行の安全などにつき、協力の推進に合意する。

——紛争は直接の関係国によって解決し、南海の自由航行に影響を及ぼさない。

その合意は、フィリピンが地域協力の枠組みによらず、当事者解決の立場をとり、権益の維持と防衛能力の強化にあった。いいかえれば、フィリピンは、インドネシア主導の非公式協議が続いていたにもかかわらず、その局面は、同年2月ミスチーフ礁事件とともに、1995年8月2国間実務交渉での合意にもかかわらず、それぞれが対話から対決への政策転換にあったからである。一方で、中国は、1998年11月美済礁での工事建設を強行する一方、フィリピンは2005年以降、中国艦艇の巡航拡大に対応して防衛の強化に乗り出した。そして、同07年に海洋安全保障のため海洋・大洋問題委員会を創設した、さらに、2011年9月これに代え、海域防衛のための新機構の国家沿岸防衛機構 National Coast Watch System を創設した。そして、フィリピンは、2012年9月南シナ海を西フィリピン海と改称した（図7-3）。

この方向で、フィリピンは、安全保障上、米国のプレゼンスを受け入れてきているというのが、現在の立場である。

その経過は、以下の通りである。

1987年1月　中国、フィリピンに対し南シナ海主権放棄を要求。
1989年3月　フィリピン下院、南シナ海平和解決フォーミュラ決議（資料X）採択。
1990年11月　カラヤーン群島で防空演習。
1993年4月　中国・フィリピン首脳交渉、双方は南シナ海問題で対立。

1995年8月　中国・フィリピン、8項目行動基準の原則の共同声明（資料XIII）。
1997年4月　中沙群島でフィリピンが五星紅旗引下ろし事件。
1999年7月　南沙群島でフィリピンが中国漁船発砲事件。
2000年5月　エストラダ大統領、中国訪問、南海問題の平和解決で合意。
2001年1月　中国漁船の侵犯でフィリピンの発砲事件。
　　2月～7月　フィリピン・米国合同軍事演習。
2004年2月～3月　パラワン沖での初のフィリピン・米国合同軍事演習。
2007年　海洋安全保障を全面的に強化。
2009年3月　領海基線法制定。
2010年3月　中国、米国に対し南海諸島の「核心利益」を公式通告。
2011年2月～5月　中国、フィリピン支配の島嶼で調査活動、杭の設置。
　　7月　フィリピン、南シナ海問題の国際海洋法裁判所付記を提案、中国は拒否。
　　8月～9月　フィリピン大統領アキノ三世の訪中、海洋をめぐる紛争の平和解決を確認。
　　9月　南シナ海ガス田防衛の強化。
　　9月　国家沿岸防衛機構創設。
2012年9月　カラヤーン群島法成立

9月　南シナ海を西フィリピン海と改称。

２０１１年８月ヘリテージ財団の調書「海洋防衛の大義における米国・フィリピン・パートナーシップ」は、米国は、南シナ海における中国の行動を視野に入れた海洋防衛を２００５年以降、進めており、フィリピン南部に米軍が使用可能な前進拠点を維持し、米海軍と空軍は、パラワン島フィリピン空軍基地の使用をも認めた、と述べた。

フィリピン平和研究所ロンメル・バランオイ教授は、２０１１年６月24日「フィリピン・スター」の論説「スプラトリーにおける冷戦の顕在化」で、南沙群島をめぐって米・中間に冷戦が顕在化しつつあり、その端緒は２００９年３月米調査船インペカップル号妨害事件であった。米国は航行の自由など南シナ海における国益を明確化しており、一方、中国は南シナ海をチベットと並ぶ核心利益（core interest）と位置づけており、米国は、域内の同盟国に対する軍事支援を保障しながら、紛争の平和解決に関与していくことになる、と論じた。そして、フィリピンは、米国の同盟国として、米国の側に立つことは自明で、米中冷戦がピークに達したとき、フィリピンは代理戦争に巻き込まれる覚悟があるのか、とも問いかけた。

２０１１年７月１日カナダ・アルバータ大学中国研究所のノン・ホントウェンタン・ジアンは、論説「南シナ海への米国関与の中国パーセプション」で、核心利益、航行の自由、及び南シナ海問題解決メカニズム

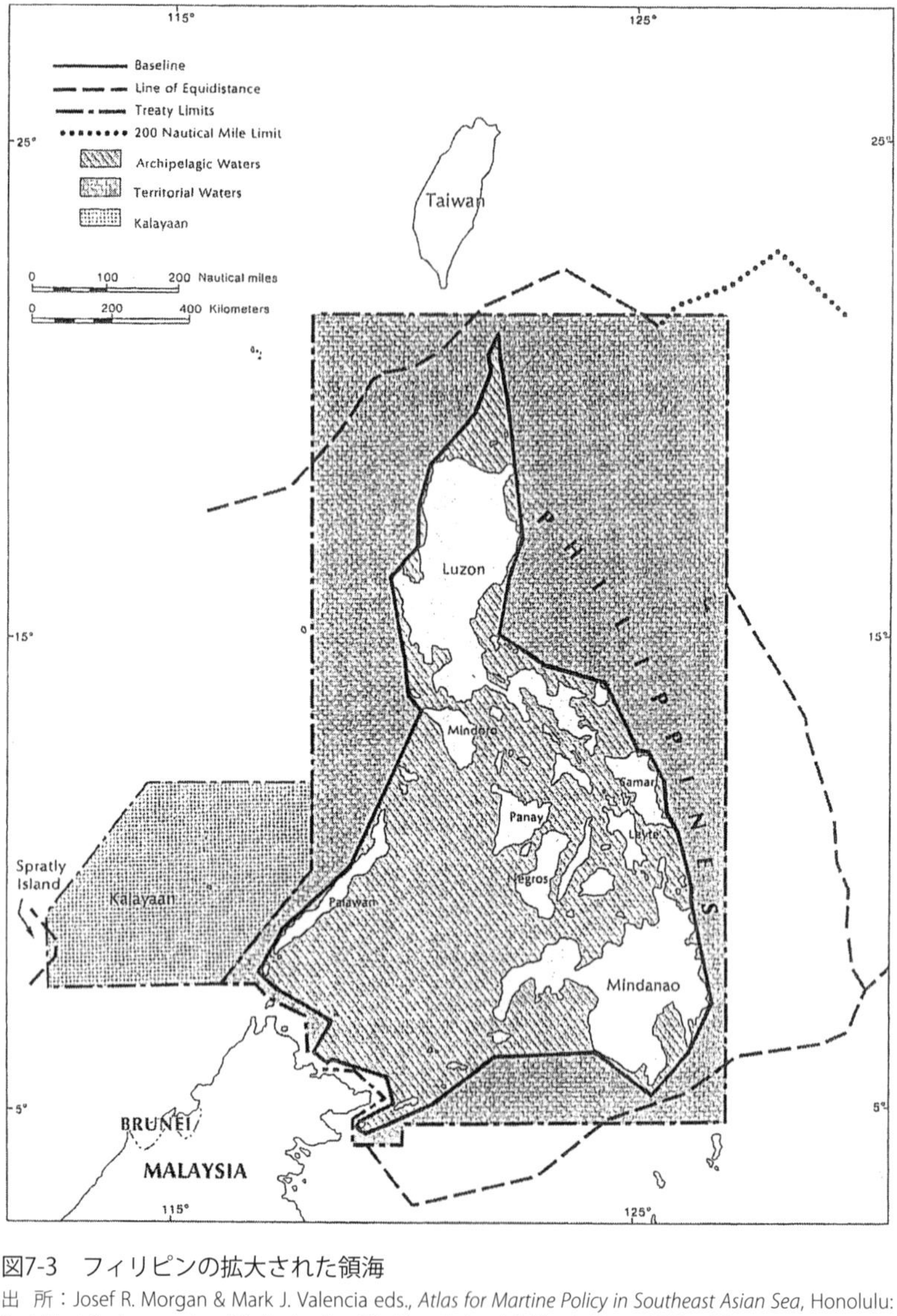

図7-3　フィリピンの拡大された領海

出　所：Josef R. Morgan & Mark J. Valencia eds., *Atlas for Martine Policy in Southeast Asian Sea*, Honolulu: East-West Environment and Policy Instiute/ Berkley: Univ. of California Press, 1983, p.50.

をキーワードに、双方の間には、コミュニケーション・ギャップが高まりつつある、と指摘した。その論点は、以下にある。

「核心利益」―この用語は中国人は使用していないとしつつ、「平和的解決が中国の核心利益とする」中国の公式的立場を、米国や日本のメディアが曲解したといい、これに対応する米国の対応は「領有権問題の解決は米国の国益である」（２０１０年7月23日クリントン米国務長官のハノイ発言）である。

「航行の自由」―中国は、「南シナ海における航行の自由」を米国の「国益」としたクリントンに反発し、米国が航行の自由は米国のプレゼンスであって、軍事的優位と政治的影響力にほかならない、とみている。中国の排他的経済地帯における米調査船妨害事件がそれを証明しているという解釈がそれである。

「南シナ海問題解決メカニズム」―中国は、米国の南シナ海問題への関与に懸念を示しており、問題の国際化に反対してきた。中国は、その国際化は国際的に受け入れられる法規で自らの規制を縛ってしまうことになるので、中国としては、それを拒否するとする立場にある。これに対し、米国は、国際化に対する中国の反対は、国際的な海洋問題を非国際化する試みに等しい、と解している。

ここに、南シナ海問題のギャップが内在しており、米国の圧力論議が展開される一方、主題はその解決を失ってしまうといった危機が生じてしまっていないか、というのが現状である。

それは、フィリピン平和研究所のモメル・バンラオイが、２０１１年６月フィリピンは米中冷戦に巻き込まれつつある、と指摘した通りである。

米国は、南シナ海における中国の行動を視野に入れた海洋防衛を２００５年以降、進めており、フィリピン南部に米軍が使用可能な前進拠点を維持し、米海軍と空軍は、パラワン島でのフィリピン空軍基地の使用を２０１１年８月に認めた。

２０１１年９月アキノ大統領の指示で、フィリピンは、マニラにＡＳＥＡＮ政府南シナ海会議を開催し、中国派のカンボジアとラオスは欠席した。会議は、フィリピンの提案に従い、リード礁（礼樂灘）を除くスプラトリー群島及びパラセル群島を紛争地域と規定し、これをＡＳＥＡＮ路線に従う「平和と友好の海」とする構想を採択し、その構想は共同開発の方向を展望していた。しかし、この構想は10月バリ開催のＡＳＥＡＮ非公式会議では、支持されなかった。そこで、フィリピンとしては、ＡＳＥＡＮの枠組みによる解決は期待できず、米国への依存しか選択の余地はなくなった、と解することができる。

なお、中国は、２０１１年７月フィリピンの提起した国際海洋裁判所への付託を拒否している。

米国とフィリピンの安全保障協力は、以下の経過を辿った。

表7-4　フィリピン・中国交渉とフィリピンの安全保障、1987～2014年

1987年	1月	中国、フィリピンに対し南海主権放棄を要求
1989年	3月	フィリピン下院、南シナ海平和解決フォーミュラ決議採択
1993年	4月	中国・フィリピン首脳交渉、双方は南シナ海問題で対立
1995年	2月	中国、カラヤーン群島ミスチーフ礁占拠
	8月	中国・フィリピン、8項目行動基準の原則の共同声明
1997年	4月	フィリピン、中沙群島で五星紅旗引下ろし事件
1999年	7月	フィリピン、南沙群島で中国漁船発砲事件
2000年	1月	フィリピン、中国漁船の侵犯で発砲事件
	5月	フィリピン大統領エストラダ、中国訪問、南シナ海問題の平和解決で合意
2001年	2~7月	フィリピン・米国合同軍事演習
2004年	2~3月	パラワン沖での初のフィリピン・米国合同軍事演習
2009年	3月	フィリピン、領海基線法制定
2011年	6月	バンラオイ、「スプラトリー群島における冷戦の浮上」
	7月	フィリピン、南シナ海問題の国際海洋法裁判所提訴を提案、中国は拒否
	8~9月	フィリピン大統領アキノ3世、訪中、海洋をめぐる紛争の平和解決を確認
	9月	フィリピン、南シナ海ガス田防衛の強化
	9月	フィリピン、国家沿岸防衛機構創設
2012年	9月	フィリピン、カラヤーン法成立
2013年	9月	フィリピン、パラワン島軍事基地を米軍と共同使用
2014年	4月	フィリピン・米国軍事基地協定調印

1998年1月　米国・フィリピン地位協定の成立で米軍駐留可能。但し、米軍・フィリピン合同訓練は実施しなかった。

2001年2月～7月　フィリピン・米国合同軍事演習。

2012年7月　ミンダナオで米国・フィリピン海洋防衛・警備の統合強化と統合能力向上への取組み。

9月　フィリピン、パラワン島基地を米軍と共同整備の合意。

2013年4月　フィリピン・米国合同軍事演習パリカタン実施。

6〜7月　米海軍・フィリピン海軍、南シナ海で定期合同軍事演習キラット実施。
9月　フィリピン、パラワン島軍事基地を米軍と共同使用。
2014年4月　フィリピン・米国軍事基地協定調印。

2014年フィリピン・米国軍事基地協定の調印は、フィリピンの安全保障が米国同盟体制に組み込まれたことを意味した。

6. 南シナ海における米国の立場

最後に、南シナ海問題に対する米国の立場について、要約しておく。

米国は、ベトナム戦争を通じベトナム本土から100海里を作戦区域としてきた。そして、パラセル群島の領空侵犯を日常化した。ベトナム戦争以後は、原則として、米国は南シナ海問題に介入していない。1995年5月の国務省声明（資料Ⅻ）で、「南シナ海のさまざま島嶼・岩礁・珊瑚礁・岩礁をめぐり対立する主権要求に対しては、法的価値の立場にない」としていた。そこでの米国の期待は、ASEANの南シナ海宣言及び各行動宣言で活かされた。但し、1957年5月以降、台湾の同意で、米国は、南沙群島にレーダー施設を維持してきている。

２０００年９月シンガポールと米国の両海軍は、合同軍事演習を実施した。これは、１９９５年以来、毎年、限定的に実施されたところで、同年の協定で米艦船のシンガポール寄港が可能となり、米軍の南シナ海域での補給が開始され、２００１年３月米空母キティホークがシンガポールのチャンギ海軍基地に初寄港した。なお、米国の偵察行動は、２００１年４月海南島事件にもかかわらず、続いた。

そこでの米国の基本的立場は、航行の自由の主張にあって、南シナ海の領有権紛争は第三者の立場にあったが、中国の軍事行動が高まるとともに、警戒を深めるようになり、航行の自由の原則をもって、国際社会で中国を牽制する行動をとった。その動向は、以下の通り確認できる。

２００９年３月海南島沖合で米海軍所属の民間海洋調査船インペカップル号に対する中国艦艇、中国海軍の海上漁業局及び国家海洋局の情報収集艦２隻による妨害事件が起きた。米国は、海洋法の適法な利用に従っているとしていたが、それは中国の排他的経済水域である場合は、沿岸国の同意が必要となる。そしてそれは事前通告の海洋調査ではなく軍事調査であると米国が主張すれば、沿岸国の停止要求をどこまで認めるかは、沿岸当事国の判断によるしかない。

以後、例えば、２０１０年３月訪中したスタインバーク米国務副長官に対し、中国高官は、米艦船の行動に対して「南海は中国の核心利益」であることを確認し、通告した。それ以前、２００９年７月米上院外交委員会公聴会で、ジム・ウッブ議員は、「米国のみが、中国がもたらしつつある域内の不均衡を是正できる実力を備えている」と発言していた。

２０１０年９月オバマ米大統領は、温家宝中国総理に対し「南シナ海における航行の自由」を強調した。２０１１年６月シャングリラ会議で、梁光烈中国国防部長が「南海の全般的状況は安定している」と発言したが、それに対し、ロバート・ゲーツ米国防長官は、「今後5年間、米国の影響力は変わらない」と発言して、中国の行動に釘を刺した。同6月米国・中国アジア・太平洋協議で、カート・キャンベル米国務次官補は、南シナ海の米国の航行の自由を主張した。同月米国・フィリピン外相会談で、「航行の自由は米国の国益」と確認した。そして、同6月米上院は、南シナ海問題での中国の行動を非難し、紛争の平和的解決を求める決議を採択した。

この文脈で、米国は、南海諸国に対する能力構築に貢献している。その米国の活動は、以下の通りである。

２０１０年８月　米軍、ベトナム海軍と南シナ海で合同演習。

２０１１年６月　米軍、フィリピン海軍とスルー海で合同演習。

　　　　７月　米軍、ベトナム軍と合同演習。

２００６年、ジョンズホプキンス大学の報告「南シナ海における中国のキューバ化」で、マハン理論を適用する形で、中国は南シナ海を米国にとってのカリブ海と同様であると、内海化を指摘した。この分析から、その指摘は、中国のＡ２／ＡＤ（アクセス拒否・海域防衛戦略）と把握され、太平洋から南シナ海へ至る第一列島線の拡大延長を確認するものとなった。そして、かかる認識は、米国防総省報告『中国人民解放軍の

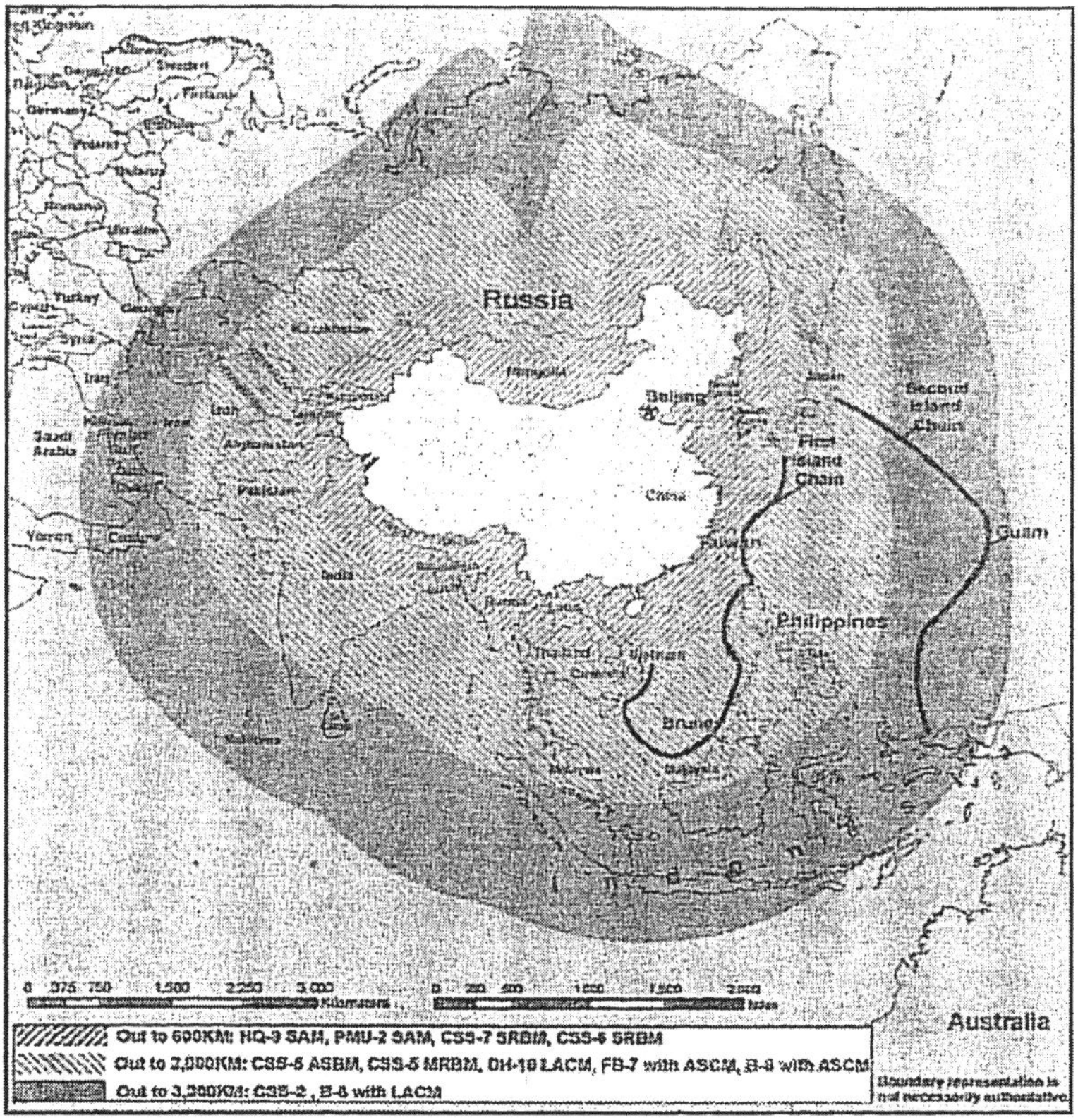

図7-4：中国のA 2 /AD能力、2010年

出所：*Annual Report of Congress: Military and Security Developments involviing the People Republic of China 2011*, Wasinngton, DC: USGPO, Aug. 2010.

注：——は第1列島線と第2列島線を示し、それへの対応をみせている。

軍事及び安全保障の進展２０１１年』で、次の通り公式に確認された（図7–4）。

「中国のＡ２／ＡＤ能力は、西太平洋を含む中国の外縁部に対する敵のアクセスを制限し又は規制することを目標としており、対艦弾道ミサイル（ＡＳＢＭ）・潜水艦・水上戦闘艦・海上攻撃機など各種兵器システムによって沿岸から１０００海里を超える海域で敵の水上戦闘艦に対処することになろう。」

「中国のＡ２／ＡＤ能力を強化するための海空軍力の行動範囲拡大は、米国による西太平洋での前方展開とパワー・プロジェクション能力に挑戦する構造を作り出し、さらには、地域の軍事バランスを不安定にしている。」

一方、米国防総省は、２０１０年2月新たな空海統合構想を、ＱＤＲ２０１０で提起し、「米国の行動の自由に挑戦する高性能のＡ２／ＡＤ能力を備えた敵を打破するために、空・海・地上・宇宙・サイバー空間にわたる統合能力を発揮する空・海戦力の運用」につき検討し、戦力計画として、以下の点を提起した。

――長距離攻撃能力の拡充、

――海面下作戦対応力の強化（無人潜水艦の開発）、

――前方展開戦闘能力及び基地施設の対抗強靭性、及び即応態勢の強化、
――宇宙アクセス及び宇宙アセット利用の強化、
――Ｃ４ＩＳＲ対抗強靭性の強化、
――敵の検出及び戦闘システムの破壊、
――在外米軍のプレゼンスと即応態勢の強化など。

中国が南シナ海の内海化実現へと向かうなか、米国は、ＡＳＥＡＮ諸国、特にフィリピンとの協調をとる一方、中国との二国間対話を続行し、中国、ＡＳＥＡＮ諸国、及び米国の三角形力学による対立と協調の戦略的構図を展開している。２０１１年６月14日エンタープライズ研究所のオースチン日本部長は、「ウォール・ストリート・ジャーナル」論説「中国は南シナ海で自制しなければならない」で、米国は、現在の安全保障上の誓約を維持するとともに、合理的な行動基準を支持行動する以外に選択はない、と述べた。要点は、以下の通りである。

１．北京は、ベトナムとフィリピンに中国が領有を主張する海域の石油探索行動を行わないよう、警告する。５月に中国海軍艦船がベトナム地震探査船の探査ケーブルを切断した。国際社会は、中国が領有権紛争を自ら満足のいくように解決するためには、増大する軍事力の行使になんら躊躇しないことにつき、懸

表7-5　米国の南シナ海政策、1995～2014年

1995年	5月	米国務省、南シナ海声明
2000年	4月	米国・シンガポール物資・役務提供協定調印
2001年	4月	中国海南島上空で米軍偵察機と中国軍戦闘機の接触事件
2006年		ジョンズホプキンス大学高等国際研究所、南海でのマハン理論の適用提起（「南シナ海における中国のカリブ化」）
2009年	3月	米海軍海洋調査船事件
2011年	6月	米上院、南海問題での中国非難決議成立
2014年	4月	オバマ米大統領、マニラ演説でアジア・太平洋国家としての関与を確認

念すべきである。

2. 中国は、ここ10年間、ワシントンの決意がどうか、ということを試してきた。アジア諸国と米国は、中国の強まる自己に対処する方策を見出しえないでいる。少なくとも3つの理由から、これに正しく対処することが重要である。①近隣諸国は、中国に従わざるを得ない状況を作り出している。②中国が近隣諸国を威嚇しても妨害しても、咎められないほどに地域が不安定化し、合意はますます難しくなってきている。③中国の威嚇に対するベトナムの対応が示すように、小国は、いつも小国が脅かしに屈するというわけでない。

3. 中国は、既にインド・太平洋地域で軍拡競争を拡大遂行している。アジア諸国は、米国の立場に立って中国との均衡を考えている国はなく、将来の国防水準は削減するしかない。

4. 結局、米国は、中国に対する関与を続けながら、現在の安全保障上のコミットメント（誓約）を維持するとともに、合理的な行動の基準を支持していくしかない。アジア大陸の周辺地域は大荒れになりつつある。中国が大国としての尊厳を得たいと望むのであれば、自らの要求

を抑え、自制心を持つことを学ばねばならない。

以上は、米国の南シナ海問題における現下の立場を明らかにしている。南シナ海問題は、現在、新しい海洋レジームが追求され展望される一方、その領土管轄をめぐる拮抗にあって、緊張はよりいっそう高まっている。中国の南シナ海諸国への断続説の適用をめぐる議論は、そうした中国の認識を反映している。

その米国の動向は、次の通りである。

２０１３年11月　東アジア首脳会議で、初参加の米国が南シナ海問題で中国と対立。

２０１４年４月　オバマ米大統領、アジア歴訪に際しての、マニラ演説で「アジア・太平洋国家としての関与」を確認。

２０１４年２月米国防長官に就任したアシュトン・カーターは、４月８日「ジャパン・ニューズ」で、現在の南シナ海問題に対する立場を、こう指摘した。

「米国と多くの諸国は、中国の幾つかの行動を深く懸念している。南シナ海といった場所での中国の行動は、多くの深刻な疑問を提起しており、われわれは、これら動向を注視していて、こうした懸念につき、わわれわれは、中国側に2国間と多国間の場で日頃から、それを提起している。われわれは、中国が過去にASEANに対して行った約束と矛盾する埋立て活動の範囲と速度に懸念している。われわれは、特にこうした前哨地の軍事化の可能性に懸念している。こうした活動は、緊張の深刻化を高め、外交解決の可能性を減じている。われわれは、地域での信頼を改善するため、中国に活動の制限と自制を促すものである。」

中国は、2012年4月スカボロー礁事件以後、1913年3月海上法執行体制、即ち4龍をもって、西沙群島では、2013年7月に観光が始まり、参加者は、50回に達する出港で述べ6000人に達し、居住環境も大きく改善された。南沙群島では、7つの岩礁で埋立て工事が行われ、人工島が出現している。永暑礁（ファイアリー・クロス礁）、渚碧礁（スビ礁）では、第4世代の携帯電話の時代に入った。2013年3月以来、4龍体制は、行政中心の永興島（ウッディ島）に三沙市が置かれ、テレビ放送も始まっている。その中国支配は、内海化の成就をみせている。そこには、南海諸島の存在について、2012年11月既に新中国旅券に南海諸島の大半を占める地図を記載しており、そこでは、領土をめぐる対外交渉の余地はほとんどないといってよかろう。

資料

資料Ⅰ．１９７５年マラッカ・シンガポール海峡沿岸３国外相会議の新聞発表１９７５年２月19日発表（シンガポール）

1、マラッカ・シンガポール海峡における航行の安全、及び石油による汚染防止につき協議し協力するとの沿岸３カ国間の合意に基づき、インドネシア共和国、マレーシア、及びシンガポール共和国の外相は、１９７５年２月19日シンガポールで会合した。インドネシア共和国外相アダム・マリク閣下、マレーシア情報相兼外交担当特務相トゥンク・アハマド・リタウディソ・ビン・トゥンク・イスマイル閣下、並びにシンガポール共和国外相Ｓ・ラジャラトナム閣下が、この会議に出席した。

2、沿岸３カ国の官吏は、この外相会議の準備のため、２月17日～18日に会合した。

3、会議は、航行安全対策に関する諸事項を詳細に討議し、これとの関連で沿岸国の諸利益を保護する必要性を強調した。

4、この関連において、３カ国閣僚は、マラッカ・シンガポール海峡における航行分離計画が設定されるべきこと、並びにこの方向で速やかに措置が講じられるべきことにつき、合意した。

これら海峡における航行の安全性を高めることの必要性、並びに国際海運界の利益は考慮される。

5、超大型原油運搬タンカー（ＶＬＣＣ）に対してはある種の制限が課されるべきこと、及びかかる制限についての研究は技術専門家グループによって行われることが合意された。

同海峡における航行の安全性を強化するため精密な航行支援及びその他の措置の必要性についても、検討された。

6、（各種）油による汚染事故に際しての補償問題も討議された。３カ国閣僚は、石油タンカーによって惹起された損害に対する現行の保険制度は不十分であり、妥当な損害賠償を確保するための措置が講じられるべきであるとの見解を表明した。

7、３カ国閣僚は、その油が３カ国の海域に流出した結果、損害をもたらした日本の原油運搬タンカー祥和丸の最近の座礁事故について討議した。

8、３カ国閣僚は、この海洋環境が３カ国にとり重要であることに鑑み、この事故の結果生じた費用と損害に対し迅速、公正、かつ妥当な補償が行われるべきであることを強調した。

9、３カ国閣僚は、マラッカ・シンガポール海峡における緊急な航行安全対策の必要性を裏付ける同事故につき、深い懸念を表明した。

10、３カ国閣僚は、石油による汚染を規制するため３カ国間における協議、調整、及び協力の必要性を認識し、マラッカ・シンガポール海峡における各種油による汚染を防止し、防御するための各国の緊急事故防止対策を調整することに合意した。

11、３カ国閣僚は、これらの分野における３カ国間の努力調整及び協力を行うために、マラッカ・シンガポール海峡における航行安全及び海洋汚染規則に関する閣僚級の協議会を設立することに合意した。

資料Ⅱ．「人民日報」記事「西沙群島と南沙群島の争いの由来」１９７５年５月15日（北京）

中国・ベトナム交渉に参加しているベトナム政府代表団とハノイ宣伝機関は、中国・ベトナム両国関係の処理に関する８項目原則提案のなかで南沙と西沙両群島問題について打ち出した中国の提案をめぐり反中国宣伝を巻き起こし、中国がこの両群島について中国の主権を尊重するよう、また占拠している南沙群島の島嶼から要員を撤収するようベトナムに要求しているのは「きわめて道理のない、横暴な要求である」、「ベトナムに自己の領土主権を放棄するよう、横暴にも要求したものである」と非難している。

ベトナム側のこれら反中国のわめきに、なんの道理があるというのか、中国・ベトナム双方の西沙群島・南沙群島に関する紛争はどんなことが原因で起こったのか。

中国・ベトナム両国間には、南沙群島・西沙群島の帰属について、別に論争はなかった。だが、抗米戦争の終結前後に、ベトナム当局は、兵力が豊富で兵器が十分あるのを頼りに、隣国領土に対する拡張の野心を急速に膨張させた。１９７４年、中国が西沙群島に侵入した南ベトナム傀儡軍を駆逐した後、ベトナム当局は、西沙群島についての領土要求を打ち出し、「隣国間の領土と国境紛争は詳細かつ綿密な研究を行うことが必要である」と申し立てた。１９７５年４月ベトナム当局は、兵を繰り出して南沙群島の６つの島嶼を侵略し占有し、その後、国内外で、西沙群島と南沙群島は「ベトナムの領土」であるとこじつけ、地図を改竄してこの両群島をベトナムの領域に組み入れた。

ベトナム当局は、「黄沙と長沙群島」（わが西沙群島と南沙群島を指している）は「ベトナムの領土」であると称し、かつ、「この地図……は数千年の歴史のなかで書き込まれている」と述べているが、これは、まったく歴史的事実を無視している。

中国の史籍資料と近代に出土した大量の文物は、西沙群島と南沙群島が昔から中国の領土にほかならなかったことを、余すところなく証明している。英国、日本、フランスの一部著作にも、古代、中国の勤労人民がこれら島嶼で生産・開発に従事した史実が記載され、ベトナム史籍の多くの記載も中国史籍の記載と合致しており、これら島嶼の主がベトナムではなく中国であることを証明している。

中華人民共和国の成立後、中国政府は、たびたび声明を発表し、中国が南海諸島に対して主権を有する旨を、厳粛に説明してきた。1951年8月15日、周恩来外交部長は「米英の対日平和条約草案とサンフランシスコ会議に関する声明」のなかで、「西沙群島と南沙群島はこれまで中国の領土であり、日本帝国主義が侵略戦争を起こしたときに、一時、敵の手に落ちたが、日本が投降した後、すでに当時の中国政府によって、すべて接収された」と厳正に指摘した。その後、中国政府は1956年、1958年、1959年、1974年、及びこの数年、たびたび声明を発表し、中国が西沙群島と南沙群島に合法的主権を有している旨を重ねて表明し、中国のこのような立場は、世界の大多数の国から尊重され、承認されている。1951年のサンフランシスコ会議で、当時のソ連代表、現ソ連外相グロムイコは、西沙群島と南沙群島の中国への返還を対日平和条約に明記すべきである、と主張し、「中国の歴来の領土、例えば、台湾、澎湖列島、西沙群島、及びその他、中国と切り離されている領土は、中華人民共和国に返還すべきであり、このことは論議の余地のないことである」と述べた。ベトナム当局が西沙群島と南沙群島について領土要求を出す数十年以前、ソ連で公式に出版された世界地図と百科全書は、西沙群島と南沙群島が中国に属してきたと記載している。フランス、西ドイツ、日本、米国、東欧各国で、1960年代、1970年代に出版された地図、百科全書を含む現代の世界各国の地図、書籍も、これら島嶼が中国の領土であることを記載している。

ベトナム民主共和国の成立から1974年以前まで、ベトナム民主共和国の覚書・声明など政府関係公式文書も、ベトナムの新聞・雑誌、教科書、公式出版の地図、及び一部政府責任者の談話もすべて、西沙群島・南沙群島に対する中国の主権を承認している。

1956年6月15日、ベトナム外務次官は、正式に中国側に、「歴史的にみて、これら島嶼は中国の領土に属する」と表明している。1958年9月4日、中国政府は、中国の領海に関する声明を発表し、そのなかで、中華人民共和国の領土には「中国大陸及びその沿海の島嶼、大陸、及びその沿海の島嶼と公海によって隔てられている台湾及びその周囲の各島、澎湖列島、東沙群島、西沙群島、中沙群島、南沙群島……を含む」と明確に指摘した。9月14日、ファン・バン・ドン・ベトナム首相は、このことについて周恩来総理に覚書を寄せ、「ベトナム民主共和国政府は、中華人民共和国政府の1958年9月4日の中国領海規定に関する声明を承認し、これに賛同する」、「ベトナム民主共和国政府はこの決定を尊重する」ことを明確に声明した。当時、ベトナム紙「ニャンザン」は、中国政府の声明について詳細な報道を行い、かつ論評を発表して、これに支持を表明した。

1965年5月9日にも、ベトナム民主共和国政府は米大統領のベトナムとベトナム付近における米軍の「戦闘区域」発表について声明を発表し、西沙群島が中国に属する旨を明確に承認し、「ジョンソン米大統領はベトナム全体及びその付近の水域、ベトナム海岸から100海里離れたところ及び中華人民共和国西沙群島の領海の一部を米武装部隊の戦闘区域と規定し、……」と述べた。

このほか、1975年以前、ベトナムが公式に出版した地図は、西沙群島と南沙群島について、いずれも中国の名称を使用し、かつ中国に帰属する旨を注記している。例えば、1960年ベトナム人民軍総参謀部地図処作製の『世界地図』は、西沙群島（中国）・南沙群島（中国）とベトナム語で表記しており、ベトナム首相府測量・地図局1964年版の『ベトナム地図集』、ベトナム首相府測量・地図局の1972年5月印刷作製の『世界地図集』と1974年3月第二次印刷発行の『世界政治地図』は、これら群島について中国の名称に従ってベトナム語で「西沙群島」、「南沙群島」と表記しており、またベトナム教育出版社の1974年版、普通中学9年生用地理教科書は、「中国」の章で「南沙・西沙各島から海南島、台湾島、澎湖列島、舟山群島にかけての弧型の島環は中国大陸を守る「長城」を構成している」と記述している。

しかるに、1975年5月15日、つまり、ベトナムが兵をくりだして南沙群島の6つの島嶼を侵略・占領して1カ月にもならないときにベトナム紙「クァンドイ・ニャンザン」は、特にベトナムの記事を掲載して、南沙群島をベトナムの領土として記載する一方、ベトナム領土の最東点を東経109度29分と注記した。「クァンドイ・ニャンザン」の意図は、ベトナムの中国領土侵略・占領に「道理がある」ことを証明しようとしたことにあるのは、明らかであるが、第一にベトナム教育出版社とベトナム科学技術出版社が1970年に出版した『ベトナム自然地理』と『ベトナム領土自然地理区分』はいずれもベトナム領土の最東点が東経109度21分であると、はっきり指摘しており、東経109度29分とはなっていない。第二に、たとえ勝手に地図上で境界線をひいてベトナム領土を東へ八分拡大したとしても、南沙群島は、いずれにせよベトナム領域内に描き入れることはできない。これは、南沙群島が東経109度30分以東にあるからで、これは、周知の一般的地理知識である。

以上の事実は、西沙群島と南沙群島が従来から中国領土の切り離すことのできない一部分であることを、はっきりと物語っており、世界から承認されているばかりでなく、ベトナム政府の多くの声明及び公式資料によっても認められている。いわゆる南沙群島と西沙群島の主権紛争は、完全にベトナム当局が一手に引き起こしたもので、領土拡張の野心に心を迷わされ、かつて誓った約束も実行せず、自分がはっきり書き表したことも反故と見做し、自らの言葉を裏切り、国際的約束に背いたこの行為は、国際的にもめったに見られないものである。

ベトナム当局が中国の南沙群島の6つの島嶼を武力を使って侵略・占領し、かつ中国の南沙群島と西沙群島全体に邪な望みを抱いていることが、中国・ベトナム両国関係を悪化させている重大な一要因となっている。現在、ベトナム軍隊が依然として不法に南沙群島の一部島嶼にいすわり、武装船が引続き西沙群島の海域を侵犯し、本来存在しない問題がベトナム当局によって故意に中国・ベトナム関係のなかの1つの重大な紛争に仕立てあげられている。

ベトナム当局は、「中国人民との良好な関係をきわめて大切にし、かつこの関係を維持し発展させたいと一貫して願っている」と述べているが、この耳ざわりのよい言葉も、実際の行動には及ばない。もしベトナム側が問題を解決したいとの願いを本当にもっているのなら、中国が打ち出した中国・ベトナム両国関係の問題処理に関する8項目原則提案を回避すべきでなく、南沙群島と西沙群島に対する中国の領土主権を尊重し、南沙群島の6つの島嶼を不法にも侵略し占領しているベトナム要員全員を引き揚げ、西沙群島領域に対する侵入と挑発を停止しなければならない。

資料Ⅲ．1977年マラッカ・シンガポール海峡の航行安全に関する3国共同声明1977年2月24日発表（マニラ）

インドネシア、マレーシア、及びシンガポールの外相会議は、マラッカ・シンガポール海峡における航行安全の増進、並びに汚染防止対策及び措置に関する密接な協力及び協調の促進のための措置を検討するため、1977年2月24日マニラにおいて開催された。インドネシア外相アダム・マリク閣下、マレーシア外相トゥンク・アーマド・リタウディン閣下、及びシンガポール外相S・ラジャラトナム閣下が会議に参加した。

外相は、1976年12月20日、21両日ジャカルタで開催された高級官吏会議の報告を検討かつ考査し、並びに以下の勧告を採択しているマラッカ・シンガポール海峡の航行安全に関する協定に署名した。

1、船舶は、マラッカ・シンガポール海峡通航の間は常時、最低3・5メートルの余裕水深（UKC）を維持し、かつ特に危険水域航行の際には、あらゆる必要な安全措置をとるものとする。

2、マラッカ・シンガポール海峡の3カ所の危険水域、すなわち、ワソ・ファゾム・バソク水域、主要直線地帯、及びフィリップ水道、並びにホースバー灯台沖における航行分離方式（ISS）を設定する。

3、深喫水船、すなわち喫水15メートル以上の船舶は、バッファロー・ロックまでのシンガポール海峡においては指定された深喫水航路（DWR）を通航することとし、またバッファロー・ロックからパッ・ベラソティまでの水域では、特定の航路を航行することを勧告される。

4、その他の船舶は、緊急時を除き、深喫水航路に進入するよう勧告される。

航行分離方式の効果的かつ効率的な実施のため、航行援助施設が改良される。

5、大型船舶のため現在行っている任意の通報手続き及び制度は継続される。

6、シンガポール海峡の危険水域における任意水先の原則は適用される。
7、巨大タンカー（ＶＬＣＣ）及び深喫水船は、危険水域通航を通じて、12ノットを超えない速度で航行することを勧奨され、かつ深喫水航路においては、追越しが禁止される。
8、海図及び潮流・潮汐のデータは改善される。
9、１９７２年国際海上衝突予防規則の規則10は、実施できる限り、航行分離帯で適用される。
10、航行分離方式の実施は、沿岸国に財政的負担をかけないものとし、必要な資金は利用者が負担する。
11、海洋汚染処理のための共通政策が作成される。
12、マラッカ・シンガポール海峡を航行するすべてのタンカー及び大型船舶は、保険及び補償制度により然るべく保証されるものとする。
インドネシア、マレーシア、及びシンガポールの外相は、フィリピン共和国政府に対し、マニラ会議のため与えられた便宜に関して謝意を表した。

資料Ⅳ．ベトナム社会主義共和国の領海・接続水域・大陸棚に関する声明１９７７年５月12日発表（ハノイ）

ベトナム社会主義共和国政府は、
ベトナム社会主義共和国国会常任委員会の批准を得て、
ベトナム社会主義共和国の領海、接続水域、排他的経済水域、及び大陸棚を次のように定めた旨を布告する。
一、ベトナムの領海は、海岸線の各尖端とベトナムの沖合の各島嶼の最も外側の点とを結び、海岸沿いの低潮線である基線から測定する一二海里の幅員を有する。基線の陸地側の水域は、ベトナム社会主義共和国の内水を構成する。ベトナムは、領海の上方の空域と海底・底土はもとより、自己の領海に対しても、全面的かつ完全な主権を行使する。
二、ベトナム社会主義共和国の接続水域は、ベトナムの領海に隣接し、かつその後方にある一二海里の水域であり、それは、領海と合わせ、領海の幅員を測定する基線から二四海里の水域をもって形成する。ベトナム社会主義共和国政府は、ベトナムの領土又は領海内のその安全と関税および財政権益を配慮し、その衛生・出国・入国規制の尊重を確保する目的で、その接続水域において必要な統制権を行使する。

三、ベトナム社会主義共和国の排他的経済水域は、ベトナムの領海に接し、またベトナム領海の幅員を測定する基線から二〇〇海里の水域をもって形成する。ベトナムは、ベトナムの排他的経済水域の海中・海底・底土の有機・無機のすべての天然資源を探査し、開発し、保護し、かつ管理する目的において、主権を有する。ベトナム社会主義共和国は、ベトナムの排他的経済水域における設備、建造物、及び人工島の設置に関し占有権及び管轄権を有し、排他的経済水域の経済的探査と開発のためのその他の活動に関し独占的な管轄権を有する。ベトナム社会主義共和国は、排他的経済水域の海洋環境の保護と汚染の抑制と排除につき管轄権を有する。

四、ベトナム社会主義共和国の大陸棚は、大陸の端の外線までのベトナム領土の自然延長とするところ全体に及び、ベトナムの領海の彼方にまで広がり、また大陸の端の外線が二〇〇海里に達していないところでは、ベトナムの領海を測定する基線から二〇〇海里の距離まで広がる海面下の海底と底土から成る。ベトナム社会主義共和国は、そこの定着性の種に属する生物有機体に加え、鉱物と他の無機物資源から成るすべての天然資源の探査、開発、保護、及び管理において、ベトナムの大陸棚に対して主権を行使する。

五、ベトナム領土の不可欠の一部を形成し、かつ第一項に言及されるベトナム領海を越えた外側の島嶼と群島は、この声明の第一項、第二項、第三項、及び第四項の規定に従い決定されるそれぞれ自らの領海、接続水域、排他的経済水域、及び大陸棚を有する。

六、この声明の原則から出発して、ベトナム社会主義共和国の領海、接続水域、排他的経済水域、及び大陸棚に関する特別の問題は、ベトナムの主権と利益を擁護する特別の問題は、ベトナムの主権と利益を擁護する原則に従い、かつ国際法と国際慣例に準じて、さらに詳細な規則により処理される。

七、ベトナム社会主義共和国政府は、それぞれ各国の海域と大陸棚に関連した問題を、国際法と国際慣例に従い、独立と主権の相互尊重を基礎にした交渉を通じ、関係国との間で解決する。

資料Ⅴ．ベトナム社会主義共和国文書「ホアンサ群島及びチュオンサ群島に対するベトナムの主権」１９７９年９月28日（ハノイ）

Ｉ　ベトナム領土の一部としてのホアンサ群島及びチュオンサ群島

ホアンサとチュオンサは、ベトナムの東方にある、主にサンゴ礁と砂洲からなる2つの群島であり、以前は、黄沙、大長沙、あるいは萬里長沙と総称されていた。両群島の島嶼は、みな、非常に小さいが、戦略的価値と経済的重要性はきわめて大きい。

ホアンサ群島［西沙群島］は、北部湾［トンキン湾］の湾口の外に位置し、ダナンから１２０海里である。欧米では、パラセル（Paracel）群島と呼ばれている。

チュオンサ群島［南沙群島］は、東海の南に広がり、カムラン湾から２５０海里のところにある。欧米では、スプラトリー群島と呼ばれている。

古来、チュオンサ群島とホアンサ群島は、ベトナムの領土であった。各王朝を通じて、以前のベトナム封建国家が、歴史上はじめて、国家として、両群島を占有し、主権を行使し、開発を行ったところであり、これら両群島は、それより以前は、いかなる国の行政区画にも入っていなかった。したがって、この占有は事実であり、国際法と国際慣習に合致したものである。ベトナムの各政権は、引き続いて、これら群島を、大陸部諸省に属する行政管轄のもとにおいてきた。

ベトナムのホアンサ群島とチュオンサ群島に対する主権は争う余地のないものである。ベトナム人民は、自らの両群島に対する主権を証明するのに十分な法的根拠、歴史的根拠、及び事実を有している。欧米の航海者、地理家、宣教師も、何世紀も前から、この事実を認めてきた。

にもかかわらず、北京当局者は、傲慢にも、これら両群島（彼らは、西沙・南沙と呼んでいる）は、中華人民共和国のものである、と要求してきた。１９７４年1月19日、彼らは、海軍と空軍の一大部隊を動員し、本国の支持のもとに、当時、グエン・バン・チュー政権が管理していたホアンサ群島に侵入し、これを占拠した。

これは、ベトナムの主権と領土保全を粗暴にも侵犯し、国際連合憲章と、国際法・国際慣習を踏み躙る、北京当局者のあからさまな侵略行動である。そして、これは、東海を一歩一歩支配し、これを独占し、ラオス・カンボジアと同様に、ベトナムをも衰弱させて、これを併呑し、東南アジアへの拡張の踏み台にしようとする北京の全般的陰謀の一環としてであった。その侵略行動を糊塗するために、北京当局者は、ホアンサ群島とチュオンサ群島が中国のものであることを証明するため、多くの資料をデッチ上げ、捩じ曲げている。

この小冊子で公表する資料により、世界の平和と真理を愛する人びとが、ホアンサ群島とチュオンサ群島はベトナムの領土であることをはっきりと理解して下さることを、われわれは確信している。

北京拡張主義者のいかなる欺瞞的手段も、この事実をおおいかくし、捩じ曲げることはできないし、まして、東海［南シナ海］におけるベトナム人民に対する彼らの侵略と裏切り行動を弁明することはできない。

II　ホアンサ群島およびチュオンサ群島に対するベトナムの主権を証明するいくつかの資料

資料1　17世紀のベトナムの地図

これは、杜柏という人が17世紀に編纂したベトナムの地図集の、クアンガイ［広義］地区の地図である。地図上に記された注解には、次のように、阮氏による「バイカットバン［黄金海岸］」開発のことが明記されている。

「海中に、長い砂洲があり、黄金海岸と呼ばれ、その長さは四〇〇里、その幅は二〇里で、大占［ダイチェム］港（原注1）と沙圻［サフィン］港（原注2）の間の海中にある。西南の風が吹くごとに、ベトナム中部をめざす各商船が、この一帯を漂流し、東北の風が吹くと、ベトナム北部をめざす商船が、その一帯を漂流し、いずれも、最後には、人は飢え死にし、貨物はそこに残る。阮氏は、毎年、冬の終りの月に、一八隻の船をそこへ送り、金銀・貨幣・銃弾が大部分を占める貨物を集めてくる。大占港と沙圻港からそこへは、半日を要する……。」

資料2　『撫邊雑録』

『撫邊雑録』は、ベトナムの博学者藜貴惇［レイ・ク・ドン］（1726―1784）によって、1776年に編纂された書物である。藜貴惇は、ホアンサとチュオンサの地理、資源、及び阮氏によるこれら両群島の開発の様子を、仔細に描写している。

この書物のなかで、藜貴惇は、次のように書いている。

「……広義府の、平山県安永村の河口の遙か沖には、薙小島と呼ばれる海中の山があり、三〇里以上の幅がある。以前は、四政坊から、豆を栽培する人びとが、海に出て八時間余りで、ここに赴いていた。さらに、その沖には、大長沙島（原注3）があり、以前は、多くの海産物や船の貨物があり、黄沙（原注4）隊という名の部隊を組んでの往来に三昼夜を要し、それは、北海［トンキン湾］の近くにある。

……広義府平山県には、安永村という海に近い村があり、その東北の沖合には、多くの小島や星くずのように海に浮かぶ山があり、その数は一三〇余りで、一つの岩礁から他の岩礁に至るには、海を隔てること一日、あるいは数時間である。山上には、真水の泉があるところもある。島には砂浜があり、長さは三〇里あまり、平坦で広く、水は底まで澄んでいる。島には無数の燕の巣がある。各種の鳥が数千、数万羽いて、人を見ても、とまって囲むだけで、逃げようともしない。海岸には、めずらしい物が沢山ある。オクバン［文螺］というのは、莫蓙のように大きな象の耳の形をした貝で、腹のなかには、指先くらいの大きさの核があって、色は濁っていて、真珠とは違う。殻は削って薄い片片にし、焼いて家を建てるしっくいにすることができるし、装飾品に使うこともできる。また、法螺貝がいる。各種の貝はみな、塩漬にして食べることができる。タイマイはたいそう大きい。俗にチャンボン［壮蒉］と呼ばれている海亀がいる。これは、タイマイに似ているが、それより小さく、殻は薄く、装飾品に使うことができ、卵は親指の先くらいの大きさで、塩漬にして食べることができる。ドツドツ［突突］と俗称されているなまこがいて、海辺を泳ぎ、つかまえて石灰で少しこすり、はらわたをとって乾かし、食べるときには川蟹の汁にひたして、きれいにしてから、エビや豚肉と一緒に料理するとよい。

外国船が嵐にあうと、普通、ここに停泊する。以前、阮氏は、七〇名の男子からなる黄沙隊をおき、安水村の人をこれにあてた。人びとは、交代で毎年三月になると、派遣の命令を受け、六カ月分の食糧をもって、5隻の小さな釣船で、海を渡ること3日3晩で、この島に達した。ここでは、気ままに鳥をとり、魚をつかまえて食べる。馬剣、宝石、貨幣、陶器、祭壇装飾品などの難船の貨物を手に入れたり、［鼈甲］や海亀の甲、なまこ、文螺の玉などを沢山収集することができる。八月の満期がくると帰途につき、腰港［ヤオグアン］に入って、富春［ユエ］城に納め、計量して等級を定めて後、文螺、海亀、なまこなどは、個別に売りに出される。そして証書をもらってから、故郷へ帰る。どの位かせげるかは一定しておらず、すってんてんで帰る者もいる。私は、聆徳侯［トゥエン・ドツ・ク］の古い隊長の記録を読んだことがあるが、それには、次のようにあった。『壬午の年には、手に三〇パイの銀を手に入れた。甲申の年には、五一〇〇斤の錫を手に入れた。乙酉の年には、手に一二六パイの銀を手に入れた。己丑の年から癸巳の年にかけては、毎年、数匹のタイマイと海亀を得ただけであった。錫塊、陶器、二丁の銃を手に入れただけの年もあった。』

阮氏は、北海隊を設け、人数を定めないで、平順の四政部落や景陽村の者で、誰でも志願する者には派遣命令書が支給され、人頭税や巡防分担金が免除された。小さな釣船で北海各地、昆崙島［コンロン島］、河仙［ハティエン］の島嶼へ赴き、難破船の荷やタイマイ、海亀、鮑、海鼠などを求め、黄沙隊の隊長に管理をさせた。海産物を手に入れられるのみで、金銀財宝を手に入れられることは、めったになかった。」

資料3　『大南寔録　正編』

『大南寔録　正編』は、阮朝国史館によって編纂された史書で、阮氏諸帝の時代について書かれている。嘉隆、明命、紹治各帝の時代に関する部分は、1848年に編纂を終えているが、それには、嘉隆が1816年に黄沙諸島を占有したこと、明命が、これら諸島に廟を築き、碑を立て、植樹をし、測量をし、これを地図に描いたことが記されている。

以上の出来事にふれた部分は、以下の通りである。

第52巻
「嘉隆一五年丙子の年（一八一六年――原注）……

帝は、水軍と黄沙隊を派遣し、船で黄沙に渡って水路を調査した。」

第１０４巻
「明命一四年、癸巳の年（一八三三年――原注）秋八月……

帝は、工部に言った。『広義の海上には黄沙があり、遠くから見ると、空と海の色が一体になって、浅いのか深いのかも、区別できない。最近、商船が（座礁して）被害を受けている。だから、大きな帆船を準備し、年が明けたら人をそこに遣わし、廟を築き、碑を立て、木を沢山植えるのがよかろう。後日、木が大きく育ち青々となれば、人がたやすく見分けられ、それで、座礁を避けることができよう。これも、万世を利する事業である。』」

第１５４巻
「明命一六年乙未の年（一八三五年――原注）夏六月……

広義に属する黄沙（島）に神祠を建てる。

黄沙は、広義の海上にあり、白い砂洲が海上にあらわれ、草木が繁り、砂浜には井戸があり、西南には古い廟があって、『萬里波平』（原注五）の四文字が刻んである。白沙島［パイックサ島］は周囲一〇七〇丈、旧名を仏寺山といい、東、西、南岸はみな、珊瑚礁がゆるやかな傾斜をなして、水面に曲りくねっている。北側は、全部が珊瑚礁から成る小島に接している。この島は、海上に無気味な姿をうかべ、周囲は三四〇丈、高さは一丈三尺で砂丘と同じ高さで、灘石盤と呼ばれている。昨年、帝は、ここに廟と碑を立てようとしたが、風波のためにできなかった。最近、新たに、広義［クアンガイ］・平定［ビンディン］二省の府船とともに、監城の兵・職人とともに水軍隊長范文原を派遣し、物資を運び込み廟を建てた（旧廟と隔たること七丈）。廟の左側に石碑を立て、廟の前には風よけを作った。一〇日で工事は終り、人びとは引き揚げた。」

第１６５巻
「明命一七年丙申の年（一八三六年―原注）、春一月の一日、工部は、次のように奏上した。

『わが国の海上辺境には黄沙地方という、大変な難所で、近よりにくいところがあります。以上、地図を描きましたが、その地勢は広大で、わずかばかりの箇所が分かっただけで、まだはっきりとしておりません。毎年、人を常に各地に派遣して調査し、海路に慣れさせた方がよいと思います。今年からは、一月下旬になる度に、監城の水軍と兵士を一隻の屋根付きの大型船に乗せて派し、二月上旬には広義に行き、広義・平定の二省で、民の船四隻を雇い、どの島であれ、小島であれ、砂洲であれかまわないのですが、とにかく黄沙の地に案内させます。船がついたら、その地の長さ、幅、高度、周囲、及びまわりの海の浅いか深いか、水面に隠れた浅瀬、暗礁があるかないか、地勢が入りくんでいるか単純かを調べ、詳細に測量して、地図を描きます。それから、出発の日と、どこの港から出発したのかを調べ、どの方向からこの地に達したのかをはっきりさせて、その行程に基づき、距離を計算します。そして、この地から海を見て、正面に位置するのが、どの省で、どの方角にあたるのか、斜めに位置するのが、どの省で、どの方角にあたるのか、を明らかにし、本土海岸からの距離を明らかにします。一つ一つはっきりさせて、帝に献呈いたします。』

帝はこの奏上に同意し、范有日の水軍部隊を、兵船に乗せて派し、一〇の木の目印を運んで、その地に標識として立てさせた。それぞれの木札は、長さ五尺、幅五寸、厚さ一寸で、面には『明命一七年丙申の年、潘有日の隊を率いる正隊長、命によりて黄沙に至り、ここに、目印をおき記録にとどめる』の文字が刻まれた。」

資料4　ベトナムの『大南一統全図』（一九世紀初め）

これは、一八三八年頃に描かれた、阮朝時代のベトナムの地図である。この地図には、ベトナムの領土に属する「黄沙」と「萬里長沙」の二つの名が記されている。

資料5　『大南一統志』（一八六五年から一九一〇年にかけて編纂されたベトナムの地理書）

『大南一統志』は、国史館によって一八六五年から一九一〇年にかけて編纂された、阮朝の正式の地理書である。クアンガイ省について述べた部分では、黄沙諸島がクアンガイ省に属し、これら諸島の開発が続けられており、嘉隆帝・明命帝の時代に管理が強化されたことが明記されている。

「広義省の東方に砂の島（すなわち黄沙島）があり、砂洲が海とつらなり、省の堀となっている。広義省の西南は山蛮の地であり、堅固な城塁があり、南は平定省に連なり、石津峠が横にさえぎり、北は広南省と接し、沙土の急流が境となっている。

嘉隆帝の時代の初め、古くからの例にならって黄沙隊を設けたが、後に廃止した。明命帝の時代の初め、しばしば人を公船でこの地に遣わし、海路を調査させた。そこは、周囲が一〇七〇丈あり、青々とした草木におおわれ、砂丘には井戸がある、白い砂の小島があり、その西南には、いつ立てられたかはわからないが、「萬里波平」の四文字が刻まれた石碑のある、古い廟の建つ小島があった。この小島は、古くは仏寺山と呼ばれ、島の東と西側はみな、珊瑚礁が海中から姿をあらわしている。もう一つの島は周囲三四〇丈、高さは一丈二尺と砂丘と同じ高さで、灘石盤と呼ばれている。明命一六年、公船を遣わして、石垣を運び廟を建て、廟の左には碑を立てて目印とし、左右、後側の三面には、各種の木の種をまいた。廟を建てた兵士・夫役人夫は、二〇〇〇斤以上の片片、鉄を掘った。」

資料6　バリア省に属するチュオンサ群島（1933年）

1933年12月21日の南圻［コーチシナ］総督の決定で、チュオンサ［南沙］群島をバリア省とした。

第一条　東海にあるスプラトリー［南威島］の名をもった島と、これに付属したアンボイン［安波沙洲］、イツアバ［太平島］、ハイダオ［南北二子島］、ロアイタ［南鑰島］、テイトウ［中業島］の島嶼を、今後、バリア省におく。

資料7　トゥアティエン省に属するホアンサ群島

バオダイ13年2月29日（西暦1938年3月30日）のバオ・ダイ帝の第10号勅諭は、ホアンサ群島をナムガイ省の区画からはずして、トゥアティエン省におくことにした。勅諭の内容は、以下の通りである。

「詔書により、

ホアンサ群島（パラセル群島）は、長い間、ベトナムの主権に属し、以前の請朝のもとでは、これら請島は、ナムグァイ省の区画に属していたことを確認する。世祖高皇帝［嘉隆帝］の御代に至っても昔のままであったのは、以前は、これら諸島との交通はみな、ナムガイ省の港から行われていたためである。

詔書により、

海運の進歩により、今日では、交通が変化をし、またこれら諸島を管理するために派遣された南朝［ベトナム王朝］政府代表が植民地政庁代表官とともに、ホアンサ群島をトゥアティエン省の区画に加えた方が便がよいと奏上したことを確認する。

勅論…単独項――ホアンサ［西沙］諸島（パラセル諸島）を、トゥアティエン省の区画に編入することを承認する。これら諸島は、行政面では、この省の省政権のもとに属する。」

資料8　ホアンサ群島を単一の行政単位とする（1938年）

インドシナ総督の1938年6月15日の決定は、トゥアティエン省に属するホアンサ群島に、1つの行政単位を設けた（「アンナン行政官報」12号、1938年8月9日に掲載）。

資料9　ホアンサ群島におけるベトナムの主権を示す標識（1938年）

主権標識は、1938年、フランスによって立てられた。

標識の一文は、以下の通りである。

「フランス共和国、アンナン王国、ホアンサ群島、一八一六年［嘉隆帝がホアンサ群島に対する主権を実現した年］――パラセル、一九三八年［標識が立てられた年］」。

資料10　ホアンサ群島を2つの行政単位とする（1939年）

１９３９年５月５日のインドシナ総督の決定で、ホアンサ群島を二つの行政単位とする（「アンナン行政官報」１９３９年に掲載）（原注６）。

資料11　イツアバ島［太平島］指揮官の任命（１９４０年）

１９４０年８月22日、インドシナ総督の、任期をおえたイツアバ島（チュオンサ群島）指揮官Ｍ・ボロラウド氏に代わる者を選抜することに関する通達。

資料12　ホアンサ行政長官の任命（１９４１年）

１９４１年８月12日の、中圻欽使［ベトナム中部アンナンのフランス人総督］ブラーム氏に代わりマハメドブアイ・モズィーン氏をアムフィトリット島嶼群（ホアンサ群島）行政長官に選任する、と決定する。

資料13　１９４９年の世界気象機関（ＯＭＭ）のホアンサ群島における２つの気象地点を設定した。

フーラム島［永興島］地点は第４８５９号である。

ホアンサ島［珊瑚島］地点は第４８８６０号である。

（世界気象機構の文献、１９４９年）

資料14　１９４９年の世界気象機関（ＯＭＭ）のイツアバ島（チュオンサ群島）における気象地点を設定した。

イツアバ島地点は、第４６９１号である。

（世界気象機構の文献、１９４９年）

資料15　サンフランシスコ会議におけるベトナム代表団の声明

１９５１年９月７日、サンフランシスコ会議において、バオ・ダイ政府首相チャン・バン・ヒューは、ホアンサ群島とチュオンサ群島に対するベトナムの主権を確認する声明を行った。その内容は、以下の通りである。

「今後の紛争の芽をつむためにはあらゆる機会を利用しなければならないという点からも、私たちは、チュオンサとホアンサの両群島に対する古くからの私たちの主権を確認する」

（「フランス―アジア」、第66・67号、１９５１年11―12月）

資料16　１９５２年のホアンサ島気象地点のベトナム職員名簿［写真―略］

資料17　チュオンサ群島チュオンサ島に立てたベトナムの主権標識（１９６１年）［写真―略］

資料18　１９７３年４月の世界気象機関のベトナムのホアンサ島気象地点［写真―略］

（世界気象機構の文献、１９７３年）

資料19　チュオンサ群島上のベトナム人民軍［写真―略］

原注

（1）ダイチェム港は、現クアンナム・ダナン省のダイ港。
（2）サフィン港は、現ゲアン省のサフィン港。
（3）・（4）以前の世紀の多くの地図・資料では、ホアンサ、チュオンサの両群島は、しばしば1つにされ、大長沙、萬里長沙と総称されていた。
（5）萬里波平、果てしなく波静かの意。
（6）1939年5月5日の決定には、「1932年6月15日SP［インドシナ総督決定］」と誤記がある。正確には、「1938年15日―第一五六―三―六」である。

III ホアンサ群島とチュオンサ群島に対するベトナム主権の問題に関連した若干の出来事

17世紀　ベトナムの地理家杜柏［ドバ］が、ベトナムの地図を編纂。第1巻で、「黄金海岸」に言及。

1701年　フランスから中国へ行くアムフィトライト号の船上で、西洋の一人の宣教師が書いた手紙には、アンナン王国に属するホアンサ群島、と明記してある。

1776年　ベトナムの博学者藜貴惇は、『撫邊雑録』を編纂し、そのなかで、阮氏が黄沙隊、北海隊を組織して、ホアンサ群島・チュオンサ群島及びその他の島を開発したことを指摘している。

1816年　嘉隆帝は、水軍と黄沙隊を派遣して、大陸部からホアンサ群島に至る海路を調査させた。

1820年　嘉隆帝のフランス人顧問ジャン・バプティスト・シエニョーは、1820年頃『中南部地方についての意見書』を執筆した。この意見書で、J・B・シエニョーは、嘉隆帝が1816年に正式にホアンサ群島に対する主権を行使した、と明記している。

1821年　ベトナムの史家潘輝注は、『歴朝憲章類誌』の一節で、ホアンサ群島と、阮氏のこれら群島の開発事業に言及している。

1833年　明命帝は、翌年、ホアンサに赴き碑を立て、廟を築き、植樹をするために、輸送手段と物資を準備するよう、工部に命じた。

1835年　范文原の水軍部隊は、物資をホアンサに運び、碑を立て、廟を築いた。

1836年　范有日の水軍は、兵船をホアンサに送り、調査して地図を描いた。

1836年　12月、英国の船がホアンサで沈み、90名の水夫はビンディン省の大陸部に送られ、明命帝から食糧を援助してもらって帰国した。

1838年　ルイス・I・タベール司教は、『ベトナム・ラテン語辞典』(Dictionarium Latino-Annamiticum)を出版した。それには、「カットバン」というベトナム名と、「プ《ママ》ラセル」という国際名が併記されたホアンサ群島を描いてある『安南大國画圖』が付された。

1849年　イギリス人のギュツラフ博士は、「コーチシナ帝国の地理」(Geography of the Cochinese Empire)という論文を執筆した。そのなかで、ベトナム中南部の皇帝が、ホアンサ群島を占有し、商船隊や魚をとりにくる外国人から税をとったり、自国の漁民を保護するために小規模な部隊を設けている、と言及している。

1862〜1884年　フランス、ベトナムを植民地体制にくみこむ(南部東三省の占領から、パトノール条約調印まで)。

1910年　1865年から1910年にかけて編纂されたベトナムの正式地理書(『大南一統志』)は、ホアンサ群島がベトナム領土の一部である、と明記している。

1925年　ユエ王朝の兵部尚書タン・チョン・フエは、中華民国によるホアンサ島奪取の企みに対してホアンサはベトナムのものである、と確認した。

1927年　インドシナ海洋学院院長A・クランフは、ホアンサ群島で学術調査を行った。

1933年　フランス外務省は、『フランス共和国官報』にチュオンサ群島各島の占有に関する声明を出した(1933年7月)。南圻総督クラウチュメは、チュオンサ群島をバリア省の管轄とする決定を出した(1933年12月21日付、第4762号決定)。

フランスは、チュオンサ群島のイツアバ島に気象台と無線電信台を建てた。

1937年　工学博士ゴティエは、ホアンサ群島に赴き、灯台と水上機用飛行場を設ける場所をさがし、ホアンサへの移民の条件を研究した。

1938年　バオ・ダイ帝は、1938年3月30日、ホアンサ群島を、ナムグァイ省から切り離し、トゥアティエン省に編入する勅諭を発布した。インドシナ総督ジュール・プレビエは、1938年6月15日、ホアンサ群島を1つの行政単位とする決定を下した。フランスは、パトルー島(ホアンサ群島)に主権標識灯台、気象地点、無線電信基地を設けた。また、チュオンサ群島のイツアバ島に、気象観測所が建設された。

1946年　フランス砲艦サブーニャン・ド・ブレッツァ号を送り、黄沙群島を再占拠した(第二次大戦中、黄沙群島は日本軍に占領されていた)。

１９５１年　サンフランシスコ会議で、バオ・ダイ政府首相チャン・バン・ヒューは、ホアンサ群島とチュオンサ群島に対するベトナムの主権を確認する声明を行ったが、どこの国も反対の声をあげなかった。

１９５５年　サイゴン政権は、インドシナから撤退するフランス軍に代わって、海軍陸戦隊一個中隊を送って、ホアンサ群島に駐屯させ、水利学の研究団を派遣しホアンサ群島を調査させた。その後、サイゴンの一産業家に対し、この群島で磷酸肥料を開発することを許可した。

１９５６年　サイゴン政権は、軍艦を派遣してチュオンサ群島を支配し、チュオンサ群島はフックトゥイ省に属するとの大統領令を出した。

１９６１年　サイゴン政権は、ホアンサ群島を、クアンナム省ホアバン郡に属するディンハイ村という行政単位として組織するという大統領令を出した。また、チュオンサ群島に、主権標識を立てた。

１９６９年　サイゴン政権は、ディンハイ村（ホアンサ群島）を、クアンナム省ホアバン郡ホアロン村に編入する決定をした。

１９７１年　サイゴン［政権］外相チャン・バン・ラムは、マニラのＡＳＰＡＣ会議の席上、ホアンサ群島とチュオンサ群島に対するベトナム主権を再度確認する発言を行った。

１９７３年　サイゴン政権は、１９７３年９月３日、チュオンサ群島をフゥックトゥイ省ダットドー郡フゥオックハイ村に編入する決定をした。

１９７４年

――１９７４年１月12日、サイゴン政権外務省スポークスマンは、ホアンサ群島とチュオンサ群島は中国のものだとする中国の１９７４年１月11日の声明に反対する、と声明した。

――１９７４年１月16日、サイゴン政権外務省は、ホアンサ群島に対する主権を確認する声明を出し、国連安全保障理事会議長に対し、事態に対処するために適切な措置をとるよう要求した要請文書を送付した。

――１９７４年１月19日、中国がホアンサ群島を占領した。

――１９７４年１月20日、サイゴン政権外相は、中華人民共和国がベトナムのホアンサ群島を占領したことを審議する緊急安全保障理事会の開催を求めた緊急電を、国連安全保障理事会へ送った。

――１９７４年１月26日、南ベトナム共和臨時革命政府は、中国がベトナムのホアンサ群島を占領したことに対する自らの立場を表明した。

(a)主権と領土保全の問題は、すべての民族にとって神聖な問題である。

(b)国境と領土の問題では、歴史が残した紛争がよく隣国の間で起こり、時にはきわめて複雑な様相を呈し、精密な調査を必要とする。
(c)関係国は、この問題を、平等・互恵・善隣・友好の精神で検討し、交渉によって解決する必要がある。
——1974年6月28日カラカスで開かれた国連海洋法会議で、サイゴン政権代表団は、ふたたび以下の点を確認した。「ホアンサ群島とチュオンサ群島は、ベトナム領土の一部であり」、ベトナムは、「隣国が無理な要求をし、又は一部の島を不法に占領している」にもかかわらず、これら群島に対して「争う余地がなく、奪うことのできない主権」を有する。
1975年
——1975年5月、南ベトナム共和臨時革命政府武装勢力は、チュオンサ群島の一部の島を解放した。
——1975年9月24日、中国を訪問したベトナム党・政府代表団との会談で、鄧小平中国副総理は、両国がホアンサとチュオンサの両群島の問題をめぐって紛争中であることを認め、以後、双方がこの問題の解決のために話し合うことを認めた。
1978年
——1978年12月30日、ベトナム社会主義共和国外務省スポークスマンは、チュオンサ群島の問題に関する中国外交部スポークスマンの1978年12月29日声明に反論する声明を行い、ホアンサとチュオンサの両群島に対する主権を確認し、平和的交渉であらゆる紛争と不一致を解決することを主張したベトナムの立場を繰り返した。
1979年　ベトナム社会主義共和国外務省は、ホアンサ群島とチュオンサ群島に関連するベトナムの一部史料の公表についての中国側の歪曲に反論し、ベトナムのこれら二群島に対する主権を再確認し、平和的交渉で両国間のこれら2群島についての紛争を解決するというベトナムの立場を、繰り返し声明した。

ホアンサ群島とチュオンサ群島に関するベトナム社会主義共和国外務省の声明

(1)ホアンサ群島とチュオンサ群島は、ベトナムの領土である。ベトナム封建国家は、歴史上はじめて、国家としての資格で、これら群島を占有し、[行政区画を]組織し、支配し、開発を行った。この占有は、事実上、明らかに、国際法と国際慣習に合致している。われわれは、この両群島に対するベトナムの争う余地のない主権について、十分な歴史的・法律的な根拠を有している。
(2)中国が、1958年9月14日のベトナム民主共和国首相の覚書を、この両群島に対する中国の主権を認めたものであるかのように見なしているのは、乱暴な歪曲である。何故ならば、この覚書の精神と文言は、中国の領海は12海里であることを認めるという限りでのものだからである。
(3)1965年、米国が、南ベトナムでの侵略戦争を拡大し、空軍と海軍による北ベトナムに対する破壊戦争を行ったとき、ベトナムとベトナムの海岸線からおよそ100海里の隣接区域を、米軍の戦闘区域である、と声明した。当時、抗米救国の事業は、ベトナム人民が、自らの領土保全を守るために、あらゆる形態で闘うことを要求しており、また、当時、ベトナムと中国は互いに友好関係にあった。ベトナム民主共和国政府の1965年5月9日の声明は、こうした歴史的環境のなかでのみ意義をもつ。

(4)1972年以来、上海コミュニケに引き続いて、中国当局者は、米侵略者と結託し、ベトナム人民を裏切り、ベトナムの抗戦に日ましに大きな障害を作り出した。1974年1月初め、ベトナム人民が1975年春の完全勝利をかちとる直前、中国は、武装勢力を使って、当時、サイゴン政権によって管理されていたホアンサ群島を侵略し占拠した。

当時、南ベトナム共和国［共和臨時革命政府］は、自らの立場を、はっきりと以下のように声明した。

——主権と領土保全の問題は、すべての民族にとって神聖な問題である。

——国境と領土の問題では、歴史が残した紛争がよく隣国の間で起こり、時にはきわめて複雑な様相を呈し、精密な調査を必要とする。

——関係国は、この問題を、平等・互恵・善隣・友好の精神で検討し、交渉により解決する必要がある。

(5)1975年9月24日、中国を訪問したベトナムの党と政府の代表団との会談で、鄧小平中国副総理は、両国がホアンサとチュオンサの両群島の問題をめぐって係争中であることを認め、以後、双方がこの問題の解決のために話し合うことを認めた。

(6)武装勢力をもって、不法にホアンサ群島を占領することによって、中国は、ベトナムの領土保全を侵犯し、同時に、あらゆる紛争を平和的交渉で解決するという国際連合憲章の原則をふみにじっている。ベトナムに対する大規模な侵略戦争を発動した後、ベトナムとの国境での緊張を高め、同時に、両国国境地帯の平和と安定を保障するための緊急措置についての話合いを固辞しながら、中国はふたたび、ホアンサとチュオンサの問題を持ち出してきた。明らかに、中国政府担当者は、ベトナム再侵略の陰謀を放棄しておらず、その行動は、東南アジア地域の平和と安定を著しく脅かしており、日に日に、その大国的拡張と覇権の野望、好戦的な本質、及び虚言と裏切り性を露わにしている。

資料Ⅵ・中国政府文書「ベトナム政府が南沙群島及び西沙群島を中国領土として承認した二、三の文献的証拠」1979年11月23日（北京）

西沙群島及び南沙群島は、古くから中国領土であった。このことは、ベトナム側がその政府声明、覚書、新聞・雑誌、及びその地図・教科書で幾多の時期にわたりその承認と尊重を厳粛に声明している事実である。関連の文書の一部を、ここに公表する。

１９７４年以降、ベトナム当局は、その立場を逆転させた。地域覇権と拡張主義的ナショナリズムを積極的に追求して、その一貫した立場にしばしば矛盾して、中国の西沙群島及び南沙群島への領土要求を持ち出し、そして西沙群島及び南沙群島の島嶼の一部を占領するべく軍隊を送った。加えて、ベトナム当局は、西沙群島を「ホアンサ群島」、また南沙群島を「チュオンサ群島」と表現した。これは、彼らの地域覇権のいまひとつの表現である。

ここで引用された文書は、以下の通りである。

一、一九五八年九月一四日ハノイのベトナム民主共和国首相の一九五八年九月四日中華人民共和国政府声明への支持声明――そこでは、東沙群島、西沙群島、南沙群島、及びその他の中国の島嶼を包括して中国領土と承認した。

二、一九五八年九月六日「ニャンザン」の前記中国声明の報道記事。

三、一九六五年五月九日ベトナム民主共和国声明――米軍のベトナム作戦地域を確認しているなかで、西沙群島は中国領土である、と明確に触れている。その声明は、以下の通りである。「リンドン・ジョンソン米大統領は、米軍の『作戦区域』として、……ベトナム民主共和国及びその近隣の安全保障に対し直接の脅威にある……ベトナム全土及びベトナム沿岸から一〇〇海里の隣接地域、並びに西沙群島の中華人民共和国の領海の一部」を指定した。

(注) ニャンザン、一九六五年五月一〇日に全文が引用された。

四、一九六九年五月一三日の「ニャンザン」は、米軍機による中国領空の侵犯報告で、「五月一〇日米軍機一機が中国広東省西沙群島永興島と東島の領空を侵犯した」と報じた。「ニャンザン」は、一九七〇年五月三〇日、一二月二一日にも、同じ記事を報道した。

五、一九七二年五月ベトナム首相府測量・地図局が作製した『世界地図集』の第一九頁には、中国名称の西沙群島及び南沙群島が使用されており、現在、ベトナム当局が使用している名称を使用しておらず、それぞれ「黄沙群島」「長沙群島」と述べている。

六、ベトナム教育出版社は、一九七四年に普通学校九年生用地理教科書を出版し、そこでは、「中華人民共和国」の一章のなかで、西沙群島及び南沙群島を中国領土として認めていた。さらに「南沙、西沙各島から海南島、台湾島、澎湖列島、船山群島……へとこれらの島嶼が弓状になって中国本土を防衛する『大長城』を形成している」との説明がある。

資料Ⅶ・中国外交部文書「中国の西沙群島及び南沙群島に対する主権は議論の余地がない」１９８０年1月30日（北京）

西沙群島及び南沙群島は、中国南海諸島の2つの大きな島群で、東沙群島、中沙群島と同様、歴来、中国領土である。これは、古今内外の史料・文献・地図・文物によって証明できるだけでなく、世界の多くの国及び広範な国際世論の認めるところでもある。近代、この2つの群島は、外国から不法に侵略され占領されたが、それによって中国に属する歴史的事実と法理的基礎を変えることはできなかった。

ベトナム当局は、地域覇権主義の拡張の野望を抱いてインドシナ及び東南アジアに対する侵略・拡張に拍車をかけると同時に、かつて西沙群島・南沙群島は中国領土と認めた立場をひるがえし、１９７５年に南沙群島のいくつかの島を不法に占領し、かつ西沙・南沙の両群島に対する領土要求を、公然と提出した。１９７９年9月28日、ベトナム外務省は「ホアンサ群島とチュオンサ群島に対するベトナムの主権」と題する白書を公布し、矛盾したまったく成り立たない若干の「証明資料」をでっちあげて、その不法占領と拡張の野望に法理的よりどころを求めようと図ったが、歴史的事実を偽造することはできず、国際法の原則を踏みにじることは許されない。

われわれは、ここに、確実な史書の記載と政府筋文書を引用して、ベトナム当局の嘘八百の正体をあばき、西沙群島と南沙群島に対して中国が論争の余地のない主権を持っていることを、はっきりと証明する。

一、西沙群島と南沙群島は古代から中国領土である

紀元前2世紀漢の武帝時代、中国人民は、南海で航海を始め長期にわたる航海の実践によって西沙群島と南沙群島を発見し、さまざまな困難を克服して、続々と両群島に渡り開発経営に励んだ。三国時代（紀元２２０—２６５年）の史書は、すでに西沙・南沙両群島の地形・地勢の特徴を描写しており、元代の『島夷志略』、明代の『東西洋考』、『順風相送』、清代の『指南正法』、『海国聞見録』及び歴代漁民の『更路簿』などの著作には、中国人民が昔から西沙群島・南沙群島に渡った状況、生産に従事した状況、両群島の位置、島礁の分布状況が記載されている。近年、西沙群島で唐と宋時代の居住遺跡や陶磁器・鉄刀・鉄鍋など生活用具、及び明・清時代の井戸・寺院・墓など歴史文物が発見された。これらの事実は、中国人民が少なくとも唐、宋以来、両群島で生活し、生産活動に従事していたことを証明するものである。

中国人民の西沙群島・南沙群島における開発・経営に伴い、中国の歴代政府は、両群島に対して管轄権を行使した。

北宋（紀元９６０—１１２７年）時代、中国は、西沙群島一帯に、海軍の戦艦を繰り出して巡視した。

元の時代に入り最初の年、西沙群島で天文測量を行い、明・清の時代に中国政府筋の編纂した『廣東通志』、『瓊州府志』、『萬州志』はいずれも、西沙群島と南沙群島は、当時、広東省瓊州府万州（現在の海南島万寧、陵水両県）に所属していたことを、はっきり記載している。宣統元年（紀元１９０９年）４月兩廣総督張人駿は、廣東水師提督李準が海軍将兵１７０名余を率い、軍艦で西沙群島を巡視し、15の島を調べ上げ、勒石と命名するとともに、永興島に旗を掲げ、砲を打ち鳴らして主権の所在を重ねて明らかにした。１９１１年、広東省政府は、西沙群島を海南島崖県の管轄下に入る旨を宣言した。

二、西沙群島及び南沙群島に対する中国の主権闘争

フランスは19世紀末、ベトナムに植民統治をひき、１９２１年８月22日、ブリアン首相兼外相が西沙群島問題で「中国政府が１９０９年既にその主権を確立したため（上述の李准の西沙群島巡視を指している）、われわれがいまこれらの島嶼の要求を出すことは不可能である」と述べ、１９２９年にインドシナ仏総督も「多方面の報告から、パラセル群島（西沙群島）は、中国に属すると考えるべきである」と認めた。

第二次世界大戦期に、西沙群島と南沙群島は、フランスと日本に不法侵略され占領されたが、このことが中国に所属する歴史的事実と法理的基礎を変えることはできなかった。１９４５年に日本が降伏すると、当時、中国政府は、１９４６年11月、12月に、高官を軍艦で西沙群島と南沙群島に派遣して接収し、かつ記念碑を立て駐留兵をおいた。こうして、西沙群島と南沙群島は、再び中国政府の管轄下に置かれた。

中華人民共和国の成立後、周恩来中国外交部長は１９５１年８月15日、「米・英対日平和条約草案及びサンフランシスコ会議に関する声明」を発表し、「西沙群島と南沙群島は東沙群島と中沙群島と同様、かねてから中国領土であり、西沙群島と南沙群島に対する中国の主権は、米・英対日平和条約草案に規定していようがいまいが、またいかに規定していようが、なんら影響を受けるものではない」と、厳かに指摘した。

その後、西沙群島と南沙群島の主権に対する外国の侵犯について中国政府及び外交部は、しばしば声明を発表して、中国が両群島に犯すべからざる主権をもっていることを、重ねて表明した。

１９７４年１月、中国軍と民兵は、西沙群島に侵入したベトナム・サイゴン当局の軍隊を追い出して、中国領土主権を守り抜いた。台湾当局は、何年も前から、南沙群島の最大の１つの島、太平島に派兵している。

三、西沙群島及び南沙群島に対する中国主権は、国際的に広く認められている

世界の多くの国と国際世論は、西沙群島と南沙群島が中国領土であることを認めている。

１９３０年４月、香港で開かれた極東気象会議は、中国政府に西沙群島における気象台の建設を要求した決議を採択している。

1938年、フランス植民地当局のアンナン警察が西沙群島に侵入すると、日本外務省スポークスマンは「アンナン（安南）の警察が上陸した西沙群島は中国領土であることを、われわれは承認している」と言明した。

1951年のサンフランシスコ対日平和条約会議は、日本は西沙群島及び南沙群島を放棄すべきである、と規定し、その際、グロムイコ・ソ連代表団長は、「西沙群島と南沙群島などの島嶼は中国と切り離すことができない領土である」といっている。米国・英国が起草した対日平和条約草案は、西沙群島と南沙群島が日本の放棄後だれの所有となるかという点には触れていないが、サンフランシスコ対日平和条約が調印された翌年、すなわち1952年、当時の日本外相岡崎勝男が自ら署名して推薦した『標準世界地図集』の第15図「東南アジア図」は西沙群島・南沙群島及び東沙群島・中沙群島を、いずれも中国に属すると表示している。

1955年10月国際民間航空機関マニラ会議で全会一致で採択された第24号決議は、中国の台湾当局が南沙群島における気象観測を強化するよう要求したものであるが、これに異議を唱え留保を求める代表は1人もいなかった。

20世紀に入ってから、世界の多くの国の権威ある百科全書及び多くの国が出版した地図は、すべて西沙群島と南沙群島を中国領土としている。

四、ベトナム当局の裏切り行為

ベトナム側は、かなり長い間、政府の声明・覚書でも、新聞・雑誌・地図・教科書でも、正式に、西沙群島・南沙群島を、建国以来、中国領土と認めている。たとえば、1956年6月15日、ウン・バン・キエム・ベトナム外務次官は、ベトナム駐在中国臨時代理大使李志民と会見して「ベトナム側の資料によると、歴史的にみて西沙群島・南沙群島は中国領土に属すべきである」と鄭重に言明し　その際、同席していたベトナム外務省アジア局長代理イ・ロクは、具体的にベトナム側の資料を紹介して「歴史的に見て、西沙群島と南沙群島は、宋代から中国に属している」と述べた。

1958年9月4日、中華人民共和国政府は声明を発表し、中国の領海幅を12海里と宣言し、かつ「この規定は、西沙群島・南沙群島・その他の島嶼を含めた中華人民共和国のすべての領土に適用する」と明確に指摘した。9月6日、ベトナム労働党中央機関紙「ニャンザン」は、一面トップで、中国政府のこの声明の詳しい内容を報道し、「1958年9月4日中華人民共和国政府は、領海問題に関する声明を発表した。声明は、中国の領海幅が12海里（約22キロメートル余）である、と言及している。この現実は、中国大陸及び沿岸の島嶼、台湾及びその周辺の各島、澎湖、東沙、西沙、中沙、南沙の各群島、並びに中国大陸を遠く離れているが、かつ中国沿岸にある島嶼の中国島嶼を含む、中華人民共和国のいっさいの領土に適用される」と述べた。同年9月14日、ファン・バン・ドン首相は、周恩来総理に覚書を送り、「ベトナム民主共和国政府は、中華人民共和国政府の1958年9月4日の領海決定に関する声明を承認する」、「ベトナム民主共和国政府は、この決定を尊重する」と鄭重に表明し、この覚書は、ベトナム政府が西沙群島と南沙群島は中国領土であることを承認した旨を、はっきりと表明している。

１９６５年５月９日、ベトナム民主共和国政府は、米国政府がベトナムにおける米軍の「作戦区域」を確定した問題について声明を発表し、「ジョンソン米大統領は、全ベトナム及びベトナムの海岸から約１００海里の周辺海域並びに中華人民共和国の西沙群島の一部の領海を米武装勢力の作戦区域と決めた」が、これは「ベトナム民主共和国及びその隣国の安全に対する直接の脅威である」と指摘し、ベトナム政府は、このなかで再び西沙群島が中国領土であることを、明確に認めた。

ベトナム側は、西沙群島に対する外国の侵犯行為を報道した際にも、西沙群島が中国のものであることを明確に認めている。例えば、ベトナムの「ニャンザン」は、１９６９年５月13日、「５月10日、米軍機１機が中国広東省西沙群島の永興島と東島領空を侵犯した」と述べており、他のベトナム紙も、似たような報道をしばしば行っている。

ベトナムで出版された公式地図と教科書も、西沙群島と南沙群島は中国領土であることを、明確に認めていた。例えば、１９６０年ベトナム人民軍総参謀部地図部作製『世界地図』は、中国の呼称に基づいて西沙群島と南沙群島を表示し、この２群島の名称のあとに中国領であることを、括弧にして注記している。１９７２年５月ベトナム首相府測量・地図局が作製した『世界地図集』もまた、中国の呼称に基づき西沙群島と南沙群島とを表示している。さらに、１９７４年にベトナム教育出版社が出版した普通学校９年生用「地理」教科書は、「中華人民共和国」の１章のなかで「南沙、西沙各島から海南島、台湾島、澎湖列島、舟山群島へと……これらの島嶼は弓状になって中国大陸を防衛する『長城』を形成している」と記述している。

ベトナム側は、領土主権を証明しようというなら、「国家の公式材料」及び「法理的価値の文書」を提出しなければならない、と強調している。いま例証としてあげたものは、正しくベトナム側の「国家の公式材料」と「法理的価値の文書」である。このことは、ベトナム政府が１９７４年まで、西沙群島と南沙群島を中国領土と認めてきたことを、はっきり物語っている。現在、ベトナム当局は、これに矛盾し、前言をひるがえして、従前の立場に完全に背いている。これは、国際法上、絶対に許容できないところである。

五、ベトナム白書の論拠は、まったくでたらめである

１９７９年９月ベトナム外務省が公表した「白書」で引用している19のいわゆる「証明資料」は、大体、２つに分けられる。前の部分（１から５まで）は、若干のベトナム「古籍資料」をかき集め、後の部分（６から19まで）は１９３３年以後におけるフランス植民地当局と南ベトナム・サイゴン当局が西沙群島・南沙群島を侵犯した際の若干の材料をあげて、西沙群島と南沙群島がベトナム領土であることを証明しようと、夢みている。

ベトナム当局は、史籍に記載されている黄沙灘と黄沙渚は、今日、ベトナムがいうホアンサ群島、西側がいうパラセル群島、したがってまた中国の西沙群島である、といっている。彼らが持ち出している最も主要な「歴史的根拠」は、17世紀に杜伯というベトナム人が作

製した『ベトナム地図帳クアングァイ地区』及び18世紀の黎貴惇が書いた『撫邊雑録』にあり、これらのなかの記載は、ベトナムのいうホアンサ群島がそもそも中国の西沙群島ではなく、2つがまったく異なる2つの地方のものであることを物語っている。

ベトナムの資料は、太占門（現在のクアンナム・ダナン省の大海門）から海を渡って、一日半で黄沙灘にいたり、沙洪門（現在のクアングァイ省ビンソン県付近の入江）から海を渡って、僅か半日で黄沙灘にいたる、と述べている。だが、中国の西沙群島は、ベトナム中部の海岸から遠く200海里も離れており、当時の航海技術では、帆船で半日や一日半では、どんなにしても到達できない。

ベトナムの資料では、「黄沙渚」は「長さ約30里余」で「平坦で広い」ものだとはいっているが、中国の西沙群島のなかでも最も大きい永興島でも、長さは僅か2キロメートル足らず、面積は1・85平方キロメートルに過ぎない。

ベトナムの資料は、ホアンサ群島には「130余の嶺がある」といっているが、中国の西沙群島の島嶼は海抜僅か5・6メートル、最高のところでも15・9メートルで、しかも地勢が低く、いわゆる「群山」はそもそも存在しない。しかも、西沙群島は、すべての島・礁・灘を合わせても35に過ぎず、「130余の嶺」というのは、話にもならない。

以上に述べた対比は、ベトナムのいう黄沙群島が中国の西沙群島とはまったく異なり、ベトナム中部沿岸の一部の島や砂洲に過ぎないことを、はっきりと物語っている。

ベトナムの「白書」は、『大南実録　正編』に「嘉隆が1816年に黄沙群島を占有した事件が記載されている」と称しているが、この史書をすみずみまで調べてみても、「占有」の記載は見当たらない。嘉隆帝の「黄沙群島の占有」説は、フランス植民地主義者ルイ・タベール司教の書いた『コーチシナ地理ノート』から出たもので、「プラ《ママ》セル、別名パロセル群島は若干の小島からなり、岩礁と砂洲が迷路のように入りこみ、パリを起点とする東経107度、北緯11度にまで延びている」といっている。また、1816年、嘉隆が「ここにその旗を立てて、これらの岩を正式に占有した」といっている。パリの子午線東経107度は、グリニッジ東経109度10分で、ベトナム中部海岸から遠くないが、わが国の西沙群島は、東経110度10分より東である。タベールのいうプラセルは、北緯11度まで延びているが、西沙群島の一番南でも、北緯15度47分に過ぎない。タベール司教のいうプラセルはベトナム中部沿岸の一部島嶼をいい、わが国の西沙群島でないことは、きわめて明白である。

ベトナム当局が領土野心のためにこのように指摘することで、世界人民を騙せるわけがない。

ベトナム白書は、1933年以降、フランス植民地当局、南ベトナム・サイゴン当局が中国の西沙群島及び南沙群島を侵略し占領した資料をあげて、今日、ベトナム当局がこの両群島の領土要求を出して合法性を証明しようとしているが、これは、なおのこと成り立たない。国際法に従えば、侵略行為が主権を生むものでない。また、侵略・占領によって得た他国の領土のいわゆる「継承」も、当然のことながら、不法であり、無効である。

西沙群島と南沙群島は、昔から中国領土であり、これは、十分な法理的根拠があり、先にあげた大量の事実と材料を通じて公正な結論を見つけ出すことができる。ベトナム当局が中国の南沙群島の一部の島を不法に侵略し占領し、中国の西沙群島と南沙群島に対して領土要求を持ち出していることは、その地域覇権主義と侵略拡張主義の野望を曝け出す以外のなにものでもない。西沙群島と南沙群島に対する中国の主権は、論争の余地のないものである。

資料Ⅷ．ベトナム外務省のホアンサ群島及びチュオンサ群島に対する主権の重ねての確認声明１９８０年２月５日発表（ハノイ）

ベトナム外務省は、中国外交部の1月30日の不当かつ根拠のない文書を全面的に否定し、ホアンサ群島及びチュオンサ群島に対するベトナムの主権は明白であり、議論の余地のないものであることを、再び確信する。ベトナム政府と人民は、両群島に対する神聖な主権を守る決意である。

資料Ⅸ．マレーシア法相代理のマレーシアの排他的経済地帯に関する声明１９８０年４月28日発表（クアラルンプール）

私は、１９８０年4月25日ヤン・ジペルタン・アゴンが公式にわが沿岸に接合している海域に対するマレーシアの排他的経済地帯を宣言し布告したたことを表明する。この宣言により、マレーシアは、ここに、排他的経済地帯水域での生活資源、特に魚類の開発・利用のための主権的権利を有する。マレーシアは、また水、海流、及び風からのエネルギー生産といった同地帯の経済開発・利用のためのその他の遂行する権利を享受する。

これら権利とは別に、マレーシアは、ここに、排他的経済地帯に対する海洋科学調査及び海洋資源の保持に関して自国の管轄権を行使できる。
マレーシアの排他的経済地帯は、可能な海域において、われわれの領海で測定される幅員を基線100海里にまで、拡大することになる。わが地帯の幅員は、それ故に、わが沿岸に接合している海域の広がりに依拠している。マラッカ海峡の北部と南シナ海の一部では、近隣国の権利を考慮することになろう。このような地域では、われわれは、これら諸国と協定により、又は国際法の原則に従い、境界を画定することになる。決定的に、わが地帯は、他国に正当にかつ法的に属するところの他国の経済地帯には広がらない。いかなる問題も、マレーシアによる宣言からの結果として生じることがあってはならない。マレーシアは、交渉及びその他の平和的手段で問題を解決する意向である。

この宣言に従い、さまざまな政府機関に権限を委ね、かつわれわれの権利の行使のため制裁を設定するべく、法案が議会へ上程される。わが排他的経済地帯に関する宣言は、現下の全世界の国家の状況と合致している。100カ国が、現在、排他的経済地帯を要求している。排他的経済地帯の概念は、第三回国連海洋法会議を通じて発展してきた。この概念に対して、会議では広い支持があり、これは、国家の状況に従っているところである。このことは、事実、第三回国連海洋法会議での重要な成果の1つであった。

この宣言によって、われわれは、同地帯の漁業資源に対する排他的権利を享受することになろう。わが漁民は、排他的にそこから留保される漁業基盤を広げることになろう。外国人漁民は、わが政府の事前の承認を求めることになろう。

私は、同宣言は、生活資源、海洋科学調査、及び海洋環境の保存に関してのみであることを声明しておきたい。外国船舶及び航空機による同地帯を通じての、また同地帯を往来する航海及び航行の自由は、なんらの影響も受けるものでない。但し、かかる自由は、同地帯におけるわれわれの権利を侵害するものとしては行使できない。

資料X．フィリピンの南シナ海決議1989年3月下院成立（マニラ）

「南シナ海の北部海分割の了解、及び同地域の分割できない利益についての非軍事的5カ国共同統治の創設によるスプラトリー群島（カラヤーン）紛争の平和的解決、並びにその他の目的のためにフィリピン・フォーミュラを作成する地域外交会議」を呼びかける決議である。

フィリピンは、スプラトリー群島に対する要求をもっている中華人民共和国、ベトナム社会主義共和国、マレーシア、及び中国（台

湾）を含む5カ国の一国であることにより、
中華人民共和国及びベトナム社会主義共和国による、疑いの余地のない戦略・鉱物資源の豊かな諸島グループにおける重大な海洋の不慮の事故で、スプラトリー群島の事態は爆発的になっていることが実証されていることにより、
フィリピン漁民49名がマレーシア領海で非合法的に漁業をしていたという明白かつ信じがたい理由のため、マハティール・モハマド・マレーシア首相とコラソン・C・アキノ大統領閣下の直接対談により事態が平和裡に解決したにもかかわらず、マレーシア政府によるクアラルンプールでの彼ら49名の拘束と告訴で、フィリピンとマレーシア間のスプラトリー群島に対する領土紛争及びその他の領土問題が速やかにかつ相互に満足せる解決に達することの緊急性を、下院は、フィリピン政府に対し求めることにより、
フィリピンとしては、かかる水域は自国領土内にあると主張する一方で、フィリピン漁民は、マレーシアが自国領土にあると要求しているスプラトリー群島の水域で拘束されたことは注目すべきことであるにより、
外交的言い回しと政治的宣伝を取り除いても、スプラトリー群島に対する領土要求は、基本的に同地域の豊富な炭化水素（石油・天然ガス）、鉱物、及び漁業に対する支配をめぐる競争であるにより、
アジア・太平洋の平和と安全に対する脅威となりうる、そして国際法と外交慣行に反する解決へのいかなる試みをも除去することが紛争当事者にとり責務であるにより、
フィリピンは、歴史的経験の示唆から、北部海条約の後に、スプラトリー群島の形式化された解決を提起しイニシアチブをとるべきであるにより、
フィリピンは、したがって、南シナ海の中間線が設定されるべきであるとの立場を採択して、北部での石油・ガス地領域の公平かつ衡平な地理的区分を確保するべく北部海にそれを設定すべきであるにより、
スプラトリー群島グループに対する中華人民共和国、ベトナム社会主義共和国、マレーシア、フィリピン、及び台湾の間での対立に対する公平かつ実現可能なものと立証される同じ地理的原則の適用は、平和、外交、及び国際法に対する象徴的勝利であるにより、
ここに、下院は、以下の通り、決議する。
一、フィリピン政府は、スプラトリー群島に対する要求を有している諸国、即ち、中華人民共和国、ベトナム社会主義共和国、マレーシア、フィリピン、及び台湾の間で、その対立的立場を生み出してきた問題の平和的かつ全面的な満足せる解決を進めるという特別の目的のため、地域外交会議の開催のための必要措置をとる。
二、フィリピンは、予期される解決のための検討の基礎として、南シナ海に中間線を設定するかかる会議の開催を提案する。
三、パラワン及び隣接地域に向け中間線に沿うすべての地域はフィリピンに帰属するものとし、そして南西部に属する地域はマレーシ

アに属するものとする。
四、アジア大陸に向け引かれる中間線の地域は、中華人民共和国、ベトナム社会主義共和国、及び台湾の間で分割されるものとする。
五、スプラトリーは、現在、ベトナム軍、中国軍、フィリピン軍、及びマレーシア軍の前哨基地の島嶼となっている、南シナ海に点在する主要な諸島で構成される一方、北部海には、重要な紛争となった島嶼はない。
六、スプラトリー群島が中間線で跨ぐ場合には、フィリピンは、要求国の間で、速やかにスプラトリー群島全体から軍隊を引き揚げて非軍事化のもとに、共同統治地域としての炭化水素又は鉱物資源の探査・開発のための衡平な生産配分をもって、5カ国による行政と議長交代制のもと公平な利益配分の形での5カ国宣言に従う措置をとるものとする。このフォーミュラは、スプラトリー群島での戦争行為を回避するのみでなく、〔南〕シナ海の平和、安定、及び経済開発をもたらすもので、この地域の緊張を解決するものである。
七、要求国は、最終の調整を、ハーグの国際司法裁判所には関係国の間で持ち込まない形でいっさいの法的問題と争点を自ら解決するものとする。

資料XI. 東南アジア諸国連合の南シナ海に関する宣言1992年7月22日採択（マニラ）

われわれASEAN構成国の外相は、
南海に隣接する国家として、われわれ人民を結びつける歴史的・文化的・社会的結合を想起し、
類似したアジアの伝統と遺産を共有するわれら人民の類似性、友情、及び調和の精神の促進を希望し、
経済の協力及び成長のための不可欠の条件をいっそう促進することを熱望し、
自由、独立、及び相互利益を互いに尊重するという、同様の理想を認識し、
南シナ海問題は直接関係する当事国間の主張及び領有権の微妙な問題を含むことを認識し、
南シナ海でのいかなる敵対も、地域の平和と安定に直接影響を及ぼすとの自覚に基づき、
以下の通り、宣言する。
1、南シナ海に関する主権及び領有権の問題を、武力に訴えることなく平和的手段により全面的に解決する必要性を強調する。
2、すべての当事国に対して最終的な解決に向けた肯定的な雰囲気作りのため、自制することを要請する。

3、南シナ海に直接利害関係をもつ諸国が、主権及び領有権にとらわれることなく、同海域での海洋航行・通信の安全、海洋環境の汚染防止、海難救助協力、海賊・麻薬・密輸摘発などの協力の可能性を追求することを決議する。
4、南シナ海の国際管理の取決め作成にあたっては、すべての当事国が、東南アジア友好協力条約の精神を適用するよう、勧告する。
5、すべての当事国に対し、この宣言に盛り込まれた精神に賛同するよう、要請する。
１９９２年７月22日フィリピンのマニラで調印した。

資料XII・米国務省のスプラトリー及び南シナ海に関する声明１９９５年5月10日発表（ワシントン）

米国は、南シナ海における一方的な行動及び対応のパタンが同地域の緊張を高めていることに憂慮している。

米国は、南シナ海の平和と安定の維持を忠実に守ることが利益であるとしている。米国は、すべての当事者の利益を考慮して、争いとなる対立する要求に関連した問題に向けた、そして同地域の平和と繁栄に寄与する外交的努力を強化するよう、呼びかける。米国としては、そうした努力をどんな方法でも支援する用意がある。米国は、１９９２年の南シナ海に関するASEAN宣言を歓迎し、これを再確言する。

航海の自由は米国の基本的利益である。南シナ海におけるすべての船舶及び航空機にとり妨げられない航行は、米国を含む、全アジア太平洋地域の平和と繁栄にとり基本である。

米国は、南シナ海の様々な島嶼、暗礁、珊瑚礁、及び岩礁に対する主権に関する対立する要求は、法的価値に対する立場といったものではない。しかしながら、米国は、１９８２年国連海洋法条約を含む、国際法に合致しない、南シナ海における、いっさいの海洋上の要求とか海洋行動の誓約に対しては、厳粛な関心事としている。

資料XIII・8項目行動基準の原則に関するフィリピン・中国共同声明１９９５年8月9日調印（マニラ）

中国外交部の王英凡部長補佐とフィリピンのセベリーノ外務次官は、8月9日から10日にかけ南沙問題について協議した。双方は、友好かつ率直な雰囲気のなかで、現実的かつ建設的な態度をもって南沙における主権対立、行為規範、協力による共同開発などの問題について突っ込んだ討議を行い、広範な共通認識に達して共同声明を発表した。

双方は、共同声明のなかで、両国関係の重視を、重ねて確認し、両国経済の持続的な発展が地域の平和と安定いかんにかかっていることで一致し、この地域における平和、安定、及び協力への促進に取り組むことを、重ねて表明した。意見の不一致を解決するために、双方は、引続き協議することに、合意した。

双方は、紛争の解決に先だち、この地域において行為規範を確立するために、次のような原則を遵守することに合意した。

両国における領土紛争は、両国関係の正常な発展に影響をもたらすことなく、平等と相互尊重に基づく協議によって平和的かつ友好的に解決されるべきものである。双方は、相互信頼の確立に努め、この地域における平和と安定した環境の形成を促進し、力の行使又は力の威嚇による紛争の解決はとらない。双方は、共通点を拡大し意見の不一致を縮小するとの精神に基づき、漸進的に協力を進めて、最終的に双方の紛争を交渉により解決することを承認する。また、双方は、「国連海洋法条約」を含む、公認された国際法の原則により双方の紛争を解決することに合意する。

両国は、この地域の諸国が、適当な時期に、南シナ海で国際協力を行うために提出する建設的な主張や提案について開放的態度をとる。双方は、海洋環境の保護、航行の安全、海賊への打撃、海洋に関する科学研究、災害の減少・防止、捜索・救助、気象と海洋汚染の抑制などの面の協力を推進することに、合意する。また、双方は、前述の一部の分野で最終的に国際協力を行い得ることに合意する。関係方面は、南シナ海の海洋資源の育成・保護について協力を行う。

紛争は、直接の関係国によって解決されるものとし、南シナ海の自由航行に影響を及ぼさないようにする。南海問題のほか、両国は、他の分野における双方の協力について討議し、各レベルでの交流が協力の強化に資することを強調する。双方は、解決の進行過程を促進するために、両国の専門家が、紛争地域における漁業協力を含む法律問題や南シナ海の長期的経済協力につき意見交換することに合意する。両国の協力活動及び信頼醸成措置の樹立は、いずれも重要で有益であると、双方は確認する。双方は、協力に対して実務的な態度をとることに合意した。

双方は、協議によって得られた進展に対して満足し、協議によって両国関係の雰囲気が大いに改善されたことを認めた。このような建設的な精神に基づいて、引続き協議を行っていくことを、双方は承認した。

資料XIV・アジア海賊対策チャレンジ２０００　２０００年４月29日 アジア諸国海上警備機関責任者会合採択（東京）

1、ブルネイ、カンボジア、中国、香港、インド、インドネシア、日本、ラオス、韓国、マレーシア、ミャンマー、フィリピン、シンガポール、タイ、ベトナム（以下「参加国」と表記し、それは参加地域を含むものとする）の海賊及び海上武装強盗（以下、「海賊・海上武装強盗」）の取締り並びにその被害者及び被害船舶を支援する任務を有する政府機関（以下、「海上警備機関」）の長又はその代理者から構成されている代表団は、２０００年４月27日から29日まで東京で開催された標記の会合に出席して、海賊・海上武装強盗対策に関する国際協力・連携の必要性と可能性について議論した。同会合は、極めて友好的な雰囲気の中で行われた。

2、同会合において、各参加国海上警備機関は、海賊・海上武装強盗問題の傾向を分析し検討し、この問題が同海域における船舶の安全航行にとって大きな脅威となっているとの認識で一致するとともに、その有効な対策を確保するため、可能な限り相互協力・連携を推進・強化していくとの意図を表明した。なお、これら将来的に可能となる連携を含む適切な対処措置は、それら参加国の国内法制及び関係条約に則り、かつ当該連携を維持するために十分な資源が利用可能である場合に限り、実施できることであることはいうまでもない。

3、このため、各参加国海上警備機関は、３月７日から９日にかけてシンガポールで開催された海上警備機関部長級準備会合において作成された24時間機能する「海賊・海上武装強盗対策情報連絡窓口リスト」を利用して、以下に掲げる事項を含む海賊・海上武装強盗関連情報の交換を関係する参加国の海上警備機関間で迅速に行うとの意図を表明した。

３・１　発生情報（蓋然性のある段階にある場合を含む）。
　発生日時と位置、船名、船舶の特徴、被害船舶及び者の被害状況。

３・２　継続報告。
　襲撃方法、人数、保有武器、概要等海賊・海上武装強盗の詳細情報。

３・３　事件処置報告。
　捜査・訴追・処罰等に関する事件処理情報。

３・４　その他関連情報。

4、参加行政府の海上警備機関は、官・民すべての海事関係者による海賊及び船舶に対する武装強盗対策に関する国際会議（2000年3月28～30日東京）で承認された東京アピール及びその中に示してある海賊及び船舶に対する武装強盗を予防及び鎮圧するため海事政策関係者・その他の関係機関によりなされた決意を歓迎する。東京アピールにおいては、色々な重要な事項があげられており、その中のひとつは、沿岸国／寄港国への襲撃された際及び襲撃されたあとの迅速な通報に関することである。参加行政府の海上警備機関は、そのような迅速な通報であれば、海上警備機関が時期を失することなく必要な対応をとることができ、かつそれら通報のデータを分析することにより、効果的な対策がとれるということを認識し、上記の国際会議で作成された「事件発生時における通報及び発生後の通報の受領先リスト」を高く評価する。

5、さらに、各参加国海上警備機関は、最近頻発している、アンナ・シェラ号事件、ペトロ・レンジャー号事件、テンユー号事件、アロンドラ・レインボー号事件などの海賊・海上武装強盗が、国際シンジケートと関わっていると思われること、そのため、凶悪化しかつ一参加国の機関の管轄を越えた範囲にその活動が行われていると考えられることに鑑み、以下の5・1から5・6を含むこの分野にかかわる協力と連携を強化していくこと、及びそのうち、可能かつ適当な場合には、今後、直ちに協力可能な分野から迅速かつ効果的な協力と連携を開始する必要があるとの見解を共有した。

5・1　海賊・海上武装強盗の取締り強化。

各参加国のそれぞれの海上警備機関は、海賊・海上武装強盗に対する取締りを強化する。

5・2　海賊・海上武装強盗の発生情報（蓋然性のある段階にある場合を含む）を受けた際の措置。

5・2・1　被害船舶・者の支援措置。

各参加国海上警備機関は、海賊・海上武装強盗の発生情報を入手した場合には、直ちに被害船舶・者に対し可能な支援を与えるための措置をとる。

5・2・2　停船及び拿捕措置。

各参加国海上警備機関は、被襲撃船舶又は海賊・海上武装強盗供用船舶が発見された場合には、当該船舶などの停船措置及び拿捕を行うため、可能かつ適切な措置をとる。

5・2・3　連携措置。

5・2・1又は5・2・2の措置をとるに際しては、3の連絡窓口を利用して関連情報を関係する他の参加国の海上警備機関、特に当該事件又は当該容疑者に関係する他の参加国の海上警備機関へ通報し、連携行動の可能性につき検討するとともに、実施可能な場合には、当該海上警備機関と連携して措置をとることができる。

5・3　停船及び拿捕後の措置。
参加国の海上警備機関は、公海・その他のいずれの国の管轄権にも服さない場所において容疑者を確保し、又は海賊・海上強盗に供用された船舶を確保した場合は、外交ルートを通じ、その取り扱いについて関係参加国、特に当該事件又は当該容疑者に関係する他の参加国の海上警備機関と協議することができる。

5・4　捜査共助。
参加国の海上警備機関は、必要に応じ、外交ルートにより捜査共助の要請を行う。捜査共助の要請を受けた参加国の海上警備機関は、当該要請に応じるよう、最大限の努力を払う。

5・5　連携活動の推進。
各参加国の海上警備機関は、連携活動の有効性をテーク・ノートし、将来、そのような協力を探求する可能性について適切な会議において検討されることにつき、見解を共有した。

5・6　技術協力。
参加行政府の海上警備機関は、この分野における各行政府及びその他の各海上警備機関の個々の能力を向上させる必要性を認識し、次のことに関する技術援助を要請する海上警備機関に対し支援を行う可能性を探求しようとする日本の意思をテーク・ノートした。

5・6・1　人員を訓練すること。

5・6・2　関係する技術、資材、及び施設を利用することができるよう確保すること。

6、各参加国海上警備機関は、本会合のフォローアップを含む、各国海上警備機関のあいだのさらなる協力と連携を推進するため、専門家による会合を開催するものとし、その日程、場所などの詳細は外交ルートで調整するとの見解を共有した。

7、各参加国海上警備機関は、適当な場合には、海上取締り活動の不要な重複は避けられるのが望ましく、参加国の関係当局により、アジア海賊対策チャレンジ2000にかかわる事項を海上における薬物及び銃器の密輸・密航の取締り活動に利用することの可能性について検討されることが適当であるとの見解を共有した。

資料XV・東南アジア諸国連合のテロリズムに対抗するための共同行動に関する宣言2001
2001年11月15日第7回首脳会議採択（バンダルスリブガワン）

われわれ、東南アジア諸国連合（ASEAN）首脳は、第7回ASEAN首脳会議のためにバンダルスリブガワンに集まった。

国境を越える犯罪に対し毅然かつ断固たる手段を獲るという1997年12月クアラルンプールにおける第2回ASEAN非公式首脳会議の際における首脳間の合意を想起し、

われわれ各国・地域の平和的かつ進歩的な発展を確保する上での主たる責務を再認識し、

テロリズムによって経済発展のみならず地培と国際の平和と安定に対しもたらされる恐るべき挑戦を、深く懸念し、

われわれが直面する挑戦に応ずる上での地域及び国際の協力を強化することの重要性を強調し、

ここに、以下の通り、宣言する。

2001年9月11日のニューヨーク市、ワシントンDC、及びペンシルバニアにおける恐るべきテロ攻撃を強く非難し、かかる行為を人道に対する攻撃及びわれわれすべてに対する暴行と見做す。

アメリカ合衆国の国民と政府、及びわれわれ自身の国民を含む世界各国からの犠牲者の家族に対して最も深甚なる同情と哀悼の意を表明する。

あらゆる形態、あらゆる方法により、いかなる場所、いかなる時、いかなる者により行われるテロ行為も、すべての国民を保護し防衛するため一致した行動を求める国際の平和と安全及び世界の平和と安全に対する脅威と見做す。

テロリズムをいかなる宗教や民族に結びつけようとするいかなる試みも拒否する。

テロリズムがASEANの平和、進歩、及び繁栄の達成ならびにASEANビジョン2020の実現に対する直接的な挑戦である、と確信する。

特にすべての関連する国際決議の重要性を考慮に入れつつ、国際連合憲章及びその他の国際法に従い、あらゆる形のテロ行為に対抗し、これを防止し抑圧することを決意する、

上記に鑑み、テロとの戦いに向けた地域レベルでのあらゆる協力的努力においては、地域及び各加盟国のそれぞれの事情に沿った現実的な共同テロ対策を考慮することを確保する。

われわれ人民の福利を高める効果的な政策・戦略を追求することを、再度決意する。そして、それは、テロとの戦いに向けた各国の貢献となるであろう。

このため、ＡＳＥＡＮは、国境を越える犯罪と戦うための地域枠組みを確立し、国境を越える犯罪を防止し、規制し、そして中和するための集約的な地域戦略の概要を示すＡＳＥＡＮ行動計画を採択していることに留意する。

２００１年10月にテロ問題に焦点を当て、あらゆるレベルで同問題に効果的に対処するために開催された第３回国境を越える犯罪に関するＡＳＥＡＮ閣僚会合（ＡＭＭＴＣ）のイニシアチブを全面的に承認し、またテロ問題に焦点を当てた臨時専門家会合及び国境を越える犯罪に関する高級事務レベル会合（ＳＯＭＴＣ）・閣僚会合（ＡＭＭＴＣ）特別会合の開催を承認する。

テロリズムを議題として、国境を越える犯罪に関するＡＳＥＡＮ閣僚会合（ＡＭＭＴＣ）の特別会合を２００２年４月に主催するとのマレーシア提案を、心より歓迎する。同会合は、国際的安全保障への重大な挑戦及び脅威に対するグローバルな対応を強化するための国内的・地域的・国際的努力を高めることを求める国際連合の要請へのＡＳＥＡＮによる量要な措置となるであろう。

ＡＳＥＡＮの反テロへの努力をより強化するにあたり、テロリズムと闘うＡＳＥＡＮの努力を前進させるため、われわれは、関係閣僚に対し、以下の追加的な実践的措置を行うことにより、この宣言の実行を追跡する。

1、テロリズムと戦うための国内的メカニズムを見直し、強化する。

2、テロリズムに対する資金供与の防止に関する国際協定を含む、すべての適切な反テロに関する協定に対する早期の署名／批准ないし加盟することを求める。

3、テロと闘い、「最善の実行」を共有する上で、司法当局責任者間での協力を深める。

4、国際的テロリズムとの闘いに関するＡＳＥＡＮメカニズムをテロリズムに関する関連の国際協定と統合させるため、国際協定についての研究を実施する。

5、特に、テロリスト及びテロリスト組織、その動きと資金源に関する情報の流れ、並びに声明、財産、及びあらゆる形態の移動の安全を保護するために必要な他のすべての情報の流れを促進するために、情報交換を拡大する。

6、あらゆる形のテロ活動に対抗し、テロ活動に対処し防止し抑圧するために、国境を越えた問題に関するＡＳＥＡＮ閣僚会合（ＡＭＭＴＣ）とその他の関連するＡＳＥＡＮ機関との間の既存の協力・協調を強化する。テロ組織、支援インフラストラクチャー、及び資金に対抗するための方途を見出すこと、及び犯罪者を法によって処罰することに、特段の注意を払うものとする。

7、ＡＳＥＡＮ諸国のテロ活動に対する捜査、探査、監視、及び報告を行う既存の能力を高めるために地域的キャパシティ・ビルディング・プログラムを発展させる。

8、テロに対する戦いを真の意味での地域及び地球規模の努力にするため、ASEAN、ASEAN対話パートナー、ASEAN地域フォーラム（ARF）といった国際共同体におけるASEANの役割及び関与を増大させる実践的な考えやイニシアチブを議論し探求する。

9、テロに対抗するための2国間、地域、及び国際的な協力を包括的に強化し、また国際レベルにおいては国際連合がこの関係で主要な役割を果たすべきことを確認する。

われわれASEAN首脳は、この問題に関与し続けることを誓い、他の地域及び諸国に対しテロに対する地球規模の戦いにおいてASEANと協力するように、呼びかける。

2001年11月5日ブルネイ、バンダルスリブガワンにおいて採択した。

資料XVI・中国・東南アジア諸国連合の南シナ海各行動宣言2002年11月4日調印（プノンペン）

中華人民共和国政府及びASEAN加盟国政府は、

善隣及び互恵の21世紀を方向付けたパートナーシップを促進する見地で、彼ら諸人民間に存在する友好及び協力を強化し発展させるその決意を再確認し、

この地域の平和、安定、経済成長、及び繁栄を促進するために、南シナ海におけるASEANと中国間の平和、友好、及び調和的環境を推進する必要性を認識し、

中華人民共和国とASEAN加盟国首脳会議の1997年共同声明の原則及び目的を促進することを誓約し、

関係国間の対立及び紛争の平和的及び恒久的な解決のための望ましい条件を創造することを希求して、

ここに、以下の通り、宣言する。

1、当事国は、国際連合憲章、1982年国連海洋法条約、東南アジア友好・協力宣言、平和共存5原則、及び国家間関係を処理する基本的ノモスとして与る国際法の他者に普遍的に承認された諸原則を再確認する。

2、当事国は、前掲の諸原則に従い、そして平等・互恵を基づき信頼を醸成する方途を見つけることを確言する。

3、当事国は、1982年国連海洋法条約を含む、国際法の普遍的に承認された諸原則に規定されたとおり、南シナ海でのいっさいの航行の自由に対する尊重と誓約を再確言する。

4、関係当事国は、力の脅威又は行使をもたらすことなく、直接関係主権国との友好的な協議及び交渉を通じて、1982年国連海洋法条約を含む国際法の普遍的に承認された原則に従い、平和的手段により究極的で司法的な紛争解決につき着手ことを了解する。

5、当事国は、相互に、現在、人が居住していない島、暗礁、岩礁、及びその他のものには人が居住しない行動をすることを含めて、紛争を起こしたり激化させ、また平和と安定に影響を及ぼすところの行為の処理を自制し、かつ建設的手段で対立を処理することを了解する。

究極的で司法的な紛争の平和的解決に先立ち、関係当事国は、以下を含む、相互間の信頼を醸成する方途を、協力と了解の精神で追求する努力を強化することを了解する。

a. 適切な防衛・軍事官吏間の対話と意見交換を保持する。

b. 危険又は紛争にかかわるすべての者に対して公正かつ人道的扱いを確保する。

c. 自発的に、関係当事国のすべての合同軍事演習の履行に関して通告する。及び

d. 自発的に、関係の情報を交換する。

6、紛争の完全かつ永久的な解決に先立ち、関係当事者は、協力的活動を推進し又は了解する。このことには、以下を含む。

a. 海洋環境の保護。

b. 海洋科学調査。

c. 海洋での航海・通信の安全。

d. 捜査・救援協力。及び

e. 海上での不法麻薬、海賊行為、及び軍事強盗、並びに武器の不法輸送を認めないことを含む、国家を越えた犯罪との闘い。

2国間及び多国間協力に関して、その具体的実施に先立ち、関係当事国は、その様式、範囲、及び地点に関して合意するものとする。

7、関係当事国は、善隣、及び透明性を前進させ、調和、相互理解、及び協力を樹立し、そして当事国間紛争の平和的解決を促進するために、宣言の遵守に関する定期的な協議を含む当事国間で合意された方式を通じて、関係事項を含む協議及び交渉を継続する用意があるとの立場である。

8、当事国は、この宣言の規定を尊重し、それに合致した行動をとることを了解する。

9、当事国は、この宣言に盛られた原則の尊重を他国に対し奨励する。

10、関係当事国は、南シナ海行為コードの採択は、地域の平和と安定をいっそう促進する南シナ海行動宣言を再確言し、かつこの目的の結果しての遵守に向けて、コンセンサスの基礎で作業することにつき、合意する。

2002年11月4日カンボジア、プノンペンで調印した。

資料XVII・東南アジア諸国連合のテロリズムに関する宣言2002年11月4日第8回首脳会議採択（プノンペン）

1、われわれ、東南アジア諸国連合の国家・政府首脳は、インドネシアのバリ島、及びフィリピンのサンボアンガ市ならびにケソン市における憎むべきテロ攻撃を非難する。われわれは、死亡された方々の家族及び負傷された方々に対し衷心より慰問を表明する。われわれは、インドネシア及びフィリピンとASEAN諸国との結束及びテロ攻撃に責任を有するテロリスト分子の断固たる追跡に対するASEANの全面的支持を表明する。われわれは、インドネシア及びフィリピンがテロを自国の領域内で抑えるため努力し、その努力を向上させる決意を賞賛する。

2、われわれは、いかなる理由であれ、いかなる宗教又は民族の切望であれ、人命と社会を犠牲にする恐怖を利用することを再度非難する、われわれは、ある方面において、テロを特定の宗教や民族集団と結びつけようとする傾向に対し遺憾の意を表明する。

3、われわれは、2001年11月にブルネイ・ダルサラーム国において採択されたテロ対策のための共同行動に関するASEAN宣言2001に示された特定の措置を実施し、増強していくことを決意する。われわれは、この地域におけるテロリスト組織の行動に対し防止し、対抗し、そして抑止するための全体又は個別の努力を強化することを決意する。ASEAN諸国は、われわれの間及び国際社会との間で実践的な協力措置を継続する。

4、われわれは、タイが情報交換及び通信手続きの設置に関する協定に加入することを歓迎する。われわれは、テロ行為を行おうと企んだ人物を逮捕し、そのようなテロ行為を抑止する結果を導いた法執行当局の共同作業を賞賛する。われわれは、法執行当局に対し、テロとの戦い、特に2002年5月にクアラルンプールで行われたテロに関するASEAN特別閣僚会議において採択されたテロとの戦いに関する協力、調整、及び情報共有のレベルを向上させるワークプランの速やかな実施のための協力を引き続き強化していくよう促す。

5、われわれは、以下の活動を期待する。

来週、マニラで開催されるテロ対策及び観光業の回復に関する国際会議。

2002年12月にバリ島で開催されるマネー・ローンダリング対策及びテロ資金対策に関する地域会議。

2003年3月にマレーシアのサバ州コタキナバル市で開催される、ASEAN地域フォーラム（ARF）のテロに関するISM会合。

中国、日本及び韓国の閣僚レベルのカウンターパートの参加を得て、2003年10月にバンコクで開催される国境を越える犯罪に関するASEAN閣僚会議。

クアラルンプールにおける地域テロ対策センターの2002年11月の設置。

6、われわれ、国際社会に対し、テロ攻撃の可能性についての噂を裏付ける確立した証拠がない状況において、自国民に対しASEAN諸国への渡航や、さもなくばASEAN諸国との関係を差し控えるよう無差別に助言することを避けるよう呼びかける。そのような措置は、テロリストの目的達成を手助けするだけである。

7、われわれは、国際社会に対し、テロと闘い、この地域におけるビジネスの信頼を回復するためのASEANの努力を支持するよう勧奨する。われわれは、テロ攻撃がASEAN諸国に与えるマイナスの影響を緩和するために積極的に協力することを決意する。

8、われわれは、われわれの社会の安全と調和、及び国民ならびにわれわれの国・地域に滞在する人々の安全を確保することを決意する。

資料XVIII　テロ対策に関するバリ地域閣僚会議の共同議長声明2004年2月5日採択（バリ）

Ⅰ．序論

1．われわれ、インドネシアとオーストラリアの外相は、2004年2月4日から5日にかけ、ブルネイ、カンボジア、カナダ、中国、フィジー、フランス、ドイツ、インド、日本、ラオス、マレーシア、ミャンマー、ニュージーランド、パプアニューギニア、フィリピン、韓国、ロシア、シンガポール、タイ、東チモール、ベトナム、英国、米国からの外相及び法執行機関担当相の出席、及びEU代表の出席を得て開催された、インドネシア・バリ島におけるテロ対策地域閣僚会議の共同議長を務める栄誉を得た。関連の国連の委員会、ASEAN事務局、太平洋諸島フォーラム（PIF）事務局、APEC事務局、アジア太平洋グループ（APG）事務局、インターポールの高官もオブザーバーとしてこの会合に出席した。

2. また、インドネシア共和国大統領メガワティ・スカルノプゥトリ閣下には、2月4日に本会議の開会の辞を頂いた。ルーマニア大統領イリエスク閣下が2月5日に演説を行った。

3. 閣僚は、テロリズムは原因・動機・目的に関わりなく、すべての国民、国家に対して引続き脅威であるとともに、われわれの地域内及び域外の平和・安定・安全・経済的繁栄を確保するというわれわれの共通の利益に対する脅威でもあることを確認した。また、閣僚は、あらゆる形態のテロ行為を改めて強く非難した。閣僚は、特定の宗教や民族グループとテロリズムを同一視することを避けることが重要であることを強調した。閣僚は、国際連合憲章の目的及び原則、並びに国連人権規約に完全に合致した、包括的かつ均衡の取れた方策を通じてのみ、テロとの闘いで勝利を得ることができる旨に合意した。

4. 閣僚は、国際テロリズムと国境を越えた犯罪（例えば、不法な薬物、マネー・ローンダリング、不法な武器取引、核・化学・生物物質及びその他の潜在的な致死性物質の違法な移動とその運搬手段）との密接な関係に懸念を持って留意し、この観点から、国際安全保障に対する重大な挑戦・脅威に対するグローバルな対応を強化するために、国家・準地域・地域・国家間のあらゆるレベルでの努力の調整を強化していく必要性を強調した。

5. 閣僚は、関係省庁間での地域的な協力と調整を強化することにより、国境を越えた脅威に取り組むことに対する完全な誓約を表明した。この点につき、閣僚は、警察・防衛・法務・税関・入国管理・その他の関係する機関との間での協力・調整のいっそう効果的な実施の追及を決意するとともに、情報共有の重要性、法執行分野及び各国当局間の捜査共助・協力を促進するための適切な法的枠組の分野におけるキャパシティ・ビルディングの重要性、及びテロを防止しこれと闘うための国家管轄権間の協力の重要性を強調した。

6. 閣僚は、テロリズムの惨禍は地域の経済的発展にとっても深刻な脅威を与えていることを認識した。よって、閣僚は、活発なビジネス活動を支える環境をもたらすために効果的なテロ対策は重要であり、地域の平和・安定・繁栄の獲得のために必要不可欠であるとの見解を示した。この点に関して、閣僚は、ビジネス共同体と共有された責任の枠組みの下に、ビジネス共同体と共同で行っているテロとの闘いにおけるその役割とパートナーシップを歓迎した。

7. 閣僚は、地域におけるテロリストの攻撃につき、嫌悪の念を表明するとともに、こうした攻撃の犠牲者との連帯を表明し、テロ実行犯を追跡し、対決していく決意を表明した。２００２年10月12日に２０２名もの犠牲者を出した卑劣極まりないバリ島爆弾テロ事件により、本会議がバリ島で開催される運びとなった。閣僚はテロリズムと闘うために各国が一致団結して協力していくことの重要性を強調した。

Ⅱ．最近の国際及び地域的な進展

8．閣僚は、２００１年11月5日ブルネイで採択されたテロ対策共同行動のためのＡＳＥＡＮ共同宣言に含まれ、２００２年11月3日プノンペンの第8回ＡＳＥＡＮ首脳会議におけるテロリズムに関する宣言において繰り返され、さらに２００３年10月7日バリにおける第9回ＡＳＥＡＮ首脳会議において宣言された、バリ第2協約の下でＡＳＥＡＮ安全保障共同体を設立するとの誓約において認識された、国内及び地域内のテロ対処能力の強化のための地域の決意に関する力強い声明を強調した。

9．閣僚は、２００４年1月8日にバンコクにて開催された第4回国境を越える犯罪に関するＡＳＥＡＮ閣僚会議（ＡＭＭＴＣ）の成果を歓迎した。閣僚は、国境を越える犯罪と闘うためのＡＳＥＡＮ行動計画の実施のためのワーキングプラン実施を通じて、国境を越える犯罪と闘うためのＡＭＭＴＣの継続的努力を支持した。また、閣僚は、２００４年1月10日バンコクで開催されたＡＭＭＴＣ＋3第1回会合を歓迎した。

10．閣僚は、２００３年6月18日にプノンペンで開催されたＡＳＥＡＮ地域フォーラム（ＡＲＦ）第10回閣僚会議において再確認された、テロとの闘いにおける地域協力の強化に対するＡＲＦの継続的誓約を歓迎した。閣僚は、調整された域内のキャパシティ・ビルディングを通じたものも含め、テロリズムに対して公衆の関心を喚起すること、及び効果的行動をとるためのＡＲＦの決意に留意した。この目的のため、閣僚は、テロ活動に対する資金供与との闘い及びテロ被害への対処を含む重要な分野におけるＡＲＦの一連の信頼醸成措置（ＣＢＭｓ）を認識した。閣僚は、これら信頼醸成措置の結果を基に活動を進めることをＡＲＦに慫慂し、テロ攻撃に対する迅速な協力的対応を促進するため、各国のテロ対処機関の域内における登録制度の設立を含む、既にＡＲＦＦによって取られている措置を歓迎した。

11．また、閣僚は、国境の安全に関するテロ対策協調行動に関するＡＲＦ声明の採択に至った、２００３年3月20～22日サバで開催されたテロ対策及び国境を越える犯罪に関するＡＲＦ政府間会合（ＩＳＭ）の第1回会合を歓迎した。閣僚は、２００４年3月にマニラで開催される第2回ＩＳＭＭ会合に対するＡＲＦのコミットメントを支持し、このことが交通保安の重要な分野における域内協力の改善に向けての具体的提案を生み出すよう希望する旨を表明した。

12．閣僚は、２００３年9月8～12日マニラで開催されたＡＳＥＡＮ刑事警察機構（ＡＳＥＡＮＰＯＬ）会議において採択された、テロ組織に関する情報交換、即座に照会できる各国警察対テロ部隊リストの維持、新たに出現している武装組織がテロ組織に発展することを防止するための監視、警察能力強化のための対テロ訓練の開発と協議、テロリズムを犯罪化するための立法努力の慫慂、大規模な地域的催事に対する脅威情報の発出に関する決議を支持する旨を表明した。

13．閣僚は、ＡＰＥＣ経済の経済を脅かし国境を越えるテロ組織を完全にかつ遅滞なく解体するという誓約に留意し、２００３年10月21日のＡＰＥＣ首脳声明において、域内でのテロ対策協力強化への誓約が力強く再確認されたことを、歓迎した。閣僚は、テロとの闘いに対するＡＰＥＣの誓約実施の調整における、新たに創設されたＡＰＥＣのテロ対策タスクフォースの重要な役割を歓迎した。閣僚は、テロとの闘い及び経済成長の促進に対する首脳誓約の実施に当たりＡＰＥＣ加盟国を支援するための実際的手段として、並びにキャパシティ・ビルディングのニーズを特定して対応するための実際的手段としてＡＰＥＣテロ対策行動計画を賞賛した。この観点から、閣僚は、ＡＰＥＣのテロ対策タスクフォース、Ｇ８のテロ対策行動グループ（ＣＴＡＧ）、国連安全保障理事会のテロ対策委員会（ＵＮＣＴＣ）及びその他の国際的、地域的、機能的組織、並びに国際金融機関（ＩＦＬｓ）との協力を歓迎した。

14．閣僚は、ＡＰＥＣ地域における安全な貿易の拡大（ＳＴＡＲ）イニシアチブ、ＡＰＥＣエネルギー安全イニシアチブ、ＡＰＥＣテロ資金対策イニシアチブ、ＡＰＥＣサイバー・セキュリティ戦略の実施の進展を歓迎した。これに関連して、閣僚は、港湾の保安とテロ資金対策の強化、及びその他のテロ対策の目標達成のためのプロジェクトを支援するための、アジア開発銀行における地域貿易・金融安全イニシアチブの創設に関する、バンコクのＡＰＥＣ首脳会議における決定を歓迎した。また、閣僚は、大量輸送機関に対する脅威を削減し、テロリストによる携帯式地対空ミサイル（ＮＡＮＰＡＤＳ）入手による国際航空に対する脅威と闘うための努力を強化する旨のＡＰＥＣの決定に留意し、テロ・犯罪防止のためのコンピューター化された地域警戒システムの開発を探求するというＡＰＥＣの合意を歓迎した。

15．閣僚は、太平洋フォーラム諸国による、国境を越える犯罪とテロの脅威に対する加盟国の対処を反映し、かつ国連安保理決議１３７３の義務を履行するための国内立法及び戦略を導入するとの太平洋地域の誓約を強調する、２００２年ナソニ宣言の下における進展を認識した。

16．閣僚は、南西太平洋対話加盟国が、情報交換も含む共同アプローチを通じて、テロの挑戦に対抗するため個別的及び集団的なエネルギーを捧げる旨の、２００２年10月ジョクジャカルタで行った決定を歓迎した。

17．閣僚は、テロ資金供与を防止し、これと闘うための重要な前進を示した、２００２年12月バリで開催されたマネー・ローダリング・テロ資金との闘いに関する地域会議など、既に行われた貴重な協調的努力に留意した。閣僚はまた、既存の地域的フォーラムが、国境の安全、身分確認、及び不正な文害の発見といった分野を含む、他の形態の国境を越える犯罪との闘いにおいて重要な活動を実施していることを認識し、バリ・プロセスにおいて進行しつつある者の密輸や関連の国境を越える犯罪に関する作業を、地域的なテロ対策努力を補完する重要な活動の一例として認識した。

18．閣僚は、テロとの闘いのための国家及び地域組織のキャパシティ・ビルディングにおける、東南アジア地域以外の政府の貢献、及び鍵となる地域・国際組織の建設的役割を歓迎した。閣僚は、地域間協力は、重要な戦略であり、他の地域間及び２国間努力を補完する重要かつ補完的な戦略であることに留意した。

19．閣僚は、グローバルなテロとの闘いのための国際協力の強化における、国際連合の死活的役割を強調し、国連安全保障理事会決議１２６７、１３７３、１３９０、１４５５、及びその他関連の国連安全保障理事会決議の義務を果たしている諸国の重要性を強調した、更に、テロ資金供与対策が死活的に重要であることに留意し、ＯＥＣＤのテロ資金に関する金融活動作業部会特別勧告とマネー・ローンダリングに関するアジア太平洋グループ（ＡＰＧ）の取組みが、グローバルなテロへの資金供与を発見し、防止する効果的枠組みを提供するものであることを認識した。また、実務的な国際法執行協力を促進する上でのインターポールの重要な役割を歓迎した。

Ⅲ．域内テロ対策手段の効果のレビュー

20．閣僚は、テロ事件の捜査、テロ実行犯の訴追、テロリストのネットワーク及びテロ計画の情報交換の促進、テロリストへの財政支援を削減する努力、国境管理の強化と捜査共助体制の確立における協力の現状について検討した。閣僚は、数人の鍵となるテロ指導者を含む２００人以上のテロ容疑者の拘束ないし逮捕を含めた、過去数年の域内のテロ対策の結果を認識した。しかしながら、テロリズムの抑止と闘いのためには、強化された協力と調整を通じて、各国が行うべきことが依然存在することを強調した。

21．閣僚は、２００２年10月に発生したバリ島爆弾テロ捜査を通じて発展した、インドネシアとオーストラリア間の法執行機関間の素晴らしい協力の例に留意し、これを、テロの惨禍と闘うための協力の価値を実際に示すものとして賞賛した。閣僚は、既に域内に存在する法執行機関及びその他の機関間の強化された協力と調整を歓迎し、テロリズムとの闘いにおけるその貢献に留意した。閣僚は、また、東南アジア地域反テロセンター（ＳＥＡＲＣＣＴ）設立のためのマレーシアのイニシアチブを歓迎した。閣僚は、域内すべての国と地域の安定及び経済発展に利益を有する国に対し、グローバルなテロリズムとの闘いにおける協力と調整をさらに強化するよう慫慂した。

Ⅳ．地域協力及び調整の統合と強化

22．閣僚は、特に実際的かつ操作的な法執行問題に焦点をあて、東南アジア地域におけるテロ対策に関する努力の背景に既に存在している政治的な機運を維持しまた醸成することを決意し、また国内のテロ対策における調整を強化し、域内の法執行機関間のより効果的な協力を慫慂するための新しい方法を特定することを決意した。

23．閣僚は、各国国内法及び各国の国内事情に従いつつ、テロリスト・ネットワークの活動及び基盤、テロリスト・ネットワークに対する資金供与及び支援の源泉、及びその他の国境を越える犯罪との連関に関するより完全な全体像を把握するため、域内のより効果的な情報共有の実現に向けて取り組んでいくことを決意した、閣僚は、テロ活動に関与した者を罰する効果的な国内法、並びに国内法、地域の取決め、及び国際的義務に従ったテロ活動の効果的な訴追における協力の必要性を強調した。

24．法執行機関及びその他の関連機関間における地域協力及び協調メカニズムを強化するため、閣僚は、テロと闘うための措置として、以下につき勧告する。

A各国は、法執行機関及びその他の関連組織間において、国内テロ対策に関する調整を強化するための実際的な手段をとる。

B各国は、テロリスト・ネットワークを解体し、テロ攻撃防止のためのより緊密な協力の実現を目的として、それぞれの法執行及び情報機関間における情報共有を含む、テロ対策協力の強化及びより効果的な調整の慫慂のための方法を特定するための手段をとる。

C各国は、テロとの闘いに必要な法執行能力を強化するために共同して取り組み、また、かかる能力を得るために、ＯＤＡを通じたものも含め、共同してテロ対処能力向上に取り組むべきである。

D各国は、予防メカニズムを強化するために、いかなる努力も払うべきである一方で、犯人が迅速に特定され、拘束され、法の裁きを受けるように、テロ攻撃の捜査において、関連の技術的専門知識及び機材の供与を通じることを含めて、共同して取り組むべきである。

E各国は、民主的価値、人権及び法の適性手続きに配慮しつつ、テロ行為の実行、又は支援に責任を持つ者が起訴かつ処罰されるために国内法において十分に幅広く罪が規定されることを含む、テロと闘うための適切な権力及び資源を法執行機関が有することの重要性を認識すべきである。

F各国は、テロに対処するための十分な司法専門知識を確保するために、検察官及び裁判官の間で、適切な能力が育成されるよう慫慂すべきである。

G各国は、捜査共助協定の締結によるものを含め、国家管轄権間の協力のための法的枠組みを強化すべきである。

H各国は、犯罪人が最も適切な管轄にて訴追され、管轄の移動により、法の裁きから逃れることのないよう犯罪人引渡協定を締結すべきである。国境を越える事例では、各国はテロリストと知られている又は容疑のかけられている人物に法の裁きを受けさせるため、最善の努力を行う上で協力すべきである。

I各国は、テロリストへの資金供与やマネー・ローダリングを禁ずる現存の国際的・地域的約束を通じて、テロリズムへの財政支援を抑制するために一致団結して努力すべきである。

J各国は、テロ活動への資金提供に資する不正な活動によって得られる資金を阻止するために、犯罪収益の没収に関する刑法の規定を設けることを検討すべきである。

K各国は、国境を越えた犯罪、特にテロリズムを抑制し、これと闘っていく責務を共有するパートナーシップの精神とともに、ビジネス共同体の役割及び積極的な関与を、いっそう促進すべきである。

L各国は、身分証明書の偽造、国境を越えた不法な武器取引、薬物と人の密輸に対処するために効果的な国境管理の実施を調整することによって、テロ対策の努力を支援すべきである。

M各国は、海上でのテロを防止し抑制するために、海上保安、特に海賊や海上での武装強盗行為との闘いを強化すべきである。

N各国は、航空機テロを防止するために、航空保安を確実なものとする更なる方途を取るべきである。

O各国は、テロリストが大量破壊兵器及びその運搬手段、ならびにその製造に関わる物質・技術を取得できないように適切な国内措置を講じ、強化すべきである。

P各国は、国連安全保障理事会決議1373及び関連の安全保障理事会決議の義務を履行し、テロ防止関連12条約を批准し履行するために、適切な措置を取るべきである。

Q小さな発展途上島嶼国を含む、域内諸国によるテロ対策の分野における国際的義務の履行に対する支援メカニズムがさらに強化される必要がある。

25．閣僚は、テロ資金対策のための情報共有において、地域の国家間協力を強化する必要性に関する提案を歓迎した。

26．閣僚は、特にテロリズムに主要な焦点を当て、国境を越えた犯罪に対処するために、地域の法執行協力に関するインドネシア・センターを設立するための、オーストラリアとインドネシア共同イニシアチブを歓迎し、運営上の支援のために、センターによって提供される資源を利用する適切な国家機関への関心を表明した。閣僚は、同センターが他の関係の地域機関と補完的な関係を形成することを支持した。

Ⅴ．追　跡

27．上記の勧告の実施を確保するため、閣僚は、次のフォローアップ措置に合意した。

A地域の高級法律専門家によるアドホック作業グループの設立。このグループは、テロ対策協力に関する地域の法的枠組みの適切さについて、閣僚に報告するとともに、協力の改善や支援についての新しい分野を特定することになろう。とりわけ、このグループは、既存の枠組みの現状把握を行い、下記の諸点を確保するために必要とされる適切な立法措置及びその他の法的措置について、勧告を行うことになろう。

――テロ行為や関連するテロ活動が、地域のすべての裁判管轄を通じて、適切な形で犯罪化されること。

――地域の捜査共助及びテロ関連犯罪人引き渡しのため、枠組みが整備されること。

――地域各国が関連する国連安全保障理事会決議を完全に遵守すること。

――地域各国がテロ防止関連12条約を批准し、完全に履行すること。

B法執行実務家によるアドホックの作業グループの設立。このグループは、地域の法執行機関及びその他のテロ対策機関間で、運用上の経験を共有し、テロ対策に関する最善のプラクティス・モデルを作成し、より実効的な情報ベースを発展させるとともに、金融情報を含む犯罪情報に関するより実効的な交換を円滑化する。このグループは、法執行協力に関するインドネシア・センターの焦点及び活動に対し、かかる優先分野に関して実際的な指針を与えることになろう。

C既存の機関の間の相互補完性と実効的な調整を促進するため、これらのアドホック・グループは、クアラルンプールの東南アジア反テロ地域センター、バンコクの国際法執行アカデミー、及び法執行協力に関するインドネシア・センターの長による参加に対して開放される。

Ⅵ．結　果

28．閣僚は、テロリズムがすべての人民と国家への脅威であり、また、平和、安定、安全、及び経済的繁栄の確保というわれわれ共通の利益を脅かすとの結論を得た。閣僚は、テロとの闘いは包括的かつ均衡が取れ、かつ国際連合憲章の原則及び目的に完全に一致した措置を通じてのみ勝利し得ることにつき、合意した。

29．閣僚は、域内の関係機関間でのテロとの闘いにおける実際的な運用上の側面に関する協力と協調を強化することへの完全な誓約、とりわけ包括的且つ実効的な法執行協力、より良き情報共有、及び法的枠組みの強化への誓約を再確認した。

30、閣僚は、共有された責務の枠組みに基づき、テロに対する共同キャンペーンにおけるビジネス界の役割とパートナーシップを歓迎する、

31、閣僚は、アジア太平洋地域諸国において存在する、テロとの闘いへの強い政治的誓約を、実際的な協力行動に導くことにつき、決意した。

Ⅶ、謝　辞

32、閣僚は、共催国のインドネシアとオーストラリアの両国政府に対し、会議のための卓越した調整に謝意を表明し、またバリの人びとによる寛大なもてなしに厚く感謝した。

２００４年２月５日、バリ。

資料XIX、海上問題の解決を指導する基本原則協議に関する中国・ベトナム協定　２０１１年10月11日調印（北京）・発効

中華人民共和国政府代表団とベトナム社会主義共和国政府代表団は、中国・ベトナムの海上問題の適切な解決は両国人民の根本的利益と共通の願望に合致し、そして地域の平和、安定、協力、及び発展に寄与するとの認識で一致した。双方は、海上問題に関する中国・ベトナム首脳の共通認識に基づき、１９９３年の中華人民共和国とベトナム社会主義共和国の国境領土問題の解決に向けた基本原則協議に関する協定を踏まえ、以下の原則に海洋問題を処理し解決することで、合意した。

1、両国関係の大局を重視し、戦略的・大局的角度に立ち、「長期安定、未来志向、善隣友好、包括的協力」の方針と「良き有人、良き同志、及び良きパートナー」の精神に導かれ、友好的協議を通じた海上問題の適切な処理及び解決を堅持し、南シナ海を平和・友好・協力の海とし、中国・ベトナム包括的・戦略的協力パートナーシップの発展、地域の平和と安定の維持に貢献する。

2、法理上の根拠を十分に尊重すると同時に、歴史などの他の要素をも考慮し、相互の合理的懸念に配慮する精神に基づき、建設的な施政で、共通認識の拡大、溝の縮小、交渉過程のたゆまぬ推進に努める。１９８２年の「国連海洋法条約」を含む、国際法で確認された法律制度及び原則に則り、双方が共に受け入れ可能な基本的かつ長期の海洋係争解決策の模索に努める。

3、海洋問題交渉の過程において、双方は、両国上層部間の合意と共通認識を厳格に守り、「南シナ海各共同宣言」（ＤＯＣ）の原則及び精神を真摯に実効するものとする。双方は、交渉と友好的話合いによって中国・ベトナム海洋係争を解決する。係争が多国にかかわる場合、他の係争側と協議を行う。

4、海上問題の基本的かつ長期的な解決策を模索する過程において、相互尊重、対等、及び互恵の精神に基づき、この協定の第2条の原則に則り、双方の立場と主張に影響しない過渡的かつ臨時の解決策を積極的に検討する。これは、共同開発問題の積極的な研究と協議を含む。

5、段階的推進及び容易な事項から着手し難しい事は後回しにする精神に基づき、海上問題を解決する。北部湾口外海域の境界画定を着実に推進すると同時に、当該海域の共同開発問題を積極的に協議する。海洋環境保護、海洋科学研究、海難模索・救助、減災・防災を含む敏感性の低い分野での協力を、積極的に進める。相互信頼の強化に努め、より困難な問題の解決に向けた環境を整備する。

6、政府境界協議代表団団長定期会合を輪番性で年2回、開催する。必要な場合には特別会合を開催する。双方は、海上問題に関する速やかなる意思疎通、適切な処理のため、政府代表団の枠組みの下にホットラインを設置することで、合意した。

この協定は、２０１１年10月11日北京で作成され、中国語及びベトナム語のテキストは一体で、両テキストの本文は同等である。

中華人民共和国政府代表団団長胡錦涛

ベトナム社会主義共和国政府代表団団長グエン・フー・チョン

参考文献

資料文献

・陳天錫編『西沙島・東沙島成案彙編』廣東、廣東實業廳、１９２８年。
・松本信廣編『大南一統志』印度支那研究會、１９４１年。
・楊炳南撰『海録』台北、慶文書房、１９２８年。
・伯希和・田撰、馮承鈞訳『西域南海史地證譯叢』2冊、上海、商務印書館、１９３４年／北京、中華書局、１９５６年／北京、商務印書館、１９６２年／台北、臺灣商務印書館、１９６２年。
・海軍総司令部政工處編『海軍進駐后之南海諸島』北京、海軍総司令部、１９４８年5月。
・鄭夢玉・田修『廣東省南海縣志・全』台北、成文出版社、１９６７年。
・鄭鶴聲撰『鄭和遺事彙編』台北、臺灣中華書局、１９６９年。
・『中國南海諸島文獻彙編』28・29、台北、臺灣學生書房、１９７５年。
・蘇繼廎校釋『島夷誌略校釋』北京、中華書房、１９８１年。
・楊炳南撰『海録』台北、慶文書房、１９８６年。
・韓振華主編、林金枝・呉鳳斌編『我国南海諸島史料汇編』内部発行、北京、東方出版社、１９８８年。
・中国辺疆史地研究中心主編『海南及南海諸島史地著資料索引』鄭洲、中洲古籍出版社、１９９４年。
・中華民国外交研究設計委員會編『外交部南海諸島檔案彙編』上・下、台北、中華民国外交研究設計委員會、１９９５年。
・呉士存主編『南海問題文献汇編』海口、海南出版社、２００１年。
・外務省記録『各国領土発見及び帰属関係雑件　新南群島関係』外交資料館。
・外務省記録『パラセル群島燐鉱関係一件（西沙群島）』外交資料館。
・外務省記録『東沙島及西沙島ニ於ケル本邦人ノ利權事業関係雑件――漁業及海産物採取業関係』外交資料館。
・『近現代中國邊疆界務資料・續編』10冊、香港、蝠池書院、２００７年。
・中華人民共和国『越南政府承認西沙群島是中国領土的部分文件』北京、中華人民共和国政府、１９５８年。

・中華人民共和国外交部『西沙群島和南沙群島自古以来就是中国的領土』北京、人民出版社、１９８０年／*China's indisputable sovereignty over the Xisha and Nansha Islands: Document of the Ministry of Foreign Affairs of the People's Republic of China, January 30, 1980*, Beijing: Foreign Languages Press, 1980.
・中共中央文献研究室編『三中全会以来——重要文献選編』2冊、北京、人民出版社、１９８２年。
Vietnam's Sovereignty over the Hoang Sa and Truong Sa Archipelagoes, Hanoi: Information and Press Department, Ministry of Foreign Affairs, Socialist Republic of Viet Nam, 1979.
・Sorajak Kasemsuvan, *The Law of the Sea and ASEAN States: Maritime Arrangements of ASEAN States in the Malacca Straits, Gulf of Thailand and the Southern South China Sea*, 671 leaves, Boston Spa: British Library Document Supply Centre, 1987.
・Ministry of Foreign Affairs, National Boundary Commission, *Viet Nam's Sovereignty over the Hoang Sa and Truong Sa Archipelagoes*, Na Noi: National Political Publishing House, 2012.
・広東省博物館『西沙文物　中国南海諸島之——西沙群島文物調査』北京、北京文物出版社、１９７４年。
・沈鵬飛「調査西沙群島報告書」、『中國南海諸島文獻彙編之八』台北、臺灣學生書房、１９７５年。
・中国科学院南海海洋研究所編『南海海区綜合調査研究報告』2冊、北京、科学出版社、１９８２—８５年。
・『中国南海島嶼圖』北京、水陸地圖審査委員會、１９３５年。
・大阪府立図書館編『南方渡海古文獻圖録』小林寫眞製版出版部、１９４３年。
・水路部『臺灣南西諸島沿岸水路誌——南西諸島、大東島、尖頭諸嶼、臺灣及附近島嶼、新南群島』書誌第5号、水路部、１９４１年。
・向達整理『鄭和航海圖』北京、中華書局、１９６１年。
・Josefh R. Morgan & Mark J. Valencia, *Atlas for Marine Policy in Southeast Asian Seas*, Honolulu: The East-West Environment and Policy Institute/ Berkeley: Univ. of California Press, 1983.
・海軍海洋測繪研究所・大連海運航海史研究室編『新編鄭和航海圖集』北京、人民交通出版社、１９８８年。
・Richard Taylor Fell, *Eary Maps of South-East Asia*, Singapore:Oxford U. P., 1988.
・中国科学院南海海洋研究所・中国科学院南沙綜合科学考察隊編『南海及び隣鄰近大洋地勢図』北京、測絵出版社、１９９０年。
・広東省文物管理委員会・他編『南海丝绸之文物圖集』広州、広東科技出版社、１９９１年。

叢書文献

・『中國南海諸島文獻彙編』10種15冊、台北、臺灣學生書房、1975年。
第1冊　段成式撰『西陽雑俎』／趙汝适撰『諸蕃志』／汪第淵撰『島夷誌略』／顧玠『海槎餘録』。
第2冊　趙變撰『東西洋考』12巻。
第3冊　黄衷撰『海語』／陳倫炯撰『海國聞見録』／楊炳南撰『海録』／繼番撰『徐瀛考略』。
第4冊　巌如煜『洋防輯要』4冊。
第5・6冊、王錫祺『小万壺齋地叢鈔』第9帙・第10帙3冊。
第7冊　王之春撰『國朝柔遠記』2冊。
第8冊　李準撰『巡海記』／沈鵬飛撰『調査西沙群島報告書』／凌純聲『中國今日之邊疆問題』／張振國『南沙行』。
第9冊　『海軍巡弋南沙海疆經過』。
第10冊　許棠灝『瓊崖誌略』／鄭資約編撰『南海諸島地理誌略』／杜定友編『東西南沙群島資料目録』／丘岳栄編『海南文獻目録』／『中國南海諸群島文獻資料展覧目録』。
・『中国南海海洋経済叢書』広州、広東経済出版社、2007年。
第1巻　黄鎮国主編『中国南海中心城市広州的崛起』。
第2巻　麦賢杰主編『中国南海海洋漁業』。
第3巻　徐質斌『中国海洋経済発展発展戦略研究』。
第4巻　司徒尚紀『中国南海海洋国土』。
第5巻　黄小平・黄良民・他『中国南海海草研究』。
第6巻　張莉・何春林『中国南海海水珍珠産業研究』。

研究文献

・藤田豐八「前漢に於ける西南海上交通の記録」藝文、第5年10号、11号、1914年。
・藤田豐八『西南交渉史の研究』南海篇、岡書院、1932年。
・李長傳「南沙島及西沙島」地學雑誌、第13巻第8・9号、1922年。
・有高巖「鄭和の南海經略」上・中・下、歴史と地理、第1巻2号、4号、5号、1932年。

・徐公肅「法國佔領９小島事件」外交評論、第２巻９期、１９３３年。
・胡煥庸「法日覬覦之南海諸島」外交評論、第３巻５期、１９３４年。
・「新南群島編入」外交時報、第８２６号、１９３９年。
・平塚均「漁業南進の前哨地新南群島——實地調査記」臺灣時報、１９３９年５月号。
・若林修史「新南群島の今昔」臺灣時報、１９３９年５月号。
・山下太郎「新南群島紀行」臺灣時報、１９３９年８月号。
・山下太郎「新南群島探検の記録」上・下、臺灣時報、１９３９年11月号、12月号。
・牧山鶴彦「新南群島紀行」臺灣時報、１９３９年８月号。
・山本達郎「鄭和の西征」上・下、東洋學報、第21巻３号、４号、１９３４年。
・趙宋岑『中國的版圖』上・下、台北、臺灣中華書局、１９５５年。
・鄭資約編『南海諸島地理誌略』台北、商務印書館、１９４７年／台北、陽明荘、１９５９年。
・鞠繼武『祖國的南海諸島』上海、新知識出版社、１９５４年。
・張振國『南沙行』台北、緑洲文藝社、１９５７年。
・費瑯、馮承鈞訳『崑崙及南海古代航行考』北京、中華書局、１９５７年。
・徐玉虎『鄭和評傳』台北、中華文化出版事業委員會、１９５８年。
・香港大學歴史學會・羅香林主編『中國與南海關係論文集』香港、香港大學歴史學會、１９６１年。
・葉敏編『鄭和』香港、上海書局、１９６５年。
・蘇演存『中國常会變遷大勢考』台北、文海出版社、１９６８年。
・K. D. Emery & Hiroshi Niino, "Strategraphy and Petroleum Prospects of Korea Straits and the East China Sea," *CCOP Technical Bulletin*, Vol. 1, 1968.
・K. D. Emery et al., "Geographical Structure and Some Water Characteristics of the East China Sea," *CCOP Technical Bulletin*, Vol. 2, 1969.
・M. L. Park, Jr., K. D. Emery, et al., "Structural Framework of the Continental Margin in the South China Sea," *CCOP Technical Bulletin*, Vol. 4, 1971.
・K. D. Emery & Zvai Ben-Abraham, "Structure and Strategraphy of the China Basin," *CCOP Technical Bulletin*, Vol. 6, 1973.
・李華編『中國南海諸島』香港、上海書局、１９７４年。

・張永枚『西沙之戦』香港、香港三聯書店、１９７４年。
・Vo Long Tê, *Les archipels de Hoàmg-sa et de Truong-sa selon les anciens ouvrages bietnamiens d' histoire et de géographie*, Saigon: Ministère de la Culture, de l'Education et de la Jeunesse, République du Vietnam, 1974.
・『中國今日之邊疆問題』台北、臺灣中華學生書房、１９７５年。
・Hurngdah Chiu, "The Legal Status of Paracel and Spratly Island," *Ocean Development and International Law*, Vol. 3 No. 1, 1975.
・Dieter Heinzig, *Disputed Island in the South China Sea: Paracels, Dpratlys, Pratas*, Wiesbdena: Harrassowitz, 1976.
・Roderick O'Brien, *South China Sea Oil: Two Problems of Ownership and Development*, Singapore: Institute of Southeast Asian Studies, 1977.
・Martin H. Katichen, "Spratly Islands and the Law of the Sea," *Asian Survey*, Vol. 17 No. 12, Dec. 1977.
・『マラッカ・シンガポール海峡航路整備事業史』マラッカ海峡協議会、１９７８年。
・*Routes Improvement Activities in the Malacca-Singapore Straits*, Tokyo: Malacca Strait Council, 1978.
・Michael Leifer, *Malacca, Singapore and Indonesia*, Alphen aan den Rijin: Sijthoff & Noordloff, 1978.
・Peter Polomka, *Ocean Politics in Southeast Asia*, Singapore: Institute of Southeast Asian Studies, 1978.
・清水徳蔵「中ソの国家戦略からみた中越紛争」世界週報、１９７９年3月13日号。
・清水徳蔵『中国的思考と行動様式――現代中国論』春秋社、１９８４年。
・川島弘三「『中越戦争』の背景」三田評論、第７３９号、１９７９年6月。
・川島弘三「中越戦争の背景と展望」国際情勢・季報、第52号、１９８０年10月。
・川島弘三「『中越戦争』における政策決定と党軍関係」、岡部達味編『中国外交――政策決定の構造』日本国際問題研究所、１９８３年。
・Hasjim Djalal, "Conflicting Territorial and Jurisdictional Claims in South China Sea," *The Indonesia Quarterly*, Vol. 7 No. 3, July 1979.
・Hasjin Dialal, "Application to the Asian Region of the Sea Conference Resolution," *The Indonesia Quarterly*, Vol. 8 No. 2, April 1980.
・Hasjim Djalal, "Potential Conflicts in the South China Sea; In Search of Cooperation," *The Indonesia Quarterly*, Vol. 18 No. 2, April 1990.
・Hasjin Djalal, "Evolution in the Law of the Sea: From High Seas Regime to Exclusive Economic Zone to Cooperation," *The Indonesian Quarterly*, Vol. 21 No. 2, April 1993.

・Lim Joe-Jock, *Geo-Strategy and the South China Sea Basin: Regional Balance, Maritime Issues, Future Patterns*, Singapore: Institute of Southeast Asian Studies, 1979.
・Harlam W. Jencks, "China's 'Punitive' War on Vietnam: A Military Assessment," *Asian Survey*, Vo. 15 No. 8, August 1979.
・Les Buszynski, "Vietnam Confrontation China, " *Asian Survey*, Vo. 15 No. 8, August 1979.
・徐玉虎『明鄭和之研究』高雄、徳馨室出版社、１９８０年。
・酒田誠二編『中ソ代理戦争「社会主義国家間戦争」その意味と波紋』こぶし書房、１９８０年。
・Corzan Morales Siddayao, *Survey of Petroleum Resources of Southeast Asia*, Kuala Lumpur: Oxford U. P., 1980.
・Mark J. Valencia, "The South China Sea: Constraints to Marine Regionalism," *The Indonesia Quarterly*, Vol. 8 No. 2, April 1980.
・Mark J. Valencia, *South-East Asian Seas: Oil under Troubled Waters*, Singapore: Oxford U. P., 1985.
・Mark J. Valencia & James Barney Marsh, "Southeast Asia: Marine Resource, Extend Maritime, Jurisdiction, and Development," *Marine Resource Economist*, Vol. 3 No. 1, 1986.
・Maek J. Valencia, "The Spratly Islands: Dangerous in the South Vhina Sea," *The Pacific Review*, Vol. 1 No. 4, 1988.
・Mark J. Valencia, "Solving the Spratlies, *The Pacific Research*, Vo. 3 No. 3, May 1990.
・Mark J. Valencia, *Malaysia and the Law of the Sea*, Kuala Lumpur: International Institute of Strategic Studies, 1992.
・Mark J. Valencia, "Spratly Solution Still at Sea," *The Pacific Review*, Vol. 6 No. 2, 1993.
・Mark J. Valencia, "China and the South China Sea," *Adelphi Papers* 298, London: The International Institute for Strategic Studies, 1995.
・Mark J. Valencia, John M. van Dyke & Noel A. Ludwig, *Sharing the Resources of the South China Sea*, Honolulu: Univ. of Hawaii's Press, 1999.
・Mark J. Valencia, Asian Sea Lane Security and International Relations.『アジアにおける海上交通網の安全と国際関係』アジア太平洋地域における海上交通網を巡る諸問題」調査研究、シリーズＮｏ．２、シップ・アンド・オーシャン財団、２００２年。
・符駿『南海四沙群島』台北、世紀書局、１９８１年。
・傳混成『南海的主礦藏――歴史輿法律』台北、幼獅分科事業公司、１９８１年。
・寺田隆信『鄭和――中国とイスラム世界を結んだ航海者』清水書院、１９８１年／庄景輝訳『鄭和――聯結中国与伊斯兰世界的航海家』北京、海洋出版社、１９８８年。
・Bo Ngoai-giao, *The Hoang Sa and Truong Sa archipelagoes, Vietnamese territories*, Hanoi: Ministry of Foreign Affairs, Socialist

Republic of Vietnam, 1981.
・J. R. V. Prescott, "Maritime Jurisdiction in Southeast Asia: A Commentary and Map," *East-West Environment and Policy Institute, Research Report*, No. 2, 1981.
・Pao-min Chang, *Beijing, Hanoi, and the Overseas Chinese*, Berkley: Institute of East Asian Studies, Univ. of California Press, 1982.
・Marwyn S. Samuels, *Contest for the South China Sea*, New York: Methuen, 1962/ London: Routledge, 2005.
・King C. Chan, *China's War against Vietnam, 1979: A Military Analysis*, Baltimore: Univ. of Maryland Law School, 1983.
・劉天均『中越關係的衝突層面――若干問題的研究』台北、臺灣商務印書館、１９８４年。
・Lim Joo-Jock, *Territorial Power Domains: Southeast Asia and China*, Singapore: Institute for South East Asian Studies/ Canberra: Australian National University, 1984.
・Yaacov Y. I. Vertzberger, *Coastal States, Regional Powers, Superpowers, and the Malacca-Singapor Straits*, Berkeley: Institute of East Asian Studies, Univ. of California, 1984.
・丘宏達『關於中國領土的國際法問題論集』台北、臺灣商務印書館、１９８５年。
・〈当代中国〉叢書編輯委員会編『当代中国的海洋事業』北京、中國社会科学出版社、１９８５年。
・「当代中国的海洋事業」編輯委員会編『当代中国的海洋事業』北京、中國社会科学出版社、１９８５年。
・Thomas E. Stolper, *China, Taiwan, and the Offshore Island*, New York: M. E. Sharpe, 1985.
・Pao-min Chang, *The Sino-Vietnamese Territorial Dispute*, New York: Praeger, 1985.
・曾昭璇主編『南海諸島』広州、広東人民出版社、１９８６年。
・George Bryan Souza, *The Survival Empire: Portuguese Trade and Society in China and the South China Sea, 1630-1754*, Cambridge /New York : Cambridge U. P., 1986.
・奥原敏雄「東南アジア地域における沿岸国の管轄水域をめぐる諸問題」、日本海洋協会編『東南アジアにおける海洋事情』日本海洋協会、１９８７年。
・陳鴻瑜『南海諸島主權國際衝突』台北、幼獅文化事業公司、１９８７年。
・東方載「南沙風雲與國際争議」90年代、１９８８年5月号。
・Denys Lombard & Jean Aubin eds., *Marchantds et homes d'affaires asiatiques dans l'Océan Indien et la Mer de Chine, 13e–20e siècles*, Paris: Editions de l'Ecole des hautes etudes en sciences sociales, 1988.

・Peter Kien-hong Yu, *A Study of the Pratas, Macclesfield Bank, Paracels, and Spratlys in the South China Sea*, Taipei, Tzeng Brothers Publications, 1988.
・Peter Kien- hong Yu, "Protecting the Spratly," *The Pacific Review*, Vol. 1 No. 4, 1988.
・陳刑和「西沙群島と南沙群島――歴史的回顧」創大アジア研究、第10号、１９８９年。
・陳刑和「南シナ海地域協力問題の研究」問題と研究、第21巻第1号、１９９１年10月。
・Chi-kin Lo, *China's Policy towards Territorial Disputes: The Case of the South China Sea Islands*, London: Routledge, 1989.
・伊师『确立我国〝海洋国土〟概念的初探』中国辺疆史地研究１９９０年第４期。
・B. A. Hamzah, "Jurisdiction Issues and the Conflicting Claims in the Spratly," T*he Indonesia Quarterly*, Vol. 18 No. 2, April 1990.
・Lee Lai To, "Managing Potential Conflicts in the South China Sea: Political and Security Issues," *The Indonesia Quarterly*, Vol. 18 No. 2, April 1990.
・Apriant Sugiaro, "The South China Sea: Its Ecological Features and Potentials for Deveoping Cooperation," *The Indonesia Quarterly,* Vol. 18 No. 2, April 1990.
・Geoge A Coquia, "Navigation, Communication ad Shipping in the South China Sea," *The Indonesia Quarterly*, Vol. 18 No. 2, April 1990.
・Asnami Usman, "The Timore Gap Treaty," *The Indonesia Quarterly,* Vol. 19 No. 2, April 1991.
・平松茂雄『甦る中国海軍』勁草書房、１９９１年。
・平松茂雄『中国の海洋戦略』勁草書房、１９９３年。
・平松茂雄「中国海軍の南シナ海進出」上・中・下、國防、１９９１年12月号、１９９２年1月号、2月号。
・平松茂雄「南沙群島をめぐる中越紛争と中国海軍」、三尾忠志編『ポスト冷戦のインドシナ』日本国際問題研究所、１９９３年。
・平松茂雄『中国の戦略的海洋戦略』勁草書房、２００２年。
・平松茂雄「海洋実効支配の拡大めざす中国――米中軍用機接触事故の意味するもの」東亜、２００１年7月号。
・曽昭璥「元代南海測験在林邑考――郭守敬未到中、西沙測量緯度」歴史研究、１９９０年第5期。
・R. Haller-Trost, *The Spratly Islands: A Study on the Limitations of International Law*, Canterbury: Univ. of Kent, 1990.
・林栄貴・李国強「南沙群島史地問題的綜合研究」中国辺疆史地研究、１９９１年第1期。
・福井孝敏「復活したマラッカ海峡迂回の原油パイプライン構想――タイ政府が備蓄基地一体の国際石油取引ハブ構想推進を決定」石油・天然ガス　レビュー、１９９１年11月号。

・R. D. Hill et al. ed., *Fishing in Troubled Water: proceeding of an Academic Conference on Territorial Claimes in the South China Sea*, Hong Kong: Centre of Asian Studies, University of Hong Kong, 4 – 6, Dec. 1990, Hong Kong: Centre of Asian Studies, University of Hong Kong, 1991.
・Risal Sukma, "South China Sea Conflict: A Challenges to Indonesia's Active Foreign Policy," *The Indonesia Quarterly*, Vol. 19 No. 4, Oct. 1991.
・Risal Sukuma, "Indonesia and the South China Sea: Interests and Politics," *The Indonesia Quarterly*, Vol. 20 No. 4, Oct. 1991.
・J. N. Mark, "The Chinese Navy and South China Sea: a Malaysian Assessment, *The Pacific Review*, Vol. 4 No. 2, 1991.
・呂一燃主編『南海諸島――地理・歴史・主権』哈爾浜、黒龍江教育出版社、１９９２年。
・竹下秀邦「南シナ海紛争の経緯と領有権問題」上・下、アジア・トレンド、第59号、第60号、１９９２年。
・竹下秀邦「スプラトリー（南沙）群島の領有権問題――国際法と当事国の立場」国際経済論集（常葉学園浜松大学）、第２巻第１号、１９９５年。
・山口開治「西沙、南沙諸島の領有問題(1)――第２次大戦までの歴史的経緯」國士舘大学政經論叢、第４号、１９９２年。
・Aileen San Pablo-Baviera, *The South China Sea Disputes: Philippine Perspectives*, Quezon City: Philippine-China Development Resource Center & The Philippine Association for Chinese Studies, 1992.
・浦野起央『南アジア・中東の国際関係』南窓社、１９９３年。
・浦野起央『南海諸島国際紛争史――研究・資料・年表』刀水書房、１９９７年。
・浦野起央「海の支配――南シナ海をめぐる国家間紛争の歴史と現在」、浜下武志・他編『海のアジア５越境するネットワーク』岩波書店、２００１年。
・浦野起央『南シナ海をめぐる安全保障と問題点』シップ・アンド・オーシャン財団、２００４年。
・浦野起央『南海諸島国際紛争史』成都、四川大学法学院南海法律問題研究中心、２００４年。
・浦野起央『地政学と国際戦略』三和書籍、２００６年。
・浦野起央「南シナ海の安全保障と戦略環境」１・２、政経研究、第49巻第1号、第2号、２０１２年。
・リチャード・ティラー・フェル、安藤徹哉訳『古地図にみる東南アジア』学芸出版社、１９９３年。
・石川潤一「発火点の空軍力――南シナ海の群島を巡る６カ国」前編・跡編」航空情報、１９９３年5月号、６月号。
・Gerardo Martin C. Valero, *Spratly Archipelago: is the question of sovereignty still relevant?: a roundtable discussion*, Quezon City:

Institute of International Legal Studies, University od the Philippines Law Center, 1993.
・楊作洲『紛争南沙諸島――アジア太平洋経済共同体の石油開発』新評論、１９９４年。
・高原明生「『中国脅威論』を生む中華世界の拡充と軋轢――南沙群島問題に見る中国・東南アジア関係」外交フォーラム、１９９４年５月号。
・Robert G. Suttler, *Southeast Asian Security: Issues for the U. S., CRS Report for Congress*, Washington, DC: GDB Dec. 1994.
・Mark Albert Hoyt, *Sino-Vietnamese Interests collide in the South China Sea: A Case Study of the Disputed Paracel and Spratly Archipelagos*, Ann Arbor: UNI Dissertation Services, 1994.
・傅崐成『南海法律地位之研究』台北、台灣一二三資訊有限公司、１９９５年。
・傅崐成・水秉和編『中國興中國海問題――China South China sea issues』台北、問津堂、２００７年。
・『アジア太平洋地域におけるエネルギー需給構造、政策の現状と今後の動向』日本エネルギー経済研究所エネルギー計量分析センター、１９９５年。
・李金明『南海诸岛史地研究札记』中国辺疆史地研究、１９９５年第１期。
・李金明『越南黄沙长沙非中国西沙南沙考』中国辺疆史地研究、１９９７年第２期。
・関弘「東南アジア再編の要『南沙諸島』」経済往来、１９９５年６月号。
・浜下武志「海と国家――南沙群島の歴史空間」へるめす第55号、１９９５年５月。
・Lu Ning, *Flashpoint Spratlys!*, Singapore: Dolphin Trade Press, 1995.
・Danny Wong Tze-Ken, *Vietnam-Malaysia Relations during the Cold War 1945-1990*, Kuala Lumpur: Univ. of Malaysia Press, 1995.
・Norman Hasting, *Spratly and US Interest*, Djakarta: Di Pusat Studi Jepang Universitas Indonesia, 29 Nov. 1995.
・Gahana, *Dimensi Cina dalan Konflik Spratly*, Djakarta: Di Pusat Studi Jepan University Indonesia, 29 Nov. 1995.
・Hero U. Kuntjoro -Jakti, Jepan dan Masalah, *Spratly*, Djakarta: Di Pusat Studi Jepan University Indonesia, 29 Nov. 1995.
・Erick Hyer, "The South China Sea Disputes: Implications of China's Earlier Territorial Settlements," *Pacific Affairs*, Vol. 68 No. 1, Spring 1995.
・兪劍鴻・林重甫「中華民族在南中國海――「雙贏」或「參贏」一個臺灣中國人的觀點」、國立中央圖書館臺灣分館推廣輔導組編『海南暨南海學術研討論文集』台北、國立中央圖書館臺灣分館、１９９６年。
・呂一燃「近代中國政府維護南海諸島主權的貢獻」、國立中央圖書館臺灣分館推廣輔導組編『海南暨南海學術研討論文集』台國立中央圖書館臺灣分館、１９９６年。

・丁新豹編『南海海上交通貿易二千年』香港、香港市政局、１９９６年。

・丁新豹編『南海海上交通二千年』香港、香港市政局、１９９６年。

・劉宝銀編『南沙群島東沙群島澎湖列島』北京、海洋出版社、１９９６年。

・韓振華『南海諸島史地研究』北京、社会科学文献出版社、１９９６年。

・劉南威『中国南海諸島地名論稿』北京、科学出版社、１９９６年。

・林弘展『中國人民解放軍X档案』台北、本土文化事業有限公司、１９９６年。

・國立中央圖書館臺灣分館推廣輔導組編『海難暨南海學術研討會論文集』台北、國立中央圖書館臺灣分館、１９９６年。

・ルイーズ・リヴァシーズ、君野隆久訳『中国が海を支配したとき――鄭和とその時代』新書館、１９９６年。

・ウッド、若林保男訳「最近の海賊行為とその影響」海事特別レポート、国際経済政策調査会、１９９６年６月。

・岩崎繁美「南シナ海及び東シナ海における中国の武力行使等に関する一考察」防衛学研究、第16号、１９９６年。

・岩崎繁美「南シナ海及び東シナ海における中国の武力行使等に関する一考察」上・下、波涛、第23巻第5号、第6号、１９９８年。

・Luu Van Loi, *The Sino-Vietnamese Difference on the Hoàng Sa and Truong Sa Archipelagoes*, Hanoi: The Gioi Publisher, 1996.

・Brigadier Chris Roberts, *Chinese Strategy and Spratly Island Dispute*, Canberra: Strategik and Defence Studies Centre, Australian National University, 1996.

・Monique Cemllier-Gendreau, *La souveraineté sur les archipels Paracels et Spratleys*, Paris: L'Harmattan, 1996.

・John Noer & David Gregory, *Maritime Economic Concerns in Southeast Asia*, Washington, DC: National Defense U. P., 1996.

・David Denoon & Steven J. Brams, *Fair Division: a new approach to the Spratly Islands Controversy*, New York: C. V. Starr Center for Applied Economics, New York University, 1996.

・宮崎正勝『鄭和（ていわ）の南海大遠征――永樂帝の世界秩序再編』中公新書、中央公論社、１９９７年／イキュチョ訳『鄭和の南海大遠征――コロンブスより1世紀速く海を支配した明国宦官』ソウル、ＩＬＢＩＴ、１９９９年。

・Asnani Usman & Rizal Sukma, *Konflik Laut Cina Selatan: tantangan bagi ASEAN*, Jakarta: Centre for Strategic and International Studies, 1997.

・Bob Catley & Makmur Keliat, *Spratlys: The Dispute in the South China Sea*, Aldershot, Brockfile: Ashgate, 1997.

・Asnani Usman & Rizal *Sukma, Konflik Laut Cina Selatan: tantangan bagi ASEAN*, Jakarta: Centre for Strategic and International

Studies, 1997.
・Bob Catley & Makmura Keliat, *Spratlys: the Dispute in the South China Sea*, Aldershot: Ashgate, 1997.
・吴純光『太平洋上的校量――当代中国的海洋戦略問題』北京、今日中国出版社、１９９８年。
・Ralph A. Cossa, *Security Implications of Conflict in the South China Sea: Exploring Potential Triggers of Conflict, A Pacific Forum ASIS Special Report*, Honolulu: Conference on Security Implications of Conflict in the South China Sea, March 1998.
・Theresa C. Carino ed., *China–ASEAN Relations: Regional Security and Cooperation*, Quezon City: Philippine-China Development Resource Center, 1998.
・吴士存『南沙争端的由来与発展』北京、海洋出版社、１９９９年。
・李金明『中國南海疆域研究』福州、福建人民出版社、１９９９年。
・Lee Lai To, *China and the South China Sea Disputes*, New York: Praeger, 1999.
・Roderich Ptak, *China's Seaborne Trade with South and Southeast Asia (122-1750)*, Aldershot: Asgate, 1999.
・David Hancox & Victor *Prescott, Secret Hydrographic Surveys in the Spratly Islands*, London: ASEAN Academic Press, 1999.
・讀賣新聞社会部『マラッカ海峡海賊』ワック出版、２０００年。
・鎮水源『傑出航海家鄭和――中國最傑出的工航海家・鄭和』台中、晨星出版、２０００年。
・Monique Chemillier-Gendreau, Sovereignty over the Paracel and Spratly Islands, The Hague: Lluwer Law International, 2000.
・佐藤孝一「地域紛争とＡＳＥＡＮの機能――南シナ海をめぐる協調と対立――」、山影進編『転換期のＡＳＥＡＮ――新たな課題への挑戦』日本国際問題研究所、２００１年。
・佐藤考一「中国と「辺境」――海洋国家――南シナ海の地図上のU字線をめぐる問題」境界研究、第1号、２０１０年。
・李金明「南海〝九条線脱線〟及相関問題研究」中国辺疆史地研究、２００１年第2期。
・Chua Thia-Eng「東アジア海域海洋環境計画（ＰＥＭＳＥＡ）について」*Ship & Ocean Newsletter*, No. 22, 5 July 2001.
・張炎憲主編『中國海洋發展史論文集』台北、中央研究院中山人文社會研究所、２００２年。
・中国現代国際関係研究所編『亜太戦略場――世界主要力量的発展与角逐』北京、時事出版社、２００２年。
・朱听昌主編『中国周辺安全環境与安全戦略』北京、時事出版社、２００２年。
・江瀅河『広州口岸与南海航路』広州、広東人民出版社、２００２年。
・Ralf Emmers. *Cooperative Security and the Balance of Power in ASEAN and ARF*, London: Routledge Curzon, 2003.

・Daniel Coulter『The Present State of the World's Sea Lanes and Its Security Implication／世界の海上交通網の現状とその安全性』「アジア太平洋地域における海上交通網を巡る諸問題」調査研究、シリーズNo. 3、シップ・アンド・オーシャン財団、２００２年。
・Elisabeth Mann Borgese『Ocean Governance Legal, Institutional and Implementation Considerations／オーシャン・ガバナンスの法制面、機構・制度面、実施面の考察』「アジア太平洋地域における海上交通網を巡る諸問題」調査研究、シリーズNo. 5、シップ・アンド・オーシャン財団、２００２年。
・Elisabeth Mann Borgese『Ocean Governance and Shipping, with Special Reference to South East Asia／オーシャン・ガバナンスと海上交通——東南アジアを中心として』「アジア太平洋地域における海上交通網を巡る諸問題」調査研究、シリーズNo. 7、シップ・アンド・オーシャン財団、２００２年。
・秋元一峰『海上交通網に関する安全保障戦略と海上防衛／警備及びその法制度』アジア太平洋地域における海上交通網を巡る諸問題」調査研究、シリーズNo. 8、シップ・アンド・オーシャン財団、２００２年。
・佐藤好明『海洋科学調査の法と実際』「アジア太平洋地域における海上交通網を巡る諸問題」調査研究、シリーズNo. 10、シップ・アンド・オーシャン財団、２００２年。
・『アジア太平洋地域における海上交通網を巡る諸問題』21世紀における我が国の海洋ビジョンに関する調査研究・総括編、シップ・アンド・オーシャン財団、２００２年。
・『アジア主要国向け石油・電力炭・ＬＮＧの荷動き動向』海事産業研究所、２００２年。
・Clarkson Research Studies, *The Tanker Register*, Jan. 1, 2002
・Hans Scheerer & Patrick Raszelenberg, *China, Vietnam und die Gebietsansprüche im Südchinesischen Meer*, Hamburg: Institut für Asienkunde, 2002.
・John C. Baker & David G. Wiencek eds., *Cooperative Monitoring in the South China Sea: satellite imagery, confidence-building measures, and the Spratly Islands Disputes*, Westport: Praeger, 2002.
・山田吉彦『海のテロリズム——工作船・海賊・密航船レポート』ＰＨＰ研究所、２００３年。
・楊翠柏「時称国際法与中国対南沙群島享有無可争辨的主権」中国辺疆史地研究、２００３年第１期。
・鎮信雄・鎮玉女主編『鄭和下西洋——國際學術研討會議論文集』板橋、稲郷出版社、２００３年。
・韓振華『南海諸島史證地論證』香港、香港大學亞洲研究中心、２００３年。
・Robert J. Atony, *Like Forth Floation on the Sea: the World of Pirates and Seafarers in Late Imperial South China*, Berkley: Institute

of East Asian Studies, Univ. of California/ Center for Chinese Studies, 2003.
・肖一亭『先秦時期的南海島民――海湾沙丘遺跡研究』北京、文物出版社、２００４年。
・廈門大學廈門研究中心編『鄭和與海上糸綢之路=Zheng He and the marine Silk road』澳門、廈門大學廈門研究中心、２００５年。
・鄭一鈞『偉大的航海家、外交家鄭和昆明』雲南美術出版、２００５年。
・鄭一鈞『鄭和全伝』北京、中國成年出版社、２００５年。
・雲南省鄭和研究会編『世界的鄭和――第2届昆明鄭和研究国際会議論文集』昆明、雲南大学出版社、２００５年。
・李士厚『鄭和新伝』昆明、晨光出版社、２００５年。
・Geoff Leane & Barbara von Tigerstrom eds., *International Law Issues in the South Pacific*, Aldershot: Ashgate, 2005.
・賈宇『南海〝断続線〟的法律地域』中国辺疆史地研究、第15巻第2期、２００５年。
・蕭曦潔『鄭和戦隊創世奇航――中國海權的崛起與没落』台北、牧村圖書、２００６年。
・楊環中主編『鄭和与対話』銀川、寧夏人民出版社、２００６年。
・安田淳「中国の航空管制と安全保障に関する一試論――南シナ海の「三亜飛行情報区」を例として」国際情勢、第77号、２００７年。
・宋燕輝、遠藤利恵訳「台湾の南シナ海南沙諸島大平島における滑走路建設をめぐる論争とその政策的合意」問題と研究、第37巻第3号、２００８年。
・何方耀『普唐时南海求法高僧群体研究』北京、宗教文化出版社、２００８年。
・マイケル・ヤマシタ&ジアンニ・グアダルービ、花田知恵訳『再見鄭和の西方大航海――偉大な中国艦隊司令官海のシルクロードを行く』日経ナショナルジオグラフィック社、２００８年。
・下山憲二「南シナ海における米国海洋船に対する妨害事件」防衛法研究、第三三号、２００９年。
・Trau Truong Thuy ed., *The South China Sea: Cooperation for Regional Secrity and Development*, Hanoi: Diplomatic Academy of Vietnam, 2009.
・Ulises Granados, "Ocean Frontier Expansion and the Kalayaan Islands Groups Claim: Philippines Posywar Pragmatism in the South China Sea," *International Relations of the Asia-Pacific*, Vol. 9 No. 2, 2009.
・李慶新『瀕海之地――南海貿易与内外関係史研究』北京、中華書局、２０１０年。
・王川『市船太监与南海貿易――広州口岸史研究』北京、人民出版社、２０１０年。
・Bruce A. Elleman, Andrew Forbes, & David Rosenberg eds., *Piracy and Maritime Crime: Historical and Modern Case Studies*,

Newport: Naval War College Press, 2010.
・梁二平『中国古代海洋地図挙要』北京、海洋出版社、２０１１年
・蕭曦清『南沙風雲――南沙群島問題的研判與分析』台北、臺灣學生書局、２０１０年。
・李国強「中国と周辺国家の海上国境問題」境界研究、第1号、２０１０年。
・夏章英主編『南沙群島漁業史』北京、海洋出版社、２０１１年。
・陳定木梁・龔玉和『中国海洋開放史』杭州、浙江工商大學出版社、２０１１年。
・飯田将史「南シナ海で強硬姿勢に転じる中国」東亜、２０１１年8月号。
・太田文雄・吉田真『中国の海洋戦略にどう対処すべきか』芙蓉書房出版、２０１１年。
・Ian Storey, *ASEAN and the Rise of China*, Abingtorn: Routledge, 2011.
・斯雄『南沙探秘＝In-depth exploration』北京、人民日報出版社、２０１２年。
・胡波『中国海権策――外交、海洋経済及び海上力量』北京、新華出版社、２０１２年。
・Patick M. Cronin ed., *Cooperation from Strength: the United States, China and the South China Sea*, Washington, DC: Center for a New American Security, 2012.
・Hum Sin Hoon, 鄭和：*Zheng He's Art of Collaboration: understanding the Legendary Chinese Admiral from a Management Perspective*, Singapore: Institute of Southeast Asian Studies (ISEAS), 2012.
・Nong Hong, *UNCLOS and Ocean Dispute Settlement: Law and Politics in the South China Sea*, London/ New York: Routledge, 2012.
・海洋政策研究財団編『中国の海洋進出――混迷の東アジア海洋圏と各国対応』成山堂書店、２０１３年。
・小谷俊介「南シナ海における中国の海洋進出及び「海洋権益」維持活動について」レファレンス、２０１３年11月号。
・Uram Storey, Shipping Away? A South China Sea Code of Conduct Etudrds Diplomatic Efforts," *East and South Chaina Seas Bulletin*, No. 11, 2013.
・「アジア太平洋の排他的経済水域における信頼醸成と安全保障のための行動理念」海洋情報季報、第5号、２０１４年。
・海上保安庁『海上保安レポート』国立印刷局。
・国土交通省海事局『海事レポート』日本海事公報協会。
・ICC International Maritime Bureau, Piracy and Armed Robbery, *Against Ships 2003 Annual Report*, London: IMB.

南シナ海関連年表（1800〜2014年）

1800〜1817	英国、4度のプラタス群島（東沙群島）探検・測量
1802	英国、スプラトリー諸島（南沙群島）測量
1815	阮、黄沙調査隊、ホアンサ群島（西沙群島）調査
1835	米国、スプラトリー群島測量
1887・06・26	清国・フランス、ベトナム境界画定協定で問題の南シナ海の海中島嶼は清国領で合意
1907・10・	清国、東沙島は清国領と主張、日本が反論
1901・11・	日本人玉置半右衛門、プラタス島（東沙島）発見
1907・08・12	日本人西澤吉治、プラタス島探検、小屋建設、日本国旗掲揚、西澤島と命名
1909・02・21	清国、西沙群島籌弁処設置、08・廃止
06・	清国、西沙群島調査
10・11	日本、プラタス島の清国返還に合意、12・05プラタス島開発の西澤吉治に賠償金13万元公布
1917・06・	日本人平田末治、西沙群島漂着、燐鉱発見
1918・12・30〜1919・03	日本のラサ島燐石株式会社、第1次南沙群島調査
1921・04・	中国、中国人梁国之の西沙群島開発に不許可
06・	ラサ燐石株式会社、東京地方裁判所に燐鉱石開発の登記
11・24	梁国之ら、西沙群島開発の日華合弁会社設立、経営権は平田末治

１９２３・02・22　日本政府、斉藤英吉・他の南沙起業許可願に不許可
１９２５・05・17　中国、日本人石丸庄助の東沙群島沿岸漁労に抗議、８・25石丸、始末書提出
１９２７・　フランス、パラセル群島（西沙群島）第１回科学調査
06・　中国、中国人馮英彪の西沙群島開発に不許可
09・　日本・フランス、西沙群島の占有をめぐり対立
10・23　中国、西沙群島占領
１９３０・08・09　中国、極東気象会議の要請で西沙群島に気象台建設指令
１９３１・04・22　中国、東沙島で海草採取中の日本人逮捕
１９３２・04・29　フランス、パラセル群島（西沙群島）の領有を中国に主張、中国は反論
１９３３・04・07～13　フランス、スプラトリー群島（南沙群島）７島占領
12・21　コーチシナ仏総督、スプラトリー群島をコーチシナに編入
１９３７・09・03　日本、東沙島占領、中国人将校逮捕
12・09　フランス、南沙群島問題で日本に交渉要求、日本は拒否
１９３８・12・27　日本、西沙群島の領土編入決定
１９３９・02・10　日本軍、海南島上陸
03・10　日本、西沙群島占領
03・30　日本、南沙群島を新南群島として台湾総督府に編入、４・18官報掲示
１９４２・12・05　大暴風雨で新南群島全島壊滅

1945・12・08	中国台湾省、西沙群島林島（永興島）に中華民国旗掲揚
1946・05・	フランス、パラセル群島（西沙群島）占領
1946・08・	中国広東省政府、東沙・西沙・南沙群島の公式接収
1947・01・09	フランス、パラセル群島はベトナム領土と声明
01・13	フランス、西沙群島の中国軍駐留の抗議
01・18	フランス、パラセル群島パスツル島（珊瑚島）占領
01・18	中国、西沙群島・南沙群島を海南島行政特別区と決定
01・19	中国、フランスに西沙群島の主権通告
09・04	中国、東沙群島・中沙群島を広東省に編入
1948・	フィリピン海洋研究所長トマス・クロマ、南沙群島太平島（イツアバ島）探検
1949・04・	フィリピン、南沙群島への移民を計画
04・13	中国（台湾）、フィリピンに南沙群島は中国領土と通告
06・06	新中国、海南特別行政区に南沙群島・東沙群島・中沙群島・西沙群島編入
09・	西沙群島永興島の中国軍、台湾へ撤退
1950・05・15	中国人民解放軍、永興島上陸
05・17	キリノ・フィリピン大統領、スプラトリー群島占領を検討の発言、中国が抗議
1951・09・08	日本、サンフランシスコ対日平和条約で新南群島・西沙群島を正式放棄
1952・04・28	日本、日華平和条約で新南群島・西沙群島放棄

1955・06・	フランス、パラセル群島ダンカン島（琛航島）上陸、石碑建立
06・	台湾、南沙群島の主権を主張
06・～07・	在フィリピン元米軍人トマス・クロマ、スプラトリー群島上陸、人道王国樹立
1956・03・01	フィリピン人トマス・クロマ海洋研究所所長、南沙群島探検、3・17パラワン沖の無主島嶼をカラヤーン群島のフリーダム・ランド命名、5・11正式領有宣言
04・	南ベトナム、ダンカン島（琛航島）上陸
05・25	フランス、スプラトリー島（南威島）上陸
05・29	中国、南海諸島の主権を主張
06・02～12	台湾、主権碑建立の立威部隊を南沙群島派遣、太平島などに上陸、中国（台湾）国旗掲揚、石碑建立
06・27	フィリピン人ジェームス・クロマ、イツアバ島（太平島）上陸、台湾国旗撤去
10・22	南ベトナム、チュオンサ群島（南沙群島）を本土に編入
1957・01・25	南ベトナム、ホアンサ群島（西沙群島）海域で中国漁船に発砲
02・16	台湾、南沙群島の主権声明
1958・03・01	フィリピン人トマス・クロマ、カラヤーン群島調査
09・04	中国、12海里主権声明で南海諸島の領有権確認
1959・02・	南ベトナム、ホアンサ群島で中国漁船拿捕続く
03・03	南ベトナム、ホアンサ群島は南ベトナム領土と中国に口上書提出
06～1971・01	米軍、ベトナム戦争でパラセル群島（西沙群島）侵犯

1960・10・31	台湾、南沙群島太平島に気象台建設
1961・07・26	台湾、西沙群島の主権声明
1963・05・1～24	南ベトナム、チュオンサ群島の6島嶼に主権碑建立
1966・08・	南ベトナム、ホアンサ群島から大半撤退
1967・03・08	マラッカ・シンガポール海峡でトリー・キャニオン号の座礁事故、原油流出
1968・07・29	マラッカ海峡協議会設立、1969・03・29財団法人へ移行
1969・06・～08・	ECAFE、南シナ海で海底資源調査、海底油層確認
1970・12・	南ベトナム、メコン・デルタ資源調査終了
1971・	台湾、東沙群島東沙島に気象監視レーダー設置
04・1～18	フィリピン軍、スプラトリー群島コタ島（南鑰島）・パガサ島（中業島）に駐留、7・2自国領土に編入
11・16	マラッカ・シンガポール海峡、マレーシア・シンガポール・インドシナ3国協定調印
1972・03・	フィリピン、国連海床委員会でフリーダム・ランドはスプラトリー群島とは別と主張
04・	フィリピン、カラヤーン群島をパラワン州に編入
1973・01・25	台湾、南沙・西沙群島の主権声明
12・	中国、トンキン湾で鉱物資源探索
12・23	マラッカ海峡でタンカー祥和丸座礁
1974・01・11	中国、南沙群島の主権声明

01・12	南ベトナム、ホアンサ群島で中国漁船に妨害工作
01・17～20	中国・南ベトナム、西沙群島で交戦、中国が西沙群島制圧
01・19	南ベトナム、チュオンサ群島の主権確認
01・22	インドネシア、西沙群島は中国領土と確認
02・07	フィリピン、占領島嶼はスプラトリー諸島に含まれないと発表
02・12	台湾、南沙群島主権をフィリピンに通告
03・～05・	中国、西沙群島で文物調査、1975・03・～04・第2次調査、1976・8・31「人民日報」に調査報告
03・11	フィリピン、パローラ島（北子島）に灯台設置
03・15	SEATO、南ベトナムの西沙群島主権確認を拒否
05・11	台湾、いかなる方面の南沙群島侵犯も許さないとし、武力行使の決意を表明
07・02	中国、第3回国連海洋法会議でベトナムの主権主張を拒否
1975・02・	モービル・他、南ベトナム沖合区で石油・天然ガス発見
02・19	マラッカ・シンガポール海峡3カ国会議開催、マラッカ・シンガポール海峡の航行安全を協議
03・～04・	中国、第2回西沙群島調査
08・07	ボ・グエン・ザップ・ベトナム副首相、海軍防衛を強調
11・～12	中国・ベトナム、国境衝突、人民解放軍、西沙群島で強化

1976・02・	中国、西沙群島に海軍基地建設
03・08	ベトナム、チュオンサ群島をドンナイ省に編入
04・25	「クアンドイ・ニャンザン」、「ホアンサ・チュオンサ群島地図」掲載
1977・	マレーシア、スプラトリー群島で油田探査
05・12	ベトナム、200海里排他的経済水域・大陸棚宣言
1977〜1978・	中国、5次の南海海洋調査
02・24	マラッカ・シンガポール3カ国会議開催、マラッカ・シンガポール海峡の航行安全に関する共同声明
06・08	ベトナム、ホアンサ群島で軍事演習
1978・06・11	フィリピン、カラヤーン群島主権宣言でパラワン省編入
12・29	フィリピン、リード堆（礼樂灘）はフィリピン領海内と主張
1979・01・	マレーシア、スプラトリー群島12島嶼の主権主張
02・14	ベトナム、「ホアンサ・チュオンサ群島の主権覚書」公表
02・17〜03・18	中越戦争
04・18〜05・18	中国・ベトナム、第1次外務次官交渉、06・28〜12・19第2次交渉
07・23	中国、西沙群島の飛行禁止区域設定
09・16	中国、西沙群島浪花礁と北礁に標識灯設置

09・28	ベトナム、「チュオンサ群島・ホアンサ群島のベトナム主権白書」（1979年白書）発表、10・01国連送付
11・22	中国、「南沙群島・西沙群島を中国領土として承認した2、3の文献的研究」発表
12・21	マレーシア、官製地図でツルンブ群島（スプラトリー群島）の領有を明示
1980・01・19	ベトナム、ベトナム海域での外国船規制令公布
01・30	中国、1979年ベトナム白書の反論発表
02・05	ベトナム、ホアンサ群島・チュオンサ群島の主権声明
02・	ベトナム、チュオンサ防衛の軍事演習
1982・01・18	ベトナム、「チュオンサ群島・ホアンサ群島の主権白書」（1982年白書）、国連送付
02・07	台湾、南沙群島・東沙群島開発3カ年計画成立
02・15	中国・ベトナム、西沙群島で第2次交戦事件
03・03	ベトナム、西沙群島で中国漁船拿捕
03・16	中国、西沙群島海域の石油開発の国際入札
11・12	ベトナム、領海基線声明をチュオンサ・ホアンサ群島に適用
1983・02・12	ベトナム、中国の石油開発に抗議、02・18新華社、反論
04・24	中国、南海諸島地名調査で地名287公表
09・14	中国、マレーシアの弾丸礁（ツルンブ・ラヤンラヤン）占領に抗議
1984・05・31	中国、西沙群島・南沙群島・中沙群島を海南行政区に編入

07・	中国、南沙群島調査
１９８５・01・	ベトナム、ベトナム南部沖合油田生産発表
12・31～１９８６・01・01	胡燿邦中国共産党総書記、西沙群島視察
１９８７・01・20	中国、フィリピンに南沙群島の主権放棄を要求
02・02	中国、南沙・西沙群島の主権主張
06・17	中国、ベトナムの南沙群島からの撤退を要求
09・15	香港大学、西沙群島で中国人海底村落遺跡発見
１９８８・03・14	中国・ベトナム、海軍艦艇が南沙群島で交戦、ベトナム輸送船被爆、３・15中国、この事件のベトナム挑発を国連通告
05・12	中国、西沙・南沙群島主権覚書、国連提出 中国、西沙群島永興島に空港・航空管制センター設置
１９８９・03・	フィリピン下院、南シナ海平和解決フォーミュラ作成決議成立
１９９０・01・01～02	李登輝中華民国総統、東沙島巡視
01・22～24	第１回南シナ海資源の潜在的紛争の管理に関する非公式協議開催（バリ）
08・12	李鵬中国総理、南沙群島棚上げによるＡＳＥＡＮ諸国との共同開発提案（シンガポール）、８・13ベトナム、歓迎
10・20	中国人民解放軍、西沙群島で南海諸島占領の軍事演習
12・04～06	香港大学南シナ海領土国際学術会議開催（香港）
１９９１・06・05	楊尚昆中国国家主席、１９９０・８李発言を確認（ジャカルタ）

	07・15～18	第2回南シナ海資源の潜在的紛争の管理に関する非公式協議開催（バンドン）
1992・	02・	ＩＭＢ、海賊に関する会議開催（クアラルンプール）
	02・25	中国、領海法公布、02・28ベトナム、領海の平和交渉を要望
	03・23	フィリピン、カラヤーン群島パガサ島（中業島）で中国人漁民逮捕
	05・21	マレーシア国王、ツルンブ・ラヤンラヤン（弾丸礁）訪問
	06・29～07・02	第3回南シナ海資源の潜在的紛争の管理に関する非公式協議開催（ジョクジャカルタ）
	07・21～22	第25回ＡＳＥＡＮ外相会議開催（マニラ）、南シナ海に関する宣言採択
	09・20	マラッカ・シンガポール海峡でタンカー、ナガサキ・スピリット号衝突、原油流出
	10・	クアラルンプールにＩＢＭ地域海賊報告センター設立
	12・03	台湾、南海政策綱領採択、１９９３・９・６～7綱領達成のための南海問題討論会開催（台北）
1993・	01・12	スマトラ島北西アンダマン海域でタンカー、マークス・ナビゲータ号衝突、原油流出
	04・26	中国・フィリピン首脳会談、南シナ海開発で主張は平行線
	08・16	中国、マレーシアに南沙群島の共同開発提案、マレーシア、同意
	08・23～25	第4回南シナ海資源の潜在的紛争の管理に関する非公式協議開催（スラバヤ）
1994・	05・	中国、南沙群島・西沙群島に軍事展開
	10・22～23	第5回南シナ海資源の潜在的紛争の管理に関する非公式協議開催（ブキティンギ）
	11・22～23	江沢民中国国家主席、ベトナム訪問、南沙群島問題の協議合意

1995・02・09	フィリピン、中国、南沙群島／カラヤーン諸島のミスチーフ礁（美済礁）に建造物構築を公表、02・15フィリピン、中国に抗議、02・25ラモス・フィリピン大統領、国家安全保障会議開催、南シナ海諸島防衛強化を指示
03・18	ASEAN外相会議開催（シンガポール）、南シナ海諸島の紛争防止の共同声明
03・19～22	フィリピン・中国外交当局協議（北京）、進展なし
03・25	フィリピン、スプラトリー群島で中国船を拿捕
04・03～04	中国・ASEAN外務次官協議（広州）、成果なし
05・15	中国、領海基線声明
1995・05・10	米国、スプラトリー及び南シナ海声明
05・15	中国、領海基線声明
07・13～16	中国・ベトナム外務次官協議（北京）、中国が西沙群島協議を拒否
07・30	ASEAN・中国外相協議（ブルネイのバンダルスリブガワン）、中国は2国間解決に固持
08・08～12	中国・フィリピン高級事務レベル協議（マニラ）、武力行使の自粛などの行動規範への合意
09・15	アンナ・シエラ号奪取事件
10・10～14	第6回南シナ海資源の潜在的紛争の管理に関する非公式協議開催（バリックパパン）
11・26～12・02	ト・ムオイ・ベトナム共産党書記長、中国訪問、国境問題の解決で合意
1996・05・15	中国、国連海洋法条約批准、西沙群島に領海基線に適用、ベトナムと対立
1997・04・30	フィリピン、マックフィールド群島（中沙群島）で中華人民共和国旗を引き降ろし

	10・15	タンカー、エボイコス号、シンガポール沖セバロック島南方で原油流出事故
1998・04・		ペトロレンジャー号奪取事件
	09・27	テンユー号奪取事件
	09・	ベトナム、チュオンサ群島に漁業基地建設
	10・01	中国、海監総隊発足
	11・05	中国、美済礁（ミスチーフ礁）で工事継続
	11・30	フィリピン、中国漁船を拿捕
	12・01	南沙群島関係6カ国専門家会合開催（ジャカルタ）
	12・01	マラッカ・シンガポール海峡で分離通航方式を適用
1999・03・		中国・フィリピン外務次官会合開催（マニラ）、フィリピンが中国の工事に抗議
	06・22	フィリピン、マレーシアの南沙群島での建築工事を確認、6・24マレーシア、フィリピンの抗議を拒否
	07・17	フィリピン、南沙群島で中国漁船に発砲
	07・20	ＡＳＥＡＮ外相会議開催（シンガポール）、フィリピン提出の行動規範の検討に合意、作業部会設置
	10・15	ベトナム、ホアンサ群島でのフィリピン機の領海侵犯で発砲
	10・22	アンドラ・レインボー号奪取事件
	11・25	ＡＳＥＡＮ・中国事務レベル協議開催（北京）

2000・01・	フィリピン、中国船の相次ぐスプラトリー群島での領海侵犯に抗議
02・24	グローバル・マース号奪取事件
03・29〜30	海賊対策国際会議開催（東京）
03・	中国・ASEAN作業部会開催（タイのファヒン）
04・27〜29	アジア反海賊チャレンジ2000年会議開催（東京）
04・	中国・ASEAN第2回作業部会開催（マレーシア）
05・16〜20	エストラダ・フィリピン大統領、中国訪問、南海問題の平和解決で合意
08・	中国・ASEAN第3回作業部会開催（大連）
10・03	タンカー、ナトゥナ号、シンガポールのセントーサ島南方で原油流出事故
12・05	中国・ベトナム、南沙・西沙群島領有権棚上げのトンキン湾領海画定協定調印（北京）
2001・01・10	ベトナム軍、フィリピン漁船に発砲事件
02・〜07・31	フィリピン・米国、南シナ海で合同軍事演習
04・01	中国海南島上空で米軍偵察機と中国軍戦闘機の接触事件
06・	マレーシア、イスラム過激派マレーシア戦闘集団KMM摘発
07・	ASEAN外相会議開催（ハノイ）、中国・ASEAN協議への期待表明
10・04〜05	海賊対策アジア協力会議開催（東京）
11・05	ASEANテロリズムに対抗する共同行動宣言採択（バンダルスリブガワン）
2002・04・	シンガポールにニッポン・マリタイム・センター設立

	05・07	ASEANテロ特別閣僚会議開催（クアラルンプール）
	05・07	マレーシア、フィリピン、インドネシア3カ国、反テロ協定調印
	05・31	中国、南シナ海地域に漁業禁止区域設定
	09・05～06	APEC財務相会議、テロ資金供与と闘うためのAPEC行動計画採択
	10・12	バリ島で爆発テロ
	11・03	ASEAN反テロ宣言採択（プノンペン）
	11・04	中国・ASEAN南シナ海各行動宣言採択（プノンペン）
	11・	ASEAN地域テロ対策センター設置（クアルンプール）
	12・05	インドネシアのマッカサルで爆弾テロ
	12・	マネー・ローダリング対策及びテロ資金対策ASEAN地域会議開催（バリ）
2003・	02・	フィリピン軍、中国が2002・09までに南沙海域の環礁に中国が位置標識を建設と発表
	03・20～22	テロ対策及び国境を越える犯罪に関するARF政府間会合（バリ）
	06・18	ASEAN地域フォーラム、国境管理に関するテロ対策協力声明採択（プノンペン）
	07・	中国、無人島の開発を個人・企業に認める無人島の保護利用管理規定施行
	08・	呉邦国中国全国人民代表大会常務委員長のフィリピン訪問、南シナ海の石油・天然ガスの共同開発調査検討で合意
	08・08	トンイー号奪取事件
	08・10	ペンリアダ号奪取事件

09・08〜12	ASEAN刑事警察機構会議開催（マニラ）
10・08	中国とインド、1976年東南アジア友好協力条約調印（バリ）
10・	ベトナム、南沙群島バンカン礁（孔明礁）付近で台湾がベトナム漁船に妨害工作と指摘
2004・01・08	ASEAN第4回国境を越える犯罪閣僚会議開催（バンコク）
02・04〜05	テロ対策に関するバリ地域閣僚会議開催
02・23〜03・07	米軍・フィリピン軍合同軍事演習バリカタン04、パラワン島付近で実施
04・19	ベトナム、ホーチミン市をチュオンサ群島の観光ツアー出港、2島訪問、以後、ベトナムは自制
05・15	ベトナム、チュオンサ群島ロン島（大現礁）に軍事物資輸送基地の飛行場建設を公表
08・08	中国・ベトナム外務次官協議（中国、場所未公表）、双方は武力による威嚇を回避で合意
09・01	アロヨ・フィリピン大統領の訪中、南シナ海の石油・天然ガス共同調査実施で合意
10・07	温家宝中国総理のベトナム訪問、南沙群島の領有権問題の協議
10・20	中国、ベトナムの南沙群島付近での天然ガス国際入札に強い不満表明、10・21ベトナム、入札地域はベトナム領と反論
10・31〜11・02	胡錦濤中国国家主席のベトナム訪問、南沙群島の領有権問題を協議
2005・03	中国・フィリピン・ベトナム3カ国国営石油会社、南沙諸島周辺海域を含む南シナ海で石油・天然ガスの探査実施の合意文書調印
08・	南シナ海事務レベル作業部会開催（マニラ）
2006・02・	南シナ海事務レベル作業部会開催（海南島）

10・	ASEAN・中国首脳会議開催（南寧）、行動宣言履行へ努力の共同声明
11・	マイン・ベトナム共産党書記長の訪中、中国とトンキン湾の共同石油開発で合意
2007・04・10	中国、ベトナムと米英系石油BPが進める天然ガスパイプライン建設計画に抗議
07・09	中国艦船、ベトナム漁船を銃撃、07・21〜23　2国間会談（北京）、武力行使の抑制で合意
08・25	中国海軍、ベトナム漁船2隻、漁民28人を拘束
09・12	ベトナム、太平島での台湾による軍用空港建設に抗議声明
11・16〜23	中国、西沙群島地域で軍事演習、11・23ベトナム、抗議
2008・01・	中国、ベトナム漁船がトンキン湾で中国漁船を武装攻撃と発表
02・02	陳水扁台湾総統、太平島訪問
10・22	ベトナム・中国、首脳間のホットライン設置調印
2009・03・	中国、西沙群島に漁業視察船派遣
03・10	フィリピン、スプラトリー諸島を領海基線に入れる法律成立、03・11中国、抗議
04・25	ベトナム、ホアンサ諸島に人民委員会任命
05・	中国、西沙群島に漁業監視船派遣、ベトナム、抗議
2010・01・06	中国海南省、西沙群島の観光化を公表
03・	中国、西沙群島に漁業監視船派遣、ベトナム漁民12人拿捕
05・26	中国船、ベトナム探査船に妨害工作

07・23	ＡＳＥＡＮ地域フォーラム開催（ハノイ）、日本・米国・ＡＳＥＡＮ諸国、南シナ海の自由航行の保障を訴え
09・11	中国、西沙群島でベトナム漁船を拿捕、罰金を要求、ベトナムは拒否、10・10漁民、釈放
10・22	佟暁玲中国ＡＳＥＡＮ担当大使、南シナ海問題は2国間問題として解決すべきと談話
10・29〜11・01	中国・ＡＳＥＡＮ外相会議開催（昆明）、楊潔篪外交部長、行動宣言は南シナ海の平和と安定の維持に貢献と発言
2011・02・26	フィリピン下院議員、南沙群島パガサ島（中業島）上陸、中国が抗議
03・24	フィリピン、カラヤーン群島付近の石油・天然ガス調査本格化
05・26	中国船、ベトナム探査船に妨害工作
06・09	中国海監、万安灘（バンガンド椎）で、ベトナム探査船に妨害工作、ケーブル切断
06・30	台湾、太平島に巡視署隊員派遣
07・	中国・ＡＳＥＡＮ、行動宣言の指針に関する指針合意
09・22	フィリピン、ＡＳＥＡＮ政府南シナ海問題会議開催（マニラ）、カンボジアとラオスが欠席、リード堆（礼楽灘）を除くスプラトリー群島（南沙群島）及びパラセル群島（西沙群島）を紛争地域として、「平和と友好の海」構想を提起、共同開発を提唱、10・22ＡＳＥＡＮ非公式国防相会議開催（バリ）、同構想への支持なし
11・13	行動規範の第1回作業部会開催（インドネシア、場所不明）
11・19	東アジア首脳会議で中国が南シナ海問題は中国とＡＳＥＡＮ問題と主張して米国と対立
2012・04・08〜07・	フィリピン、スカーボロ礁（黄岩島）で中国漁船発見、中国海軍の出動で対峙
06・21	中国、海南省管理解除、三沙市の管轄決定

06・23	中国海洋石油総公司、ベトナム付近の海域16万平方キロメートルを9鉱区に分け石油・天然ガス開発に外国企業に開放と発表
06・26	ベトナム、中国がベトナム近海での石油・ガス開発の国際入札に抗議
07・09	ＡＳＥＡＮ外相会議開催（プノンペン）、カンボジアがベトナム及びフィリピンと対立して共同声明見送り
07・19	中国軍、三沙警備区設置
07・24	中国、三沙市が設立大会で発足
07・31	フィリピン、リード堆（礼楽島）周辺の石油・天然ガス国際入札
09・03	フィリピン、カラヤーン諸島法成立
09・04	フィリピン、米軍とパラワン島基地を共同整備合意
09・05	台湾、太平島の実弾訓練を初公開
09・03	フィリピン、カラヤーン群島を自国領土とする法律成立
09・05	フィリピン、南シナ海の名称を西フィリピン海と改称
10・03～05	ＡＳＥＡＮ諸国海洋フォーラム開催（マニラ）、議長国フィリピンとベトナムが南シナ海は国際法に基づき平和的解決を表明
11・19～20	ＡＳＥＡＮ首脳会議開催（プノンペン）、行動規範協議を先送り
11・20	温家宝中国総理、東アジア首脳会議で２０１２年4月8日フィリピンに指摘されたスカイボロー礁（黄岩島）への艦隊派遣は正常と主張

2013・01・13	デルロサオ・フィリピン外相、中国との領土対立を国連海洋法条約に基づく仲裁裁判所への付託につき中国へ通告、02・24中国外交部、拒否
03・09	中国、海口に海監常駐化
04・05～17	フィリピン・米国合同軍事演習パリカタン実施
04・24～25	ASEAN首脳会議開催（バンダルスリブガワン）、行動規範の早期締結を呼びかける議長声明
04・28	中国、海口から西沙群島観光ツアー出発、04・30ベトナム、主権侵害と非難、中止を要求
06・21	中国・ベトナム、南シナ海ホットラインで合意
06・27～07・02	米海軍・フィリピン海軍、南シナ海で定期合同軍事演習キャラット実施
06・30	中国・ASEAN外相会議開催（バンダルスリブガワン）、成果なし
08・29	中国・ASEAN特別外相会議開催（北京）、南シナ海の良好な関係維持で合意
09・03	フィリピン、スプラトリー群島法成立
09・05	フィリピン、パラワン島軍基地を米軍と共同使用
09・14～15	中国・ASEAN、行動規範に関する初の公式協議（蘇州）、進展なし
10・09～10	中国・ASEAN首脳会議開催（バンダルスリブガワン）、行動規範に関する対話促進を確認
10・9～10	東アジア首脳会議（バンダルスリガワン）開催、初参加の米国が南シナ海問題で中国と対立
10・25	ASEAN拡大首脳会議開催（ASEAN＋8）開催（バンダルスリブガワン）、行動規範の早期締結を要望する声明
2014・04・23～29	オバマ米大統領、アジア歴訪、05・29マニラでアジア・太平洋国家としての関与を確認、05・29フィリピン・米国軍事基地協定調印

05・02	中国企業、ベトナム経済水域のハノイ沖で大規模な石油採掘装置を導入、05・02～07中国船１３０隻出動、ベトナム船への一方的衝突が続く、05・03中国、ベトナムに石油採掘の通告、05・14ベトナム、反中デモ激化、05・26中国船、ベナム漁船を沈没、05・29ベトナム、国際司法裁判所への提訴を検討、06・09中国、採掘を自国の主権内とする立場を国連に通告、07・15中国、掘削作業完了と公表
05・06	フィリピン、スプラトリー諸島ハーフィ・ムーン砂州（半月礁）沖で中国漁船を拿捕
05・10	ＡＳＥＡＮ外相会議開催（ネピドー）、中国・ベトナム艦船衝突で懸念表明
08・09	中国・ＡＳＥＡＮ外相会議開催（ネピドー）、南シナ海での紛争回避を目的にした行動規範の早期策定に合意、10ミャンマーがＡＲＦ議長声明で中国・ＡＳＥＡＮの実質的協議促進を要請

の「フリーダム・ランド」宣言　101
1974年発見『更路簿』45
1974年6月3日　南ベトナム政府「大陸棚資源白書」159
1975年2月19日　1975年マラッカ・シンガポール海峡沿岸3国外相会議の新聞発表　288
1975年5月15日　人民日報記事「西沙群島と南沙群島の争いの由来」289
1977年2月24日　1977年マラッカ・シンガポール海峡の航行安全に関する沿岸3国の共同声明　292
1977年5月12日　ベトナムの領海・接続水域・大陸棚に関する声明　293
1979年2月19日　フィリピンのカラヤーン群島主権宣言　205
1979年8月7日　ベトナム外務省の南シナ海群島の主権声明　171
1979年9月28日　ベトナム政府白書「ホアンサ群島及びチュオンサ群島に対するベトナムの主権」171,295
1979年11月23日　中国政府文書「ベトナム政府が南沙群島及び西沙群島を中国領土として承認した2、3の文献的証拠」171,306
1980年1月30日　中国外交部「中国の西沙群島及び南沙群島に対する主権は議論の余地がない」173,308
1980年2月5日　ベトナム外務省のホアンサ群島及びチュオンサ群島に対する主権の重ねての確認声明　313
1980年4月25日　マレーシア法相代理のマレーシアの排他的経済地帯に関する声明　313
1983年2月12日　ベトナム通信社の中国による北部湾での石油探査に対する抗議声明　116
1983年2月18日　新華社のベトナムの声明に対する批判声明　116
1989年3月　フィリピンの南シナ海決議　314
1992年2月25日　中国の領海及び接続水域法　250
1992年6月　スプラトリー条約（草案）125,221
1992年7月2日　南シナ海における潜在的紛争の管理に関する第3回非公式会議の6項目共同声明　125
1992年7月22日　東南アジア諸国連合の南シナ海に関する宣言　316
1995年5月10日　米国務省のスプラトリー及び南シナ海に関する声明　317
1995年8月9日　8項目行動基準の原則に関するフィリピン・中国共同声明　317
2000年4月29日　アジア海賊対策チャレンジ２０００　319
2000年12月25日　トンキン湾（北部湾）の排他的経済水域・対陸棚確定に関する中国・ベトナム協定　264
2001年11月15日　東南アジア諸国連合のテロリズムに対抗するための共同行動に関する宣言２００１　322
2002年11月4日　東南アジア諸国連合のテロリズムに関する宣言　326
2002年11月4日　東南アジア諸国連合の南シナ海各行動宣言　237,261,324
2004年11月11日　アジア海賊対策地域協力協定　242
2008年2月2日　台湾の4点提案　190
2010年8月　米国防総省報告『中国人民解放軍の軍事及び安全保障の進展2011年』280
2011年2月　エバン・A・ラクスマナのインドシネシアの南シナ海問題における立場　212
2011年7月1日　ノン・ホントウェンタン・ジュアン「南シナ海への米国関与の中国パーセプション」273
2011年10月11日　海上問題の解決を指導する基本原則協議に関する中国・ベトナム協定　335
2011年12月　中国共産党中央軍事委員会の南シナ海戦略　254
2014年4月8日　アシュトン・カーター米国防長官の南シナ海問題に対する米国の立場　285
2014年6月5日「ウォール・ストリート・ジャーナル」記事「中国の大胆な海洋進出、背後に綿密な計算」9
2014年11月13日　インドネシアの海洋ドクトリン　215

掲載資料リスト（年代順）

図・表リスト（掲載順）

索　引（50音順）

【著者】

浦野　起央（うらの　たつお）

1955年、日本大学法学部卒業。政治学博士。

日本アフリカ学会理事、日本国際政治学会理事、 アジア政経学会理事、国際法学会理事、日本平和学会理事を歴任。現在、日本大学名誉教授、北京大学客座教授。


〈主要著書〉

主な著書に、『資料体系アジア・アフリカ国際関係政治社会史』『現代における革命と自決』（パピルス出版）、『ジュネーヴ協定の成立』（巌南堂書店）、『ベトナム問題の解剖』（外交時報社）、『パレスチナをめぐる国際政治』『現代紛争論』『新世紀アジアの選択――日・韓・中とユーラシア』『日・中・韓の歴史認識』（南窓社）、『中日相互認識論集』（香港社会学科出版社）、『釣魚臺群島（尖閣諸島）問題研究資料匯編』（勵志出版社／刀水書房）『国際関係理論史』『人間的国際社会論』『国際関係のカオス状態とパラダイム』『朝鮮統一の構図と北東アジア』（勁草書房）、『20世紀世界紛争事典』（三省堂）、『南海諸島国際紛争史』（刀水書房）、『ユーラシアの大戦略―3つの大陸横断鉄道とユーラシア・ドクトリン』（時潮社）、『世界テロ事典』『尖閣諸島・琉球・中国―日中国際関係史』、『冷戦・国際連合・市民社会――国連60年の成果と展望』、『チベット・中国・ダライラマ―チベット国際関係史』、『日本の国境［分析・資料・文献］』、『地図と年表で見る日本の領土問題』（三和書籍）、他多数。

訳書では、ダグラス・パイク『ベトコン』（鹿島研究所出版会）、クラウス・クノール『国際関係におけるパワーと経済』（時潮社）、ハッサン・ビン・タラール『パレスチナの自決』、張聿法・他『第二次世界大戦後 戦争全史』（刀水書房）、アラン・ラブルース／ミッシェル・クトゥジス『麻薬と紛争』（三和書籍）、他多数。

南シナ海の領土問題　【分析・資料・文献】

2015年　6月　10日　　第1版第1刷発行

著　者　　浦　野　起　央

©2015 Tatsuo Urano

発行者　　高　橋　考

発行所　　三　和　書　籍

〒112-0013　東京都文京区音羽2-2-2
TEL 03-5395-4630　FAX 03-5395-4632
info@sanwa-co.com
http://www.sanwa-co.com/
印刷／製本　モリモト印刷株式会社

乱丁、落丁本はお取り替えいたします。価格はカバーに表示してあります。

ISBN978-4-86251-173-7　C3031

本書の電子版（PDF形式）は、Book Pub（ブックパブ）の下記URLにてお買い求めいただけます。
http://bookpub.jp/books/bp/415